Wir freuen uns, dass wir den
Schulen, den Gemeinden
und Jugendverbänden
dieses Buch zur Verfügung
stellen können und
wünschen der Aktion
gegen das Vergessen viel Erfolg.

Angelika & Hans-Otto Westphal
Betreiber
der McDonald´s Restaurants
in Siegburg, Sankt Augustin,
Troisdorf und Bad Honnef.

Sunny Goj

Die Lebenserinnerungen
des Ivar Buterfas

Hamburg 1995

Widmung

Meine Erinnerungen habe ich meiner lieben, verständnisvollen Frau Dagmar, mit der ich am 30. Juli 1995 das Glück hatte, die Rubinhochzeit in der Nikolaikirche am Klosterstern zu begehen, gewidmet.

Ivar Buterfas

Im Oktober 1995

CIP-Titelaufnahme der Deutschen Bibliothek
Sunny Goj / Ivar Buterfas
1. Auflage 11/95
2. Auflage   3/98
3. Auflage   8/98
4. Auflage   3/99
5. Auflage   6/00
6. Auflage 10/00
7. Auflage 11/00
8. Auflage   2/02

Autor: Ivar Buterfas

Zu beziehen über:
Ivar Buterfas, Oberaltenallee 20 A, 22081 Hamburg
Tel. (0 40) 2 20 32 00

Herstellung: Erdnuß Druck GmbH, Sendenhorst

Inhalt

11. Kapitel: Wer Wind sät...

12. Kapitel: Das große sichtbare Zeichen

13. Kapitel: Das Dokumentationszentrum

14. Kapitel: Einspruch: Die Wetterschutzhalle soll weg

15. Kapitel: Die langersehnte Begegnung mit Willi Brandt

16. Kapitel: Besitzansprüche

17. Kapitel: Ist das nicht zu exklusiv ?

18. Kapitel: Meine größte Auszeichnung !
Mit Max Schmeling allein in die USA

19. Kapitel: Endlich - Die CDU wird aktiv

20. Kapitel : Der Trick mit Gorbatschow im Rathaus

21. Kapitel: Zwei Schicksale - zwei kämpferische Wege - eine echte Freundschaft

Vorwort

Nur ein *Ivar Buterfas* konnte dieses Buch so schreiben, wie es geschrieben wurde.

Oft gelangt man beim Lesen einer Lektüre zu der Ansicht, Dichtung und Wahrheit liegen dicht beieinander.

Hier aber ist Wahrheit pur in der Umrahmung Hamburger Geschichte nachvollziehbar zu erkennen.

Dieses Buch, geschrieben 50 Jahre nach einer schrecklichen Zeitepoche, in der ein geschundenes Deutschland am Boden lag, verdient die uneingeschränkte Anerkennung für den Verfasser.

Das sind die Starken im Lande,
die unter Tränen lachen,
ihr eigenes Leid vergessen
und anderen Freude machen.

Max Schmeling, 1995

Einleitung

Sie werden sich sicherlich über den Titel des Buches wundern: Sunny Goj.
Auf die Idee brachte mich mein Freund Wolf Biermann, der Liedermacher
und Gastprofessor an der Düsseldorfer Heinrich-Heine Universität.
Ich möchte damit ein wenig provokativ sein.
Hamburger Tageszeitungen haben über den Titel berichtet. Eine war darunter, die den Titel genau erläutert hat. Das Ergebnis waren teils heftige Protestanrufe. Das sollte mich aber nicht stören und so blieb es bei dem Motto, wie Sie hier ja sehen können. Ich kam am 16. Januar 1993, an meinem 60. Geburtstag, auf diesen Titel. Anläßlich der Geburtstagsfeierlichkeiten sang Wolf Biermann eine Ballade, in der es an einer Stelle heißt: „Halb Judenbalg und halb ein Goj".
Das Lied hat mich fasziniert, paßte doch vieles aus dem Text auf mein eigenes Leben. Halb Judenbalg: Meine Mutter war Christin, mein Vater Jude. Und halb ein Goj: Ja, ich wurde als Deutscher - als Hamburger - geboren, kurz vor der unsäglichen Machtübernahme Adolf Hitlers am 30. Januar 1933.
Aber lassen Sie sich einfach von meiner turbulenten Lebensgeschichte überraschen. Vielleicht legen Sie das Buch gar nicht mehr aus der Hand, wenn Sie erfahren, was der *Sunny Goj* so alles erlebt und mitgemacht hat.
Karl Kaufmann war es, der Hamburg im Mai 1945 zur freien Stadt erklärte und alle Bürgerinnen und Bürger der völlig zerstörten Metropole aufgefordert hatte: Hängt weiße Tücher aus den Fenstern und Kellerlöchern, zeigt den britischen Truppen, daß wir keinen Krieg mehr wollen. Für uns ist er zu Ende, ich übergebe Hamburg - wir kapitulieren.
Das war das Ende einer Schreckensherrschaft, die 55 Millionen Menschen das Leben kostete.
Am 3.Mai 1945 war ich einer der ersten, der aus einem Kellerloch in der Wilhelm-Gustloff-Straße kroch und mit einem weißen Tuch in der Hand auf die nahe Washingtonallee den britischen Panzern entgegen lief.
Ich war unbeschreiblich glücklich, mit meinen Geschwistern dem Naziterror entronnen und nicht noch ein paar Tage vor der deutschen Kapitulation in einem der Vernichtungslager rund um Hamburg krepiert zu sein.
Also „Sunny" stimmt schon, denn meine Geschwister und ich haben nicht zuletzt Dank unserer wunderbaren Mutter überlebt. Begleiten Sie mich auf dem Weg durch mein Dasein mit all seinen Stationen, mit Spannung, Dramatik, Absurditäten, mit Höhen und Tiefen, Liebe und Haß, mit unzähligen Stunden abgrundtiefer Verzweiflung, aber auch voller Glückseligkeit,und mit mancher verrückten, humorvollen Begebenheit.
Bis heute bin ich ein „Sunny Goj" geblieben...

Kinder- und Jugendschicksal

Geboren 1933 - ausgerechnet!

Ist es ein Märchen, oder gab es wirklich „gute" Deutsche in einer Zeit, in der Mord und Totschlag, Angst und Schrecken an der Tagesordnung waren? In einer Zeit, in der Menschen bei Nacht und Nebel überall in Deutschland aus ihren Häusern geholt, von ihren Familien getrennt wurden - und nie wieder auftauchten.

Ja, es gab sie, die Guten und Hilfreichen. Und es waren nicht wenige. Wäre dies nicht der Fall gewesen, könnte ich meine Erinnerungen jetzt - 50 Jahre nach Kriegsende - nicht zu Papier bringen; denn ich wäre nicht mehr am Leben.

Ich bin 1933 geboren, im Januar. Also in jenem Jahr, in dem ein Gefreiter aus dem österreichischen Braunau am Inn als Reichskanzler an die Macht kam und sich schnell zum „Führer" des deutschen Volkes aufschwang, weil die „Vorsehung" es so wollte. Im Ersten Weltkrieg war dieser Mann zwar mit dem Eisernen Kreuz ausgezeichnet worden, aber er blieb trotzdem Gefreiter, weil es ihm angeblich an Führungsqualitäten fehlte.

Ich wurde als neuntes Kind eines Juden geboren. Meine Mutter war Christin und stammte aus einer wohlbehüteten Beamtenfamilie. Ihr Vater, ein höherer Staatsbeamter, hatte sich nie so recht damit abfinden können, daß seine Tochter einen Juden geheiratet hatte. Zwar kam dieser Mann aus einer reichen Dresdner Industriellenfamilie, war aber das „schwarze Schaf" der Sippe. Er hatte keine Lust gehabt, im elterlichen Unternehmen zu arbeiten und sich entsprechenden Zwängen zu unterwerfen. Er wollte etwas von der Welt sehen und hatte einen entsprechenden Beruf gewählt - Artist im Varieté. In seinem Beruf war er durchaus erfolgreich. Als Stepakrobaten-Paar traten er und meine Mutter in vielen Städten Europas auf.

Fast nebenbei wurden wir Kinder geboren. Ich war das neunte. Meine ältesten Schwestern, Ruth und Monika, waren kurz nach der Geburt gestorben. Dann folgten Ursel und Alice, meine Brüder Kurt, Rolf und Ronald, schließlich meine Schwester Felicitas und ich als Schlußlicht.

Die ersten Jahre sind ja nie mit tiefgreifenden Eindruck gefüllt, so daß ich mich an die erste Geschichte erst im Alter von 5 Jahren erinnere, die einen tiefen Eindruck hinterließ. Ich weiß noch genau, daß wir in Hamburg-Horn ein Haus bewohnten, das zwei Etagen aber keinen Keller besaß. Nach hinten hinaus lag ein großer Garten. Die Mädchen und die Jungen schliefen in getrennten Zimmern. Die Betten standen quer zu den Fenstern, und das letzte Bett erreichte fast das Fensterbrett. Als mein Bruder Ronald eines Tages aus der Schule kam, erzählte er stolz, er habe im Turnunterricht ein paar Übungen gelernt, die er uns unbedingt vorführen müsse. Er bückte sich, legte den Kopf auf die Matratze des ersten Bettes und setzte zu einer Rolle, einem Purzelbaum, an. Der erste Versuch scheiterte. Den zweiten unternahm er dann mit soviel Schwung, daß er mit dem Bein durch das gegenüberliegenden Fenster krachte und sich den Fuß völlig aufschnitt. Da wir allein zu Hause waren, luden meine Brüder Rolf und Kurt den blutenden Ronald kurzerhand in den Bollerwagen und fuhren mit ihm zum Arzt. Da unsere Vater ein sehr strenges Regiment führte, mußte diese ganze Aktion geheimgehalten werden. Eine Hausangestellte konnten wir uns nicht leisten. Elektrische Haushaltsgeräte wie eine Waschmaschine oder andere Hilfsmittel gab es nicht. Also mußte meine Mutter mit einem Kochkessel, einer Ruffel und Kernseife von Hand waschen. Wegen seiner jüdischen Abstammung bekamen mein Vater und meine Mutter kaum noch Engagements. Doch wurden wir ein wenig von den Eltern meines Vaters unterstützt, deren Zigarettenfabrik in Dresden gut lief.

Unser großer Tag war der Sonntag. Wir Jungen trugen Matrosenanzüge (viele Ältere werden sich mehr oder minder gern daran erinnern), die Mädchen schlüpften in wunderschöne, einheitliche weiße Kleider. Jedes Kind bekam 30 Pfennige und wir durften ins Kino gehen. Mein Vater stellte jedoch eine unumstößliche Bedingung: Wir mußten uns auf dem Weg ins Wildwest-Vergnügen allesamt an die Hand nehmen - er überwachte streng, ob etwa einer losließ. Wir sieben bildeten also eine Front, die natürlich die ganze Straße einnahm. Und wenn er eine Lücke entdeckte, pfiff er uns zurück. Mit einem Pfiff, der wegen seines besonderen Klanges im ganzen Stadtteil bekannt war.

Sonntags gab es oft ein Festessen. Mit Fleisch, das bei einer so armen Familie wie der unseren selten war. Meine Mutter war aber eine exzellente Köchin. Sie konnte aus bescheidendsten Zutaten ein ganzes Menue zaubern. Ihre Spezialität waren, zu meinem Leidwesen, grüne Klöße. Mir war es einfach unmöglich, die Dinger hinunterzuwürgen. Längst waren die anderen für den Kinobesuch gerüstet, während ich noch vor meinem Teller saß. Vater erlöste mich. Er erlaubte mir, mitzugehen, verkündete aber zuvor sein Urteil: „Ursel", das war meine älteste Schwester, „du sorgst dafür, daß Ivar den ganzen Film über mit dem Rücken zur Leinwand sitzt!" Das waren seine Methoden, ungezogene oder ungehorsame Kinder zu disziplinieren.

Wenig später hatte unsere Mutter eine schlechte Nachricht: „Kinder, es gibt Lebensmittelkarten - aber nicht für uns. Es sei denn, ich ließe mich von eurem Vater scheiden. Und selbst dann könnte es passieren, daß ihr von mir getrennt werdet." Sie sah wohl die Angst in unseren Augen und fuhr schnell fort: „Ich will das natürlich nicht. Ich bleibe bei Euch, um auf Euch aufzupassen - die Familie muß zusammenbleiben!"

Familie Buterfas
vordere Reihe v.l.n.r.: Rolf, Ivar, Fee, Ronald; hintere Reihe: Ursel, Alice, Mama Orla und Kurt

Gottlob hatten wir ein paar sehr gute Nachbarn. Es war die Familie Manteufel. Sie wußten alles über uns und unsere Probleme. Sie besorgten an
Lebensmitteln, was sie nur auftreiben und entbehren konnten, obgleich die
eigenen Rationen ohnehin klein genug waren. Es war für die Familie ein
schweres Opfer und wäre außerdem eine schwere Verfehlung gewesen, wenn
jemand sie angezeigt hätte. Uns Kindern beschafften sie hin und wieder auch
Kleidung. Sie waren wirklich rührend um uns besorgt. Dabei unterschätzten
wir zu diesem Zeitpunkt alle noch die Gefahr, mit der solcherlei Hilfe verbunden sein konnte.

Das galt gleichermaßen für Fritz Schaller, einem Freund meines Vaters. Er
gehörte zu einer Organisation, die sowohl mit Furcht als auch mit Ehrfurcht
beim Namen genannt wurde: Gestapo! Dennoch besuchte er uns, und meine
Mutter behandelte er äußerst zuvorkommend. Er war ein guter Freund meines Vaters gewesen, als dieser noch Engagements hatte. Wir erfuhren erst viel
später, daß er meiner Mutter auch wichtige Hinweise und Warnungen hatte
zukommen lassen. Erstmals hörten wir in diesem Zusammenhang den
Namen Karl Kaufmann, zu dem Fritz Schaller sehr guten Kontakt hatte. Erst
Jahre später erfuhren wir, daß wir diesem Mann unsere Leben verdanken. Als
Gauleiter der NSDAP hatte er viel Einfluß und es war gut, unter seinem
„Schutz" zu stehen.

Und dann war Mutter wieder einmal in heller Aufregung: „Unser Rolf ist
weg, sie haben ihn in ein Lager gesteckt." Aber was hatte er sich zuschulden

25

kommen lassen? Nun, sein Vater war Jude, und das hatte genügt, um ihn erst einmal zu isolieren. Mutter weinte, und auch wir Geschwister waren verzweifelt, konnte uns doch das gleiche Schicksal treffen. Wir zogen uns also immer weiter zurück und bemühten uns, möglichst nicht aufzufallen.

Wieder war es ein deutscher Freund, der dafür sorgte, daß Rolf aus dem Lager Eidelstedt herauskam und zur Familie zurückdurfte. Karl Kaufmann hatte da wohl seine Hand im Spiel gehabt. Aber jetzt wurden Maßnahmen befohlen, deren Bedeutung selbst ich als Jüngster verstand. Mutter sollte gelbe Sterne mit einem schwarzen „J" in der Mitte annähen. Sie kamen auf unsere Jacken und Mäntel, und nun konnte jedermann schon von weitem erkennen, daß wir jüdischer Abstammung waren. Durch einen Handstreich der Behörden waren wir über Nacht keine deutschen Staatsbürger mehr. Da sich Mutter standhaft geweigert hatte, sich von ihrem Mann scheiden zu lassen und damit unseren Abtransport in ein Konzentrationslager zu verhindern hoffte, wurden unsere Pässe eingezogen - wir waren plötzlich staatenlos.

„Buterfas, tritt einmal vor!"

Im Jahre 1938 war endlich auch für mich der Zeitpunkt gekommen, zu dem ich im Horner Morahtstieg eingeschult werden sollte. Zusammen mit mei-

Erstkläßler Ivar, links mit dem Jacket

nem Freund Kalle. Und schon nach sechs Wochen hatte ich ein Erlebnis, das tiefe Spuren hinterließ, weil ich die Dinge einfach nicht begreifen konnte. Kalle hatte längst eine Jungvolk-Uniform und war in einem „Fähnlein". Ich bettelte zu Hause: „Ich möchte auch so gern ein braunes Hemd und einen schwarzen Schlips mit einem Lederknoten. Und eine kurze Hose mit Metallkoppel." Meine Eltern begnügten sich mit der Aussage, daß das für mich nicht in Frage komme - ich konnte es nicht fassen. Meine älteren Geschwister, die gewiß schon mehr über unsere besondere Lage wußten, schwiegen. Aber es sollte noch viel schlimmer kommen. An jenem Morgen waren alle Schüler auf dem Hof angetreten. Es gab da eine Art Freitreppe. Auf ihr stand unser Schulleiter, und der rief plötzlich laut meinen Namen. „Buterfas! Tritt einmal vor. Du darfst nicht mit auf den Klassenausflug und gehst sofort nach Hause. Und du brauchst auch morgen nicht wiederzukommen. Du bist Jude und darfst unsere Schule nicht mehr besuchen."

Ich, der Erstklässler, konnte überhaupt nicht begreifen, was das Wort Jude bedeuten sollte. Bei uns im Hause wurden solche Gespräche, zumindest in meiner Gegenwart, vermieden. Mir schossen die Tränen in die Augen. Ich nahm meinen Ränzel und alle Kinder sahen mir nach. Einige verspotteten, andere bedauerten mich, und so schlich ich nach Hause und weinte mich bei meiner Mutter aus. Ich konnte einfach nicht verstehen, was geschehen war. Nun hatte ich zwar keine Schule mehr, aber ältere Geschwister, die mir nach Bedarf und beiderseitiger Lust Privatunterricht gaben.

Eines Tages, wir kamen vom Spielen nach Hause, empfing uns unsere Mutter mit sehr ernstem Gesicht: „Hört zu. Euer Vater ist heute abgeholt worden, und ich weiß nicht, wann er wiederkommt. Ihr müßt jetzt ganz tapfer sein und mir tüchtig bei der Arbeit helfen". So vergingen die Monate und schließlich zwei Jahre. Unsere Mutter versorgte uns, aber wir lebten zwangsläufig recht bescheiden, auch wenn uns viele Menschen halfen. Aus Gesprächsfetzen meiner älteren Geschwister schnappte ich nur soviel auf, daß uns irgendetwas verübelt wurde und daß wir deshalb nicht so leben konnten wie die anderen Menschen in diesem Land. Die anderen - Deutsche wie wir. Wir waren die meiste Zeit sehr in uns gekehrt und sprachen untereinander wenig über die Bedrohung. Meine Mutter bemühte sich jedoch, uns Kinder immer ein wenig aufzuheitern.

Plötzlich war unser Vater wieder da. Keiner wußte, wo er gewesen war. Gesprochen wurde nicht darüber. Nachts wurden wir aber öfter wach und hörten seine Schreie. Er hatte Alpträume, wurde dann aber von seiner Frau beruhigt - so daß es schnell wieder still war.

Sechs oder acht Wochen mochten vergangen sein, als uns die Mutter mit der Nachricht überraschte, daß man Vater wieder abgeholt hätte. Und dann tagte zum ersten Mal der Rat der älteren Geschwister. Hilfe von außen hatten wir nur sehr begrenzt zu erwarten. Wir wußten aber, daß da irgendwo eine

Vater Buterfas mit Ivar und Nachzügler Elke

schlimme Gefahr lauerte und daß uns etwas zustoßen könnte. Vor allem jedoch, daß wir uns selbst helfen müßten, um nicht womöglich unterzugehen.

„Da ist ja der Judenjunge!"

Längst war Österreich an Deutschland „angeschlossen" worden. Hitler überfiel Polen, die Tschechoslowakei, Dänemark und Norwegen. Deutsche Truppen marschierten in Belgien und Holland ein und führten Krieg gegen Frankreich. Und für uns gab es nun keinen Zweifel mehr an der drohenden Gefahr für Leib und Leben. Die Volksverhetzung wurde immer schlimmer. Ich hatte eine Bäckerei betreten, um etwas Brot zu beschaffen. Als ich wieder herauskam, hörte ich einige Jungen rufen: „Da ist ja der Judenjunge, laßt ihn uns ein bißchen rösten!" Meine Peiniger packten mich, warfen Pappe und Papier in eine Kasematte, zündeten es an und stellten mich dann auf den Gitterrost. Meine älteste Schwester Ursel, die dazu kam und nichts und niemanden fürchtete, verscheuchte das Gesindel und befreite mich aus meiner mißlichen Lage.

Nun gab es auch die ersten Luftangriffe. Es war uns verboten, den Luftschutzkeller aufzusuchen. In unmittelbarer Nähe unseres Hauses in Horn ging eine Luftmine nieder und ließ es weitgehend einstürzen. Das hatte

28

besonders verhängnisvolle Folgen für meinen Bruder Rolf. Er hatte sich in den oberen Räumen aufgehalten, war von einem Splitter getroffen und vorübergehend verschüttet worden. Auch mir hatten kleine Splitter am Kopf, am Schienbein und am Oberschenkel Wunden zugefügt. Wir waren ziemlich übel zugerichtet und wollten uns in den nur 50 Meter entfernten Bunker retten. Doch obwohl wir bluteten, verweigerte man uns den Zutritt: „Juden haben hier nichts zu suchen!" Wir sind dann nach Poppenbüttel zu unserem Großvater mütterlicherseits gefahren. Er nahm uns in sein Haus auf, und wir konnten uns erst einmal von dem schlimmen Erlebnis erholen.

„Du mußt Dich scheiden lassen"

Der Druck auf meine Mutter wuchs. Herr Schaller (der von der Gestapo) bedrängte sie: „Du mußt Dich scheiden lassen, du kannst es nicht länger hinausschieben. Die Kinder kommen in ein harmloses Lager, es wird ihnen nichts geschehen. Und wenn der Krieg vorüber ist, können sie zu Dir zurück. Wenn Du es nicht tust, kann ich Dir nicht mehr helfen. Wir haben Akten von Euch versteckt, aber die Familie ist zu groß, ihr fallt eben auf." Wieder waren wir von einem gewarnt worden, der es gut meinte. Doch Mutter blieb unerschütterlich: „Ich lasse mich nicht scheiden, ich trenne mich auf keinen Fall von meinen Kindern."
Unser Vater war im KZ. Es gab keine Aussicht, daß er bald wiederkommen würde. Noch einmal half uns Fritz Schaller. Er stellte wieder eine Verbindung zu Karl Kaufmann her, der es ermöglichte, daß wir uns unauffällig einem Transport nach Polen in die Tucheler Heide anschließen konnten. Da sprach Mutter uns gegenüber erstmals über die Hilfe, die uns schon in der Vergangenheit durch Kaufmann zugute gekommen war.
Mittlerweile war es Ende 1942 geworden. Ich war neun Jahre alt, und wir bekamen noch einen Nachzügler in die Familie: meine Schwester Elke. Nun hatte Mutter noch ein Kind mehr zu versorgen und möglichst unversehrt durch diese schreckliche Zeit zu bringen.
Wir waren in Polen auf einem Gutshof untergebracht. Der gehörte einem Freiherrn Rekofsky, einem ausgesprochen netten Mann. Er wußte natürlich, in welcher Lage die Familie sich befand, die er aufgenommen hatte. Wir genossen seinen Schutz und konnten zum ersten Mal seit Jahren wieder frei atmen und ausgelassen spielen. Gefährlich war es nur nachts, weil Partisanen ihr Unwesen trieben. Wir hörten auch von Greueltaten, die deutsche Soldaten an polnischen Partisanen verübten, aber dennoch fühlten wir uns wohlbehütet.
Leider währte diese Zeit nicht sehr lange. Freiherr von Rekofsky teilte uns verbittert mit: „Ihr müßt so schnell wie möglich verschwinden. SS und

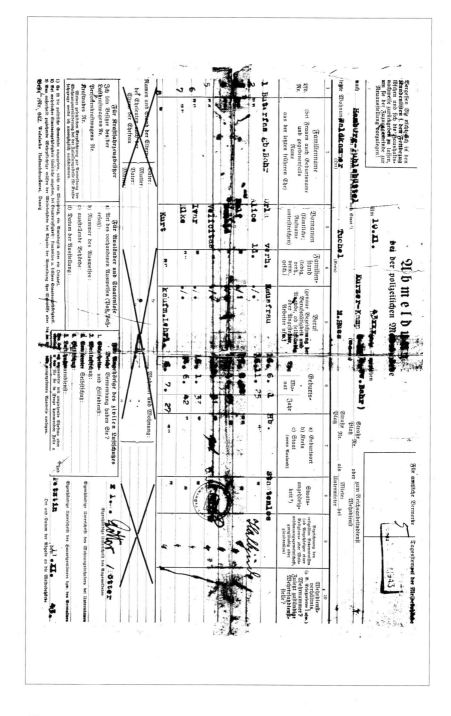

Gestapo durchsuchen jeden Hof, jedes Haus, jede Scheune nach Juden, um sie ins KZ Auschwitz zu verschleppen." Wir waren natürlich am Ort gemeldet und erhielten am nächsten Tag ein Schreiben der Kreisverwaltung, in dem wir alle namentlich aufgeführt waren - jeweils mit einem „J" für Jude gekennzeichnet. Wir sollten doch nicht vergessen, unsere Fettration abzuholen. Das war natürlich ein primitives Lockmittel, und unsere Mutter roch den Braten sofort. Wir griffen das Notwendigste und verließen schweren Herzens unser kleines Paradies.

Bei Nacht und Nebel zogen wir los, fuhren mit dem ersten Zug, der total überfüllt war, nach Schneidemühl. Pässe und Papiere, behauptete meine Mutter, hätten wir verloren. Wir seien eine ausgebombte Hamburger Familie, die nach Polen evakuiert worden sei. Man glaubte ihr, die deutschen Behörden und die polnische Polizei ließen sich täuschen.

Heimlich wieder in Hamburg

Einen Monat später ging es weiter nach Güstrow, wo wir etwa fünf Monate blieben. Weil Mutter immer wieder Informationen einholte und Gefahren förmlich wittern konnte, führte sie uns nach Hamburg zurück. Es blieb keine andere Wahl, als deutsche Freunde um Hilfe zu bitten und zu versichern, daß wir nicht länger in Polen bleiben konnten. Wir bekamen - inzwischen war es 1943 - eine Wohnung im Stadtteil St. Georg, in der Danziger Straße. Es ist mir immer rätselhaft geblieben, wie meine Mutter dies in der schweren Zeit und unter den Umständen geschafft hat. An Schule war nicht zu denken, wir durften unter keinen Umständen auffallen und meldeten uns deshalb gar nicht erst an. Wieder machten es „verschwundene" Unterlagen möglich, daß wir uns eine ganze Weile unerkannt über Wasser halten konnten. Obwohl die Bombenangriffe zunahmen, mieden wir öffentliche Luftschutzkeller, machten nur die allerwichtigsten Besorgungen und hielten uns die meiste Zeit in der Wohnung auf.

Wieder einmal schlug das Schicksal zu. Wir erlebten einen Luftangriff so intensiv und so unvorstellbar grausam mit, daß man es nur schwer schildern kann. Wir wohnten im dritten Stock. Durch ein Oberlicht, wie es viele um die Jahrhundertwende gebaute Häuser besaßen, konnten wir genau verfolgen, wie der Bombenregen über der Stadt niederging, und die Einschläge immer näher kamen. Unser Haus erhielt mehrere Treffer und brannte bald lichterloh. Wir flüchteten nach Horn, wo wir alte Freunde und somit die besten Überlebenschancen hatten.

In der Wilhelm-Gustloff-Straße, die nach dem Krieg in Stengelestraße umbenannt wurde, wohnte noch immer die Familie Manteufel. Sie besaß einen Schrebergarten, gegenüber einer ausgebrannten Mietskaserne. In den sechs

Eingängen dieses Blocks hatten sich bereits mehrere ausgebombte Familien notdürftig eingerichtet. Hier sah meine Mutter die Chance, für einen längeren Zeitraum unterzutauchen.

In Hamburg hatten sich chaotische Verhältnisse entwickelt. Die Stadtteile Hamm, Rothenburgsort, Barmbek und Billbrook waren zu großen Teilen Trümmerhaufen. Auch in Altona, Ottensen, Eimsbüttel und Eppendorf waren unzählige Häuser zerstört, viele Menschen geflüchtet. Wer nicht weg konnte, hauste in notdürftig geflickten und schwer beschädigten Zimmern und Wohnungen oder in Kellerräumen. Von unserem Vater hatten wir seit unserer Flucht nach Polen nichts mehr gehört.

Das Leben beginnt

Hunden das Futter geklaut

Weil unsere Kellerdecke nicht mehr wasserdicht war, wurde sie mit Zement repariert. Reinhold Anahl, ein begnadeter Zeichner, nutzte die ungewöhnliche „Arbeitsfläche", um in den frischen Zement ein zum Sprung ansetzendes Pferd mit einem Jockey zu ritzen. Das Werk hatte einen ganz realen Hintergrund, denn wir trieben uns oft auf der nahegelegenen Rennbahn herum, die die Engländer mit Beschlag belegt hatten. Reinhard und ich hofften, dort einen Job zu finden und uns etwas verdienen zu können - am liebsten in Naturalien. Zunächst durften wir lediglich Papier und Abfälle aufsammeln, später aber wurden wir „befördert": Im Verpflegungszelt, dem eigentlichen Ziel unserer Träume, räumten wir das von den britischen Soldaten benutzte Geschirr ab, um es zum Abwasch in ein anderes Zelt zu bringen. Wir nutzten die Gelegenheit, um alles Brauchbare von den Tellern zu nehmen - falsche Scham war in Zeiten von Hunger und Elend nicht angebracht. Reinhold Anahl scheute sich nicht einmal, den Hunden der „Tommies" ein paar große Fleischbrocken aus den Näpfen zu nehmen und gegen Kartoffeln einzutauschen. Einige Hunde nahmen das zwar übel und knurrten ihn drohend an, aber mein Kumpel hätte sich wohl lieber die Hände abbeißen lassen, als seine Beute wieder herzugeben.

Arbeit bei den Engländern, um zu leben. Geld gab es dafür nicht. Dafür bekamen wir Lebensmittel.

Mutter will keine Rache

Die einzige, die sich um uns Kinder kümmerte und dafür sorgte, daß wir nicht verhungerten oder erfroren, war unsere Mutter. Sie hatte immer wie eine Löwin um uns kämpfen müssen und tat dies auch in den Monaten nach dem Waffenstillstand 1945. Von Vater erhielten wir nur spärlich Nachrichten. Zumindest war er nicht umgebracht worden. Unsere Eltern hatten sich durch den Krieg völlig auseinandergelebt. Sie verstanden sich nicht mehr, und mein Vater ging seine eigenen Wege. Mit einem Partner übernahm er in Westfalen eine Seiden- und Trikotagenfabrik. Gewiß wäre es für ihn nicht so schwer gewesen, wenigstens uns Kinder mit dem Nötigsten zu versorgen, denn es gab ja weder Stoffe noch Schuhe. Doch unsere Not nahm einfach kein Ende.

Immerhin brauchten wir nun nicht mehr in einem Keller zu hocken, sondern durften in Billstedt ein Haus beziehen, das vom Bombenhagel verschont geblieben war. In ihm wohnte auch ein prominenter Billstedter Nazi mit seiner Familie. Obwohl meiner Mutter angeboten worden war, daß diese Leute das Haus sofort verlassen müßten, wenn sie es wünsche, machte sie sie nicht obdachlos. Einmal mehr bewies diese Frau ihre innere Größe.

Not macht bekanntlich erfinderisch. Aus Pappe und einigen Stoffresten zauberte unsere starke Mutter die schönsten Handtaschen. Mit diesen machte ich mich, als Jüngster, auf den Weg zu Bauern in den Vierlanden und in der Lüneburger Heide. Das „Handwerk" des Tauschens erlernte ich schnell, und so trieb ich zusätzlich zu den offiziellen Rationen Lebensmittel für die Familie auf. Mein Bruder Rolf entdeckte ebenfalls sein Talent zu handeln und zu tauschen. Er hatte die Schule verlassen, doch an eine Lehrstelle war nicht zu denken, da weder Werkstätten, Büros oder Hotels existierten, von Wandsbek bis Harburg erstreckte sich eine trostlose Schuttwüste.

Zwar regte sich inmitten all der Trümmer wieder Leben, doch zwischen Hoffen und Bangen wurden die Menschen von zwei Fragen beherrscht: Würde man die nächsten Jahre überstehen? Und gab es für Deutschland überhaupt eine Zukunft?

Britenpanzer ausgeschlachtet

Ich hatte schnell einige Freunde gefunden, meist gleichaltrige Schulkameraden, die - wie alle damals - nach Zwischenlösungen suchten. Wir fanden sie in einem Gelände, das sich Polinsky-Kuhle nannte. Hier standen britische Panzer, die einfach abgestellt worden waren. In Windeseile hatte sich herumgesprochen, daß man aus diesen stählernen Ungetümen Dinge ausschlachten könne, die auf dem Schwarzmarkt in der Talstraße leicht und gut zu verscherbeln seien. Dort gab es alles: amerikanische Zigaretten (das Stück sechs Mark), das Pfund Butter für 500, ein Pfund Kartoffeln für 60 Mark. Man mußte nur genug Geld oder Tauschartikel besitzen.

Wir schlichen uns zu dritt in die Kuhle, überlisteten die meist polnischen Wachsoldaten und stahlen aus den Panzern Röhren, auf die Radiobastler ganz wild waren. Als diese ausgingen, erbeuteten wir Litze. In jedem Panzer waren viele Meter davon verbaut - und jeder Meter brachte auf dem Schwarzmarkt stolze 40 Mark. An Schule war unter diesen Umständen oft nicht zu denken, zumal der notwendige Druck von zu Hause fehlte. Das Überleben war zu dieser Zeit einfach wichtiger als das Einmaleins.

Dreimal in der Woche fuhr ich mit meiner Schwester Felicitas zur Rothenbaumchaussee. Dort, bei der jüdischen Gemeinde, konnten wir uns dann einen großen Topf Suppe holen. Wir lebten trotz aller Tauschgeschäfte nach wie vor denkbar bescheiden. Aber wenigstens mußten wir nicht mehr um unser Leben fürchten. Wie schon im Krieg, gab es auch jetzt wieder Menschen, mit denen wir uns glänzend verstanden. Wir halfen uns gegenseitig nach Kräften. Die Beliebtheit meiner Mutter war dabei sehr hilfreich.

Eines Tages überraschte uns Alice, die Zweitälteste: „Ich gehe mit meinem Freund Hermann nach Amerika. Wir haben uns verlobt. Hermann wird bei Western Electric in Indianapolis arbeiten, 30 Kilometer von Chicago entfernt." Er hatte seine Eltern und Geschwister im Vernichtungslager Auschwitz verloren.

Es war nicht diese Mitteilung, die uns so betroffen machte, sondern die Erkenntnis, daß die Familie auseinanderzufallen drohte. Zuvor hatte schon unsere älteste Schwester Ursel geheiratet und das Haus verlassen, und nur kurze Zeit nach Alice offenbarte uns mein Bruder Ronald, daß er einen Job als Steward auf einem Frachter ergattert hatte und zur See fahren wolle.

Die Familie schmolz förmlich dahin. Welche Pläne hatten wir noch während des Krieges geschmiedet? Wir waren fest davon überzeugt, daß wir - sollten wir überleben - eine gemeinsame Zukunft aufbauen würden und daß niemand aus dem engeren Kreis der Familie auszuscheren gedenke. Dies erwies sich nun als schöner Traum, der aber in der Realität des Alltags keinen Bestand mehr haben konnte. Vater hatten wir sowieso „abgeschrieben", er kümmerte sich kaum noch um die Familie. Unsere Mutter hatte sich in bewundernswerter Weise damit abgefunden.

Den Mund zu voll genommen

Ich zog indessen immer öfter über Land und hamsterte zusammen, was nur aufzutreiben war. Das war ziemlich mühselig, denn die Züge waren hoffnungslos überfüllt, und oft war ich froh, wenn ich noch einen Platz auf dem

Trittbrett oder dem Wagendach fand. Die Heimkehr entschädigte für vieles, denn natürlich wurde ich von meinen Geschwistern immer stürmisch gefeiert.

Auch, als ich einmal einen Korb voll riesiger Pfirsiche mitbrachte. Wir stürzten uns auf die herrlichen Früchte, aber ausgerechnet mir passierte ein Mißgeschick - ich verschluckte einen Stein, der größer war als mein Schlund. Ich bekam Erstickungsanfälle. Meine großen Brüder stellten mich kurzerhand auf den Kopf, nahmen mich bei den Füßen und schüttelten aus Leibeskräften. In ihrer Angst und im Übereifer stießen sie dabei meinen Kopf mehrfach auf den Boden. Irgendwann kam der Stein tatsächlich wieder heraus, mir blieben irre Kopfschmerzen und eine dicke Beule.

Eines Tages tauchte die Polizei bei uns auf. Mein Bruder Rolf hatte auf dem Schwarzmarkt wohl einige Geschäfte abgewickelt, die jenseits des geduldeten Umfanges lagen. Angeblich hatte er Gegenstände verkauft, die Eigentum der Militärverwaltung waren. Jedenfalls gab es eine Razzia, und in uns stiegen böse Erinnerungen und längst überwunden geglaubte Ängste hoch - es roch nach Nazizeit und Gestapo-Manieren. Aber auch das wurde überstanden, denn was bei uns zu finden war, lohnte keiner Beschlagnahme.

Die unheimliche Begegnung

Zwischen den Trümmern in Horn lag ein alter Grandplatz mit schmutziggrauem Belag. Einige Jungen aus den benachbarten Straßen spielten dort Fußball. Mit einer Blechdose oder einem aus Stoffresten geformten „Ball". Darunter war übrigens einer, der als Schauspieler eine beachtliche Karriere machen sollte: der Blondschopf Helmut Griem. Sein Vater war in Rußland gefallen, und er lebte bei seiner Mutter.

Eines Tages standen wir in einer Gruppe an einem der „Torpfosten", die wir mit Mauersteinen markiert hatten, als mir ein Mann in abgerissener Kleidung auffiel. Er kam zögernd auf uns zu, begann dann aber eine Unterhaltung, die mir das Blut in den Adern gefrieren ließ. Ob er meinte, daß dies für Jugendliche besonders spannend, eine Art Realkrimi, sei? Jedenfalls brüstete er sich mit erlebten Greueltaten in Konzentrationslagern und grub dann Fotos aus seiner Tasche, auf denen Kinder wie Schlachtvieh an Haken hingen. Sie seien kurz vor Kriegsende in einer Schule ermordet worden.

Mich erschütterte vor allem die Art seiner Erzählung, die eher Genugtuung als Grauen erkennen ließ. Da seine Zuhörer wenig Interesse erkennen ließen, schlich er sich nach einiger Zeit davon. Während die anderen sich wieder mit ihrem Fußballersatz beschäftigten, folgte ich der unheimlichen Gestalt. Er verschwand in einem der alten Häuser, und weil ich recht flink war, erreichte ich den Eingang gerade rechtzeitig genug, um zu hören, in welcher Etage die Tür geschlossen wurde. Es stand kein Name an der Tür. Ich lief zu den Männern der in diesem Bereich diensttuenden polnischen Miliz und berichtete von den schrecklichen Fotos. Sofort waren einige von ihnen bereit, sich den Mann vorzunehmen. Berichte vom unfaßbaren Schicksal der Kinder vom Bullenhuserdamm waren um die Welt gegangen und hatten die Menschen tief erschüttert.

Ich führte die Beamten zu der Wohnung. Wir hatten verabredet, daß ich klopfen sollte. Wenn sich die Tür öffnete, wollte die eine halbe Treppe tiefer lauernde Miliz die Wohnung stürmen und sich den Mann greifen. Der Plan ging auf. Nach meinem Klopfen öffnete sich die Tür einen kleinen Spalt. Als der Bewohner aber sah, daß es sich nur um einen Jungen handelte, sah er wohl keinen Grund mehr zur Vorsicht. Und schon waren die Beamten zur Stelle und drängten den Mann in die Wohnung.

Eigentlich war das kein Triumph für mich. Ich spürte auch keine Rachegelüste. Aber ich wußte, daß hier ein Mensch Böses getan hatte und zur Rechenschaft gezogen werden mußte. Erst viel später erfuhr ich zufällig, daß es sich um einen ehemaligen Hauptscharführer der Waffen-SS gehandelt hatte. Er war tatsächlich an dem Verbrechen in der Schule beteiligt und wurde von einem Militärgericht in Lüneburg zum Tode verurteilt.

Guter Lehrer Mahring

So ging das Jahr 1946, das erste in unserem Billstedter Haus, zu Ende. Mutter eröffnete meiner Schwester Felicitas, die ein Jahr älter ist als ich: „Morgen gehen wir in die Billstedter Hauptstraße, dort werdet Ihr wieder eingeschult." Ihr - das waren Felicitas und ich. Uns erfaßte eine ungewöhnliche Spannung, denn es war lange her, daß wir ein Klassenzimmer betreten hatten. Ich weiß es noch genau: Da stand Lehrer August Mahring, der im Krieg einen Unterschenkel verloren hatte und nun ein Eisengestell trug. Er begrüßte uns sehr freundlich. Etwa 30 Jungen und Mädchen sahen uns mit großen neugierigen Augen an. Herr Mahring stellte mich vor: „Das ist Ivar Buterfas, und das ist seine Schwester Felicitas." Bei dem Namen Buterfas brach schallendes Gelächter los. Die Kinder prusteten „Butterfaß", „Margarinetonne" und „Schmalztopf!" bis Lehrer Mahring energisch für Ruhe sorgte. Daß noch ein zweiter und viel größerer Lacher folgen sollte, konnte ich nicht ahnen, ich hätte danach aber am liebsten die Schulzeit sofort wieder beendet. So weh tat mir das höhnische Gelächter.

Herr Mahring hatte mich nämlich gebeten, meinen Nachnamen an die Tafel zu schreiben, damit er von den Mitschülern richtig ausgesprochen werden konnte. Die anderen waren alle schon in der fünften Klasse und standen kurz vor dem Übergang in die sechste Klasse. Und ich? Ich war drei Jahre älter als die anderen. Mit Kreide malte ich meinen Namen - und die Klasse brüllte vor Vergnügen, denn ich hatte das große B verkehrt herum geschrieben. Mir wurde kochend heiß, doch dann drangen Worte an mein Ohr, die mein grenzenloses Vertrauen zu diesem Lehrer begründeten. Er herrschte die Kinder an, versuchte ihnen beizubringen, wo mein Bildungsrückstand herrühre und daß auch die Aufregung, nach mehreren Jahren erstmals wieder mit vielen Kindern zusammenzusein, eine große Rolle spiele. Er werde jedenfalls einen zweiten Auftritt dieser Art nicht dulden und notfalls zu drakonischen Maßnahmen greifen. Dann gab er mir die Hand, drückte sie fest und entschuldigte sich für das Benehmen seiner Schüler. Ich spürte, hier hatte ich einen Freund gewonnen, war geborgen, brauchte keine Angst mehr zu haben. Als Klassenältester hatte ich mir dann auch bald den notwendigen Respekt verschafft.

Doch trotz der Ermahnungen von Lehrer Mahring verhielten sich meine Mitschüler sehr verletzend. Oftmals mußte ich mir in den Pausen anhören, daß die Deutschen nicht die einzigen gewesen wären, die Greuel verübt hätten. Die Untaten der Engländer im Burenkrieg wären noch viel schlimmer gewesen. Man sollte das, was in Deutschland geschehen wäre, also möglichst bald vergessen. Alle beteuerten außerdem immer wieder, als hätten sie es einstudiert, die Eltern und Großeltern hätten schließlich jüdische Familien versteckt, mit Lebensmitteln versorgt, sie sicher über den Krieg gebracht und sie so vor der Vernichtung bewahrt. Wenn ich das heute so hochrechne, dann hätten mindestens zehn Millionen Juden gerettet worden sein müssen, obgleich es in Europa doch nur acht Millionen Juden gab. Wo kommen dann eigentlich die sechs Millionen Juden her, die in den Vernichtungslagern umgekommen sind?

Erstaunlicherweise schafften Felicitas und ich den Übergang zur sechsten Klasse. Doch dann stand etwas bevor, was mich mit großer Angst erfüllte. Unser Klassenlehrer kündigte an, daß Mitte des Jahres die Prüfung für den „Oberbau" anstehe und alle teilnehmen könnten, die sich das zutrauten und entsprechende Zensuren vorweisen könnten. Bei mir haperte es lediglich an Rechenkunst und Rechtschreibung. Die Lücken in den Bereichen waren einfach zu groß geworden. Herr Mahring setzte sich deshalb mit meinem Vater in Verbindung. Weil er in mir einen intelligenten, aufgeweckten und phantasievollen Jungen sah, empfahl er dringend einige Nachhilfestunden. Mein Vater lehnte mit der Begründung, daß er auch nicht in den Genuß von Nachhilfestunden gekommen sei, ab. Wenn der Junge weiterkommen wolle, müsse er sich selber helfen - dafür gebe er kein Geld aus...

Für mich waren damit die Würfel gefallen. Es gab allerdings offensichtlich auch andere Lösungen. In einer Zeit mit Lebensmittelmarken und entsprechender Mangelwirtschaft versuchten es einige Eltern auf Umwegen. So wurde gemunkelt, daß Geschäftsleute vor der Prüfung ihrer ebenfalls gefährdeten Zöglinge „Sesam-öffne-Dich-Päckchen" oder ganze Bollerwagen voll Kohle „geliefert" hatten. In dieser verrückten Welt war eben fast alles möglich.

Meine Uhr lief wieder einmal rückwärts. Ich war sehr traurig, denn nun wechselte ein Großteil der Klasse in Kürze in den Oberbau. Was mich aber besonders traf, war, daß mein Lehrer, zu dem ich absolutes Vertrauen hatte, die Schüler nach oben begleiten sollte. Ich überwand mich und sprach selbst noch einmal mit meinem Vater, um das Geld für einige Nachhilfestunden zu erbitten. Aber er blieb unnachgiebig. Wer weiß, vielleicht hätten sich mir im Leben (mit dem ich allerdings sehr zufrieden bin) noch ganz andere Möglichkeiten eröffnet, wenn ich eine bessere Schulbildung genossen hätte. Nun, ich mußte damit fertigwerden und auch diese Niederlage wegstecken.

Aber, aber. Schule schwänzt man nicht

Bedingt durch die schlechten Zeiten, die wir erlebten, blieb es nicht aus, daß meine Mutter und wir Kinder uns zu wahren Pilzexperten entwickelten. Es war immer eine willkommene Abwechslung in unserem grauen Alltag, wenn wir durch die Wälder streifen konnten.

Schon vor dem Krieg, aber auch nach unserer Flucht in Polen, haben Pilze wie Maronen, Hallimasch, Schwefelköpfchen, Ziegenlippen, Pfifferlinge, Stein-, Sand- oder Birkenpilze unseren Speiseplan bereichert. Ich, als Kleinster, fand immer die größten, im Unterholz versteckten Pilze. Es machte mich besonders stolz, denn trug ich doch damit für den Erhalt der Familie, einen wichtigen Teil bei.

Nach Kriegsende ging es uns nun immer noch nicht besser, so daß wir weiterhin auf unsere Waldausflüge angewiesen waren. Das war natürlich nicht ungefährlich, denn Hamburg war ja Kampfgebiet und die Soldaten hatten allerlei Kriegsgerät in den Wäldern zurückgelassen.

Eines Tages - ich ließ Schule Schule sein - zog es mich also in die Bismarckschen Wälder. Mein Schulfreund Günther begleitete mich. Nach kurzer Zeit war die Schule völlig vergessen. Wir streiften durch die Wälder und fanden zwei riesige Steinpilze, die zusammen mindestens 3 Pfund wogen. Auf unserem Nachhauseweg sprachen uns natürlich viele Leute auf unseren seltenen Fund an. Einer meinte, damit sollten wir zu einer Zeitung gehen. Stolz, wie wir waren, fanden wir das eine gute Idee und standen kurze Zeit später strahlend in den Redaktionsräumen einer Hamburger Tageszeitung. Auch die Redakteure waren beeindruckt von dem Fund und wollten uns, nachdem sie die stolzen Finder fotografiert hatten, unsere Pilze abkaufen. Aber wir wollten die Pilze nicht verkaufen. Wir teilten sie auf. Günther bekam für seine 3-köpfige Familie den kleineren Pilz und ich den größeren. Zuerst war die

Freude meiner Mutter über die Speiseplanbereicherung groß, doch dann fragte sie mich, wann ich denn die Zeit zum Suchen des Pilzes hatte. Ich mußte gestehen, die Schule geschwänzt zu haben. Meine Mutter war empört. Trotzdem schaffte ich es, sie zu überreden, mir für die Schule eine Entschuldigung zu schreiben. Lehrer Mahring nahm am anderen Tag die Entschuldigung an. Die Welt schien in Ordnung.

Am nächsten Morgen wurden Günther und ich vor die Klasse gerufen. Unser Lehrer sagte: „Ich kann Euch sagen, was Ihr für eine Krankheit hattet." Dann schlug er die Tageszeitung auf und zwei strahlende Bubengesichter mit großen Pilzen in den Händen lächelten den Betrachter an.

Streng sah Herr Mahring uns an, wir erhielten eine Strafarbeit. Ich hatte das Gefühl, daß unser Lehrer sich über unseren Bubenstreich innerlich amüsierte. Zu keinem Zeitpunkt wären meinem Klassenkameraden und mir der Gedanke gekommen, daß unsere Pilztour ans Tageslicht kommen könnte.

Der „Schauspieler" Ivar

Doch zunächst machte uns Herr Mahring noch eine aufregende Mitteilung: „Unsere Klasse ist ausgewählt worden, für alle Abgänger eine Theateraufführung zu inszenieren. Zur Vorbereitung dürfen wir eine Woche ins Schullandheim nach Zollenspieker in die Vier- und Marschlande fahren." „Und wie heißt das Stück?", fragte ich vorwitzig. „Zwerg Nase", sagte unser Lehrer, „und die Rollen habe ich auch schon verteilt. Rita (das war die Klassenbeste) spielt die Mutter, und Du, Ivar, den Vater. Und die Titelrolle übernimmt Horst." Mit ihm war ich oft und gern zusammen, aber nun lachten alle und meinten, er brauche sich für die Rolle nicht einmal zu schminken.

Wir fieberten dem Tag der Abreise entgegen. Daß wir die ganze Woche lang nur Theaterproben haben sollten, herumtoben und vielleicht auch einige Streiche aushecken konnten - das war schon eine tolle Aussicht. Wir gründeten zu siebt gleich eine Bande. Die „Schwarze Hand" wollte vor allem einige Klassenkameradinnen ärgern, die besonders eingebildet waren. Vielleicht, weil sie schon Freunde in oberen Klassen hatten. Wir schnitzten uns Holzpistolen, die wir mit Schuhcreme schwärzten. An einem der Landheim-Abende geschah es. Rita Jensen schlich wieder einmal aus der Haustür. Ich band mir einen schwarzen Tuchfetzen vor das Gesicht, hob die Pistole und brüllte: „Hände hoch!" Aber anstatt die „Flossen" zu heben, fiel die dumme Kuh einfach um. Mein Gott, gab das ein Theater...

„Wer war das?" Lehrer Mahring schien vollkommen aus dem Häuschen. Ich meldete mich todesmutig und fing mir prompt eine Ohrfeige ein. Sein linker Handteller - an der rechten Hand hatte er sich aus dem Krieg zwei steife Finger mitgebracht - war knüppelhart. Damit nahm er Maß, ließ die Hand durch die Luft sausen und traf mit Sicherheit. Man hatte das Gefühl, von der Erde abzuheben und irgendwo im All zu entschwinden.

Natürlich hatte ich die Züchtigung verdient, aber ich war doch tief beleidigt. Kurz vor Abschluß der Proben - die Ehrengäste von der Schulbehörde waren längst eingeladen - schmiß ich meine Rolle. „Herr Mahring, Sie haben mich geschlagen. Dabei war alles nur Spaß. Ich spiele nicht mehr mit, suchen Sie sich einen anderen Vater." Entsetzt antwortete er: „Wenn Du uns das antust, wirst Du ganz bestimmt aus unserer Gemeinschaft ausgestoßen." Trotz stieg in mir hoch: „Ich verlasse die Klasse ja sowieso, Sie gehen mit den anderen weg, mir ist alles egal." Und einmal richtig in Fahrt, fuhr ich zornig fort: „Wissen Sie was? Ich gehe ganz von der Schule, ich habe keine Lust mehr!" Die Aula in der Möllner Landstraße war gefüllt bis auf den letzten Platz. Es herrschte eine tolle Stimmung, der „Count-down" lief. Bis zur letzten Minute zierte ich mich und spielte den Beleidigten. Schließlich ließ ich mich von Frau Mahring umstimmen. Aber da war noch etwas. Mit meinem Klassenkameraden Horst, „meinem Sohn", hatte ich noch eine alte Rechnung offen. Laut Drehbuch mußte ich ihn in einer Szene mit dem Lederriemen aus dem Haus jagen. Das machte ich so echt, daß alle im Saal johlten. Ich hetzte ihn über die Bühne und verprügelte ihn genüßlich. Niemand konnte ahnen, daß da doch etwas Ernst mit im Spiel gewesen war.

Kein Geld für die Konfirmation

Innerhalb kurzer Zeit kam ich in zwei verschiedene Klassen. Meine Freunde gingen auf eine andere Schule. Es lief alles durcheinander, ich hatte den Boden unter den Füßen verloren und durchlitt schlimme depressive Phasen. Meine Lust am Schulunterricht schwand mehr und mehr. Zu allem Unglück wurde die Not in unserem Hause eher größer. Meine Mutter stand mit ihren Kindern allein da, und es gab wenig Haushaltsgeld. Wenn ich mich richtig erinnere, hatte sie von unserem Vater ganze 25 Mark pro Woche zur Verfügung.

Ihre Erfahrungen mit Behörden waren trübselig. Außerdem war sie viel zu stolz, um sich etwa Unterstützung abzuholen. Da ich ein gewisses Organisationstalent besaß, bemühte ich mich nach Kräften, zum Lebensunterhalt beizutragen. Nach einhelliger Meinung meiner Geschwister war ich da ein „kleines Genie". Jedenfalls besorgte ich an Lebensmitteln, alles mögliche und denkbare. Schon damals spürte ich, daß es mir immer schwerfallen würde, als Angestellter abhängig zu arbeiten und an vorgegebene Aufgaben gebunden zu sein.

Der Schulabgang stand vor der Tür. Gerne hätte ich, wie die meisten anderen, eine Konfirmation gehabt, aber uns fehlte das Geld für einen guten

Anzug, und ich hatte nicht einmal entsprechende Schuhe. Also mußte ich mich mit der Jugendweihe abfinden. Für mich war das ein harter Schlag, machte er mir doch deutlich, daß wir zur sozialen Unterschicht gehörten. Wer genug Geld hatte, besorgte sich die festliche Kleidung einfach auf dem schwarzen Markt.

Nein, meine Jugend war wirklich nicht unbeschwert und glücklich. Zumindestens hatte ich nun die Schule hinter mir und stand plötzlich mitten im Leben. Nur, was sollte ich tun?

Es wurden viele Überlegungen angestellt. Die Frage: „Wozu hättest Du denn eigentlich Lust?" konnte ich überhaupt nicht beantworten. Lust hatte ich zu tausend Dingen, aber ich konnte sie nicht konkretisieren. Da war nichts „zum Anfassen". Mir geisterten die unmöglichsten Dinge im Kopf herum. „Du hast doch Phantasie", sagte ich im Selbstgespräch, „warum versuchst Du nichts Kreatives?".

Ich erinnerte mich gleich wieder an ein Schulerlebnis. Wir sollten einen Aufsatz mit freiem Thema schreiben. Lehrer Mahring wußte, daß ich voller Ideen war und besonders gut Geschichten erzählen und vorlesen konnte. Also bat er mich, meinen Aufsatz vorzutragen. „Welches Thema hast Du gewählt?", fragte er interessiert. Ich antwortete wie aus der Pistole geschossen: „Ich habe über den schrecklichen Leidenszug unserer Landsleute aus Ostpreußen geschrieben. Sie flohen Weihnachten 1944 mit ihrer restlichen Habe. Sie trugen die Kinder halb erfroren auf dem Arm im Panjewagen über die zugefrorenen masurischen Seen vor den Russen." Ich schilderte grausame Szenen. Wie Familien, die auf zu dünnem Eis lagerten, am Heiligen Abend bei brennenden Kerzen mit Hab und Gut und Kindern einbrachen und in der eiskalten Flut versanken.

Mein Lehrer war tief beeindruckt und fast zu Tränen gerührt. „Ivar, dieser Aufsatz ist so phantastisch, daß ich ihn gern unserem Direktor zeigen würde. Bitte, bring' mir das Heft nach vorn." Er blätterte vergeblich. „Du hast mir das falsche Heft gegeben", sagte er. Ich druckste herum. „Nein, Herr Mahring, es ist schon das richtige Heft, aber ich hatte keine Zeit, den Aufsatz zu schreiben..."

Irgendwie erinnerte ich mich jetzt an diese Geschichte. Phantasie ist, so glaube ich, eine besondere Gabe, wenn man sie zur rechten Zeit und für die richtige Sache einsetzt. Doch wirklich nutzen sollte ich sie erst viel später können.

Noch immer Nazis in den Behörden

Nach 1945 war es für meine Brüder Kurt und Rolf selbstverständlich, sich als gebürtige Hamburger wieder um die entzogene deutsche Staatsbürgerschaft zu bemühen. Denn so unglaublich es klingt, die unrechtmäßig aberkannte Staatsbürgerschaft bekamen wir nicht ganz automatisch wieder, wie es selbstverständlich gewesen wäre. Im zuständigen Amt an der Drehbahn saß ein wahrscheinlich übriggebliebener Nazi mit Namen König. Mein Bruder Kurt trug höflich sein Anliegen vor. Herr König blickte zornig auf und sagte: „Was, sie wollen ihre deutsche Staatsbürgerschaft zurück? Sie sind doch Juden und mit uns tödlich verfeindet. Sie sollten sich noch einmal überlegen, ob es das Richtige ist, in unserem Lande zu leben."

Mein Bruder Rolf, der nach seiner schweren Kopfverletzung sehr häufig epileptische Anfälle hatte, drehte völlig durch. Er sauste über den Schreibtisch, packte den Nazi buchstäblich beim Kragen und sagte: „Wenn du noch ein einziges Mal in dieser Tonart mit uns redest, dann muß ich dir den Schädel einschlagen!" Mein Bruder Kurt beruhigte Rolf, und erklärte Herrn König, er solle so schnell wie möglich die Anträge erledigen. Sie würden wiederkommen und er könnte bei seinem Bruder für nichts garantieren, wenn er sich noch ein einziges Mal zu solchen Worten hinreißen ließe.

Solche Vorfälle machten uns immer wieder deutlich, daß es zu dieser Zeit in Behörden, Schulen und Gerichten noch viele alte Nazis gab.

Ein richtiges Lotterleben

Noch immer gab es in Hamburg vom Osten zum Westen und vom Norden zum Süden vielfach „freien Blick". Überall Trümmer, Hausruinen, Steine, Eisen und Bauteile, die nicht mehr zu identifizieren waren. Was würde nur aus Deutschland werden? Diese Frage war nach wie vor unbeantwortet. Im Lager der Alliierten wurden Pläne diskutiert, den gefürchteten Industriestaat in ein reines Agrarland zu verwandeln. Nie wieder sollte von deutschem Boden ein Krieg ausgehen können. Lange stand uns diese Vorstellung wie eine Schreckensvision vor Augen. Viele glaubten, daß es unter diesen Voraussetzungen ein sinnvolles Weiterleben nicht geben könne. Und immer öfter machte sich auch in unserer Familie die Überlegung breit, die angebotene Patenschaft für uns Kinder in Amerika anzunehmen. Diese Patenschaften sollten es jüdischen Kindern ermöglichen, in amerikanischen Familien unterzukommen. Für uns kam das aber nicht in Frage, nachdem wir so viel gemeinsam durchgestanden hatten. Denn wer würde sich dann um unsere Mutter kümmern? Für sie gab es absurderweise weder eine Patenschaft noch Wiedergutmachung.

Wir beschlossen also, unser Schicksal selbst in die Hand zu nehmen. Jeder für sich mit dem Gedanken, unserer wunderbaren Mutter den Lebensabend zu sichern, den sie verdient hatte. Das mündete in ein Versprechen, das sich die im Lande gebliebenen Geschwister gaben. Der erste Schritt dazu gelang meinem ältesten Bruder Kurt. Freudestrahlend kam er nach Hause - er hatte in Billbrook eine Lehrstelle als Kaufmann bekommen. Etwas ähnliches hatte ich mir später nach der Schule übrigens auch gewünscht. Das Unternehmen handelte mit Getreide. Und weil Kurt ein gut aussehender Junge war und nie Mangel an „Bräuten" hatte, lernte er während seiner Lehrzeit ein Bäckermädchen kennen. Dieser Umstand besserte die familiären Brotrationen erheblich auf. Ich half einem Nachbarn, der Lebensmittel von einem Großhändler zu Einzelhändlern zu transportieren hatte. Für mich war das eine willkommene Abwechslung.

Doch aufregend fand ich ganz andere Dinge. So entdeckte ich mit einem Freund zufällig ein richtiges Schuhlager. Ein ehemaliger Nazi hatte es sich in einem Keller eingerichtet, wohl um schwarze Geschäfte zu machen. Wir räumten es aus und verfügten damit über fast 200 Paar Schuhe, die wir unter unseren Familienmitgliedern und Freunden verteilten, selbstredend sie aber auch auf dem Schwarzmarkt verkauften oder tauschten. Dieses „Lotterleben" setzte sich fort; Woche für Woche, Monat für Monat. Die Hoffnung, daß es in diesem Land eine entscheidende Wende geben würde, war denkbar gering. Doch irgendwann begann sich das Leben, zunächst fast unmerklich, doch zu normalisieren. Die Zahl derer, die wieder ein wenig Mut faßten, wuchs. Sie begannen, in ihren Behausungen einigermaßen wohnliche Verhältnisse zu schaffen. Man schrieb das Jahr 1948.

Der Ernst des Lebens

Lehr- und Wanderjahre

Lehrstellen waren Mangelware. An die jüdische Gemeinde wollte ich mich nicht wenden, da ich es satt hatte, als Bittsteller aufzutreten. Auch über meinen Vater gab es keine Möglichkeit, obwohl er seine vielen Verbindungen hätte spielen lassen können. Ich schaffte es allein und fand eine Lehrstelle als Fliesenleger, die ich allerdings nur sehr ungern antrat. Viel lieber hätte ich mich zum Kaufmann ausbilden lassen. Meine Lehrfirma hatte eine Baustelle in der Nähe der Alsterarkaden. Ich als „Stift" mußte den ganzen Tag Zementreste von der Rückseite alter Kacheln kratzen, denn neues Material war noch kaum auf dem Markt und Ausbesserungsarbeiten überwogen. Dabei muß ich meinen Altgesellen und zukünftigen Meister, einen Herrn Steffen, wohl mit „tollen Tips" genervt haben, wie man es anders und viel besser machen könnte. Er war immerhin seit 20 Jahren im Fach, und ich hatte gerade vier Tage hinter mich gebracht. Ihm platzte jedenfalls der Kragen und ich fing mir eine schallende Ohrfeige ein. Im zweiten Lehrjahr bekam ich eine schwere Gelbsucht. Ich mußte für längere Zeit ins Wandsbeker Jüthorn-Krankenhaus. Damit war dann auch meine Laufbahn als Fliesenleger beendet.

Mein Vater hatte sich inzwischen von seinem Geschäftspartner in Westdeutschland getrennt und ein Leben begonnen, das ihm wohl besonders zusagte - als Verkäufer auf Märkten. Heute hier, morgen dort. Er arbeitete an einem Stand am Hamburger Hauptbahnhof, in den Kurzen Mühren, und bot dort Neuheiten an. Artikel also, die man dem Publikum in wortreichen Vorträgen schmackhaft machen mußte. Vielleicht gab das auch meinem Leben eine neue Richtung, denn die Sache faszinierte mich. Obgleich mein Vater kaum noch Kontakt zu seiner Familie hatte, durfte ich einige Male helfen und spielte dabei eine wichtige Rolle. Ich hatte meinen Auftritt, wenn er mit seinem Vortrag fertig war; denn dann mußte ich als erster Kunde nach vorne drängen und mit meinem „Kauf" andere animieren.

Meine große Stunde schlug, als ich selbst vortragen und für das Produkt werben durfte. Vater, der sich den Alleinvertrieb gesichert hatte, war verhindert, und ich pries die „Colanuß" in den höchsten Tönen. Sie mußte zerrieben werden - man konnte die tollsten Geschichten über ihre Wirkung und Heilkraft erzählen. Ich war gerade 17 Jahre alt und entschlossen, weitere Erfahrungen zu sammeln. Daß ich mit einem Schlag auch gutes Geld verdiente, betrachtete ich als sehr angenehme Begleiterscheinung. Was mir aber besonders gut tat war die Tatsache, daß mich 20 und 30 Jahre ältere „Kollegen" als ihresgleichen akzeptierten - ich war in den exklusiven Kreis der Neuheitenverkäufer aufgenommen worden. Mein Interesse wuchs, als ich von anderen hörte, daß es neue Märkte von Münster bis München gebe und daß sie auch feste Plätze auf diversen Messen gebucht hätten. Man konnte mit diesem Job also auch auf Reisen gehen...

Ich muß wohl ganz passabel ausgesehen haben und wirkte zudem auch noch bedeutend älter. Mir war es nicht unangenehm, daß sich unter meinem Publikum ziemlich viel Weiblichkeit versammelte. Ich konnte mir nun auch gute Garderobe leisten und hatte allen Grund, zufrieden zu sein.

Im zerstörten Dortmund

Onkel Hans und Tante Lina

Nach und nach war die Budenstadt am Hauptbahnhof zu einem internationalen Treffpunkt geworden. Neben deutschen Spitzenverkäufern tauchten auch welche aus Dänemark und den Niederlanden auf. Eines Tages lernte ich Hans und Lina Karp aus Duisburg kennen. Das Ehepaar war recht beliebt, galt als hilfsbereit und ganz besonders tüchtig im Verkauf von Neuheiten und Raritäten. Es war Frau Karp, die mir den Vorschlag machte, für eine gewisse Zeit mit nach Duisburg zu kommen, um dort weitere Erfahrungen zu sammeln. Ich könnte auch bei ihnen wohnen. Ich nahm das Angebot dankbar an, suchte das Notwendige zusammen und reiste mit dem freundlichen Paar nach Duisburg. Sie hatten auch eine Tochter, die zwei Jahre älter war als ich. Sie war verheiratet und bekam gerade ihr erstes Baby.

Duisburg wurde für längere Zeit meine zweite Heimat. Die Karps behandelten mich wie ihren Sohn. „Tante Lina" und „Onkel Hans", wie ich sie nennen durfte, betrieben auch noch einen Kaffee-Großhandel. Sie belieferten

46

Geschäfte und Restaurants und fuhren ein für damalige Verhältnisse traumhaftes Auto; einen alten Rolls-Royce, den sie einem Amerikaner in Bremen abgekauft hatten. Ich verdiente sehr gut und konnte mir fast alles leisten. Ich hatte schließlich niemanden zu versorgen. Zur Freude von Tante Lina schickte ich meiner Mutter regelmäßig Geld und Pakete und vergaß weder Muttertag noch Geburtstag.

„Flitzer" - ein Phänomen

Und dann kam es zu einer wirklich schicksalhaften Begegnung. Hans Karp lud mich zu einer Fahrt nach Oberhausen ein, wo Neuheitenverkäufer im Anschluß an den normalen Markt ihre Stände aufzubauen pflegten. Er kündigte mir die Bekanntschaft eines in der Zunft geradezu berühmten Mannes an. Fred Illert, den sie wegen seiner Wendigkeit „Flitzer" nannten, kam aus Hamburg und verkaufte einen Artikel im Alleinvertrieb für Deutschland. Ein Haarpflegemittel, das Kräftigung und Wiederwuchs versprach, Haarausfall stoppen und Schuppen beseitigen sollte. „Dieser Mann ist einer der besten Verkäufer, die man hierzulande kennt", versicherte Karp. Natürlich reizte es mich, einer solchen Verkaufskanone zuzuhören und bestimmt allerlei lernen zu können.

Als wir den „Tatort" erreichten, sahen wir schon von weitem eine riesige Menschentraube. Es mochten 150 oder sogar 200 Leute sein, die sich auf engem Raum zusammendrängten. Sie lauschten den Worten eines Mannes von ausgesprochen gepflegter, eleganter Erscheinung. Er besaß Hände wie ein Pianist und unterstrich seine mitreißend formulierten Sätze mit lebhaften Gesten. Der Vortrag war so faszinierend, daß man eine Stecknadel hätte fallen hören können. Der Verkauf war entsprechend erfolgreich. Er nahm wohl mit einer einzigen „Vorstellung" an die 700 Mark ein.

Ich war so begeistert, daß ich mir seinen Vortrag zweimal anhörte und dann sicher war: Das ist dein Verkaufsartikel und er ist der Mann, der dir das letzte Rüstzeug geben könnte. Respektvoll wartete ich, bis mich mein Onkel Hans zum „Meister" begleitete und mich vorstellte: „Flitzer, das hier ist ein ganz junger Kollege aus Hamburg. Du kennst ihn bestimmt, er ist der Sohn von Buterfas." Die Antwort war wenig schmeichelhaft: „Ja, ich kenne diesen Lümmel, habe einiges von ihm gehört. Allerdings wenig Gutes." Onkel Hans nahm mich sofort in Schutz: „Da irrst du dich, er ist wirklich ein netter Bengel." Fred Illert knurrte: „Na gut. Und was willst du von mir?" Ich sprudelte spontan los: „Ihr Vortrag hat mich unglaublich gefesselt. Ich könnte von ihnen eine Unmenge lernen und würde mich sehr freuen, wenn ich mit ihnen arbeiten dürfte." Er atmete kurz durch und legte dann, nun gar nicht mehr so vornehm, los: „Du Grünschnabel bist ja größenwahnsinnig. Dir habense wohl ins Gehirn gesch... Du bist wohl vom Affen gebissen, was bildest du Rotzlöffel dir eigentlich ein? Wenn ich jemanden brauche, suche ich mir den selber. Du kannst darauf warten, bis du schwarz wirst!"

Ich stand wie vom Donner gerührt und wußte beim besten Willen nicht, womit ich die Schimpfkanonade ausgelöst hatte. Als Herr Illert seinen dritten Vortrag startete, tröstete mich Onkel Hans. Ich solle mir das nicht so sehr zu Herzen nehmen, Flitzer gelte unter den Kollegen in Deutschland als ein bißchen verrückt. Vielleicht ändere er seine Meinung schon in den nächsten Stunden, denn sie seien abends zum Essen verabredet.

Ich saß am Tisch und hatte den Mund zu halten, „wenn sich Erwachsene etwas zu erzählen haben." Wer mich kennt, weiß, wie schwer mir das fiel. Aber es sollte sich lohnen, denn plötzlich sprach mich Herr Illert an: „Du, hör mal. Wenn ich demnächst wieder in Hamburg bin, kannst Du ja mal bei mir vorbeikommen." Ich strahlte.

Ehe ich nach Hamburg zurückkehrte, warnte mich Onkel Hans nachdrücklich: „Flitzer und seine Frau Paula haben eine Tochter namens Dagmar. Laß' ja die Finger davon, die beiden verstehen in der Hinsicht keinen Spaß." „Ist sie hübsch?", fragte ich grinsend. „Ja, sie ist sogar ein sehr hübsches Mädchen." Mich ritt wohl der Teufel: „Dann mache ich mit dir eine Wette, daß ich mich mit der Kleinen verabreden werde."

Flitzer, der spätere Schwiegervater

In Hamburg angekommen, bemühte ich mich telefonisch bei Herrn Illert um einen Termin. Ich fuhr zu der angegebenen Adresse und klingelte. Mir wurde geöffnet - und im Türrahmen stand ein Mädchen mit langem, lockigem Haar, kecken Augen, einer süßen Stupsnase und einer unglaublichen Figur. Ich muß sie wohl ziemlich verdattert angeguckt und sie von oben bis unten gemustert haben, denn es dauerte einige Sekunden, ehe sie fragte: „Sie wünschen?" „Ich möchte zu ihrem Vater, wir haben eine Verabredung getroffen." Offensichtlich wußte sie Bescheid: „Er erwartet sie schon."

Ich hatte mich wieder eingekriegt, lachte sie an, griff mit einem Reflex in ihr Haar und verkündete: „Na, Du kleiner Lockenkopf, wir beide gehen bald einmal ins Kino." Ihre Antwort war kurz und deutlich: „Ich glaube, da nehmen Sie sich zuviel vor. Andere Mütter haben auch schöne Söhne."

Das Gespräch mit Herrn Illert dauerte nicht lange, war aber sehr inhaltsreich. Er faßte zusammen: „Also Du willst bei mir arbeiten und etwas lernen. Ich gebe Dir eine einmalige Chance. Doch wenn Du aus der Reihe tanzst, schmeiße ich Dich unterwegs raus, dann ist Dein Gastspiel sofort beendet. Im übrigen hast Du ja nicht einmal komplette Papiere." Die konnte ich auch nicht bekommen, denn ich war immer noch staatenlos. So ließ er mich auf seinem Gewerbeschein als Begleitperson eintragen, was für mich mit finanziellen Zugeständnissen verbunden war. Ich bekam weniger Geld, mußte aber dennoch die volle Leistung erbringen.

Katastrophe zum Auftakt

Die erste Reise ist mir unvergeßlich geblieben. Sie sollte nach Dortmund gehen. Fred Illert fuhr einen alten Hanomag mit Anhänger. Dieser war voller Haarwasserflaschen und anderer Utensilien, die in Dortmund verkauft werden sollten. Was ich aber nicht wissen konnte: Er war ein miserabler Autofahrer.

Bei Petershagen, in der Nähe von Minden, nahm er eine enge Kurve so schlecht, daß er drei Begrenzungssteine streifte und den Anhänger von vorn bis hinten aufriß. Wütend rannte er zu einem Restaurant, um den Schaden gleich zu melden. Ich mußte derweil auf der Straße mit den Aufräumungsarbeiten beginnen. Mehr als die Hälfte aller Flaschen war zerbrochen, ich hatte mehrere Stunden zu tun. Dennoch war ich voller Erwartung, mit ihm zu arbeiten. Ich wollte beweisen, was in mir steckt. Mein Ehrgeiz war riesengroß.

Zwischen uns lagen 30 Jahre Altersunterschied. Durch mancherlei Umstände hatte ich eigentlich keine gleichaltrigen Freunde. Ich empfand das als wesentlichen Gewinn, denn von älteren Menschen konnte ich mehr lernen, ich lauschte gespannt ihren Erzählungen.

Es war schon ein munteres Völkchen, diese Neuheiten-Verkäufer, Könige unter den Marktbeschickern. Sie wurden respektiert, teilweise geradezu angehimmelt, denn von ihnen ging eine fast unheimliche Wirkung aus - souveräne Schauspieler hinter einem großen Tisch und unter riesigen Schirmen. Heute gibt es eigentlich nur noch einen, den man damit vergleichen kann und der zu meinen engsten Freunden zählt: Dieter Bruhn - in ganz Deutschland bekannt als „Aal-Dieter". Er hat beispielsweise seine großen Auftritte jeden Sonntagvormittag auf dem Hamburger Fischmarkt.

Wir fuhren weiter nach Dortmund - mit dem Zug. Die Ware war verladen worden, die Schuld am Unfall bekam ich. Im Telefonat mit seiner Frau Paula behauptete er, daß ihn allein meine Anwesenheit so abgelenkt habe, daß es zu dem Unglück kommen mußte.

Wir hatten ein Zimmer in „Benders Bahnhofshotel" bezogen. Seinen Stand hatte der Chef im Herzen der Stadt auf dem Vorplatz einer noch zerstörten Kirche. Fred Illert eröffnete seine Vortragsreihe, und ich machte mir fleißig Notizen. Die Leute waren sofort von ihm eingenommen. Sie lasen jedes Wort von seinen Lippen ab. Als er fertig war, rief er mich und erklärte ziemlich herablassend: „Meine Damen und Herren, ich stelle Ihnen hier Herrn Kogge vor, dem Sie Ihre Wünsche mitteilen können und der Sie bedienen wird." Sprach's, zog seinen eleganten Fischgrätmantel über, nahm den roten Schal und verließ mit unnachahmlich majestätischem Schritt die Szene - es sah gigantisch aus.

Um die 80 Leute legten für die 500-ml-Flasche fünf Mark hin. Für damalige Verhältnisse war das ein guter Preis. Die Kasse war damit schon mit mehreren hundert Mark gefüllt, der Warenbestand hatte sich erheblich reduziert. Nun hielt ich meinen ersten Vortrag. Unsicher zuerst, mit einigen Patzern und Hängern, doch das Publikum bewies Geduld. Vielleicht war es aber auch nur neugierig. Meine Rede wurde immer flüssiger und ich merkte, wie mir das Publikum aufmerksam zuhörte.

Zum Glück besaß ich eine gewaltige Haarpracht. An ein Haar konnte ich leicht ein Zehn-Gramm-Gewicht hängen. Ich riß mir anschließend mit großer Geste eines heraus und zeigte dem staunenden Volk die kräftige helle Wurzel. Das war schon sehr imposant, auf diese Weise verkaufte ich fast einhundert Flaschen. Dies beeindruckte sogar Fred Illert, der nach meinem dritten Vortrag endlich wiederkam und sah, daß der Warentisch fast geräumt war. Wir hatten nun schon mehr als 1800 Mark eingenommen und waren schließlich ausverkauft.

Illert forderte in Hamburg Nachschub an. Er hatte mich zwar mit keinem Wort gelobt, doch ließ er mich auch am nächsten Tag allein arbeiten. Er kaufte in der Stadt ein neues Auto, einen Buckel-Taunus von Ford mit Ladefläche. Natürlich hatte er auch gleich die Reklame für seinen Verkaufsschlager anbringen lassen: „Ilosan", abgeleitet von Illert.

Als wir vormittags einmal nicht in Dortmund arbeiten konnten, fuhren wir zum Wochenmarkt nach Gelsenkirchen-Buer. Wir hatten einen exklusiven Platz zugewiesen bekommen, und schon nach dem ersten Vortrag war der Markt total blockiert. Mehr als 400 Leute, zu 70 Prozent Männer, die unter Tage im Kohlebergbau beschäftigt waren, standen wie eine Mauer. Sie, die ihre verschmutzten Köpfe tagtäglich schrubben mußten, litten extrem unter Haarausfall. Hier eröffneten sich ungeahnte Absatzmöglichkeiten.

Einen unserer Vorträge hatte ein elegant gekleideter Herr gespannt verfolgt. Er sprach Illert dann in der Nähe des Standes an. Und Flitzer bekam wieder einen seiner Anfälle: „Sie sind wohl besoffen?", brüllte er den erblassenden Herrn an. „Glauben Sie wirklich, daß ich dieses Edelprodukt in Ihre Scheißdrogerie gebe? Eher kippe ich meine Buddeln in die Elbe." Ich hätte bei diesem peinlichen Auftritt im Erdboden versinken mögen, aber nun waren so viele Menschen aufmerksam geworden, daß sich wohl um die 600 um uns scharten. Ich hatte einen großartigen Erfolg - der „Sunny Goj" begann sich zu mausern.

Paula - eine geballte Ladung

Der Erfolg beschränkte sich nicht nur auf den beruflichen Bereich. Was Fred Illert nicht ahnte: Bei meinen Kurzbesuchen in Hamburg hatte ich begonnen, meine Duisburger Wette einzulösen. Dem Freund hatte ich „Klein-Dagmar" schon gleich ausgespannt, und jetzt hatten wir uns sogar heimlich verlobt. Natürlich durfte niemand davon wissen. Paula hätte ihre Tochter wahrscheinlich totgeschlagen, war ich doch absolut unter der Würde ihrer Familie. Auf Dauer war die Katastrophe freilich nicht zu verhindern. Sie begann im Hotel Bender. Ich wurde nachts von einem mächtigen Schlag ins Gesicht geweckt. Der Hieb stammte von einem nylonbestrumpften Bein im Nebenbett. Diskret wie ich war, zog ich mich an, schlich aus dem Zimmer und überließ den Chef seinem Schicksal. Natürlich schrieb ich meiner Daggi nach Hamburg, was sich da abgespielt hatte, und daß ich an den abendlichen Gelagen der Verkäufer wenig Gefallen fände. Wir waren uns zu dem Zeitpunkt schon so gut wie einig, daß wir einmal heiraten würden. Doch meine Geliebte ließ den inhaltsreichen Brief in ihrem Zimmer liegen, und prompt fiel er der resoluten Paula in die Hände. Sie war nur 1,48 m groß, aber jeder Zentimeter war eine geballte Ladung Dynamit. Diesen Vulkan mußte man bei einem Ausbruch erlebt haben, um das ganze Ausmaß des Unglücks zu erfassen.

Paula rief zornbebend in Dortmund an. Flitzer entwickelte in Sekunden-schnelle eine für ihn lebensrettende Strategie, die mich glatt umhaute. Er erklärte nämlich empört, ich sei der Strolch gewesen, den er mit diesem Flitt-chen im Bett erwischt hätte. Das brachte Paula erst recht auf die Palme. Das Unwetter brach nun über Dagmar herein: „Wie kommst Du zu diesem Brief, was will der Freier überhaupt von dir, was tut sich da zwischen euch?" Sie gestand die heimliche Verlobung - und fing sich dafür zwei Ohrfeigen ein. Paula war außer sich.

Nachmittags war ich unterwegs gewesen. Als ich ins Hotel zurückkam, öff-nete ich ahnungslos die Tür zum Restaurant - und taumelte unter einem bru-talen Faustschlag ins Gesicht zurück. Paula, die Rächerin, hatte zugelangt und mich in aller Öffentlichkeit bloßgestellt. Sie warf mir die schlimmsten Beleidigungen an den Kopf. Und dann sah ich IHN in einer Ecke sitzen und grinsen: Flitzer ließ sein „Paulchen" genüßlich toben - es war das Ende unse-rer Partnerschaft.

Als ich das Schlachtfeld verließ, stand Martin Kattner vor mir. Er wohnte in Elberfeld, stammte aus Kattowitz und hatte kürzlich sein Interesse an unse-rem Produkt und an einer Zusammenarbeit mit mir bekundet. In seinem harten Dialekt redete er auf mich ein: „Na siehste, hast du nun erlebt, wie er dich abfertigt. Können wir jetzt machen Kippe (so nennt man im Jargon eine Geschäftspartnerschaft). Wenn arbeiten wir zusammen, wir machen viele Meise."

In dieser Situation war ich für das Angebot sogar dankbar. Und doch kam ich in gewisser Weise vom Regen in die Traufe. Martin war eine Seele von Mensch, ein prima Kumpel, ein ehrlicher und korrekter Partner - aber ein Säufer. Unsere erste gemeinsame Reise führte nach Trier. Er hatte dort einen phantastischen Verkaufsplatz. Aber die Garage gehörte zu einem Lokal, in das man nur mit einem bestimmten Codewort gelangen konnte und in dem ausschließlich Marktleute verkehrten.

Man klopfte an die Tür, von drinnen erscholl eine Stimme „HÜÜÜÜH-NERPOOOPOOO" und das Lösungswort, für das Sesam-öffne-Dich, im tiefsten Trierer Dialekt lautet: „Lecke se mich maol am Ar...

Martin zechte die ganze Nacht. Am Morgen sollten wir unsere Premiere als Partner haben, aber wie? Ich hatte noch keinen Führerschein, war immer noch staatenlos. Ich mußte also den beladenen Anhänger durch die halbe Stadt ziehen, meine Vorträge halten, wieder einpacken und den gleichen Weg zurücknehmen. Drei Tage lang ließ ich mir das gefallen, erzielte traumhafte Kassen und teilte auf Heller und Pfennig. Am dritten Abend hatte ich die Nase voll: „Martin, unsere Zusammenarbeit endet hier und heute. Ich fahre zurück nach Duisburg. So hatte ich mir Kippe wirklich nicht vorgestellt." Mit einem Schlag war Martin nüchtern und von dieser Stunde an ein guter, zuverlässiger Mitarbeiter. Auch wenn er wegen seines polnischen Dialektes nicht so gut bei den Leuten ankam wie ich und entsprechend weniger verkaufte, teilten wir redlich.

Eine unvergeßliche Erinnerung aus dieser Zeit ist der Libori-Markt in Münster gewesen. Dort trafen sich die großen Neuheitenverkäufer Deutschlands. Vor der Eröffnung der Messe ließen sich manche Verkaufsexperten durch den Bischof von Münster ihre Artikel segnen. Das ging von Rasierklingen bis zur „Rose von Jericho", von der Cola-Nuß bis hin zu wachstumsfördernden Haarwässern. Abends traf man sich dann zum feucht-fröhlichen Beisammensein im gleichen Hotel.

Stolz war ich auf meinen taubenblauen Einreiher mit Schalkragen, der durch seinen modernen Schnitt und seinem damaligen Träger etwas darstellte.

Da die Trinkgelage noch nie meine Stärke waren, begab ich mich schon recht früh auf mein Zimmer. Vor die Tür stellte ich meine nagelneuen, traumhaft schönen, grauen Wildlederschuhe mit der Bitte „Vorsichtig Aufrauhen".

Ein Witzbold entfernte den Zettel und änderte den Wunsch in: „Bitte schwarz färben." Ich war empört über diese Gemeinheit. Die Kollegen am Frühstückstisch hingegen haben sich über diesen Spaß köstlich amüsiert.

Im Herbst desselben Jahres versammelten sich die gleichen Kollegen aus Münster zum Oktoberfest im Münchener Spezialisten-Hotel.

Da ich wußte, wer mir diesen Streich gespielt hatte, wollte ich ihm nichts schuldig bleiben. Ich ging, wie immer, früh auf mein Zimmer und wartete auf eine Gelegenheit. Der Zufall half. Es dauerte nicht lange und der betreffende Kollege hing seinen nagelneuen grauen Flanellanzug auf den Flur. Am Revers war ein Zettel befestigt mit der Bitte „Jacket ausbürsten, Hose aufbügeln."

Das war meine Stunde! Ich vertauschte die Zettel und schrieb: „Jacket ausbürsten, Hose 30 cm kürzen."

Als der Kollege aus Oberhausen morgens zum Frühstück kam, brach das Hotel vor Lachen fast zusammen. Der 190 cm Hüne sah zum Wiehern aus in seinen Knickerbockern.

In Hamburg war es derweil für meine Dagmar ungemütlich geworden. Der Druck der Mutter wurde fast unerträglich, sie forderte energisch den Abbruch der Beziehung. Wir schrieben uns postlagernd, hielten aber zusammen wie Pech und Schwefel. Ich habe Herrn Illert übrigens noch bis zum Tag vor der Hochzeit konsequent gesiezt. Dann erst brachte ich das erste „Du" über die Lippen...

Ariernachweis noch nach 1945

Doch bevor wir heiraten konnten, mußten wir noch einige Hürden überwinden, von denen wir glaubten, es würde sie längst nicht mehr geben. Dag-

Hochzeit 1955

mar brauchte, da sie noch nicht volljährig war, die Einwilligung ihres Vaters. Der aber war in Frankreich gefallen. Die Mutter stammte aus Dresden, Papiere waren kaum noch vorhanden, beziehungsweise aus Dresden nur schwer zu bekommen. So hatten wir von meiner Frau nur eine Geburtsurkunde. Nichtsdestotrotz gingen wir zum Standesamt. Ich gab dem Beamten meinen Fremdenpaß und das, was ich an Papieren wieder beisammen hatte. Als der Standesbeamte die Geburtsurkunde meiner zukünftigen Frau sah, blickte er kurz auf und erklärte: „Sie heißen Frankenthal. Das klingt aber wenig arisch. Sie müssen unbedingt noch die erforderlichen Papiere nachreichen, die ihre arische Abstammung belegen."

Sofort fühlte ich mich wieder in die schlimme Zeit vor 1945 versetzt. Ich stand auf diese Art noch immer unter einem starken Druck, wenn Menschen mit mir sprachen. Noch bis 1960 habe ich die Straßenseite gewechselt, wenn mir jemand in einem langen Ledermantel entgegenkam. Es geschah aus Angst, er könne das Revers zurückklappen und ein Gestapo-Abzeichen zeigen.

Meine zukünftige Frau und ich waren so entsetzt, daß wir mit eingezogenem Kopf das Standesamt verließen. So haben wir gewartet, bis meine Frau mündig war und dann 1955 in Hamburg geheiratet.

Meine Zukunft liegt in Deutschland

Ich hatte in meiner Entwicklung einen mächtigen Schritt nach vorn getan. Mein Selbstvertrauen war gewachsen, ich hatte innere Stärke gewonnen, und auch mein Vokabular war erheblich umfangreicher geworden. Ich las viel und versuchte auch auf diesem Weg manches von dem, was mir an Schule und Ausbildung unter den Nazis vorenthalten worden war, nachzuholen.

Wir hatten nach der „Reichskristallnacht" 1938 auch als Halbjuden die deutsche Staatsbürgerschaft verloren. Nun, da viele Behörden ihre Arbeit wieder aufgenommen hatten, suchte ich mein Recht. Ich wollte mich endlich wieder ausweisen können - selbstverständlich als Deutscher. Über meine Mutter stellte ich entsprechende Anträge, doch die Ausflüchte und Verzögerungen durch die Ämter waren so entmutigend, daß wir das Projekt Staatsbürgerschaft erst einmal ruhen ließen. Für mich stand trotzdem felsenfest, daß ich Deutschland niemals verlassen würde. Ich wollte mir hier eine Existenz aufbauen und versuchen, aus meinem Leben etwas zu machen. Das Vertrauen in die Zukunft gründete ich auf Erlebnisse, die uns hilfreiche Menschen in den Tagen höchster Not und Gefahr vermittelt hatten. Dieses Volk hatte zwar mit Massenmorden schwere Schuld auf sich geladen, doch hatte es auch jene tapferen Menschen gegeben, die unter Lebensgefahr geholfen und Juden oder politisch Verfolgte vor den SS- und SA-Knechten versteckt hatten.

Unter den „Kollegen Verkäufern" gab es einen namens Günter Schäfer. Er stammte aus Hannover, arbeitete aber oft in Hamburg und belegte dann mit anderen zusammen einen großen Stand an der Mönckebergstraße. Schäfer hatte immer eine Fülle von Ideen. Eines Tages kam er zu mir und erzählte folgendes: „Ich bin auf einen Artikel gestoßen, der von einer Hamburger Firma vertrieben wird. Ich glaube, das wird eine tolle Sache." Es handelte sich um eine Küchenmaschine, ähnlich dem Starmix. Sie sei ein reines Zaubergerät, könne Getränke mixen, Gemüse raspeln, aber auch bohnern, staubsaugen und sogar schleifen. „Das Ding verkauft sich wie verrückt, und von jedem Auftrag bekommst du bis zu 90 Mark Provision. Stell' dir nur mal vor, was du in einer Woche verdienen kannst, wenn du jeden Tag nur vier oder fünf Geräte an den Mann bringst."

Bei aller Verlockung war ich dem Angebot nicht sonderlich zugetan, weil mir das Verkaufen an der Wohnungstür völlig fremd war und ich nicht wußte, ob es mir liegen würde. Meine junge Frau drängte mich, weil sie nicht wollte, daß ich länger als Neuheitenverkäufer „auf der Straße lag". Also raffte ich mich auf und besuchte einen der Vorstellungstermine bei dieser Firma. Ein Bezirksleiter stellte den vielen Interessenten das Gerät vor und erklärte auch, wie es im Gespräch angeboten werden solle. Daß es einen großen Bedarf gab, konnte ich mir schon vorstellen. Mit sicherem Auftreten und dem richtigen Vortrag müßten gute Umsätze zu erzielen sein. Kurzum, ich unterschrieb einen Vertrag und bekam den Raum Emden, Aurich, Leer in Ostfriesland zugeteilt. Der Bezirksleiter hieß Henry Wiese und hatte noch fünf Gruppenleiter unter sich. Jede Gruppe bestand wieder aus vier Vertretern, so daß insgesamt 20 Mann tätig waren. Am Ende der Woche wurden die Auftragsscheine gesammelt, und der Bezirksleiter veranlaßte die Auszahlung der Provisionen.

Goldene Brillantennadel

Binnen kurzer Zeit war ich zum absoluten Spitzenverkäufer aufgestiegen und erhielt alle Auszeichnungen, die das Unternehmen zu bieten hatte: die grüne Nadel für 200 Verkäufe, dann die silberne, die goldene und schließlich die Krönung, eine goldene Brillantennadel. Ich war der jüngste Vertreter mit dem höchsten Umsatz.

Das Unternehmen, die Firma Albert Stutz (mit ihrem Inhaber verbindet mich immer noch ein sehr gutes Verhältnis), wuchs schnell. Was ich nicht wußte, war, daß einige Vertreter auch Scheine von „Kunden" brachten, die längst - zum Teil seit Jahrzehnten - verstorben waren. Natürlich gab es auch für diese sogenannten „Friedhofsscheine" erst einmal Provision. Erst wenn die Auftragsbestätigung bei der Firmenzentrale herausging, stellte sich der Betrug heraus, und es gab unzählige Stornos.

Das paßte dem Verkaufschef Hühn natürlich nicht, und Henry Wiese wurde gefeuert, weil er das Kontrollsystem sträflich vernachlässigt hatte. Was geschah? Ich wurde von Wilhelm Hühn (der Jahre später in unserer eigenen Firma arbeitete) gebeten, sofort einzusteigen.

Das überraschte und ehrte mich, denn nun war ich der Vorgesetzte von etwa 25 Vertretern. Allerdings mit einer Hypothek, an der ich noch lange zu tragen hatte. Ich setzte fast mein ganzes Geld für die Bereinigung der Stornos ein. Von der ersten Minute an stand meine Frau mir bei. Sie konnte nicht nur glänzend verkaufen, sondern übernahm mit mir zusammen auch die Abrechnung und fuhr dann mit einem - nicht synchronisierten! - VW von Emden über Oldenburg nach Hamburg zurück - damals noch eine Reise von vielen Stunden.

Die Säuberung des Bezirkes von „Karteileichen" beanspruchte mich fast ein Jahr und erforderte rund 30 000 Mark. Ich hielt das für unumgänglich, um den Namen der Firma nicht zu beschmutzen. Aber es war mein eigenes Geld, und es sollte mir nicht vergütet werden. Enttäuscht darüber und entsprechend sauer, ging ich mit meiner Frau zurück nach Hamburg und arbeitete lieber wieder in einer Gruppe. Inzwischen hatten wir Nachwuchs bekommen. Unser Sohn Andreas, ein süßes Kerlchen, hatte das Licht der Welt erblickt.

56

Verleihung der Brillantennadel

Unser Gruppenleiter hieß Adolf Hartmann und war ein Pfundskerl. Zur Gruppe gehörten u.a. auch Bernhard Sonntag und Gerhard Bothmann, der in meinem Leben noch einmal eine wichtige Rolle spielen sollte. Bothmann war ein Verkaufsgenie, aber leicht einmal ab vom Wege. Er konnte es nicht lassen, mit raffinierten Hintertreppentricks immer mal wieder Leute zu überlisten. Es war so eine Art Sport von ihm. Zudem war er meistens verschuldet und borgte sich reihum Geld bei den Kollegen. Betrogen wurde in und von meiner Gruppe jedoch niemand.

Wir verlegten unser Betätigungsfeld nach Westerland. Es war meine erste Bekanntschaft mit der Trauminsel Sylt, die mich nie wieder losgelassen hat. Die Insel gab meinem etwas kränkelnden Sohn und meiner Frau auch etwas Gesundheit wieder. Dagmar hatte bei ihren Geburten - auch Tochter Jasmin war mit Kaiserschnitt geholt worden - sehr gelitten; sie war bis auf 38 Kilo abgemagert. Wir verlebten in Westerland glückliche Zeiten. Ich verkaufte überragend und kam mit viel Geld nach Hause.

Wir lebten dennoch sparsam, sparten jede übrige Mark, weil wir irgendwann einmal etwas ganz anderes machen wollten. Ich wußte nur noch nicht, was.

Ein „sauberes" Angebot

Die nächste Chance, dem Herumreisen ein baldiges Ende zu machen, ergab sich rasch. Ein früherer Kollege schwärmte mir von einem Job vor, der ihm jede Woche ein kleines Vermögen bescherte. Er arbeitete für ein großes

Unternehmen in Westdeutschland, das Waschmaschinen, Trockenschleudern und alle möglichen anderen Elektrogeräte mit Transportschäden zu besonders günstigen Preisen anbot. Das klang interessant, auch wenn es wieder keine ortsgebundene Tätigkeit war.

Ich übernahm einen ganzen, von der Firma gestellten LKW, voll mit Geräten aller Art. Die Route führte durch Niedersachsen. Fünf Tage lang, jeweils in eine andere Stadt. Die Verkaufstermine wurden durch die örtliche Presse angekündigt, ein Gaststättensaal von der Zentrale als Verkaufsraum gemietet. Meine Frau und ich stürzten uns in das Abenteuer, um in möglichst kurzer Zeit viel Geld zu verdienen und unserem Ziel einer Selbständigkeit, wie auch immer, näherzukommen.

Unsere erste Woche war so unglaublich erfolgreich, daß wir eigentlich nicht nach Hamburg zurückfahren wollten. Schon am ersten Ausstellungstag in Verden/Aller warteten bei unserer Ankunft vor dem Restaurant bereits Dutzende von Menschen. Wir entschuldigten uns für die kleine Verspätung. Mehr im Spaß sagte ich: „Wenn Sie wollen, daß es schneller geht, helfen Sie uns doch einfach beim Ausladen." Ohne den Saal überhaupt betreten zu haben, hatten wir sämtliche Maschinen vom Wagen verkauft und einen Tagesverdienst von 1500 Mark in der Tasche - unfaßbar!

Wir meldeten uns beim Gebietsleiter in Hamburg, der sehr stolz war, daß er mit dem Ehepaar Buterfas einen so guten Griff getan hatte. Der Wagen wurde neu beladen. Unser Ziel hieß Wolfsburg. Zu Hause sollte indessen eine Haushälterin die Kinder betreuen. Sie war uns von der katholischen Kirche empfohlen worden. Wir ahnten nicht, daß sie im Zuchthaus gesessen hatte, die Kinder tagsüber mit Schlaftabletten „ruhig stellte" und irgendwelchen undurchsichtigen Geschäften nachging. Natürlich entließen wir sie sofort, als wir dies erfuhren und hatten dann das große Glück, daß wir eine wahre Perle fanden, die uns alle Sorgen um die Kinder abnahm.

Meine junge, zauberhafte Frau

Wir waren leidenschaftliche Tänzer. Wenn meine Frau und ich einen Rock'n Roll hinlegten, war das schon eine Augenweide, denn damals hatten wir ja noch nicht viel Gewicht zu bewegen. Daggi sah immer unglaublich jung aus, und gelegentlich führte das sogar zu unangenehmen Zwischenfällen, sofern sie keinen Ausweis dabei hatte. Es muß im Jahr 1960 gewesen sein.

Am alten Pferdemarkt gab es das Tanzlokal Smoky Eck, und dort erlebten wir eine Polizeikontrolle. Die Beamten prüften, ob sich unter den Gästen unerlaubterweise Jugendliche befänden und sprachen auch meine Frau an. Ich versicherte ihnen, daß sie 26 Jahre alt, seit einigen Jahren mit mir verheiratet und Mutter zweier Kinder sei. Die Dame in Uniform glaubte uns nicht und

bestand darauf, einen Ausweis zu sehen. Erst als ich mich als ihr Ehemann für diese Angaben verbürgte, gab sie sich zufrieden. Ähnliches erlebten wir ein Jahr später auf der Fahrt von Emden nach Holland. An der Grenze zeigte ich meinen Ausweis, aber der holländische Zollbeamte verlangte energisch auch „von dem kleinen Mädchen" neben mir die Papiere. Auch ihm sagte ich, daß dieses „Meisje" seit vielen Jahren mit mir verheiratet sei. Er wollte das einfach nicht glauben. Als er dann jedoch den Ausweis geprüft hatte, strahlte er über das ganze Gesicht und beglückwünschte sie zu ihrem Aussehen.
Solche Begebenheiten erlebten wir oft. Ich war immer sehr stolz dar-

Dagmar

auf, fühlte ich mich doch wie der Beschützer für das „kleine Mädchen", das mich nun seit über 40 Jahren durch das Leben begleitet und dem nach wie vor meine ganze Zuneigung und Liebe gehört.

5000 DM aus heiterem Himmel

Eines Tages baute sich meine Frau vor mir auf: „Was würdest Du sagen, wenn ich 5000 Mark für dich hätte?" Lächelnd antwortete ich: „Dann würde ich sie dir einfach schenken:" „Na gut, Ivar, hier ist ein Sparbuch mit 5000 Mark." „Woher hast du sie", fragte ich entgeistert. „Ich habe mich darum bemüht und sie für die dir entgangenen Schuljahre als Ausbildungsentschädigung erhalten."
Sofort stand die Vergangenheit in mir auf, die ich zu verdrängen versucht hatte, da ich mit einer positiven Einstellung in der Welt herumlaufen wollte - als Sunny Goi -. Ich wollte nicht an all das Schreckliche erinnert werden, was wir durchlitten hatten.
Die Not, in der meine Mutter mit uns noch jahrelang nach dem Krieg leben mußte, hatten wir natürlich längst überwunden. Alle acht noch lebenden Kinder sorgten vorbildlich für sie. Und als mein Bruder Rolf 1966 starb, vermachte er sein Vermögen den Eltern. Daß mein Vater die Hälfte bekam, traf

uns alle tief, aber wir haben uns nicht widersetzt. Er starb 1972 in Frieden.
Nun hatten wir uns ein ganzes Jahr lang mit dem Verkauf von Waschmaschinen herumgeschlagen und einen ansehnlichen Betrag zusammengespart. Wir bezogen eine wunderschöne Wohnung im Stadtteil Rothenburgsort und hatten eigentlich alles, was man zum Leben braucht. Doch fühlte ich mich nicht ausgefüllt. Ich wollte etwas tun, was so leicht kein anderer nachmachen könnte, etwas ganz Ausgefallenes. Das Glück meinte es gut mit mir. Es erschien in der Person jenes schlitzohrigen Kollegen Bothmann, mit dem ich auf Sylt den „Piccolo" verkauft hatte. Er hatte umgesattelt und befaßte sich nun mit der Bekämpfung von Hausbock und Ammoniumbefall. Weil ich seine Methoden kannte, schien Vorsicht geboten. Aber wir trafen uns, und er drückte mir eine Informationsmappe in die Hand. „Das mußt du unbedingt lesen, es handelt sich um ein Produkt, das ein Amerikaner für die Außenbeschichtung von Fassaden entwickelt hat. Eine wahre Revolution!"
Davon hatte ich nun überhaupt keine Ahnung. Bothmann klärte mich auf: „Mit dem Zeug ist zum Beispiel in Cape Caneveral die Außenseite der US-Raketen beschichtet worden und hat sich dort glänzend bewährt. Wir kennen doch nur Farben, die Fassaden wie eine Speckschwarte glänzen lassen, die vor allem nicht sehr lange halten, schon gar nicht im rauhen Klima des Nordens."
Bothmann wohnte in Henstedt-Ulzburg, hatte dort u.a. für einen Schlachtermeister Friedrich Winkelmann an mehreren Häusern Dachstühle saniert. Der kluge Herr Winkelmann hatte einen landwirtschaftlichen Betrieb geführt, dann aber eine Schlachterlehre absolviert und es mit einer Metzgerei zu etwas gebracht. Bothmann führte uns zusammen. Wir studierten die Unterlagen über das Wunderprodukt und waren uns einig, daß hier möglicherweise eine bahnbrechende Erfindung für den Markt der Fassaden-Anstrichtechnik gelungen sei.
Der Lizenzinhaber, ein Mister Liebermann, saß in den USA, hatte aber die Europarechte beim Tennisspielen (!) dem Direktor der Firma „Erste österreichische Glanzstoff", einer Tochtergesellschaft der Wuppertaler Glanzstoffgesellschaft, verkauft. Die Österreicher hatten ihrerseits gebietsgeschützte Repräsentanten eingesetzt. Für uns war demnach ein gewisser Herr Dickartz in Bruchsal/Baden zuständig, bei dem sich fast gleichzeitig mit uns ein Herr Enno Jansen aus Bremen gemeldet hatte. Er sollte später einer meiner engen Freunde werden. Wir setzten uns mit ihm in Verbindung und zu dritt machten wir uns erst einmal auf den Weg nach Wien, um mehr über das Produkt zu erfahren.
Kurz gefaßt handelte es sich um einen Beschichtungsstoff für Außenfassaden unter dem Namen Kenitex. In wählbarer Farbe und - genau das war das Faszinierende - mit der Eigenschaft, Gebäude für lange Zeiträume gegen Regen, Schnee, Sturm, Frost und Hitze zu schützen. Es sollte von der Basis, auf die

es aufgetragen wurde, weder abblättern noch bröckeln und sogar feine Risse dauerhaft schließen. Entscheidend war die Harzkombination und geradezu sensationell die Schichtstärke, die man auf Holz, Beton oder Stahl aufbringen konnte - in einem einzigen Arbeitsgang im Hochdruckspritzverfahren und zwanzigmal so stark wie herkömmliche Farbe.

Endlich - die ersten entscheidenden Schritte

„Buterfas & Winkelmann"

Wir waren begeistert. Herr Winkelmann und ich beschlossen 1963 eine gemeinsame Firma zu gründen: Buterfas & Winkelmann. Endlich hatte ich ein eigenes Standbein: die Alleinvertriebsrechte für Hamburg und Schleswig-Holstein - und keine Ahnung. Das sollte in einem harten Lernprozeß von mehreren Jahren gründlich nachgeholt werden.

Zunächst wollten wir unser „Wunder" bei Malereibetrieben anpreisen, sie informieren, einige Probeobjekte einwerben. Das Ergebnis war niederschmetternd. Zwar kam mir die auf deutschen Märkten erlernte freie Rede zugute, und innerhalb weniger Wochen hatte ich rund 1200 Betriebe angesprochen, aber am Ende blieben nach diesem wahnwitzigen Aufwand gerade einmal vier ernsthaft Interessierte übrig. Und davon waren nur zwei bereit, das Produkt in der Praxis zu erproben.

Die Argumente der ablehnenden Mehrheit waren eindeutig und in gewisser Weise sogar verständlich: „Wir verderben uns doch nicht den eigenen Markt. Mit normalen Farben können wir eine Fassade alle zwei bis drei Jahre neu pinseln. Mit dem neuen Zeug machen wir uns das Geschäft kaputt, weil es Gebäude für 10 bis 15 Jahre für Renovierungen blockiert."

Das Ende vom Lied: Winkelmann und ich waren nach einem Jahr Vorbereitungszeit und relativ hohen Investitionen in Maschinen finanziell schwer angeschlagen. Er hatte wenigstens seine Schlachterei und die Mieteinnahmen, aber ich? Der endgültige Konkurs schien nur eine Frage der Zeit, wenn uns nicht eine Lösung einfallen würde.

Mir kam eine Idee. Ich erklärte meinem Partner, daß sich das ganze Bauhauptgewerbe beim Wiederaufbau unserer zerstörten Städte engagiere. Immerhin lebten noch -zig Millionen Menschen in Kellerwohnungen, Notunterkünften, Behelfsheimen.

Es mußten dringend Wohnungen gebaut werden. Aber wer befaßte sich mit den vom Krieg verschont gebliebenen alten Fassaden? Vielleicht lag da unsere Chance.

Ein Werbeslogan überzeugt

Ich prägte den Werbeslogan „Alles in einer Hand". Vom letzten Geld und mit einem weiteren Kredit kauften wir 200 Quadratmeter Mannesmann-Gerüst, stellten einen Maler und einen Maurer ein und inserierten mit unserer Parole: „Fassadenbeschichtung mit zehn Jahren Garantie".

Und das Wunder geschah. Plötzlich meldeten sich Hausbesitzer und baten um Angebote. Wir übernahmen alle Arbeiten, die zur Renovierung alter Gebäude erforderlich waren: Beseitigung von Granatsplitterschäden, Aufarbeitung verrosteter Balkongitter, Erneuerung von Fallrohren und Rinnen, Reparatur von Gittern, Ersetzen oder Aufbereiten von Fenstern und Türen - kurzum eine Fülle von Servicearbeiten. Und „alles in einer Hand". Wir machten Grundeigentümern klar, daß sie nur eine einzige Telefonnummer zu wählen hatten, um alle Probleme zu lösen.

Die Idee zündelte ein, die Kunden kamen. Natürlich waren die Mieten damals noch streng reguliert. In den sogenannten „schwarzen Kreisen" - höchste Stufe der Wohnungsnot - fraßen schon kleinere Reparaturen oft die ganze Jahresmiete eines Hausbesitzers auf. Ein zwangsvermietetes Haus zu haben, war eher eine Strafe. Einerseits war der Eigentümer verpflichtet, das Haus in gutem Zustand zu erhalten, andererseits fehlten ihm kostendeckende Mieten. Er mußte also, soweit vorhanden, Reserven angreifen. Dabei hatten viele ihre Häuser doch einmal erworben, um in späteren Jahren eine Sicherheit zu besitzen. Schon deshalb konnten wir keine hohen Preise erzielen. Aber wir konnten leben, und langsam entwickelte sich das Geschäft.

Zuerst hatten wir nur Ein- und Zweifamilienhäuser, also kleine Grundbesitzer, die uns ihr Vertrauen schenkten. Wir gingen nun schon ins Jahr 1964. Tagsüber schuftete ich auf unseren Baustellen, rüstete mit ein, machte sogar Grundierungs- und Maurerarbeiten und erlangte so selbst noch gewisse handwerkliche Fähigkeiten. Vor allem bekam ich eine totale Übersicht. Es war ein Lernprozeß, der mir noch wichtige Dienste leisten sollte.

Der schwere Unfall auf der B 404

In der Zusammenarbeit mit Winkelmann war ich meistens auch für den Außendienst zuständig, weil ich mit den Kunden gut verhandeln konnte. Im September 1964 war ich zu einem Kunden nach Luisenlund an der Schlei gefahren. Er hatte ein ganzes Schloß, das er renovieren wollte und es gelang mir, den Vertrag abzuschließen. Das hieß aber auch, zur Kontrolle der Arbeiten jeden Tag von Hamburg aus an die Schlei zu fahren. Bei einer der Rückfahrten nach Hamburg auf der B 404 herrschte sehr reger Verkehr. Etwa zehn Kilometer vor Bornhöved riß die entgegenkommende Autoschlange plötzlich ab. In der Ferne sah ich Rauch aufsteigen. Für das Abbrennen von Feldern war die Rauchwand zu schwarz, und plötzlich sah ich auf der Straße ein Inferno, das ich mein Leben lang nicht mehr vergessen werde. Mehrere Autos waren ineinander verkeilt. Ein VW-Bus mit sechs Arbeitern, dahinter zwei Pkw und dahinter, quer über die Straße ein englischer Wagen, der Feuer gefangen hatte, in dem aber noch eine schreiende Frau lag. Ich sprang aus

Hamburg, den 30. Nov. 1964

Sehr geehrter Herr Ritterfass!

Vom Polizeimeister Herrn Jürgens habe ich Ihre Adresse erfahren. Also Sie waren der Retter meiner Tochter. Ich danke Ihnen für Ihre Hilfe mögen Sie dafür belohnt werden. Nun möchte ich von Ihnen wegen, was Sie für die Bemühungen um meine Tochter für Schaden gehabt haben, den will ich Ihnen selbstverständlich ersetzen. Mein Schwiegersohn ist tot und meine Tochter hat den 3. Halswirbel gebrochen, außerdem Oberschenkelhals in Falbzung des linken Armes sowie eine Gehirnerschütterung. Es ist ein Wunder daß meine Tochter den Transport aus dem Auto in ins Krankenhaus überlebt hat. Sollte e

Ihre Zeit erlauben, so wäre ich Ihnen dankbar wenn Sie einmal persönlich erscheinen könnten. Gern will ich Ihnen für Ihre wichtige Tat etwas bieten, aber finanziell bin ich nicht mit großen Gütern gesegnet, mein Mann starb auch in diesem Jahr. Meine Tochter steht ohne Einkünfte da und hat ein 5 Monate altes Kind.

Sollte es Ihre Zeit erlauben so wäre ich froh, wenn Sie am Sonnabend Nachmittag zu uns kommen könnten, Wenn ja so rufen Sie mich bitte einmal an.

Freundliche Grüße
Frau A. M. Hellinger

Tel 225206
Hofweg 9?

meinem Auto, raste zu dem VW-Bus, der zu einem Bruchteil seiner ursprünglichen Länge zusammengeschoben worden war. Im vorderen Teil saßen zwei Arbeiter. Einer war tot, das konnte ich sofort sehen, dem anderen quollen die Knochen aus dem Knie heraus, er schrie fürchterlich. Im hinteren Teil des Wagens saßen drei zusammengerollte Männer, völlig bewegungsunfähig. Auch in den anderen Fahrzeugen saßen Menschen völlig bewegungsunfähig, vermutlich, weil sie unter Schock standen. Sie waren nicht in der Lage auszusteigen und mir zu helfen. Ich sah einen Mann an die Leitplanke gelehnt. Er fiel zur Seite, ich richtete ihn wieder auf und sagte ihm, daß ich gleich zurückkäme. Dann lief ich zu dem brennenden Wagen, in dem die Frau saß. Sie schrie nach ihrem Kind.

Die Tür war so verkeilt, daß ich sie nur mit Mühe öffnen konnte. Ich legte meine Hände hinter den Nacken der Frau und zog sie sehr gefühlvoll aus dem Auto, das jeden Moment in helle Flammen aufgehen konnte. Ich legte die Frau vorsichtig ins Gras und suchte nach dem Kind. Dann endlich traf die Polizei ein. Die Beamten vermaßen zuerst die Unfallstelle, anstatt den Verletzten zu helfen. Ich war fast dem Wahnsinn nahe. Immerhin hatte ich 20 Minuten an der Unfallstelle als einziger Helfer verbracht. Von anderen Autofahrern hatte sich niemand um die Verletzten gekümmert. Ich fuhr irgendwann weiter, setzte mich in Bornhöved in ein Lokal, um mich zu beruhigen und fuhr noch immer ganz benommen nach Hause.

Erst am 30. November 1964 erreichte mich eine Karte, die ich zur Erinnerung aufgehoben habe. Ein Polizeimeister hatte meine Autonummer aufgeschrieben, als ich mich entfernt hatte. Die Mutter der Frau, die ich aus dem brennenden Auto gezogen hatte, wodurch ich ihr wahrscheinlich das Leben gerettet habe, teilte mir mit, daß meine Art, die Hände vorsichtig unter den Nacken der Frau zu legen, verhindert habe, daß sie querschnittsgelähmt geworden ist; denn bei ihr seien mehrere Wirbel angebrochen gewesen. Sie bedankte sich noch einmal ganz herzlich für meine schnelle Hilfe. Erst später erfuhr ich, daß der Mann, den ich an der Leitplanke aufrichtete ihr Ehemann war, der noch an der Unfallstelle verstarb. Heute verbindet mich mit Rosemarie Plant ein herzliches Verhältnis.

Ich brauchte Wochen, um mich von diesem Schock zu erholen. Ich bat meinen Partner, sich um die Arbeiten bei Luisenlund zu kümmern, denn ich war unfähig, an diesem Unfallort vorbeizufahren.

Ein Nierenstein und Ärztepfusch

Im selben Jahr (1964) hatte ich plötzlich und aus heiterem Himmel unbeschreibliche Schmerzen, die sicherlich nur jemand nachempfinden kann, der selbst einmal eine Nierenkolik gehabt hat. Ich ging ins Hamburger Heidberg-Krankenhaus, wo man den Stein mit einer Schlinge holen wollte. Das Heidberg-Krankenhaus hatte zu jener Zeit noch keine urologische Abteilung. Im OP stellte mich der Pfleger unauffällig hinter einer spanischen Wand ab. Dahinter waren zwei junge Ärzte, die offensichtlich nicht mitbekommen hatten, daß ich schon dort war. Der Dialog zwischen ihnen zeigte, daß sie beide noch nie einen Nierenstein mit einer Schlinge geholt hatten. Diese Tatsache beruhigte mich nicht sehr. Trotzdem ließ ich die Prozedur über mich ergehen und überstand den ersten Schlingenversuch meines Lebens. Was sich dabei an Einzelheiten abspielte, möchte ich dem Leser ersparen. Die Unerfahrenheit der Ärzte jedenfalls bereitete mir große Schmerzen und verletzte mich auch innerlich so stark, daß ich noch jahrelang unter diesem Pfusch litt. Als

66

noch einige andere geradezu unglaubliche Vorfälle passierten, bin ich aus dem Heidberg-Krankenhaus regelrecht geflüchtet. Zu Fuß und im Bademantel bin ich zu unserer Wohnung im Götzberger Weg gegangen. Das ist eigentlich ein Weg von zehn Minuten, der aber nun ganze eineinhalb Stunden dauerte.

Eine Nachbarin hatte die Adresse eines sehr erfahrenen Arztes. Ich ging zu ihm, und seine kompetente Art beruhigte mich sofort. Er hörte sich meine Leidensgeschichte an und sagte: „Ich werde mich bemühen, Ihnen den Glauben an die Ärzteschaft auf dem Gebiet der Urologie zurückzugeben." Dabei war er auch erfolgreich. Mehr noch, Dr. Hans Dill, der mir so sehr geholfen hat, ist noch heute einer meiner besten Freunde.

Die Unglücksserie reißt nicht ab

Im Jahr 1966 hatten Winkelmann und ich einen schweren Autounfall. Auf der Schleswig-Holstein-Straße hatte der Fahrer eines BMW die Vorfahrt mißachtet. Mit 120 km/h brauste mein Partner mit seinem Opel Kapitän in den anderen Wagen, der von dem Aufprall in die Luft gewirbelt wurde. Wir landeten auf einer Wiese. Die schwere Maschine lag auf meinem Sitz, ich selbst auf unerklärliche Weise auf dem Rücksitz - was für ein Glück! Herr Winkelmann erlitt leider schwerste Verletzungen. Ich kam zwar auch erst einmal ins Krankenhaus, hatte aber nur einen Knacks im Sprunggelenk und wurde nach einer schmerzstillenden Spritze gleich wieder entlassen. Herr Winkelmann hatte zahlreiche komplizierte Operationen zu überstehen, lag im Heidberg-Krankenhaus und fiel für Monate aus. Mir blieb nichts anderes übrig, als die Verantwortung allein zu übernehmen.

Weil mir mein Fuß zunehmend Probleme bereitete, ließ ich ihn noch einmal röntgen. Man hatte im Krankenhaus eine Kleinigkeit übersehen - das Sprunggelenk war angebrochen. Ein Unfallarzt brachte die Geschichte in Ordnung. Aber was hätte ich in dieser kritischen Zeit ohne die Hilfe meiner Frau getan? Sie kümmerte sich hingebungsvoll um den Geschäftsbetrieb und hatte großen Anteil daran, daß die Firma nicht unterging.

Jede Menge Enkelkinder

Auch in der Familie hatte sich in der Zwischenzeit eine Menge getan, jeder ging mehr oder weniger seine eigenen Wege. Meine Schwester Felicitas heiratete und bekam drei Töchter. Mein Bruder Rolf, der bei einem Angriff auf Hamburg verschüttet worden war und einen inoperablen Splitter in der Schädeldecke hatte, war mit nur 38 Jahren gestorben.

Ronald lernte Kellner, Koch und Mixer in einem weltberühmten Hotel, dem Hamburger „Atlantic". Auch er heiratete, besaß mit seiner Frau später ein eigenes Lokal und wurde stolzer Vater von zwei Töchtern und einem Sohn. Kurt brachte es sogar auf drei Töchter und einen Sohn.

Er machte sich mit einer Großküche selbständig. Meine Schwester Ursel bekam zwei Söhne und eine Tochter. Meine Schwester Alice, die jetzt in Amerika lebt, hat zwei Töchter.

Meine jüngste Schwester Elke, die ein Blumengeschäft führte, begnügte sich mit einem Sohn.

Und ich staunte über die Wiedergeburt einer Nation. Mit 40 Mark Kopfgeld hatte 1948 nach der Währungsreform die neue Zeit begonnen. Kein Mensch hätte damals auch nur davon zu träumen gewagt, daß dieses Deutschland eines Tages wieder die drittstärkste Wirtschaftsmacht der Welt werden sollte.

Im Trachtenanzug nach München

Sechs Monate nach dem folgenreichen Autounfall wurde mein Partner Winkelmann endlich aus der Klinik entlassen. Wir gingen auf das Jahr 1968 zu und überlegten, wo wir uns einen zusätzlichen Markt erschließen könnten. Finanziell war die Lage immer noch nicht sehr rosig. Große Sprünge verboten sich von selbst, denn wir hatten uns noch nicht von dem Schock erholt, den die große Investition als Lizenznehmer für das Produkt Kenitex ausgelöst hatte.

Ich brachte München, Schauplatz der Olympischen Spiele 1972, ins Gespräch. Die Bayern hatten bis dahin kaum etwas für ihre Häuser getan, rund um den „Weißwurst-Äquator" erstreckte sich ein für die Fassadentechnik geradezu jungfräuliches, unerschlossenes Gebiet. Ich erklärte mich bereit, mit meiner Familie nach München umzuziehen. Zum Team gehörten noch ein Malermeister und ein Mitarbeiter für den Außendienst.

Mein erster Kauf war selbstverständlich ein Trachtenanzug - man weiß schließlich, was sich gehört ...

Bayerisch zu lernen, hielt ich dagegen für ebenso hoffnungslos wie überflüssig. Die meisten Leute, die in solchen Anzügen herumlaufen, können es nicht. Auch so stellten sich nach der in Hamburg bewährten Methode der Firma Buterfas & Winkelmann erste Erfolge ein.

Inzwischen hatte ich mich zu einem absoluten Fachexperten für die Erkennung von Bauschäden entwickelt. Zwischen Herrn Winkelmann und mir gab es eine Vereinbarung: Ich baue unser Geschäft in München auf, er hält die Stellung in Hamburg, und in zwei Jahren tauschen wir die Standorte. Ich wollte endlich ein richtiges Zuhause finden. Wir stellten inzwischen auch unseren eigenen, auf der Basis des bisher benutzten Produktes entwickelten

Stoff her. Gekauft hatten wir den Namen und das in 15 Ländern eingetragene Warenzeichen „Wallcryl" von der renommierten Hamburger Albert-Reicholdt-Chemie. Und wir hatten einen dritten Partner und Geschäftsführer, der aus Wien stammte, in die Firma aufgenommen.

Für mich gab es dann gleich mehrere böse Überraschungen. Herr Winkelmann erinnerte sich plötzlich nicht mehr an unsere Ortstausch-Abmachung und lehnte sie kurzerhand ab. Was ich dann aber bei meiner Rückkehr in Hamburg erlebte, warf mich fast um. Anstatt mit den Mitarbeitern draußen auf den Baustellen zu arbeiten, produzierte der feine Herr Winkelmann rote Zahlen, weil er mit unseren Leuten für seinen Vater den Ausbau von Wohnungen im elterlichen Betrieb vornahm. Von einer Minute auf die andere kündigte ich die Partnerschaft und stieg aus der Gesellschaft aus. Nun hätten mir laut Vertrag eigentlich meine GmbH-Anteile von immerhin 45 Prozent ausgezahlt werden müssen. Doch mit viel Geschick wurde die Vorlage der Bilanzen immer wieder verzögert. Weil ich lange gerichtliche Auseinandersetzungen vermeiden und so schnell wie möglich frei sein wollte, begnügte ich mich mit der Aushändigung bestimmter Rezepturen und einer Abfindung, die bei weitem nicht dem entsprach, was mir zugestanden hätte.

Die Entscheidung ist gefallen

Endlich: Buterfas & Buterfas

Hätten meine Partner die Firma Buterfas & Winkelmann weitergeführt, wäre es für mich schwierig geworden, da ich nach einem neuen Namen hätte suchen müssen. Doch die Herren waren so von sich überzeugt, daß sie ihr Geschäft eiligst in „Hanseatische Fassadenschutz" umtauften. Damit war für meine Frau und mich der Weg frei. Zum 1. Januar 1971 gründeten wir unsere Firma „Buterfas & Buterfas". Endlich schlug die Geburtsstunde für die totale Selbständigkeit, von der ich so lange geträumt hatte. Es war einer der schönsten und wichtigsten Tage in unserer Ehe. Uns erfaßte ein unbeschreibliches Glücksgefühl. Nach fast 20 Lehr- und Wanderjahren und allen möglichen Berufen, war die Chance gekommen, etwas Eigenes - nur für uns - zu schaffen.

In kurzer Zeit hatten wir das Geschäft zu beachtlicher Größe entwickelt, und in guten Zeiten gaben wir bis zu hundert Menschen Arbeit und Brot. Wir schafften bis zu 10 000 Quadratmeter eigene Schnellbaugerüste an, unterhielten eine große Maler- und Maurerabteilung, dazu eine Spezialabteilung für die Abdichtung von feuchten Kellern und Nitrat- und Sulfatbehandlungen. Wir übernahmen auch komplette Sanierungen von Balkonen und Terrassen.

Das Unternehmen stand sehr bald auf einer soliden und gesunden Basis. Ich empfand nicht einmal Schadenfreude, als meine ehemaligen Partner mit ihrer Firma scheiterten, weil sie nicht in der Lage waren, sie ordentlich zu führen. Immerhin war ich maßgeblich an dem Aufbau beteiligt gewesen.

Schon nach einem Jahr konnten meine Frau und ich im Industriegebiet Kisdorf ein Grundstück von rund 4000 Quadratmetern erwerben. Wir bauten dort eine Halle für unsere LKWs und eine Produktionsstätte für unsere Farbe, mit der wir in Hamburg ein

1971 Geschäftseinweihung

Monopol hatten. Bis heute ist ungefähr jede 15. Fassade in Hamburg von uns renoviert worden. In allen Stadtteilen sah man unsere Gerüste und das Firmenlogo - wir waren durch erstklassige Arbeit überall anerkannt.

Ein großer Wurf: ABE

Das Geschäft lief also gut. Aber ich wollte mehr Breitenwirkung erzielen und unserem Beruf größere Geltung verschaffen. Deshalb gründete ich einen Baufachverband, der sich abgekürzt ABE nannte: Arbeitsgemeinschaft für Bauwerterhaltung und Bauwerkerneuerung e.V.

Fünf Jahre lang stand ich der ABE als ihr Präsident vor und erfüllte nach meiner Überzeugung eine sinnvolle, wichtige Aufgabe. Weil das Bauhauptgewerbe mit dem Wiederaufbau der zerstörten Städte, der Errichtung von Wohngebäuden, Industriebauten, Kirchen, Schulen und Krankenhäusern gewaltig boomte, wurde vielfach sträflich nachlässig gearbeitet. Es gab durch alkoholisierte Arbeiter, mangelhafte Bauaufsicht, lasche Kontrollen und, weil einige nicht genug kriegen konnten und angesichts der Auftragsflut in Terminnot gerieten, viel Pfusch am Bau. Die Qualität vieler Nachkriegsbauten war überhaupt nicht mit jener Bausubstanz zu vergleichen, die den Bombenhagel überstanden hatte.

Die ABE versuchte, Bausünden zu verhindern und verpflichtete ihre Mitglieder zu größter Sorgfalt. Falsch eingeschätzt, leider auch oft falsch verarbeitet, wurde z.B. der „Jahrhundertbaustoff" Beton. Es stellten sich Schäden von ungeahntem Ausmaß ein. Keine Betonbrücke in Deutschland war heil, überall zerfraß Rost das Metallkorsett. Aus diesen katastrophalen Verhältnissen ergab sich ein umfangreicher Reparaturbedarf.

Die Rezession um 1975 konnte das freilich nicht verhindern. Das Baugewerbe stöhnte und ächzte, es kam zu zahlreichen Konkursen. Selbst große Unternehmen mußten ihre Tore schließen, die Zahl der Beschäftigten schrumpfte von 1,3 Millionen auf ca. 800 000. Viele Bauhandwerker wanderten in andere Berufe ab und ließen sich umschulen.

In dieser Phase bewährte sich unsere Arbeitsgemeinschaft. Baufachleute, die sich mit Sanierung befaßten, interessierte aber auch die Herkunft von chemischen Baustoffen. Zur Erläuterung: Nach der Jahrhundertwende kannten wir kaum mehr als 100 Baustoffe. Nach 1950 waren es schon 200 000, zehn Jahre später doppelt so viele, und heute gibt es mehr als eine Million (!) verschiedener Harze, die in Form von chemischen Verbindungen am Bau Verwendung finden.

Es herrschte eine bestürzende Unkenntnis. Mit Seminaren an Fachhochschulen, Universitäten und Ausbildungsstätten bemühten wir uns um Schulung von Fachpersonal. Diese Seminare waren dann auch sehr begehrt, und innerhalb eines einzigen Jahres konnten wir 15 000 Menschen mit unserem Kenntnisstand versorgen. Wir erarbeiteten mit den ABE-Mitgliedern aber auch hervorragende Fachliteratur und gaben jedes Jahr eine Zeitschrift heraus, in der jeder neu aufgetretene Bauschaden von seiner Entstehung, über die Folgeschäden bis hin zur Beseitigung exakt beschrieben wurde. Daran konnte sich das Gewerbe orientieren und in der Zukunft weitere Katastrophen vermeiden.

Mit meinem Amt und den entsprechenden Kontakten war auch ein beträchtlicher sozialer Aufstieg verbunden. Wer meinen Lebensweg bis dahin verfolgt hatte, kann vielleicht ahnen, was das für mich bedeutete. Leider kamen dann schwere Operationen auf mich zu, und ich mußte die ABE-Präsidentschaft schweren Herzens an meinen Berliner Kollegen Klaus-Jürgen Jahn abgeben, der dieses Amt vorbildlich verwaltete und bis heute mit seinen Kollegen erstklassige Arbeit leistet. Natürlich blieb ich „meinem" Fachverband innig verbunden.

Meine große Leidenschaft

Boxsport - Teil meines Lebens

Das Boxen ist, seit ich denken kann, meine große Leidenschaft. Nicht Tennis oder Rudern, nicht Pferdesport oder Autorennen - ich interessiere mich fast ausschließlich für „die edle Kunst der Selbstverteidigung", das Fechten mit den Fäusten.

Es muß 1938/39 gewesen sein, als ich noch ein kleiner Junge von sechs Jahren war. Mein Freund Karle, ein Nachbarskind, hatte einen Lieblingsvers: „Wißt ihr schon das Neueste, Schmeling boxt mit Fäuste." Das war zwar schlimmes Deutsch, aber dennoch für uns sehr einprägsam. Denn selbst wir „Zwerge" hatten mitbekommen, daß es da einen Mann gab, der zu den ganz großen Boxern gehörte. Es war der Weltmeister Max Schmeling. Daß er in meinem Leben noch einmal eine große Rolle spielen würde, konnte ich damals nicht ahnen. Aber ich wollte unbedingt boxen lernen.

Diesbezügliche Bemühungen wurden jäh unterbrochen, als eine Luftmine in unmittelbarer Nähe unseres Hauses in Horn niederging. Mein Bruder Rolf wurde, wie schon an anderer Stelle geschildert, verschüttet und schwer verletzt. Auch mich verletzten zwei Splitter. Der eine lädierte meine linke Stirnseite, der andere traf mich unterhalb des rechten Knies. Damit endeten meine boxsportlichen Träume, noch ehe sie recht begonnen hatten.

Meine Leidenschaft lebte aber weiter und in späteren Jahren kaufte ich mir für nahezu jede Boxveranstaltung in Hamburg eine billige Karte. Hervorragende Kämpfer gab es eigentlich immer, aber gerade in den Nachkriegsjahren waren sie oft ohne berufliche Alternativen und deshalb besonders glücklich, wenn sie Beschäftigung im Boxring fanden. Sicherlich gab es in dieser schweren Zeit unzählige Probleme und wichtigere Dinge als meine Liebe zum Boxsport, trotzdem habe ich mir viele Kämpfe angesehen. Manchmal habe ich mir sogar den Luxus einiger Reisen geleistet. So etwa zur Europameisterschaft im Mittelgewicht zwischen dem Kölner Jupp Elze und Nino Benvenuti, den sie in Italien stolz „Nino nationale" nannten. Auch Kämpfe zwischen Peter Müller und Gustav Scholz waren sportliche Erlebnisse, die ich mir nicht entgehen ließ. Genauso verhielt es sich mit den Ringschlachten zwischen Erich Schöppner und Willy Höpner. Sie sind ebenso unvergessen wie die großartigen und in Hamburg besonders populären Fighter Herbert Nürnberg, Kuddel Schmidt, Max Resch, Buttje Wohlers oder auch der Dortmunder Schwergewichtler Heinz Neuhaus. Ich erwähne diese Namen, weil anno 1995 angesichts der Erfolgsserie von Weltmeister Henry Maske der Eindruck entstehen könnte, daß es zwischen Max Schmeling und ihm keine überragenden Boxer gegeben hätte. Das wäre ein verhängnisvoller Trugschluß. Nur gab es früher kein Fernsehen, das Millionen Menschen die Möglichkeit gab, solche Kämpfe mitzuerleben und so „Flächenbrände" zu entfachen. Seinerzeit war man auf das gute alte Radio angewiesen.

In den siebziger Jahren wurde es um das Boxen selbst recht still, dafür nahmen Skandale dramatisch zu - ein gefundenes Fressen für die Boulevardpresse, die genüßlich, die Kehrseite des Boxsportes mit ihren zwielichtigen Gestalten ausschlachtete.

Zu Ali nach München

Zurück zu meinen persönlichen Erlebnissen und Erinnerungen. Es war zu Beginn der siebziger Jahre. Wir waren intensiv mit dem Aufbau unserer Firma beschäftigt. Zu dieser Zeit fand in München ein Titelkampf im Schwergewicht zwischen Muhammad Ali, dem wortgewaltigen Boxkünstler aus Amerika, und dem Engländer Richard Dunn statt. Meine Frau und ich beschafften uns über den Bund Deutscher Berufsboxer (BDB) in Hamburg und dessen Präsidenten Theo Wittenbrink zwei Tickets. Voller Vorfreude fuhren wir nach München. Die Halle war nur knapp zur Hälfte gefüllt. Das mag auch an den Eintrittspreisen gelegen haben, die für deutsche Verhältnisse ungewöhnlich hoch waren. Andererseits hatte gerade in dieser Phase der Boxsport hierzulande ziemlich abgewirtschaftet. Da war selbst ein Boxgenie wie Muhammad Ali nicht mehr in der Lage, große Arenen zu füllen. Selbst das Fernsehen zeigte sich desinteressiert, und so ergab sich für den Veranstalter wohl ein empfindlicher Verlust. Der Kampf war hervorragend. Ali beherrschte seinen Gegner von der ersten Runde an bis zu seinem K.o.-Sieg - ein begnadeter Techniker.

Für uns war der Rummel vor der Veranstaltung allerdings fast ebenso interessant.

Ali war mit seinem Gefolge in einem der bekanntesten Münchener Hotels abgestiegen. Zu seinem persönlichen Freunden zählten immer um die 20-25 Personen, die hemmungslos auf seine Kosten lebten und sich zum Teil leider auch so benahmen.

In diesen Tagen kam ich dem damaligen, inzwischen verstorbenen, Box-Präsidenten Theo Wittenbrink, einer schillernden Persönlichkeit, erstmals näher. Er lud uns ein, nach dem Kampfabend am Bankett für Boxer, Funktionäre, Veranstalter und Prominente teilzunehmen. Zu besseren Boxsportzeiten waren größere Veranstaltungen immer auch gesellschaftliche Ereignisse gewesen und rund um den Ring entwickelte sich jeweils ein bunter Jahrmarkt der Eitelkeiten. Sehen und gesehen werden - lautete die Devise für Künstler, Politiker, Wirtschaftskapitäne, Sportgrößen oder eben auch aufgedonnerte Szene-Typen. So gab es kaum einen Kampftag mit dem Berner

Boxidol Gustav „Bubi" Scholz, zu dem nicht Scharen von Prominenten herbeigeströmt wären; inklusive dem Regierenden Bürgermeister von Berlin, Willy Brandt.

Theo legt die Angel aus

An unserem Tisch in München saßen neben der Schauspielerin Margot Hielscher noch einige erfolgreiche Boxer aus vergangenen Tagen und der Verbandspräsident Theo Wittenbrink. Der fragte mich unvermittelt, ob ich nicht Lust hätte, etwas aktiver zu werden, statt immer nur Zuschauer zu sein. Der Antrag überraschtc mich. Meine Frau sah mich warnend an, denn unser aktuelles Interesse war auf einer völlig anderen Ebene angesiedelt. Für uns hatte die weitere Festigung der Firma absolute Priorität, und dabei hatten wir Probleme genug zu lösen. Trotz allem war mir das Gespräch sehr nahe gegangen. Wittenbrink war das nicht verborgen geblieben, und er ließ nicht locker. Der Mann betrieb in Hamburg mehrere Spielhallen und Imbißbetriebe und war finanziell unabhängig. Als Veranstalter hatte er sich einen Namen gemacht und unter anderem Peter Weyland aus Neumünster, der damals zu den großen deutschen Schwergewichtshoffnungen zählte, zur Europameisterschaft geführt. Zu seinen engen Freunden zählte Wilfried Schulz, der auf St. Pauli Karriere gemacht hatte und den Spitznamen „Frieda" trug. Sein Hauptgeschäft aber lag am Steindamm - das weithin bekannte Cafe Chérie. Als Promoter scheute Schulz keine Kosten, um große Programme zusammenzustellen. Insider erinnern sich gut daran, wie er die beiden glänzenden Boxbrüder Avenamar und Gregory Peralta nach Hamburg holte, sie als Hauptkämpfer aufbaute und mit ihnen die Ernst-Merck-Halle auf dem heutigen Messegelände füllte. Zu ihm gehörte auch der kleine Kieler Lothar Abend, ein Lokalmatador, der in der Kieler Ostseehalle Tausende begeisterte. Als ich den beliebten Fighter kennenlernte, hatte er seinen Europameistergürtel bereits sieben Mal erfolgreich verteidigt. Er verlor ihn schließlich in Norwegen gegen einen Mann, gegen den er nie hätte antreten dürfen. Eine relativ hohe Börse lockten Management und Kämpfer in die Falle. Der Gegner war eineinhalb Köpfe größer und nutzte seine überlegene Reichweite konsequent aus. Abend stürzte sich immer wieder mit Todesverachtung in das Sperrfeuer des Norwegers und mußte schwere Treffer einstecken. Er hat sich von dieser Niederlage nie mehr vollständig erholt. Aber er war ein großes Talent. Bevor er seine Profilaufbahn begann, hatte er eine blitzsaubere Karriere als Amateur hingelegt und sich dabei ein ungewöhnlich vielseitiges Rüstzeug erworben. Er verdiente dann relativ viel Geld, auch wenn man das nicht mit den üppigen Börsen unserer Tage vergleichen kann. Wer damals von solchen Summen gesprochen hätte, wäre sicherlich gefragt worden, ob er nicht vielleicht Deutschland mit Amerika verwechsele.

Wenige Wochen nach dem Ali-Kampf in München lagen auf meinem Schreibtisch zwei Ehrenkarten für eine andere Großveranstaltung. Das war für mich schon außergewöhnlich, denn bis dahin hatte ich meine Besuche bei Kampftagen immer selbst finanziert. Nun lud mich Theo Wittenbrink mit meiner Frau zur Europameisterschaft in die Deutschlandhalle nach Berlin ein. Natürlich waren wir hocherfreut. Ich rief Wittenbrink an, um mich zu bedanken, und er meinte, daß er einem so begeisterten Boxsportan-hänger gern die Gelegenheit bieten wolle, ein paar interessante Leute zu treffen. Unter ihnen war Henk Ruhling, ein international renommierter Manager aus Holland, der nahezu unbegrenzt Boxer in allen Gewichts- und Leistungsklassen anbieten konnte. Er verfügte über hervorragende Verbindungen nach Übersee, und aus seinem Stall sind mehrere Welt- und Europameister hervorgegangen. Henk Ruhling zählt nach wie vor zu meinen besten Freunden. Außer ihm lernte ich den vielsprachigen Manager Max Stadtländer kennen, der in Paris lebte, und den britischen Spitzenmann Nicky Duff. Mein Interesse an diesem Metier wuchs und nahm bedenkliche Formen an. Das bemerkte auch BDB-Chef Wittenbrink. Daß er mit voller Absicht alles tat, um mein Interesse zu schüren, ist mir erst viel später klargeworden. Doch noch waren meine Vernunft und die Argumente meiner Frau gegen ein Engagement im Boxsport stärker.

Eines Tages kam einer der Geschäftsführer unserer Firma zu mir und erzählte von einem neuen Mitarbeiter, einem Maler, der gern 14 Tage Sonderurlaub nehmen würde. Als Begründung hatte er angegeben, daß er bei einer Boxveranstaltung in Berlin auftreten möchte. Das weckte schlagartig meine Neugier und ich bat meinen Mitarbeiter ins Büro. Es war der Weltergewichtler Boualem Belouard. Er hatte in seiner Profilaufbahn gegen fast alle Spitzenleute Europas geboxt, aber nie einen Titelkampf erhalten. Nicht zuletzt, weil er keinen richtigen Manager gehabt hatte. Inzwischen war der Ringfuchs allerdings auch etwas älter geworden. Noch ehe ich zu seinem Urlaubswunsch ja oder nein sagen konnte, öffnete er seine Brieftasche und drückte mir zwei Ehrenkarten in die Hand. Ich war angenehm überrascht, gewährte ihm den Urlaub und freute mich auf einen neuerlichen Besuch in der Deutschlandhalle. Wir saßen hinter den Pressevertretern und Funktionären direkt am Ring - so zum Greifen nah hatte ich Faustkampf noch nie erlebt. Belouard boxte gegen einen starken Amerikaner und gewann in der fünften Runde durch k.o. Nach seinem Sieg gönnte er sich einen Salto, kletterte, noch ehe das Urteil des Kampfgerichtes verkündet worden war, verbotenerweise aus dem Ring, rannte geradewegs zu meiner Frau und mir, kniete vor uns nieder und sprudelte los: „Chefin und Chef, ich habe nur für sie geboxt, das war eine Vorstellung, die ich allein ihnen gegeben habe. Ich bin so stolz, daß sie heute hier sind. Sie müssen mein Manager werden!" Ich merkte, wie mir bei diesem Auftritt vor den Augen des Publikums die Röte ins Gesicht und bis über beide Ohren stieg. Ich war sehr verlegen und konnte ihm so schnell keine Antwort geben. Aber ein bißchen stolz machte mich das schon.

Erst Jahre später erfuhr ich, daß diese Geschichte von Theo Wittenbrink eingefädelt worden war. Er wollte mich unbedingt als Manager und Veranstalter für die Boxszene gewinnen, die immer stärker ins Zwielicht geriet und zu allem Überfluß von einigen Journalisten verunglimpft wurde. Positives gab es kaum noch zu lesen. Mutmaßliche oder tatsächliche Skandale beherrschten die Schlagzeilen. Wittenbrink nahm deshalb jede Gelegenheit wahr, neue und möglichst seriöse Mitstreiter zu gewinnen.

Foto-Montage: Heiner Köpcke

Glückwunsch, Goldfinger!

ww **Hamburg, 15. Januar** Heute ziehen die Profiboxer ihre Handschuhe aus: Wenn sie im Hotel Atlantic ihrem Präsidenten Theo Wittenbrink zum Geburtstag gratulieren. Zum 60. Klar, daß Theo einen kleinen Empfang für seine Freunde gibt.

Man wird sich viel zu erzählen haben. Von den goldenen 60er Box-Jahren zum Beispiel, als „Goldfinger" Wittenbrink noch Manager und Veranstalter war.

Als sein Schützling Peter Weiland Europameister im Schwergewicht wurde. „Mein schönstes Erlebnis im Boxsport", sagt Theo.

Oder über die häßlichen Ereignisse. Die Spaltung des Verbandes in BDB und VdF zum Beispiel. „Das war das Schlimmste, was ich als Präsident erlebte."

Theos Geburtstagswunsch: „Ich möchte, daß wir schnell einen deutschen Europameister kriegen."

Der Prinz von Homburg...

Zu jener Zeit machte ein Boxer von sich reden, der als Vater einen bedeutenden Boxer und Catcher im amerikanischen Profilager hatte. Der Sohn von Richard Grupe, Norbert, hatte schon einige Rollen in Wildwestfilmen gespielt und hielt nun als „Prinz von Homburg" Einzug in deutschen Boxringen. Leider war auch dies das Werk von Theo Wittenbrink, den möglicherweise mit Grupe eine Seelenverwandtschaft als Exzentriker verband.

„Goldfinger", wie man Theo Wittenbrink gern und beziehungsreich nannte, trug Schmuck, der jede Frau vor Neid erblassen lassen konnte: riesige Brillantringe, eine goldene Uhr mit seinen Brillantinitialen, Brillanten auch auf der Gürtelschnalle und auf dem Colt, der ihm wohl zugestanden worden war, weil er die Einnahmen aus seinen Betrieben häufig in den Nachtstunden einsammelte.

In der kalten Jahreszeit bevorzugte er Pelzmäntel, und dazu trug er riesige Hüte - nein, zu übersehen war der Mann nun wirklich nicht. Skandalfiguren wie Norbert Grupe alias Prinz von Homburg, der sich mit Gott und der Welt anlegte und unter anderem einmal in einem Fernsehinterview kein einziges Wort sagte, weil ihm irgend etwas nicht paßte, taten dem Boxsport nicht gut. Auch jener Krimi nicht, der begann, als der Laden von Pelzhändler und Boxveranstalter Willy Zeller in Berlin geplündert worden war. Anschließend hatte sich seine Boxercrew aufgemacht, die Pelze bei Dieben und Hehlern wieder herauszuprügeln. Das alles trug dazu bei, das Image der Boxerei weiter zu verschlechtern.

Das Verbrechen an Eipel

Höhepunkt der Skandale im deutschen Boxsport war aber ein Kampf des jungen Berliner Boxers Jörg Eipel. In diesem Kampf verlor er nicht nur die Europameisterschaft, sondern in diesem mörderischen Kampf in Frankreich ging der Deutsche so schwer k.o., daß er das Bewußtsein verlor und viele Monate im Koma lag. Das Schicksal eines Jungen, der eben über 20 Jahre alt war und um dessen Leben man nun fürchten mußte, beschäftigte die ganze Boxwelt. Die Presse nahm das wieder einmal zum Anlaß, in aller Schärfe gegen das Boxen zu polemisieren und ein totales Verbot des Berufsboxens zu fordern.

Natürlich ist ein europäischer Titelkampf eine große Sache, und wenn ein Boxer erst einmal oben angekommen ist und auch in jungen Jahren eine blendende Karriere vor sich hat, unternimmt die Ringecke alles, um Schwächeperioden zu kaschieren und den Mann kampffähig zu erhalten. Hier wurde das sogar noch versucht, als Jörg Eipel eigentlich kaum noch wußte, wo er sich befand. Sogar als er schon am Boden lag, wollte man ihn noch einmal stimulieren. Statt dessen hätte die Ecke verantwortungsbewußt handeln und rechtzeitig zum Zeichen der Aufgabe das Handtuch in den Ring werfen sollen.

Versagt hatte aber auch der Ringrichter. Er hätte sehen müssen, daß ein verteidigungsunfähiger Mann im Ring stand, daß jeder weitere Treffer eine fürchterliche Bestrafung und eine akute Gefahr für seine Gesundheit war. Und schließlich hätten in dieser dramatischen Situation auch der Ringarzt oder andere Offizielle eingreifen müssen. Weil all das nicht geschah und weil einigen Leuten das Geschäft, anderen das grausame Schauspiel wichtiger war, mußte das Opfer bis zum bitteren Ende auf der Bühne bleiben.

Im Krankenhaus rangen die Ärzte um das Leben des in tiefer Bewußtlosigkeit liegenden Deutschen. Die große Beklemmung wich erst, als sich endlich die Nachricht verbreitete, Jörg Eipel sei aufgewacht und es bestehe keine Lebensgefahr mehr. Wer nun aber geglaubt hatte, daß der Berliner die Boxerei aufgeben würde, sah sich getäuscht. Nur mit viel Glück war er nicht das Opfer dieses Sportes und seines Berufes geworden. Jeder vernünftige Mensch wäre dafür ewig dankbar gewesen und hätte sich anderen Aufgaben zugewandt. Es war unfaßbar - Jörg Eipel wollte wieder in den Ring steigen. Und das auch noch bei einer Berliner Veranstaltung, bei der ich als technischer Leiter fungieren sollte.

Für Präsident Wittenbrink und mich stand fest, daß wir das verhindern mußten, um Eipel nicht womöglich einer tödlichen Gefahr auszusetzen. Dabei stand sein Gegner, ein Jugoslawe, schon fest. Selbst Aufrufe seiner Mutter und von Bekannten in deutschen Zeitungen („Jörg - bitte boxe nicht!") blieben ohne Wirkung. Jörg Eipel und sein Gegner waren am Kampftag über Schleichwege in die Deutschlandhalle gelangt.

Wie konnten wir jetzt noch dafür sorgen, daß dieser starrsinnige Kerl nicht in den Ring kletterte? Viele sensationslüsterne Zuschauer waren nur in die Halle geströmt, um möglicherweise Augenzeugen einer menschlichen Tragödie zu werden. Ich hatte jedoch einen Plan entwickelt, um dies zu verhindern.

In unmittelbarer Nähe der Ringecken postierte ich vier Sicherheitsleute. Mit der Hallentechnik vereinbarte ich, daß die Hauptbeleuchtung über dem Kampfviereck ausgeschaltet werden sollte, wenn der vorausgehende Kampf zu Ende sei und Boxer, Ringrichter und Betreuer noch im Ring stünden. Damals brauchten die Ringscheinwerfer fast 20 Minuten, um wieder voll zu erstrahlen. Die vier Sicherheitsbeamten waren angehalten, sofort nach Verkündung des Urteils, die Seile zu lösen und damit einen weiteren Kampf unmöglich zu machen. Dieses ganze Manöver war reichlich makaber und bereitete mir alles andere als Wohlbehagen. Aber ich vermied wenigstens, daß Jörg Eipel, der ansonsten meine ganze persönliche Wertschätzung und mein

Mitleid hatte, noch einmal in den Ring zurückkehren konnte. Ich verließ die Halle mit einem guten Gewissen - es war mein letzter Auftritt als Offizieller bei einer Großveranstaltung.

„Aufnahmeprüfung" für den BDB

Auch ohne den Fall Eipel, der erst viel später Aufsehen erregte und den ich jetzt nur geschildert habe, weil er zum Thema Skandale und Imageverlust gehört, hätte es Gründe genug gegeben, die Finger vom Boxsport zu lassen. Aber da gab es auch die andere Seite, die Überzeugung und den heißen Wunsch, daß das Boxen nicht untergehen dürfe, sondern nur eine neue moralische Basis brauche. Ich entschloß mich, wenn zunächst auch noch sehr zögernd, zu eigenen Aktivitäten. Das begann mit dem Herbeischaffen eines polizeilichen Führungszeugnisses, was im Umfeld einiges Erstaunen auslöste. Die teilweise kriminellen Figuren, die sich rund um den Boxsport in der Vergangenheit ein Stelldichein gegeben hatten, konnten damit wohl kaum aufwarten. Höchstens, um zu sehen, was es da so an Eintragungen gab.
Inzwischen waren Veranstaltungspleiten fast an der Tagesordnung. Je größer Aufwand und Programm, um so höher die Verluste. Viele Freunde beschworen mich, meine Pläne aufzugeben. Das Geschäft sei nicht seriös, und ich könnte dabei ein armer Mann werden. Das wollte ich natürlich nicht.
Um zu unterstreichen, daß ich „sauber" war, lud ich zu einer Pressekonferenz ein und erklärte meinen Standpunkt. Ich wollte versuchen, dem von mir geliebten Boxsport zu helfen und alles in meiner Kraft stehende tun, um seinen Untergang zu verhindern. Bei der ersten Unkorrektheit, von welcher Seite auch immer, würde ich mich aber sofort wieder lösen und meinen Ausflug in das Lager der Berufsboxer sofort beenden.
So wurde ich Mitglied im Bund Deutscher Berufsboxer und von Präsident Theo Wittenbrink mit aller Herzlichkeit aufgenommen. Ich hatte das Gefühl, daß er es ehrlich mit mir meinte. Er gab mir einige Ratschläge und empfahl mir, mich möglichst schnell mit den Verbandssatzungen und den sportlichen Regeln vertraut zu machen. Es handelte sich dabei um eine gedruckte Broschüre von etwa 150 Seiten. Dieses Regelwerk sollte ein Mitglied beherrschen, das Veranstalter, technischer Leiter, Ringsprecher oder auch Trainer werden wollte. Für jede dieser Positionen war eine Prüfung abzulegen. Da ich immer sehr gewissenhaft war, nahm ich mir mein „Lehrbuch" sofort vor und studierte den Inhalt binnen weniger Wochen so intensiv daß ich die Prüfung vor einem entsprechenden Gremium problemlos bestehen zu können glaubte.
Daß ich damals nahezu der einzige Mann im BDB war, der Regeln und Paragraphen wirklich aus dem „ff" beherrschte und auch danach handelte, wußte

ich indessen damals noch nicht. Ich war wohl auch der einzige, der jemals offiziell vor einer Prüfungskommission gestanden hatte.

Meine „theoretische" Prüfung stand am Vortag der Europameisterschaft im Mittelgewicht zwischen Frank Reiche (Berlin) und dem Engländer Allan Minter auf dem Kalender. Ich legte sie in einem Hamburger Hotel vor drei BDB-Leuten, darunter Vizepräsident Hans Hermann aus Düsseldorf, ab.

Die Herren fragten mich natürlich nach sportlichen Regeln, aber auch nach den Gewichtslimits in den einzelnen Klassen, nach der Länge von Bandagen, den Unzen-Gewichten der Handschuhe und vieles mehr. Dabei hatte jeder das Regelwerk aufgeschlagen vor sich liegen. Es war also ebenso leicht, Fragen zu formulieren, wie meine Antworten auf ihre Richtigkeit hin zu überprüfen. Nach relativ kurzer Zeit klappten sie ihre Akten zu und erklärten mir freudestrahlend, daß ich die theoretische Prüfung bestanden hätte; die praktische würde dann gleich am nächsten Tag bei der Veranstaltung in der Ernst-Merck-Halle folgen. Es ging vor allem um den Job eines technischen Leiters, der für den Gesamtablauf einer Veranstaltung verantwortlich war. Auch damit hatte ich übrigens keine Probleme. Ich bekam dann nacheinander alle erforderlichen Lizenzen - als Manager, Ringsprecher, Veranstalter, technischer Leiter. In Hamburg hatte ich mir nach bestandenem „Examen" noch einen kleinen Scherz erlaubt und Vizepräsident Hermann gefragt, ob ich vielleicht auch einmal eine Frage stellen dürfe. Das wurde mir lächelnd gewährt, und ich wollte nun wissen, wie groß der Abstand zwischen den gespannten Ringseilen sein müsse. Er sah mich verwundert an, erntete auch bei seinen beiden Mitprüfern nur hilfloses Kopfschütteln und bestätigte damit meinen Verdacht, daß alle drei nicht ausreichend geschult waren. Ich konnte es mir natürlich nicht verkneifen, ihnen die Maße zu sagen - ohne im Regelwerk nachzuschlagen.

Aufforderung zum Betrug

Wenig später erhielt ich den Anruf eines Managers aus Kaiserslautern, bei dem auch der frühere Europameister im Schwergewicht, Karl Mildenberger, unter Vertrag stand, und der u.a. Muhammad Ali in Frankfurt einen hervorragenden Kampf geliefert hatte. Da ich für seine Veranstaltung als technischer Leiter eingesetzt war und damit auch das Wiegen der Kämpfer zu überwachen hatte, bat er mich um einen „kleinen Gefallen". Frank Reiche hätte wieder einmal Übergewicht, was, wie ich später erfuhr, wohl keine Ausnahme war. Das Limit im Mittelgewicht betrug 72,5 kg, und ich sollte „nur ein paar Metallplättchen" unter dem Waagenkolben befestigen, um Reiche nicht um seine Chance zu bringen. Ich war über dieses Ansinnen empört und informierte sofort BDB-Präsident Wittenbrink. „Na ja, durch eine kleine

Gewichtsüberschreitung kann die ganze Veranstaltung gefährdet werden", sagte der ziemlich ungerührt, „aber du mußt dich ja nicht darauf einlassen." Und ich hatte erwartet, daß er den Manager wegen seines unglaublichen Verhaltens schwer zurechtweisen würde. Ich hatte mir damit gleich ein paar Feinde gemacht.

In kurzer Zeit bildete ich einen eigenen Boxstall mit 14 Aktiven und zwei Trainern. Mit Heini Meinhard fand ich einen Coach, der auch die Amateure des Hamburger Polizeisportvereins betreute und selbst, als Amateur wie als Profi, zu den Besten gehört hatte. Er führte viele meiner Leute zu deutschen Meisterschaften und zu schönen Erfolgen im In- und Ausland. Er nahm seine Aufgabe außerordentlich ernst. Niemals hat er zugelassen, daß ein von ihm betreuter Boxer in aussichtsloser Situation seine Gesundheit gefährdete - er hatte keine Scheu, rechtzeitig das Handtuch zu werfen. Publikumspfiffe oder auch Proteste unvernünftiger Kämpfer interessierten ihn nicht. Dem guten Beispiel folgten leider bei weitem nicht alle, dabei sollten Trainer wie Ringrichter dem eisernen Grundsatz folgen: Man kann einen Kampf nie zu früh abbrechen - höchstens zu spät. Während meiner aktiven Zeit ist dank dieses Grundsatzes keiner meiner Schützlinge ernsthaft zu Schaden gekommen.

Lothar Abend, der kleine Mann mit dem großen Kämpferherzen, boxte noch zweimal mit Erfolg um den deutschen Meistertitel und sollte noch einmal die Chance bekommen, wieder Europameister zu werden. Dazu bedurfte es einiger Vorbereitungskämpfe, von denen einer in Tunesien stattfinden sollte. Theo Wittenbrink, meine Frau und ich begleiteten ihn. Er, ein Freund des Nachtlebens und schon von Berufs wegen auch in Hamburg daran gewöhnt, wollte selbstverständlich auch in Tunis nicht darauf verzichten. Vielmehr als er litt ich unter der Angst, man könnte ihn überfallen und ihm den üppigen Schmuck vom Körper reißen. So war ich heilfroh, wenn ein solcher Ausflug ohne Abenteuer zu Ende gegangen war. Abend verletzte sich in der achten Runde seines Kampfes schwer, verschwieg mir aber, daß die Schmerzen im Arm von einem Bruch oder Anbruch herrührten. Dennoch bereitete ich ihn während unseres Rückfluges auf das baldige Ende seiner Karriere vor. Ich bot dem gelernten Betonbauer an, in unserer Firma zu volontieren und sich die notwendigen Fachkenntnisse für eine zweite berufliche Laufbahn anzueignen. Er war davon sehr angetan. Zu Hause angekommen, ließ ich ihn aber erst einmal untersuchen und dann operieren. Lothar Abend trat dann tatsächlich in unsere Firma ein und arbeitete in allen Sparten fleißig und intensiv mit. An seinem Haus in Postfeld bei Kiel hatte er fast alles selbst gemacht, war also handwerklich sehr geschickt. Nach seiner Volontärzeit machte er sich mit einer eigenen Firma in Kiel selbständig. Es ist ungeheuer wichtig, daß erfolgreiche Sportler nach Beendigung ihrer Laufbahn möglichst nahtlos den Anschluß an ein anderes Leben und eine neue interessante Aufgabe finden.

René Weller, der Paradiesvogel

Mehr verdient als im notleidenden Berufsboxsport wurde damals im Amateurlager. Das traf jedenfalls für eine Reihe guter Leute zu. Das beste Beispiel lieferte René Weller. Alles, was an Titeln zu vergeben war, hatte er sich geholt. Er war ein glänzender Techniker - und ein Paradiesvogel. Nicht wenige Zuschauer kamen in der Hoffnung zu seinen Kämpfen, den „Angeber" einmal verlieren zu sehen. Aber den Gefallen tat er ihnen höchst selten. Aus meiner Kenntnis hat er von seinen über 300 Kämpfen den größten Teil gewonnen. Zu den „Todsünden" eines Amateurs gehörte es, sich mit Profis zu zeigen,

Meine Mannschaft im Trainingscamp.
Ex-Europameister Lothar Abend, Deutscher Meister Peter Lutz, der Spitzenamateur Rene Weller, die Trainer Heini Meinhardt und Horst Volpert und viele andere beim Hotelier Jean Marcel Nartz.

und wenn ein Profi einmal bei einer Amateurveranstaltung auftauchte, läuteten dort sämtliche Alarmglocken. Eine Zusammen-arbeit zwischen beiden Lagern war völlig undenkbar. Weller aber war so souverän und so populär, daß er sich an „Empfehlungen" dieser Art nicht hielt. Wir waren damals gut befreundet, und ich erinnere mich genau, daß er einer Einladung von mir folgte und mit meinem ganzen Boxstall nach Morsbach im Sauerland reiste, um dort in einem Trainingslager mit meinen Profis zu arbeiten. Mein Freund Marcel Nartz, gelernter Koch und geschätzter Mitarbeiter der Fachzeitschrift „Boxsport", besaß dort ein Lokal. Sehr schnell war die Meinung, die meine Leute von Weller, diesem „Schönling" hatten, korrigiert. Er trainierte sie alle in Grund und Boden. Ob es um Lang-streckenläufe oder andere leichtathletische Übungen, um Krafttraining an Sandsack und Maisbirne oder um Sparring im Ring ging, in fast allen Disziplinen war der Amateur den Profis überlegen. Das hat sie überzeugt und dem großartigen Sportsmann näher gebracht.

René Weller bekam eine Menge Ärger, weil er sich mit uns eingelassen hatte, doch er nahm solche Extras einfach für sich in Anspruch. Am Ende hat der Erfolgreiche immer recht. Wer René Weller haben wollte, und er galt in Deutschland wie in Europa als Zugpferd, der mußte sich seine Eskapaden schon gefallen lassen.

Eines meiner nettesten Erlebnisse mit ihm hatte ich, als wir für ein paar Tage gemeinsam nach St. Tropez gefahren waren. Eigentlich wollten wir uns erholen, aber dies war unmöglich, da René Weller keine Trainingsgelegenheit ausließ. An einem wunderschönen Sonnabendmorgen bat er mich, mit ihm an den Strand zu fahren. Zielsicher nahm er Kurs auf zwei Pfähle, zwischen denen sich eine Art Eisenträger befand. An dem befestigte er einen Sandsack, den er in sein Reisegepäck geschmuggelt hatte, und dann begann er zu trainieren. Jeweils nach drei Minuten mußte ich die „Runde" beenden und nach einer Minute Pause den „Kampf" wieder freigeben. 45 Minuten lang verdrosch er das Gerät nonstop auf übelste Art und Weise. Dann baute er den Sandsack ab und machte Gymnastik.

Bis heute habe ich vor der sportlichen Leistung dieses Ausnahmeboxers großen Respekt. Er wurde später doch noch Berufsboxer - und prompt Europameister. Wir sehen uns jetzt zwar nur noch bei der einen oder anderen Veranstaltung, aber dann freuen wir uns, wenn wir über frühere Zeiten plaudern können.

In Deutschland ging es mit dem Boxsport weiter abwärts. Immer weniger Veranstalter wollten bei den bescheidenen Besucherzahlen ihr Geld riskieren. An wirklich große Kampftage war überhaupt nicht mehr zu denken. Nennenswertes hatte nur noch der Berliner Willy Zeller zu bieten. Er konnte sogar mit einem Weltmeister aufwarten. Eckhardt Dagge war allerdings wegen seines lockeren Lebenswandels sehr umstritten. Ich erinnere mich an ein Interview, in dem er sich das zweifelhafte Bonmot leistete: Schon viele bedeutende Boxer seien Alkoholiker geworden, aber noch nie sei ein Alkoholiker Weltmeister geworden - da sei er der erste.

Zu allem Überfluß gab es plötzlich zwei deutsche Boxverbände. Weil es zwischen dem BDB und der einflußreichen Berliner Gruppe Querelen gab, hatten die Männer um Willy Zeller und Dr. Rust ein eigenes Unternehmen gegründet. Das hätte schon das endgültige „Aus" des deutschen Boxsports werden können. Aber Totgesagte leben ja bekanntlich länger.

Ich war bemüht, meinen Teil dazu beizutragen, das Image der Sportart zu heben und begann meine eigene Veranstaltungsreihe. Insgesamt dürften es wohl 35 Kampftage gewesen sein, darunter zahlreiche deutsche Meisterschaften, die von mir allein oder mit Hilfe eines Partners aufgezogen wurden. Eigentlich war man unter den Veranstaltern erst richtig hoffähig, wenn man mindestens zwei Millionen in den Sand gesetzt hatte. Ich galt deshalb als Außenseiter, denn alle meine Projekte waren finanziell zumindest keine Mißerfolge.

Ich beschäftigte meine Boxer schließlich, um ihnen ein Einkommen zu verschaffen, und da viele Veranstaltungen von meiner tüchtigen Frau mitorganisiert und seriös kalkuliert wurden, blieb gelegentlich auch mal etwas übrig. Dies machte mich bei meinen „Kollegen" eher unbeliebt. Daß wir ganz gut zurechtkamen, wurmte sie. Einige fragten nach meinem Erfolgsrezept, da sie ein Geheimnis witterten. Aber es war ganz einfach: Arbeit und Fleiß, denn von nichts kommt nichts.

Auch einige neue Ideen trugen zum Erfolg bei: Wir erstellten beispielsweise jeweils ein Programmheft von etwa 45 Seiten. Das meiste waren Anzeigen, die die Veranstaltung mitfinanzierten. Außerdem gelang es mir fast immer, und das war damals eine kleine Sensation, das Fernsehen zumindest mit einer Vorschau „einzuspannen" und damit weite Zuschauerkreise zu erreichen.

Butzbach und der „fette" Ali

Das Angebot kam schriftlich und war von Frau Nina Rindt, der Witwe des tödlich verunglückten Formel-1-Rennfahrers Jochen Rindt. Sie hatte eine Goodwill-Tour mit Muhammad Ali für Europa zu managen und suchte sowohl einen Organisator für Deutschland als auch noch einen Ali-Gegner für die Berliner Deutschlandhalle. Ich war interessiert und brachte meinen Schwergewichtler und deutschen Meister Georg Butzbach ins Geschäft. Er war ein junger Mann aus Saarbrücken mit einer sagenhaften Figur. Dazu blond und blauäugig - wie sich Amerika einen weißen Weltmeister vorstellen mochte, der nach langer Pause dem Schweden Ingemar Johanssen folgen könnte.

Ich war sehr stolz: Bewies das Angebot doch, daß mein Ruf als Manager und Veranstalter international Gewicht hatte. Und organisierte beide Veranstaltungen - eine in der Essener Gruga-Halle, die andere in Berlin. Für Butzbach war es eine Riesenchance, mit einem Fighter zusammenzutreffen, der Boxgeschichte geschrieben hatte. Ali hatte sich eigentlich schon aus dem aktiven Geschäft zurückgezogen, dann aber doch die Good-will-Tour angenommen, für die er eine Unmenge Dollars kassierte. Bei seiner Ankunft aus England sollten wir ihn in Düsseldorf empfangen. Georg Butzbach war schon Ali-Fan, als er noch klein war und an eine eigene Boxerlaufbahn keinen Gedanken verschwendete. Wie so viele Menschen in Europa, hatte auch er sich nachts den Wecker gestellt, um die großen Kämpfe des Amerikaners am Fernsehen erleben und sein Idol bewundern zu können. Jetzt, da er ihn höchstpersönlich vor die Fäuste kriegen sollte, hatte sich der „größte Boxer aller Zeiten" von seinem Idealgewicht allerdings ein beträchtliches Stück entfernt. Er wog mehr als 125 Kilo und schleppte eine beachtlich gewölbte Bauchdecke mit sich herum. Als er seinen Gegner im Beisein von Journalisten zum ersten Mal auf dem Flughafen traf, sah sich Georg Butzbach sein großes Vorbild an - und war empört. Er konnte es einfach nicht fassen, daß sich ein so berühmter Boxer durch seinen Lebenswandel und Mangel an Disziplin eigenhändig vom Denkmalssockel gestürzt hatte. Und es brach förmlich aus Butzbach heraus: „Du warst mein Idol, für dich habe ich mir Nächte um die Ohren geschlagen, ich wollte einmal so werden wie du, aber du bist nur noch ein fetter, häßlicher Klotz und wenn wir uns im Ring gegenüberstehen, werde ich dich dafür bestrafen."

Ali in Essen, v. l. n. r. Ivar, Peter Müller (de Aap), Dagmar, Ali, Bandini Bru

Jean Coopmann und Georg Butzbach nach dem Kampf in Itzegim/Belgien

Ali konnte natürlich kein einziges Wort verstehen, mußte aber dem Ton und der Gestik des Deutschen wohl entnommen haben, daß es sich nicht gerade um Komplimente gehandelt haben konnte. So fragte er den bekannten US-Sportreporter Ben Wett, seinen ständigen Begleiter, was denn Butzbach gesagt hätte. Wett zögerte, gab dann aber dem Drängen des ehemaligen Champs nach und übersetzte wortgetreu. Muhammad Ali stutzte, sah Butzbach ein paar Sekunden lang verwundert an - und klopfte ihm dann grinsend auf die Schulter: „Siehst du Junge, genauso habe ich auch einmal angefangen." Er hatte sich in diesem Augenblick wohl daran erinnert, daß er wegen seiner Sprüche und Gedichte, mit denen er jeden Gegner verspottet hatte, weltweit zu seinem Beinamen „das Großmaul" gekommen war. Butzbach konnte den „dicken Ali" zwar nicht bestrafen, hinterließ jedoch einen sehr guten Eindruck, und die Fotos von diesem Duell gingen um die Welt.

Südafrika schlägt zu...

Aufmerksam wurde durch diese Presseberichte auch ein Manager in Südafrika, der den Weltranglistenvierten Kalli Knötze vertrat. Wegen seines Könnens, wohl aber auch wegen seines guten Aussehens, bekam Butzbach die Chance zur Ausscheidung für die Weltmeisterschaft im Schwergewicht. Zusammen mit dem routinierten Holländer Henk Ruhling als Co-Manager, mit dem ich mich angefreundet hatte, reisten wir nach Johannesburg. Laut Vertrag hatten wir drei Wochen vor dem Kampftermin vor Ort zu sein. Die Presse hatte Georg Butzbach als die weiße Schwergewichtshoffnung angekündigt. Kalli Knötze, ein ehemaliger Rugbyspieler und Polizist, war bei der schwarzen Bevölkerung alles andere als beliebt. Er war aus der Polizei entlassen worden, weil er bei einem Einsatz ein Kind erschossen haben sollte. Vielleicht war das auch ein Grund dafür, daß wir am Hotel von einigen hundert Farbigen erwartet wurden. Sie machten Butzbach Mut und ließen keinen Zweifel daran, daß sie ihn siegen sehen wollten. Der blonde Modellathlet nahm die Sache ganz gelassen. Gerade mal 22 Jahre alt hatte er eine glänzende Karriere vor sich. Drei Wochen zuvor war sein Selbstbewußtsein weiter gestärkt worden, als er im belgischen Itzegim in einem mitreißenden Zehn-Runden-Kampf den ehemaligen Schwergewichts-Europameister Jean-Pierre Coopmann geschlagen hatte.

Der Kampftag begann mit einer Waffenkontrolle, die besonders bei den farbigen Fans gemacht wurde. Tatsächlich kam ein ganzes Arsenal von Schlagstöcken, Messern und anderen „harten Gegenständen" zusammen. Butzbach begann seinen Kampf sehr schnell und gab Knötze zunächst kaum die Chance, seine gefürchtete Schlagkraft einzusetzen. Er sah wirklich gut aus, aber zu Beginn der siebten Runde ereilte ihn das Schicksal - Bruch des rechten Mittelhandknochens. Weil er nicht mehr in der Lage war, sich zu verteidigen oder gar eigene Angriffe zu starten, mußte er aufgeben. Die Akteure befanden sich mit dem Kampfrichter noch in der Ringmitte, als Knötze auf unsere Ecke zukam. Ich stand außerhalb der Ringseile und sah ihm neugierig entgegen. Völlig überraschend nahm er die rechte Faust hoch und feuerte sie mir kerzengerade ins Gesicht. Ich fiel wie vom Blitz getroffen, schlug auf den Ringbelag auf und landete schließlich auf dem Fußboden. Sofort waren alle möglichen Menschen um mich herum. Niemand konnte sich den Vorfall erklären, und natürlich waren auch die Kampfrichter und der südafrikanische Boxpräsident schockiert. Offenbar hatte Knötze in mir den Schuldigen für Butzbachs Aufgabe gesehen und seinen Zorn auf diese Weise entladen. Man fragte mich, ob ich Strafanzeige erstatten wolle, was sicher gleichbedeutend mit einem Lizenzentzug gewesen wäre. Weil Knötze aber kurz vor einem Weltmeisterschaftskampf stand, wollte ich seine Karriere nicht blockieren.

Die „Sunday Times" eine der bekanntesten Zeitungen im Lande, erschien am nächsten Tag mit der Schlagzeile: „Kalli touched German's Manager". Auf dem Titelfoto war mein Gesicht nur zu ahnen - es war weitgehend vom Boxhandschuh Knötzes zugedeckt.

Georg Butzbach hatte durch seine Kämpfe gegen Ali, Coopmann und Knötze eine Menge Geld verdient. Jetzt bat er um drei Wochen Urlaub, angeblich um in Saarbrücken etwas auszuspannen. In Wirklichkeit nutzte er seine Freizeit ganz anders und erschien einfach nicht mehr zum Training. Eines nachts rief mich mein Freund Henk Ruhling an, um mich aufzuklären. Butzbach habe gerade die Villa von Manager Willy Zeller verlassen und ihm mitgeteilt, er wolle gern bei mir aussteigen und bei ihm, Zeller, unterschreiben. „Zeller läßt Dir ausrichten, daß er zwar nicht gerade dein Freund ist, daß er aber solche Machenschaften nicht duldet. Auf keinen Fall will er einen Boxer aufnehmen, der anderswo noch einen Vertrag hat. „Wer sich wie Butzbach verhält, legt auch den nächsten Arbeitgeber aufs Kreuz", meint Zeller. Am nächsten Tag entließ ich Georg Butzbach aus seinem Vertrag.

Hein ten Hoff will mitmachen

Meine Boxaktivitäten wurden trotz solcher Zwischenfälle immer umfangreicher, so daß ich mir ernsthafte Gedanken machen mußte, ob das auf Dauer überhaupt zu schaffen sei. Mittlerweile hatte ich mit meinen Boxern fast ganz Europa bereist. Überall waren sie an Kämpfen beteiligt und in vielen Fällen war meine Anwesenheit unerläßlich. Hin und wieder konnte ich zwar meinen Trainer allein mit den Aktiven reisen lassen, aber bei größeren Kämpfen war es schon wichtig, daß ich an ihrer Seite war. In Deutschland ging der Verfall der Sportart derweil weiter. Zuhälter begnügten sich nicht mehr damit, in der ersten Reihe zu sitzen, sondern unternahmen nun auch handfeste Versuche, Zugriff auf Funktionärspositionen zu bekommen. Das war auf Dauer ein unhaltbarer Zustand. Ich führte darüber ein ausführliches Gespräch mit BDB-Präsident Theo Wittenbrink, der zehn Jahre im Amt war. Ich erklärte mit Nachdruck, es sei nicht länger zumutbar, daß Veranstalter ihr Geld einsetzten, alle Risiken trügen und durch das unseriöse Umfeld auch noch ihr Ansehen in der Öffentlichkeit aufs Spiel setzten. Und dann machte ich ihm den Vorschlag, sich mit der Ehrenpräsidentschaft zu begnügen und den BDB zukünftig in der Dachorganisation, der Europäischen Box-Union (EBU), zu vertreten. Man könne dann einem neuen Präsidenten die Möglichkeit geben, das Image des Verbandes zu verbessern und auch in den Medien wieder mehr Unterstützung durch positive Berichterstattung zu finden. Zu meinem Erstaunen war er von dieser Idee sehr angetan. Er fragte natürlich gleich, wen ich denn im Auge hätte. Diesbezügliche Vorgespräche mit Bubi Scholz in Berlin waren leider schon gescheitert. Ich hatte danach mit dem ehemaligen Europameister im Schwergewicht, Hein ten Hoff, Kontakt aufgenommen. Sein phantastischer Kampf mit Exweltmeister Jersey Joe Walcott in Mannheim war unvergessen. Nach einem langen Gespräch erklärte sich ten Hoff bereit, das Amt des Präsidenten zu übernehmen, wenn ein neuer Vorstand gewählt und ich Veranstalter bleiben würde - er wolle sich nur mit integren Leuten einlassen. Wittenbrink hielt dieses Projekt für

Unsinn, denn Hein ten Hoff sei seit 17 Jahren an keinem deutschen Boxring mehr gesehen worden. Ich versicherte ihm, daß der „lange Hein" tatsächlich zur Verfügung stehe und schon am kommenden Sonntag bei einer Vormittagsveranstaltung im Curiohaus an der Rothenbaumchaussee in Hamburg erscheinen würde. Wittenbrink quittierte das mit einem skeptischen, ungläubigen Lächeln.

Die Veranstaltung sollte um 11 Uhr beginnen. Ich hatte Presse und Fernsehen informiert, und als Hein ten Hoff um 10.45 Uhr mit seinen beiden Söhnen den Saal betrat, waren mehr als 60 Journalisten am Ring versammelt. Theo Wittenbrink wurde leichenblaß. Als er sich von der Überraschung erholt hatte, begrüßte er ten Hoff wie einen guten alten Bekannten. Sportlich wurde diese Veranstaltung zwar kein großer Erfolg, aber der finanzielle Erfolg war groß, da viele Boxsportfreunde gekommen waren, um nach langen Jahren ein Wiedersehen mit dem sympathischen und beliebten Ex-Meister zu feiern. Für mich war das ein gutes Vorzeichen. Wieviele Fans würden wohl erst zusammenströmen, wenn einmal der große alte Mann des deutschen Boxsports, wenn Max Schmeling seine Zurückhaltung aufgeben und als Zuschauer an den Ring zurückkehren würde? Das war sicherlich der Wunschtraum aller Veranstalter.

Nach der Matinée kam es zu einem höchst unerfreulichen Auftritt von Theo Wittenbrink. „Was du da abgezogen hast, wirst du noch einmal bitter bereuen," fauchte er. „Daß du ten Hoff hierher gebracht hast, beweist, daß du gegen mich intrigierst. Ich werde deinen Ausschluß aus dem Verband beantragen!" Ich war fassungslos, denn ich hatte doch vorher mit ihm ausführlich darüber gesprochen. Noch am selben Abend gab es mit Hein ten Hoff und mir ein Fernsehinterview, in dem er seine Bereitschaft für das Präsidentenamt bestätigte. Zwei Tage später erhielt ich einen eingeschriebenen Brief, der beinhaltete, daß Wittenbrink den Berufungsausschuß einberufen hatte. In der Sitzung forderte er meinen sofortigen Ausschluß. Ich war ebenso verwundert wie gekränkt. Obgleich sich die Beisitzer gegen das Ansinnen des Präsidenten sträubten und es auf keinen Fall mittragen wollten, sagte ich, daß ich von mir aus die Konsequenzen ziehen würde. Jetzt wisse ich wenigstens, daß er die Beendigung der Mißstände im deutschen Boxsport gar nicht ernsthaft wünsche. Ich habe mich aus dem Profigeschäft zurückgezogen und alle meine Verträge und Lizenzen zurückgegeben. Im Grunde meines Herzens bin ich dieser faszinierenden, männlichen Sportart aber bis heute treu geblieben. In meiner Verbitterung habe ich dann jahrelang keine Boxveranstaltung mehr besucht. Viele Freunde baten mich zwar, meinen Entschluß zu überdenken, denn irgendwann werde sich das Problem Wittenbrink von selbst lösen, aber meine Enttäuschung saß zu tief. Gottlob hatte ich genug andere Interessen. Ich gründete den Förderkreis „Rettet die Nikolaikirche" und bekam so auf ganz andere und wunderbare Weise Kontakt zu einem

92

Mann, der zu meinen großen Idolen zählte und als Boxer wie als Mensch eine lebende Legende war - Max Schmeling. Auf vielen Veranstaltungen, die ich im Laufe der Zeit für den Förderkreis ausrichtete, sorgte Max Schmeling mit seiner Anwesenheit dafür, daß sie zu einem Erfolg wurden. Viele Helfer hat er für St. Nikolai aktiviert - mein Dank an ihn ist unendlich.

Mauerfall und neue Blüte

Als die Mauer fiel, die Grenzen in Osteuropa geöffnet wurden, geschah etwas bis dahin Unglaubliches. Was das für den deutschen Boxsport bedeutete, ist heute noch gar nicht meßbar. Er nahm einen Aufschwung, wie ihn sich noch in den Jahren 1985-87 kein Mensch erträumen konnte. Man konnte wieder frei und unbedrängt von West nach Ost und von Ost nach West gehen. Das taten auch die hochkarätigen Boxer. Weil das Profiboxen im Ostblock verboten und die massiv geförderten Staatsamateure des Sportes das fast einzige Aushängeschild dieses „Arbeiter- und Bauernstaates" gewesen waren, wechselten jetzt hervorragende Leute mit Bilderbuchkarrieren aus dem Amateur- ins Profilager. Um nur einige zu nennen: Henry Maske, Axel Schulz, die Gebrüder Rüdiger und Thorsten May oder auch der aus Danzig stammende Dariusz Michalczewski. Allesamt Europa- oder Weltmeister, Olympiasieger und Medaillengewinner. Und mit ihnen drängten auch jene wieder ins Rampenlicht und in die Nähe von Boxern, Managern und Veranstaltern, die noch kurz zuvor mit beiden Füßen auf dem deutschen Berufsboxsport herumgetrampelt hatten.

Jean-Marcel Nartz trat eines Tages mit der Bitte an mich heran, ein Gespräch zwischen Henry Maske, Axel Schulz, ihrem erfolgreichen Trainer Manfred Wolke, der selbst Olympiasieger und vielfacher DDR-Meister gewesen war, und Max Schmeling zu vermitteln. Ich telefonierte mit Schmeling, er erklärte sich gern bereit, bat mich aber, selbst auch an dem Treffen teilzunehmen. Für die eingeladenen Boxer war das eine Ehre, die vorher kaum jemandem zuteil geworden war. Schmeling hatte sich vom Boxen zurückgezogen, dem BDB aber immer wieder Geld für in Not geratene Profis zukommen lassen. Er war also dem Metier in der für ihn typischen Unauffälligkeit verbunden geblieben.

Max Schmeling empfängt

Daß Henry Maske und Axel Schulz dem populärsten deutschen Sportler aller Zeiten ihre Aufwartung machen durften, ist auch auf ihr angenehmes Äußeres und ihr einwandfreies Auftreten zurückzuführen. Von den charak-

93

Mit Maske bei Max Schmeling

terlichen Eigenschaften und von ihrer Intelligenz her sind sie genau aus dem Holz, aus dem Weltmeister geschnitzt werden. Der saubere Kampfstil von Maske und seine brillante Technik hatten Schmeling begeistert. Zum ersten Mal nach vielen Jahren ließ er wieder Menschen aus der Boxsportszene an sich heran. Bei Max Schmeling in Hollenstedt fand sich schließlich folgender Kreis ein: Weltmeister Henry Maske mit seiner Frau, Axel Schulz und beider Trainer Manfred Wolke, Jean-Marcel Nartz, die Boxsport-Fachjournalisten Sepp Scherbauer und Frau und Jo Biewer, langjähriger Chefredakteur der Zeitschrift „Boxsport"; meine Frau und ich. Diese Zusammenkunft wurde für alle ein unvergeßliches Erlebnis. Und sehr folgenreich. Denn seit kurzem hatten wir neben Maske in der leichten Gewichtsklasse, aber in einem anderen Verband, einen zweiten Weltmeister. Dariusz „Tiger" Michalczewski, ein deutschstämmiger Pole, lebte seit Jahren in Hamburg und wurde von Klaus-Peter Kohl hervorragend betreut. Der Manager und Veranstalter bat nun ebenfalls für seinen Mann um einen Termin bei Schmeling, der ihm dann in seinem Hamburger Büro auch gewährt wurde.

Inzwischen hat Gentleman Maske seinen WM-Titel schon zum siebten Mal erfolgreich verteidigt. Nun gibt es Stimmen, daß man auf eine solche Meisterschaft eigentlich verzichten könne. Um „richtiger" Weltmeister zu sein, müßte „Sir Henry"- ein anderer Beiname Maskes- auch die Champs der drei anderen Weltverbände besiegen. Doch selbst, wenn es möglich wäre, alle drei Konkurrenten herauszufordern, gäbe es bis dahin vielleicht schon einen fünften oder sechsten Weltverband. Und jeder hütet seine Weltmeister, denn nur Titelkämpfe dieser Größenordnung sind nun einmal ein gutes Geschäft. Die Situation ist indessen höchst unbefriedigend, und sie gefällt den beteiligten Boxern am allerwenigsten. Unvorstellbar, daß es in anderen Sportarten drei oder vier verschiedene Weltmeister gibt, z.B. im Fußball. Undenkbar!!

Bevor Axel Schulz in Las Vegas bei seiner umstrittenen Punktniederlage einen so großartigen Kampf gegen George Foreman führte, kannte ihn in der Welt kaum jemand. In der Hotelhalle gingen alle an ihm vorbei, ohne ihn wahrzunehmen; abgesehen vielleicht von seiner imposanten Erscheinung. Nach dem Duell war er über Nacht in Amerika so bekannt geworden, wie kaum ein deutscher Boxer seit Max Schmeling. Jeder hatte dem sympatischen jungen Mann den Sieg über Foreman gewünscht, denn er hatte ihn ehrlich verdient und so klug und überzeugend geboxt, daß ein objektives Kampfgericht ihn zum Punktsieger und neuen Weltmeister aller Klassen hätte ausrufen müssen.

Wilfried Sauerländer, sein ausgezeichneter Manager, ergriff sofort die Initiative und focht das Urteil an. Die Filmaufzeichnungen und die gewichtigen Stimmen der amerikanischen Fachwelt, die vehement für Schulz votierten, bewogen das zuständige Gremium des Verbandes (IBF) tatsächlich, George Foreman zu einer zweiten Titelverteidigung innerhalb von 120 Tagen zu verpflichten. Dazu konnte es leider nicht kommen, da der betagte Amerikaner wohl auch aus Angst vor Schulz's Fäusten seinen Titel niederlegte.

Aber der Deutsche ist jetzt nicht mehr zu übergehen, er wird seine Chance bekommen.

Boxen ist wieder in

Profiboxen heute: Da werden Börsen gezahlt, die geradezu astronomische sind. Veranstaltungen werden durchgeführt, für die schon Wochen vorher keine Tickets mehr zu bekommen sind. Millionen Menschen fiebern vor den Fernsehgeräten mit. Zu keinem Zeitpunkt hatte das deutsche Berufsboxen größere Chancen eine „Weltmachtstellung" zu erlangen. Das schlägt sich auch in der Wirtschaftsbilanz des Verbandes nieder, der niemals mehr Geld in der Kasse hatte, da er an jeder Veranstaltung prozentual beteiligt ist.

Der Boxsport ist heute wieder gesellschaftsfähig geworden - wie zu Zeiten von Max Schmeling, Bubi Scholz, Hein ten Hoff oder Heinz Neuhaus. Und auch auf dem „Jahrmarkt der Eitelkeiten" herrscht wieder Hochbetrieb: nie hat man mehr Prominente am Boxring gesehen als heute.

Die gemeinsame Begeisterung für den Boxsport führte mich manchmal mit besonders interessanten Menschen zusammen. Dazu gehört der in Hamburg lebende italienische Künstler Bruno Bruni. Die Deutsche Post AG, Direktion Hamburg, hatte mir durch ihren Präsidenten den Vorschlag gemacht, zum Gedenken an die Kapitulation Hamburgs vor 50 Jahren eine Sonderbriefmarke herauszugeben. Diese philatelistische Rarität sollte am 3. Mai 1995 in einem Sonderpostamt an der Turmruine von St. Nikolai zugunsten des Mahnmals verkauft werden. Die künstlerische Gestaltung sollte einem Maler überlassen werden. Mir wäre es nicht leicht gefallen, zu Bruno Bruni einen entsprechenden Kontakt herzustellen. Da er aber ein begeisterter Boxfan und ein persönlicher Freund von Dariusz Michalczewski ist, der sogar Unterricht bei ihm nimmt, war es für Klaus-Peter Kohl relativ einfach, mich ihm vorzustellen. Anwesend waren noch Michalczewski und der BDB-Vizepräsident, Rechtsanwalt Dr. Peter Wulf, der auch einmal mit viel Erfolg geboxt hatte. Wir sprachen über das Postprojekt - und Bruno war begeistert. Der Abend verlief sehr harmonisch. Wir tranken einige Gläser allerbesten italienischen Weines und redeten über alles mögliche. Aber dann sprach mich Peter Wulf, der mich aus seiner aktiven Zeit gut kennt, direkt an. Sein Vorschlag verschlug mir erst einmal die Sprache. Er sagte, der derzeitige Präsident des Bundes Deutscher Berufsboxer, Kurt Hallbach aus Düsseldorf, hätte dieses Amt schon sehr lange inne und sei immerhin schon 72 Jahre alt. Im Mai 1995 stünden Neuwahlen an. Kohl und er seien der Meinung, daß es in deutschen Landen keinen besseren Mann für diesen Posten gebe als mich. Ich sei moralisch über jeden Zweifel erhaben und verfüge sowohl über hervorragende Fachkenntnisse als auch über die notwendigen Verbindungen zu Politik, Wirtschaft, Kultur und Sport. „Tu' uns den Gefallen, damit der Boxsport auch auf der Funktionärsseite für die kommenden Aufgaben gerüstet ist. Stell dich zur Wahl! Ich war so verblüfft, daß mir fast das Weinglas aus der Hand gefallen wäre. Von mir aus wäre ich nicht im Traum auf den Gedanken gekommen dieses Amt anzustreben. Aber nun sprachen sie mit vereinten Kräften auf mich ein, baten mich eindringlich, ihren Vorschlag zu überdenken. Daß ich dann auch gewählt werden würde, meinten sie garantieren zu können.

Der Antrag war zweifellos sehr ehrenvoll, aber ich bat dennoch um Bedenkzeit. Vor allem mußte ich mit meiner Frau darüber reden. Mir selbst kamen dann aber auch erhebliche Bedenken, und so sagte ich nach geraumer Zeit, daß ich für das Amt nicht kandidieren würde und dafür um Verständnis bäte. Meine anderweitigen Verpflichtungen waren einfach zu umfangreich. Nach wie vor sehe ich mir aber die großen Kämpfe live oder im Fernsehen an. Selbst wenn ich mit meiner Frau zu wohlverdienten Pausen in unser Haus nach Irland flüchte, lasse ich mir die interessantesten Fights nicht entgehen. Um die Zukunft des deutschen Boxsports ist mir nun nicht mehr bange. Wie gesagt, Totgesagte leben ganz besonders lange.

Angenehme Zwischenepisoden

Mama

Ich sitze auf der Dammkrone zwischen dem ersten Teich am Haus und dem großen Teich, in dem ich meine Angel geworfen habe. Das Brot, daß ich an dem Haken befestigte liegt ruhig auf der ganz glaten Wasseroberfläche. An den anderen Brotstücken, die noch auf der Oberfläche treiben, spielen die kleinen Fische und reißen sich Stück für Stück von dem langsam aufweichenden Weißbrot ab. Mein Blick geht zur linken Uferböschung und ich rufe mir in die Erinnerung zurück, wieviel schöne Stunden wir hier gemeinsam, meine Frau und die Kinder, erlebt haben. Ich sehe die dicht zugewachsene Uferböschung mit Birken, Erlen und Sträuchern und denke etwa 30 Jahre zurück. Dieses Gelände war damals noch

Mama Orla

genauso verwildert wie es jetzt wieder ist. Meine Kinder waren noch klein, als wir die gesamte Uferböschung auf einer Länge von 120 Metern und einer Breite von 2 Metern sauber und urbar gemacht haben. Jasmin, Andreas, meine Frau Dagmar und ich pflanzten gemeinsam Kirschbäume und viele, in allen Farben leuchtende Rosensträuche, die wir in einer Baumschule gekauft hatten. Es war ein zauberhafter Anblick, wenn man durch den Waldweg schritt um zu unserem Holzhaus zu gelangen, und sich dann vor einem die Uferböschung auftat. Vor dem Haus befand sich eine wunderschöne Wasserterasse auf der wir jeden Morgen frühstückten.

Das kleine reetgedeckte Haus verfügte über alles, was das Leben angenehm macht. In dem, nur über eine kleine Leiter zu erreichenden Obergeschoß befanden sich 5 Schlafplätze. Strom gab es keinen. Wir hatten alles auf Gas- und Batteriebetrieb umgestellt.

Einmal gab meine Mutter meinem Drängen nach, uns in unserem Wochenenddomizil zu besuchen. Sie hätte ihre Schlafstätte im Erdgeschoß aufgebaut bekommen. Aber wie meine Mutter nun einmal ist, sie wollte niemanden stören und brachte Ihr Einmannzelt mit.

Um 4.30 Uhr durchstreifte meine Mama trotz meines ausdrücklichen Wunsches, dies bitte zu unterlassen, die Wälder nach Pilzen. Seit dem Kriege war sie eine absolute Pilzexpertin und von Ihren Ausflügen brachte sie die schönsten und größten Wiesenchampignons, Perlpilze, Sandpilze, Steinpilze, Maronen und manchmal auch Pfifferlinge mit. Die schmackhaften Gerichte, die daraus entstanden, werde ich nie vergessen. Die Zeit war einfach toll. Es war für mich eine Wohltat, meiner Mutter am Abend in ihr so wunderschönes offenes Gesicht zu sehen und mich gemeinsam mit ihr an die zurückliegenden Jahre zu erinnern.

Es erschien uns wie ein Wunder, daß wir heute diese Dinge so glücklich und friedlich genießen konnten. Damals hätten wir es nicht zu träumen gewagt. Wie oft war doch meine Mutter an den Wochenenden hier mit uns zusammen?

Unsere kleine Hütte in der Heide

Jetzt kam mir mein guter Bekannter, Rudolf Zeyn, in den Sinn. Er bewirtschaftet bei Zollenspieker einen landwirtschaftlichen Betrieb. Bei ihm erwarb ich einmal im Jahr 150 bis 200 Pfund Hechte, Zander sowie die besonders kräftigen und wilden Wildkarpfen, um sie in meinem Teich auszusetzen.

Wie oft schon habe ich spät abends bei ihm angerufen, um mit ihm über den Transport meiner Fische zu sprechen. Fast immer hatte ich seine liebe Frau am Telefonapparat, die mal wieder Telefondienst hatte, weil Rudolf noch auf der Elbe war.

Wenn es dann soweit war, saßen wir in seiner gemütlichen Bauernküche bei Kaffee und Schnaps, führten unsere Trockengespräche und machten den Handel perfekt, während draußen ein Mitarbeiter von mir die Fische in Spezialbehältern verlud. Sie hatten unterschiedliche Größen von ca. 1-30 Pfund. Bei diesen Tätigkeiten dachte ich schon, wer wohl den einen und anderen kapitalen Hecht aus meinen Teichen ziehen wird. Beim Aussetzen in meinen Teich hatte man das Gefühl, daß sich die Fische sofort zu Hause fühlten. Ich glaube das liegt wohl an der hervorragenden Wasserqualität meiner Teiche.

Angeln entspannt. Man kann träumen, hervorragend zur Ruhe kommen, ausspannen, nachdenken oder seine Erinnerungen zu Papier bringen.
Ich wurde oft gefragt, was es langweiligeres gebe als Angeln ? Meine Antwort darauf ist: Zuschauen.
Es begreift wohl keiner, der nicht angelt, wie schön die Stille, die man genießt, sich auf den ganzen Körper auswirkt. Welcher Friede und welche melancholische Stimmung einen Menschen befällt. Es ist die Stille der lautlosen Jagd. Der spitze, helle, unverfälschte Schrei des Eisvogels riß mich aus meinen Träumen. Er flog 40 cm über der Wasseroberfläche und tauchte plötzlich nach einem Fisch. Pfeilschnell flog er zurück zu dem rhythmisch gurgelndem Mönch, wo er seinen Fisch verschlang. Es war ein wunderschöner friedlicher Tag, über mir die weißen Wolken die am blauen Himmel davonschwebten.

Ein kapitaler Aal

Viel Freude mit unseren Kindern

Ja, was ist in all dieser Zeit aus den Kindern geworden? Nachdem ich mich von den Boxveranstaltungen zurückgezogen hatte, blieb doch mehr Zeit, mich um die Familie zu kümmern. Und das brachte viele schöne Erlebnisse mit sich.

Andreas hatte immer viel Blödsinn im Kopf, zumal wenn man ihn kuze Zeit alleine lassen mußte. Ich erinnere mich gerne an solche Begebenheiten. Einmal packte er die Eierpalette aus und die Eier rollten durch die Küche. Ein anderes Mal spielte er mit schwarzer Schuhcreme und Seifenpulver, oder er spielte mit seinem Töpfchen und rührte mittels Löffel alles um und bedachte damit den Wohnzimmerschrank. Während dieser Zeit war meine Dagmar mit Jasmin schwanger und mußte sich häufig, wie allgemein üblich, übergeben. Um Andreas nicht zulange allein zulassen, nahm sie ihn immer mit ins Badezimmer. Eines morgens kam Andy und weckte seine Mutter mit den Worten: „Mami, komm wir wollen ins Bad und ...öks... machen." Wir haben Tränen gelacht.

Unsere Tochter Jasmin wurde 1960 geboren und hatte uns anfangs etwas Sorgen gemacht. Denn sie hatte eine Hautkrankheit und durfte nicht schwitzen. Wir waren natürlich sehr besorgt um sie. Jasmin brauchte nur einen Muckser von sich zu geben und schon kümmerten wir uns um sie und nahmen sie

Die junge Familie

Der stolze Papa

auf den Arm. Nach einem Jahr war das Hautproblem zwar gelöst, aber unsere Tochter hatte sich nun angewöhnt, immer laut zu schreien, wenn sie etwas wollte. Besonders gegen ihren Bruder hat sie sich stets mit lautem Schreien durchgesetzt, wenn sie etwas haben wollte, mit dem er gerade spielte. Wahrscheinlich hat sie aus jener Zeit die schöne, kräftige Stimme, die ihr heute als Schauspielerin so sehr von Nutzen ist.

Überhaupt war Jasmin ein sehr lebhaftes Kind und wenn sie aus der Schule kam, fing sie immer schon an zu erzählen, wenn sie noch im Treppenhaus war. Manchmal flunkerte sie so kleine Episoden dazu, daß meine Frau eines Tages zu ihr sagte: „Jasmin, hast du eigentlich schon einmal Leute auf der Straße gesehen, die humpeln ? Das sind Leute, die nicht ganz bei der Wahrheit bleiben, wenn sie etwas erzählen. Der liebe Gott will das nicht und so läßt er solchen Leuten ein kurzes und ein lange Bein wachsen." Jasmin tat so, als würde sie das nicht berühren. Aber zwei Tage später beobachtete meine Frau, wie sie im Schlafzimmer vor dem Spiegel stand, ihren Rock anhob und von einem Bein auf das andere trat und verglich, ob sie gleich lang waren. Damals war sie elf Jahre alt.

Andy nahm, wie jeder Junge, gerne alles auseinander. Zu diesem Zweck hatte er einen alten Wecker. Als er feststellte, daß er anfing zu klingeln, wenn er auf den Boden fiel und unsere geräuschempfindliche Jasmin dann zu schreien begann, war es sein größter Spaß - wahrscheinlich seine kleine Rache - diesen Wecker immer auf den Boden fallen zu lassen. Somit war der Streß an diesem Tag schon von früh an vorprogrammiert. Er setzte sich mit den kleinsten Steitigkeiten über Taschentücher mit verschieden farbigen Rändern über die sich vehement auseinandergesetzt wurde, fort, bis zum großen, nicht sehr schönen Finale, kurz vor dem Mittagessen.

Die Kinder stritten sich um den Emailledeckel des Kochtopfes. Andy hielt ihn am Henkel fest, Jasmin am scharfkantigen Rand. Das Gezerre und Geschreie um diesen Deckel war groß. Als meine Frau sich einmischte, ließ Andy vor Schreck den Deckel los. Jasmin bekam den Deckel mit voller Wucht ins Gesicht. Der scharfe Deckelrand zerschnitt Kinn und Lippe. Der Schreck war riesengroß. Sofort wurde ein Handtuch auf die stark blutende Wunde gelegt und meine Frau raste mit Jasmin zum Arzt. Die Stellen wurden genäht und geklammert und gottlob ist bis auf eine kaum sichtbare Narbe am Kinn nichts übrig geblieben.

Andy war ganz geknickt und saß noch Stunden später regungslos in der Ecke der Küche.

Zu ihrem 5. Geburtstag kauften wir unserer Jasmin eine wunderschöne rote Wildlederhose mit Herzchen. Da Jasmin aber immer nur das wollte, was ihr Bruder hatte, kamen wir mit der Hose nicht so gut an, obwohl sie sehr teuer war und wir sie uns vom Munde absparen mußten. Unsere Jasmin wollte die alte Hose von Andy. Eines Tages stand sie in Unterhose vor der Tür und sagte: „Mami, die Hose ist weg". Wir konnten uns das nicht erklären. Trotz stundenlanger Suche, die Hose blieb verschwunden. Ein Jahr später, die Sandkiste bekam gerade neuen Sand, stand unsere Nachbarin mit der Lederhose in der Tür. Jasmin hatte die gehaßte Hose vergraben. Nun war sie vergammelt und leider nicht mehr brauchbar.

Dann erinnere ich mich an eine Episode mit den Kinderkrankheiten. Andy hatte Mumps. Wie das mit uns Männern immer so ist, sind wir in solchen Fällen doch häufig sehr wehleidig. So auch unser Andreas, der seine Mutter den ganzen Tag auf Trapp hielt, aber gleichzeitig Dagmar immer an seinem Bett haben wollte. Meine Frau gab ihm daraufhin unser, noch von der Großmutter stammendes Doktor-Buch, damit er nachlesen konnte, wie man sich zu verhalten hatte. Leider stand dort auch, daß Ziegenpeter eine Drüsenkrankheit ist, und daß man die Hoden möglichst auf ein Kissen legen solle.

Ein Vierteljahr später, mein Sohn kam mit Muskelkater vom Sportunterricht und rief schon im Treppenhaus: Mami, Mami, Mami, ich glaube, wir müssen ihn sofort auf ein Kissen legen.

Eigentlich waren unsere Kinder immer sehr pünktlich, wenn sie nach dem Spielen wieder nach Hause kamen. Deshalb machten wir uns an einem kalten Wintertag natürlich Sorgen, als unser Sohn Andy eine halbe Stunde nach der abgemachten Zeit noch immer nicht zu Hause war. Plötzlich klingelte es und er stand mit durchnäßten und bereits angefrorenen Kleidern vor uns. Meine Frau steckte ihn erst einmal in die heiße Badewanne und erfuhr dann, was sich abgespielt hatte. In der Nähe unserer damaligen Wohnung gab es einen Teich, der schon teilweise zugefroren war. Dort hatten größere Jungen zu unserem Andy gesagt: „Du bist doch so schön klein, geh' einmal aufs Eis und guck' mal, ob es trägt, damit wir Schlittschuhlaufen können." Andy hatte nicht nein sagen mögen und war eine Weile auf dem Eis herumgesprungen. Er war eingebrochen und die großen Jungen hatten ihn gerade noch unter einer Scholle herausziehen können.

Aber neben solchen Schrecken gab es auch manche Episode, über die wir heute noch gerne lachen.

Da das Angeln meine große Leidenschaft ist, nahm ich die Familie auch gerne mit zu einem Fischteich, den ich damals in der Nähe von Neumünster gepachtet hatte. Es war die Zeit, zu der die Frösche sich paaren. Dabei hängen Männchen und Weibchen manchmal tagelang aufeinander. Andy versuchte die Tiere mit der Spitze einer Angel auseinanderzuscheuchen. Bis es meiner Frau zu bunt wurde und sie zu ihm sagte: „Andy laß das bitte, die Frösche paaren sich jetzt." Ein paar Tage später dachte meine Frau, nun sei es an der Zeit, den damals Neunjährigen ein wenig aufzuklären. Sie setzte ihm also so einige biologische Vorgänge auseinander und endete damit, daß so die Kaulquappen, die kleinen Froschbabys, entstehen. Was Andy aber gar nicht glauben wollte: „Quatsch, Mami. Du schleppst doch Papa auch nicht den ganzen Tag auf dem Rücken herum !"

Wir waren immer eifrige Fischmarktgänger gewesen, auch wenn es uns manchmal schwerfiel, um 4 Uhr morgens aus den Federn zu kommen. Aber gegen das Drängen unserer Kinder hatten wir nie eine Chance. Wie immer kauften wir einige Dinge ein, diesmal war auch eine Kokosnuß darunter, die uns viel Freude bereitete. Wenn ich an den Spaß mit dem Öffnen der Nuß per Beil denke oder was mein so dahin gesagter Satz : „ Die Milch der Kokosnuß ist gesund und gibt Brust", bewirkte. Jasmin stürzte den Inhalt des Glases hinunter und Tage später beobachteten wir sie vorm Spiegel, wie sie ihren Pullover hob, um zu schauen, ob die Kokosmilch schon etwas bewirkt hatte.

Andreas ging mit dem Sohn des Bruders von James Last zur Schule und sie hatten auch sonst viele gemeinsame Interessen wie Schach und Gitarre spielen. Da beide sehr ehrgeizig sind, nahmen sie Unterricht. Als sie eines Tages in der Schule Blödsinn machten und daraufhin vom Lehrer vom Schachunterricht ausgeschlossen wurden, waren die Kinder darüber so erbost, daß sie, wie es in der Schule damals üblich war, aus vielen Rädern, die dort standen, die Ventile stahlen.

Natürlich wurden sie erwischt. Veständlicherweise erzählte Andy zu Hause nichts davon, sondern verschwand sofort auf sein Zimmer. Es verging keine halbe Stunde, als ein erboster Lehrer in der Tür stand. Nachdem wir ihn beruhigt hatten, wurde Andy dazu gehört. Als er aus seinem Zimmer kam, brachte er gleich seine Spardose mit.

Auch wenn er meinte, er hätte doch nur Gleiches mit Gleichem vergolten, sah er schließlich doch ein, daß es falsch war und daß es auch noch die Falschen erwischt hatte.

Mal wieder typisch Ida Ehre

Meine Tochter Jasmin lernte Holzkauffrau, mein Sohn Andreas erst Maler in unserem eigenen Betrieb und anschließend Industriekaufmann. Aber er liebte auch die Musik, hatte eine schöne Stimme und engagierte sich in einer Band. In ihm pochte also eine künstlerische Ader. Wir ließen ihn gewähren, ahnten aber nicht, daß sich ähnliche Neigungen auch bei unserer Tochter entwickeln würden.

Jasmin hatte schon einige Jahre in unserer Firma gearbeitet. Nach einem Theaterbesuch in Ahrweilers Kleiner Komödie, in der mein Freund Klaus Wilcke eine Hauptrolle spielte, saßen wir noch in einem Restaurant und plauderten die halbe Nacht. Während dieses Gesprächs - meine Frau besuchte gerade Freunde in der Schweiz - verriet mir meine Tochter ihre große Liebe zur Schauspielerei. Klaus Wilcke nahm ihr sofort den Wind aus den Segeln:

„Das ist einer der härtesten Berufe, die es gibt. Aber wenn du es unbedingt und mit aller Macht willst, versuch' es."

Natürlich tat ich alles, um meine Tochter davon abzubringen. Ich wußte aber auch, daß sie schon im Internat Luisenlund oft Schulaufführungen mitgemacht und ihren Hang zur Bühne entdeckt hatte. Wilcke nannte ihr ein paar Möglichkeiten, zeigte ihr Wege auf und gab mir den Tip, bei Kammerspiel-Prinzipalin Ida Ehre ein Vorsprechen zu arrangieren. Da ich Frau Ehre kannte - meine Schwester Alice in Amerika war dort mit Ida Ehres Tochter befreundet - rief ich sie an und klärte sie über das Anliegen meiner Tochter auf. Sie gab mir einen Termin für ein Treffen.

Jasmin faßte die Gelegenheit beim Schopf und erlebte eine typische Ehre-Szene. Sie klopfte zweimal an die Tür des Büros in der Hartungstraße. Von drinnen rief eine sonore Stimme: „Herein!" Und gleich nach dem Öffnen der Tür: „Wer zweimal klopft, darf kommen, denn dreimal klopft ja die Gestapo."

Das Ergebnis eines Wunschtraumes. Jasmin mit Tochter Iva-Charlene und Neffe Mario, bei Dreharbeiten zu dem Film : „Das Leben der Gebrüder Grimm".

Meine Tochter trat leicht irritiert vor die berühmte Frau. Sie lächelte und ließ sie etwas vorsprechen. Dann sagte sie ganz ernst: „Mein liebes Kind, du hast einen Beruf, Du hast Vater und Mutter, die ein bekanntes und erfolgreiches Unternehmen führen. Wenn du aber die andere Richtung einschlägst, wählst du einen sehr dornenreichen Weg und mußt viele Entbehrungen auf dich nehmen. Wenn dich das nicht schreckt, gebe ich dir gern ein paar nützliche Tips und Hinweise." Ida Ehre ließ mit keinem Wort erkennen, ob sie Jasmin für begabt hielt, stellte aber den Kontakt zu der Schauspielschule der Geschwister Höppner her.

In ihrem grenzenlosen Ehrgeiz hatte unsere Jasmin nichts Eiligeres zu tun, als sich mit den Höppners in Verbindung zu setzen, um einen Platz in deren Schule zu bekommen. Als meine Frau aus der Schweiz zurückkam und alles erfuhr, wäre sie fast in Ohnmacht gefallen - ändern konnte sie jedoch nichts mehr. Und natürlich waren wir auch ein wenig stolz, als unser Kind die Aufnahmeprüfung bestand und von anfänglich 200 Bewerbern unter den zwölf „Überlebenden" war. Fast dreieinhalb Jahre lernte sie fleißig und mit ungebrochener Begeisterung. Alle Abschlußprüfungen bestand sie mit der Note „gut". Nun aber wartete sie auf Angebote, auf Engagements, und das war wirklich nicht einfach. Aber am Ende schaffte sie es doch. Sie wurde Schauspielerin. So trat sie schon im Ernst-Deutsch-Theater auf, hatte Film- und Fernseh-Rollen und synchronisiert Filme.

Heute, nach 40 glücklichen Ehejahren habe ich mich in tiefer Dankbarkeit an alle diese Geschichten mit unseren Kindern erinnert, und daran gedacht, wieviel Arbeit und Sorgen meine Frau mit den Kindern hatte und mir trotz-dem, bei allen meinen Vorhaben und Projekten, ein wunderbarer und ver-läßlicher Partner war.

Meine Familie

Mamas Tod

Unsere Mutter ist leider nur 75 Jahre alt geworden. Wir hatten noch soviel mit ihr vor, was wir ihr zeigen wollten. Wir Kinder haben unseren Schwur aus der Zeit nach dem Kriege eingehalten und sie soweit es geht, finanziell unterstützt, um so ein wenig ihren mehr als verdienten Lebensabend zu verschönern und ihr auf diese Weise unsere Dankbarkeit auszudrücken.

Meine Mutter, die die Gesellschaft gleichaltriger Damen bevorzugte, reiste mit diesen durch ganz Europa. Besonders hatte es ihr Belgien angetan. Es waren immer Busreisen. Ich weiß es noch wie heute, wie lange es dauerte, sie dazu zu bewegen, mit uns meine Schwester in Amerika zu besuchen.

Die Nachricht ihres Todes erreichte uns in einem Berliner Hotel, wir fuhren sofort ins Bergedorfer Krankenhaus, um von meiner Mutter Abschied zu nehmen. Es war schon ein komisches Gefühl, daß diese tolle, nie wehleidige Frau auf einmal wegen eines kleinen Herzleidens ins Krankenhaus zur Beobachtung geht - und dann stirbt.

Die Krankenschwester berichtete uns, daß sie unsere Mutter um den „schönen Tod", den sie hatte, beneidete. Sie hatte ihrer Bettnachbarin noch einen Witz erzählt, hatte sich zurückgelehnt und war gestorben. Ein Sekundentod, ohne Leiden und monatelangen Krankenhausaufenthalt.

Die unvermeidbare Aufgabe, die Wohnungsauflösung, die uns zufiel, zeigte uns wieder einmal mehr, wie sehr unsere Mutter uns geliebt und an uns gedacht hat.

Im Wohnzimmer hingen zahlreiche Spitzweg-Motivnachbildungen, die unsere Mutter selbst angefertigt hatte. Beim Abnehmen dieser Bilder stellten wir fest, daß jedes Bild mit einem unserer Namen versehen war. Ein Gedenken an unsere Mutter war allein schon durch diese liebevolle Gabe sichergestellt.

Wir erwarben auf dem Ohlsdorfer Friedhof ein Familiengrab, in dem wir unsere Mutter beisetzten. Mein Bruder Rolf fand dort ebenfalls seine letzte Ruhestätte und wenn meine Frau und ich auch den Weg allen Irdischen gehen, werde ich mit den beiden Frauen meines Lebens vereint sein, denen ich alles verdanke.

„Mein Freund Gerd"

Außer meiner Familie , die neben meiner Frau, meinem Sohn Andreas, meiner Tochter Jasmin, meinen beiden Enkelkindern Iva-Charlene und Mario und auch meinen Schwiegersohn Jens umfaßt, habe ich kaum wirkliche Freundschaften geschlossen. Natürlich habe ich eine Unmenge von Bekannten und einige davon schimpfen sich auch meine Freunde. Eine Ausnahme aber gibt es, und das ist mein Freund Gerd. Wir kennen uns schon seit mehr als 35 Jahren. Es begann alles einmal in Wandsbek bei einem Zahnarzt, dem ich noch heute sehr verbunden bin. Ein guter Zahntechniker gehört zu einem Zahnarzt wie ein gutes Werkzeug, das er benutzt. Dieser Zahntechniker ist schon sehr lange in der genannten Praxis. Gerd und ich haben die gleiche Leidenschaft. Wir lieben die lautlose Jagd über alles. Dabei haben wir viel Freude und genießen die frische Luft, die Natur, die Stille und das großartige Erlebnis, wenn wir unser Zusammensein mit einem großen Fisch als Ergebnis krönen können. Er ist sicherlich ein besserer Angler als ich, da er mehr Ruhe hat. Das beginnt schon mit dem Handhaben des erforderlichen Angelgeschirrs und Werkzeugs. Wie er an einer normalen Leine einen Einzelhaken bindet, das ist schon sehenswert, denn dazu gehört sehr viel Ruhe und Geschicklichkeit. Er fängt dort Fische, wo kein Mensch sie vermutet. Er ist ein begnadetes Talent im Bereich der Fischwaid.

Mein Freund Gerd

Gute Verbindungen sind manchmal etwas sehr wertvolles. Ich erinnere mich noch an meinen Besuch bei dem jetzigen Ministerpräsidenten und damaligen Außenminister der Republik Ungarn, Herrn Dr. Gyula Horn. So kam mir einmal diese Verbindung sehr zu Gute. Mein Freund Gerd, der nie in seinem Leben in Ungarn gewesen ist, hat einen Urgroßvater ungarischer Abstammung. Und so blieb er einfach über Jahrzehnte hinaus ungarischer Staatsbürger. Was hatte er schon alles unternommen, um aus der ungarischen Staatsbürgerschaft entlassen zu werden und die deutsche zu erhalten. Es waren umständliche, zeitaufwendige und nervenaufreibende Formalitäten zu erledigen. Der Kampf mit den deutschen Behörden war schon etwas Einmaliges, aber die ungarischen Behörden übertrafen bei weitem die deutschen

Beamten. So waren seit der Einreichung für die deutsche Staatsbürgerschaft mittlerweile schon zehn Jahre vergangen. Eines Tages sprach Gerd mich einmal an und sagte: „Könntest du nicht möglicherweise etwas für mich tun?" Schlagartig erinnerte ich mich daran, daß ich Dr. Gyula Horn sehr gut kannte. Vielleicht würde er mir einen Gefallen erweisen, und über den Innenminister der Republik Ungarn der gewünschten Entlassungsurkunde aus der ungarischen Staatsbürgerschaft nachhelfen. Kurz entschlossen setzte ich mich hin und schrieb dem ungarischen Innenminister einen Brief, legte ihm alle bisher vorhandenen Unterlagen bei und bat ihn, bei der ungarischen Botschaft dafür Sorge zu tragen, daß mein Freund nunmehr bald die gewünschte Entlassungsurkunde erhielt. Mit gleicher Post aber schrieb ich Dr. Gyula Horn die ganze Tragödie der Einbürgerung. Ich legte Dr. Gyula Horn die Kopie meines Schreibens an den Innenminister bei, um das Verfahren etwas abzukürzen und auch gleichzeitig alle Kopien, die bisher hinsichtlich der Entlassung aus der ungarischen Staatsbürgerschaft ein deutliches Zeugnis ablegen konnten. Ich sollte sehr überrascht sein. Noch nicht einmal acht Tage dauerte es und mein Freund Gerd und auch ich erhielten ein Schreiben, nach dem in wenigen Tagen alle erforderlichen Dokumente in seinem Besitz seien. Gerd konnte es kaum glauben, er konnte nicht begreifen, daß ich innerhalb von 10 Tagen etwas möglich gemacht hatte, was bisher in 10 Jahren undenkbar schien. Gerd strahlte über das ganze Gesicht, als er die erforderlichen Dokumente erhielt. Konnte er doch nun zu der Behörde nach Winsen gehen, und mit dieser Entlassungsurkunde aus der ungarischen Staatsbürgerschaft nunmehr die deutsche endgültig beantragen.

Wie problematisch es für Gerd war zu reisen, kann man sich nicht vorstellen. Er hätte für jedes Land ein Visum beantragen müßen. An einen Besuch mit dem Auto in Irland war nicht zu denken. Nun aber ging dies alles problemlos.

Bei seinem ersten Besuch in Irland gab es dann auch ein großes Freudenfest.

Ein Angelurlaub in Irland weckt eine alte Sehnsucht

Ein Leben, so prallvoll mit Ereignissen und Begegnungen, wie meines, kann man nicht immer in streng chronologischer Reihenfolge erzählen. Dafür hat sich zu vieles parallel ereignet. Deshalb möchte ich jetzt der Zeit ein wenig vorgreifen und von der Entdeckung eines Fleckens dieser Erde erzählen, der für mich zu den Schönsten überhaupt zählt. Es ist ein Stück Land, das mir sehr viel bedeutet, wo ich Kraft und Ruhe für mein arbeitsreiches Leben finde und wo ich zukünftig einen großen Teil des Jahres verbringen möchte. Solche schönen Flecken der Welt, an denen man sofort das Gefühl hat, daß man hier immer bleiben möchte, findet man nur durch Zufall. Mir erging es so mit dem Lough Sheelen, einem See in Irland, der in meinem weiteren Leben noch viel Bedeutung bekommen sollte. Zum erstenmal hörte ich den Namen des Sees, als ich in diesem schönen grünen Land einen Angelurlaub machte. Ich saß in einer kleinen Raststätte, gelegen an einem schönen See, der fast die Größe unserer Außenalster hat. Der Name dieses Sees lautet Luke Manor, im Ort Virginia. Am Nebentisch hockten vier Iren, mit denen ich schnell ins Gespräch kam. Im Laufe der Unterhaltung fragten sie mich, ob ich nicht einmal einen besonders schönen Platz kennenlernen möchte. Sie schwärmten in höchsten Tönen vom See mit dem Namen Lough Sheelen. Ihre Begeisterung steckte mich an.

Da ich keine festen Pläne hatte, beschloß ich, am nächsten Morgen mein Hotel aufzugeben und dem angeblich so paradiesischen See einen Besuch abzustatten. Es fiel mir schwer, mich von dem Parkhotel am Luke Manor zu trennen.

Eine Wegbeschreibung hatten die Männer mir gegeben. Auf diesem Weg lag ein kleines, aber in ganz Irland bekanntes Dorf - Bally James Duff. Ein Dorf mit winzig kleinen Läden, mit einer winzig kleinen Post, aber einem großen Markt, auf dem Kühe und Pferde gehandelt werden. Bekannt geworden ist der Ort durch Paddy O'Reilly, dem großen irischen Volkshelden, den Dichter, Maler und Ingenieur. Über ihn gibt es viele folkloristische Lieder.

Ich fuhr über eine schmale Straße weiter. An das Linksfahren hatte ich mich inzwischen schon richtig gewöhnt und erreichte Crover House, ein Herrenhaus am Lough Sheelen, das meine Freunde vom Vorabend mir ebenfalls empfohlen hatten. Überrascht stoppte ich. Vor mir öffnete sich ein weiter Blick über den See. Ich war sprachlos angesichts dieser wunderschönen Landschaft. Einer Landschaft, nach der man sich als Großstädter sehnt, wenn man Ruhe und Einsamkeit sucht. Ich war überrascht über die Dimensionen des Sees: 6 km Breite, 11 km Länge. Über die Tiefe des Sees sind sich selbst irische Experten nicht ganz einig. Die Meinungen reichen von 20-60 Metern. Einig ist man sich aber über die Größe der Forellen, die man in den Glasschaukästen der umliegenden Pubs und Hotels bewundern kann. 7-8 Kilo-Forellen sind keine Seltenheit und man vermutet noch erheblich größere Exemplare in dem geheimnisumwitterten See.

Eine halbe Stunde lang konnte ich mich nicht satt sehen an diesem See, seinem klaren Wasser und seinen Inseln. Dann riß ich mich von dem Anblick los und ging in das Hotel.

Ich blieb einige Tage in dem Hotel mit dem Namen Crover House, einem ehemaligen Herrenhaus auf einer Anhöhe, von der aus man den gesamten See überblicken kann. Nachdem ich einige Tage diese herrliche Landschaft, den Blick auf den See und die Freundlichkeit der Menschen genossen hatte, setzte sich bei mir immer mehr der Gedanke fest - dies ist der Ort nach dem du insgeheim immer gesucht hast. Ein Ort, an dem du dir ein Haus kaufen oder bauen willst und wo du dir vorstellen kannst, mit deiner Frau einige Monate im Jahr zu verbringen. Natürlich möglichst nahe am See, der sich, wie ich als passionierter Angler bei der nächsten sich bietenden Gelegenheit überprüft habe, zu meiner Freude als außerordentlich fischreich erwies. Das Wasser dieses Sees ist so klar, daß man zwei bis drei Meter tief sehen kann.

Doch bevor ich in dieser Landschaft meine zweite Heimat finden konnte, gab es noch ein Hindernis zu überwinden: Ich mußte meine Frau Dagmar, die zu Hause geblieben war, überzeugen.

Zunächst sah sie mich erstaunt an und konnte es gar nicht fassen, als ich davon sprach, ein kleines Haus in Irland haben zu wollen. Ich ließ das Thema eine Weile ruhen. Aber als mich Arbeit und Streß in Hamburg wieder eingeholt hatten und ich an die stillen Tage in Irland zurückdachte, überredete ich meine Frau doch noch zu einem Urlaub in Irland. Sie mußte es einfach einmal selbst erlebt haben!

Nachdem wir in Dublin angekommen waren, tat ich natürlich alles, um ihr auf dem fast 100 Kilometer langen Trip vom Flughafen zum Lough Sheelen die schönsten Seiten des Landes zu zeigen. So sah sie zum ersten Mal riesige Hügel voll flammend gelbem Ginster, der sich so üppig ausbreitete, daß er von einem Horizont zum anderen reichte. So weit das Auge sah, reichte die dottergelbe Farbenpracht. Sie sah Bäume, die wir auch von Deutschland her kannten, Eichen, Buchen, Birken, Tannen, die hier aber so alt und groß waren, daß man zwei oder drei Leute gebraucht hätte, um ihre Stämme zu umfassen.

Meine Frau war mehr und mehr beeindruckt - das entging mir nicht, immerhin kenne ich sie ja seit über 40 Jahren. Wir erreichten unser Quartier, das Crover House, in dem ich bereits beim erstenmal übernachtet hatte, gegen Abend. Meine Frau wurde von Patrick, dem Besitzer, mit dem ich mich bei meinem ersten Aufenthalt schon angefreundet hatte, so herzlich empfangen, als seien sie alte Freunde. Als dann noch die Sonne wie vorbestellt wunderschön am See unterging, verfehlte auch das die erwünschte Wirkung nicht.

In den nächsten Tagen unternahmen wir ausgedehnte Ausflüge. Ich zeigte meiner Frau den kleinen Ort Beltourbet am River Erne und sie sah die vielen Häuser, die noch immer so standen, wie sie vor 10, 30, 50 oder 100 Jahren verlassen worden waren, als Iren in ihrer Not auswanderten. Kein Ire hat ein Haus abgebrochen, wenn es verlassen wurde. Sie alle blieben stehen und sind noch heute stumme Zeugen schwerer Zeiten, in denen die Menschen ihre Heimat verlassen mußten, um woanders ihren Lebensunterhalt zu verdienen. Ausgeschlachtet wird so ein Gebäude nie, es wird den Naturgewalten überlassen, der Zahn der Zeit nagt an ihm, bis irgendwann nur noch die Umfassungsmauern stehenbleiben. Sie sind Denkmäler der Auswanderung. Heute leben mehr Iren in der Welt verstreut als in ihrer irischen Heimat.

Zwischenzeitlich war meine Frau ebenso beeindruckt von dem Land wie ich.

Sie konnte sich durchaus an den Gedanken gewöhnen, nur zwei Flugstunden von Hamburg in einem eigenen Haus Ruhe und Erholung zu finden.

In einem Punkt aber waren wir uns einig: Wenn wir uns entschließen sollte, einen solchen Ort des Friedens zu suchen, dann sollte er am Lough Sheelen liegen; denn inzwischen hatten wir dort viele Menschen geradezu liebgewonnen.

Wir finden das Haus unserer Träume

In den nächsten Tagen, als wir nach längeren Ausflügen abends zum Crover House zurückkamen, erwartete uns ein für irische Verhältnisse recht elegant gekleideter Mann: O'Reilly, der Makler. Daß wir schon wieder jemanden mit diesem Namen trafen, ist kein Wunder, da er zu den häufigsten Namen in Irland gehört. O'Reilly wollte uns helfen, ein Haus am See zu finden. Das war aber nicht so einfach. Die Genehmigung zum Neubau eines Hauses am See gibt es nur, wenn ein altes Haus dafür abgerissen wird. Und die Grundstücke im Landesinneren interessierten uns nicht. Man konnte inzwischen

Unser Sommerhaus in Irland

wirklich sagen „wir", denn auch meine Frau konnte sich mittlerweile gut vorstellen, einige Monate im Jahr in Irland zu verbringen. Nachdem wir uns viele Objekte angesehen hatten, uns aber mit ihnen nicht anfreunden konn-

111

ten, fädelte O'Reilly den Besuch bei dem Haus einer englischen Bankiersfamilie ein. Es hieß Mallard Point, ein kleines Einfamilienhaus auf einem großen Grundstück direkt am See, mit einem eigenen Bootshafen. Das Haus beeindruckte uns sofort, die Anzahl der Zimmer, die Größe des Hauses, alles stimmte. Ein gemütlicher Kamin war vorhanden, aber die Krönung war: durch ein großes Fenster an der Vorderfront konnte man bequem von seinem Sessel aus den ganzen Lough Sheelen überblicken. Wir schauten in eine wunderschöne Bucht, in der gerade, als wir das Haus besichtigten, Schwäne majestätisch in den Schilfgürtel hineinschwammen.

Meine Frau und ich sahen uns an und verständigten uns still, daß dies wohl genau das war, was wir gesucht hatten. Das Ehepaar Donan, das seit 1970 in dem Haus lebte, wollte nach England zurückgehen und hatte sich deshalb schweren Herzens entschlossen, zu verkaufen. Es verlief alles recht unbürokratisch. Zum Glück fanden wir auch noch eine Irin, die in München als Dolmetscherin arbeitete und alles Notwendige für uns übersetzte. So war der Vertrag innerhalb von 24 Stunden unterschriftsreif. Wir waren stolz und glücklich. Hatten wir doch endlich den Flecken Erde erworben, von dem wir nach einem so aufregenden und arbeitsreichen Leben immer geträumt hatten. Alle meine irischen Freunde waren sprachlos, wie schnell und unbürokratisch ich zu dem schönen Haus gekommen war. Vielleicht hatten sie mir einen solchen Kauf auch nicht richtig zugetraut. Niemand von ihnen hat mich jemals in einem guten Anzug mit Krawatte gesehen. Sie kannten mich nur mit Jeans und Strohhut, wenn ich zum Angeln fuhr oder abends mit ihnen zum Plaudern bei einem Glas Guiness zusammensaß.

Irische Handwerker sind Könner

Jetzt hatten wir aber noch ein ganz anderes Problem zu lösen, da meine Frau und ich an dem Haus noch so einiges ändern wollten. Wie sollten wir das in einem fremden Land schaffen, wo wir doch schon in Deutschland so viel Ärger mit Handwerkern erlebt hatten, obgleich wir ihnen dort ständig auf die Finger sehen konnten?

Bei meinen Angeltouren hatte ich Sean McIntyre kennengelernt, der ein Möbel- und Teppichgeschäft hatte. Er schien der geeignete Mann zu sein, um mir einige Handwerker zu empfehlen. Seiner Antwort „No problem" maß ich zwar nicht sonderlich viel Bedeutung bei, denn das ist eine Redewendung, die Menschen in Irland sehr oft am Tag gebrauchen. Aber, um es kurz zu machen, alle irischen Handwerker arbeiteten so korrekt, hatten so gute handwerkliche Kenntnisse und ihre Arbeiten waren so gut ausgeführt, daß wir völlig begeistert waren, als wir Weihnachten in unser Haus zurückkamen und alle Veränderungen sahen. Die irische Präzisionsarbeit hat mich völlig aus der Fassung gebracht. Da ich mich seit vielen Jahren mit der Erhaltung von Häusern beschäftige, verstehe ich durchaus etwas davon.

Johnny Brady, der Teufelskerl

Meine Frau hatte das Haus, das Grundstück, die friedliche Landschaft und vor allem die Menschen, die ihr mit so viel Freundlichkeit entgegenkamen, inzwischen genauso liebgewonnen wie ich. Deshalb hatte sie die Idee, ein Auto ständig in Irland stehenzulassen, damit wir mehr von dem schönen Land sehen könnten, ohne ständig auf Mietwagen angewiesen zu sein. Dafür aber brauchten wir eine Garage. Für deren Bau wurde mir ein Mann empfohlen, der alle handwerklichen Fähigkeiten besitzen sollte, die man für ein solches Vorhaben benötigt. Denn es mußten ja Wände gemauert, ein Dachstuhl gesetzt, Decken eingezogen, Mauern verputzt, Strom- und Wasserleitungen gelegt, das Dach gedeckt und der Fußboden betoniert werden. Das alles sollte angeblich ein einzelner Mann können. Dieser „Alleskönner" hieß Johnny Brady. Eine Respektsperson, denn er ist auch Friedensrichter.
Mit Johnny Brady in Kontakt zu kommen, war nicht ganz einfach, da er kein Telefon besaß. So folgte ich mit dem Auto der Wegbeschreibung: In Richtung Old Castle, vorbei an Arthur Smits Garage, vorbei an Arthur Smits Lebensmittelgeschäft, vorbei an der Tankstelle, die Arthur Smits Bruder betreibt. Ich fand sogar den schlaglochübersäten kleinen dunklen Weg, der zum Haus von Johnny Brady führte.
Dann endlich sah ich zu meiner rechten Hand Rauch aufsteigen und ein kleines Haus - ähnlich wie eine langgestreckte Baracke - lag vor mir - Johnny Brady's Haus. Rechts von seinem Haus war ein eingezäunter großer Platz, auf dem altes Arbeitsgerät lag, wie zwei wohl nicht mehr funktionsfähige Traktoren, ein großer Bagger und irgendeine Raupe, die wohl schon seit 20 Jahren keine Dienste mehr verrichtete. Nicht identifizierbares Gerümpel in Form von alten Reifen, Blechteilen, Autoteilen und ein alter ausgedienter, abgewrackter Kleinlaster. Es war ein buntes Bild von Geröll aller Art. An der Umzäunung hing, auf einer Länge von vielleicht 100 Metern, die von Frau Brady frisch gewaschene Wäsche.
Ein buntes Bild, ein Eindruck von einem nicht unbedingt vertrauenerweckenden Geröll. Ich suchte verzweifelt nach einer Eingangstür, hatte allerdings den Fehler gemacht, nicht ganz um das Gebäude herumzugehen, denn dann hätte ich den kleinen Parkplatz an der Vorderfront bemerkt. An dieser Vorderfront war auch eine Eingangstür. So hielt ich mich an den seitwärts gehaltenen Schuppen, der ebenfalls voller alter Fahrräder, Schubkarren, Torf und allen möglichen Utensilien war. Ein liebevolles Durcheinander, wie man es sich schlimmer kaum vorstellen kann.

Als ich den Schuppen durchschritten hatte, fand ich eine schwere eiserne Tür. Nach einem „Come in" drückte ich die Klinke herunter und ich stand mitten in der Wohnküche. Zuerst nahm ich einen riesigen Ofen wahr, in dem Frau Brady - eine stattliche Dame - Brot backte. Sie war sehr schlicht, aber sauber angezogen. Vor ihr auf dem steinernen Fußboden, der an allen Ecken und Kanten gerissen war und an dem man breite, aber nicht durch Handwerkshand geschaffene Fugen sah, stand ein alter Holztisch. Dort saß ein junger Mann, vielleicht 16 Jahre alt, sicherlich Johnny Brady's Sohn. Auf der Erde krabbelte ein kleines Enkelkind herum, mittlerweile hatte sich also schon der Nachwuchs, wie es irische Tradition ist, im Hause ausgebreitet. Es roch nach Kartoffeln und nach Schweinefleisch.

Ein Gemisch von Düften hing in der Küche, weil sie bei dieser riesigen Personenzahl niemals kalt wurde. Später erfuhr ich, daß Johnny Brady für seine Meute hungriger Mäuler, die er zu stopfen hatte, pro Woche 14 bis 18 Brote brauchte, 70 Kilo Kartoffeln, 15 Kilo Mett und etwa 60 Liter Milch; nur, um einige Zahlen zu nennen. Was mußte der Mann sich drehen, um diese große Familie durchzufüttern. Sofort kamen mir Erinnerungen an meine eigene Kinderzeit, an meine eigene große Familie, an eine Zeit, in der wir ebenfalls eine schwere Hungersnot durchlitten. Mrs. Brady mit ihrer Herzlichkeit mußte man einfach gern haben, weil sie Fröhlichkeit und Wärme ausstrahlte. Sie bat mich höflich, Platz zu nehmen und zeigte auf einen hinter mir stehenden Stuhl, einen ehemaligen ausgedienten Autositz, der an mindestens vier Stellen aufgerissen war. Plötzlich öffnete sich die Tür und aus einem Nebenzimmer trat Johnny Brady ein. Er entsprach genau der Vorstellung, die ich mir von ihm gemacht hatte. Mit seiner fülligen Figur nahm er die gesamte Türfüllung ein. Strahlend kam er auf mich zu, gab mir seine riesige Pranke, von der ich glaubte, das könnten keine Hände sein, das hätten wohl Füße werden sollen. Er umschloß meine geradezu kleine und schmale Hand und ich hatte das Gefühl, ich sei in einen Schraubstock geraten.

Er sah mir offen ins Gesicht und sagte: „Ich habe schon gehört, daß du dich hier niedergelassen hast. Und vor allem - ich habe nichts Schlechtes über dich gehört." Ich erklärte Johnny Brady mein Anliegen. Er hörte aufmerksam zu, und seine Antwort lautete natürlich - „no problem". Unser „Gespräch" war hier zu Ende. Ich stand auf, verabschiedete mich höflich von ihm und seiner Frau und ging zu der Tür, zu der ich auch hereingekommen war. Verzweifelt suchte ich an der schweren Eisentür die Türklinke. Er sah meinen hilfesuchenden Blick, nahm seinen Zeigefinger, steckte ihn in Ermangelung der Türklinke in die vorhandene Öffnung und drehte zu meinem Entsetzen den Finger um, die Tür sprang auf. Er verbeugte sich höflich lächelnd und sagte: *„No problem !"*

Und so kam es auch. Obgleich wir die Arbeiten nicht weiter verfolgen konnten, obgleich wir möglicherweise auftretende Probleme nur schwierig besprechen konnten, wurden wir wieder einmal angenehm überrascht, als wir das nächste Mal nach Irland kamen. Dieses mal waren übrigens auch unsere beiden Enkelkinder Mario und Iva-Charlene dabei, die sich schon auf Reiterferien auf der grünen Insel freuten.

Johnny Brady, dieser Teufelskerl, mit dem ich nur einmal über den Bau hatte sprechen können, hatte eine brillante handwerkliche Leistung hingelegt. So einen Mann würde ich in Deutschland wahrscheinlich kaum finden. Ich verrate kein Geheimnis, wenn ich sage, daß jeder dritte Prozeß in Deutschland ein Bauprozeß ist. Es hat noch nie so viele Mängel an Gebäuden, ganz gleich ob bei Neubauten oder bei Sanierungen, gegeben wie in den letzten zwanzig Jahren. Es gab sogar eine Menge spektakulärer Unfälle, wie das Zusammenbrechen der Kongreßhalle in Berlin, den Einsturz einer Schwimmbaddecke in Zürich oder bei reparaturbedürftigen Brücken. Von Johnny Bradys Arbeit dagegen war ich begeistert. Es war eine Meisterleistung! So schlug ich seinen Vorschlag aus, mir einen Rabatt auf seine Endabrechnung geben zu wollen und zahlte die volle Summe. Im Gegenteil, meine Frau und ich nahmen uns vor, in Deutschland für Johnnys Kinder noch ein Paket zu packen. Und groß müßte dieses Paket sein, denn immerhin leben in seinem Haus neben ihm und seiner Frau noch zehn Kinder und vier Enkelkinder.

Seine handwerkliche Leistung hat mich so überzeugt, daß ich meine Frau fragte, ob wir Johnny nicht für eines unserer Bauvorhaben nach Hamburg holen wollten. Sie sah mich nur ungläubig an. Auch einige irische Freunde, mit denen ich, ohne Johnnys Wissen, über die Idee sprach, meinten nur: „Johnny Brady geht niemals nach Deutschland." Aber als ich ihm am Ufer des Lough Sheelen den Vorschlag machte, da sah er mich eine Weile groß an und sagte dann: „Laß' mich mal die Pläne sehen, dann überleg' ich, dann mach' ich einen Besuch in Hamburg, und dann sehen wir weiter." Tatsächlich, es gelang mir, mit Johnny Brady einen planenden, bauleitenden, organisierenden und ausführenden Spitzenhandwerker zu gewinnen, der noch dazu alle Befähigungsnachweise hatte, was ich aber erst später erfuhr.

Johnny besorgte sich einen Paß, da es seine erste Auslandsreise nach 25 Jahren war. Damals hatte er mit seiner Frau eine achttägige Hochzeitsreise nach Mallorca gemacht, von der er noch heute erzählt. Auf dem Flughafen in Hamburg erkannte Johnny mich kaum wieder. In Anzug und Krawatte hatte er mich noch nie gesehen. Er kam aus dem Staunen in den nächsten Tagen nicht heraus, denn wir nahmen ihn als unseren Freund und Gast selbstverständlich immer mit, wenn wir zu einer der vielen offizellen Veranstaltungen eingeladen wurden.

Ich stellte ihm im Hamburger Rathaus dem Zweiten Hamburger Bürgermeister, Prof. Dr. Erhard Rittershaus vor. Er lernte Bischöfin Maria Jepsen kennen, der er ehrfürchtig die Hand küßte und von der er schon im irischen Fernsehen gehört hatte, er begrüßte unseren Ersten Bürgermeister Henning

Voscherau und manche andere Persönlichkeiten, die er aus dem Fernsehen kannte.

Noch lange wird er sich auch daran erinnern, daß er zum erstenmal in seinem Leben, als streng gläubiger Katholik in einer protestantischen Kirche mit uns der Aufführung des „Elias" von Felix Mendelssohn-Bartoldy beiwohnen konnte. Der Ausdruck seiner Augen, mit denen er uns ansah, sagt mehr als alle Worte.

Nach all den Eindrücken, die Johnny Brady in dieser Woche von uns gewann und nach einer Besichtigung des Bauvorhabens, deren Pläne er bereits in Irland begutachtet hatte, nahm er unser Angebot an.

Er stellte sich selbst die Gruppe seiner Mitarbeiter zusammen und ich glaube ihm seither sofort, wenn er wieder einmal seine Lieblingsredewendung gebrauchte: „No problem."

Johnny Brady bestärkte mich auf seine nette Art auch darin, zukünftig einen Großteil des Jahres in Irland verbringen zu wollen. Es hatte in Hamburg tagelang ununterbrochen geregnet und Johnny kommentierte: „Eigentlich wechselst du nicht so furchtbar viel. Wir haben in Irland fast das gleiche Wetter wie in Hamburg." Für unsere Absicht, in Irland mehrere Monate im Jahr leben zu wollen, finden meine Frau und ich aber auch so genug Gründe: Wenn wir über überfüllte Straßen fahren, die Aggressivität der Autofahrer sehen, wenn wir von Fahrverboten wegen der Ozonbelastung hören, die dann doch nicht eingehalten werden, dann sehnen wir uns geradezu nach Irland, wo die Menschen sogar beim Autofahren freundlich sind.

Daß Johnny Brady seine Arbeiten an unserem Objekt in Schleswig-Holstein zu unserer vollsten Zufriedenheit erledigte, brauche ich, glaube ich, nicht unbedingt erwähnen.

Nachdem wir Johnny Brady wieder zum Flughafen gebracht und ihm ein Paket in die Hände gedrückt hatten, in dem ein Geschenk für jedes Mitglied seiner Großfamilie war, nahm uns der arbeitsreiche Alltag in Hamburg wieder ein. Neben der Leitung unserer Firma hatte ich seit einigen Jahren ein Ehrenamt, über das ich gerne etwas ausführlicher erzählen möchte.

Eine ungeahnte Wende

Der Bischof und St. Nikolai

Eigentlich hätten wir das Leben ein wenig ruhiger angehen lassen können. Wir genossen unser wunderschönes Zuhause in Bendestorf am Rande der Lüneburger Heide. In den Stunden, die ich an meinen Fischteichen verbrachte, dachte ich über mein Leben nach. Ich fühlte, daß ich noch längst nicht alle Stationen passiert hatte und daß noch eine ganze Menge fehlte. Nein, dies sollte nicht alles gewesen sein.

Zu dieser Zeit fand ich im Hamburger Abendblatt, dessen eifrige Leser wir seit vielen Jahren sind, den Aufruf eines Mannes, der die Bevölkerung Hamburgs zum wiederholten Mal um Hilfe bat, um den drohenden Verfall des Mahnmals St. Nikolai verhindern zu können.

Der Bericht rührte mich sehr. Ich war oft an dieser imposanten Ruine vorbeigefahren und wußte, daß hier einmal eine der schönsten Kirchen und Kathedralen Norddeutschlands gestanden hatte. Natürlich kannte ich ihre Geschichte nicht, wußte also auch nicht, daß es die Nikolai-Kirche schon 1842 bei der verheerenden Hamburger Brandkatastrophe schwer getroffen hatte. Das alles sollte ich erst viel später erfahren.

Bischof Hans-Otto Wölber

Entscheidende Begegnung

Das Thema faszinierte mich. Wie dieser Mann, der in vielen Jahren seiner Arbeit als Bischof Ansehen und Achtung erworben hatte, und der nicht müde wurde, die Bürgerinnen und Bürger dieser Stadt zu mahnen. Ich mußte Hans-Otto Wölber unbedingt kennenlernen.

Einige Tage später faßte ich mir ein Herz, griff zum Telefon und wählte seine Büronummer. Glücklicherweise erwiderte er mein Interesse. Wir verabredeten uns in einem kleinen Hotel an der Alsterkrugchaussee. Das Treffen sollte zu einem der bedeutungsvollsten meines Lebens werden.

Wir saßen in einem Nebenraum und „beschnupperten" uns erst einmal. Ich erzählte offen, daß ich immer „mit gesenktem Haupt" und so schnell wie möglich an der mächtigen Ruine vorbeifahre; aus Angst, mir könne etwas auf den Kopf fallen. Dabei wußte ich nicht einmal, daß es sich bei der Kirchturmspitze mit 148 Metern um die dritthöchste Europas handelte; hinter dem Ulmer Münster mit 162 und dem Kölner Dom mit 158 Meter. Auch war mir nicht bekannt, daß St. Nikolai beim Untergang Hamburgs im Juli 1943 eine besonders tragische Rolle gespielt hatte. Doch je länger dieser weise Mann mit mir sprach, desto faszinierter hörte ich ihm zu. Ich war beeindruckt von der Überzeugungskraft seiner Worte. Spontan sagte ich meine Hilfe zu, nicht ahnend, was einmal daraus werden würde.

Mit Wölber im Fernsehen

Die Gelegenheit zu einem Wiedersehen ergab sich schon bald. Ich folgte einer Einladung von SAT 1 zu einer Gesprächsrunde mit Altbischof Wölber und Prof. Fischer vom Denkmalschutzamt. Es war mein erster Fernsehauftritt mit so prominenten Persönlichkeiten. Wir stellten gemeinsam das Projekt St. Nikolai vor, und der Bischof war überglücklich, daß er die Möglichkeit fand, einen so großen Kreis von Menschen direkt anzusprechen. Er redete über die Bürgerinitiative und seine starke Hoffnung, daß die Rettung von St. Nikolai als Mahnmal für zukünftige Generationen möglich werde.

Auch Prof. Fischer machte deutlich, wie sehr ihm und seiner Behörde daran gelegen sei, diese letzte bedeutende Kultur-Ruine aus dem zweiten Weltkrieg vor dem Verfall zu bewahren. Er begrüßte die Bildung eines Aktionskreises, der sich nach 150 Jahren Kirchengeschichte voller dramatischer Ereignisse eben nicht mit Wiederaufbau und Rekonstruktion, sondern allein mit der Sanierung der mächtigen Turmruine beschäftigte. Fischer entwickelte in der Sendung sogar schon Ideen, wie er sich als Denkmalschützer das Umfeld am Hopfenmarkt vorstellen könne. Das waren interessante Aspekte, wie ich sie aus berufenem Munde so noch nie gehört hatte.

Dann gab Bischof Wölber der Diskussion eine überraschende Wende. In der Hoffnung, daß der von ihm Angesprochene auch vor dem Bildschirm sitze, appellierte er an den Ur-Hamburger und Altbundeskanzler Helmut Schmidt, für die Aktion „Rettet die Nikolai-Kirche" und den gerade gegründeten Förderkreis die Schirmherrschaft zu übernehmen. Mit einem listigen Augenzwinkern fügte er noch hinzu: „Ich kann mir nicht vorstellen, daß sich unser Altbundeskanzler einer so wichtigen Aufgabe versagen wird..."
Etwa zwei Jahre nach diesem Appell an Helmut Schmidt ist dieser wunderbare Mensch und Seelsorger leider verstorben.

Helmut Schmidt: Ich höre...

Bei mir zu Hause hatte man die Sendung mitgeschnitten und sie tags darauf um eine weitere Sendung zum selben Thema im NDR ergänzt. Manuela Rousseau aus der Presseabteilung des Hauses Beiersdorf und heute meine rechte Hand im Förderkreis, hatte einen Brief an „ZEIT"-Herausgeber Helmut Schmidt gerichtet, und ich bekam kurzfristig einen Gesprächstermin bei ihm. Den Kolleginnen und Kollegen des Vorstandes, die ich zu meiner Verstärkung eingeladen hatte, war nicht ganz wohl in ihrer Haut. Vielleicht war ihr Respekt vor dem ehemaligen Hamburger Innensenator, der bei der Flutkatastrophe 1962 geradezu Übermenschliches geleistet hatte, auch zu groß. Jedenfalls überließen sie mich meinem Schicksal.
Ein ganz neues Gefühl nahm von mir Besitz: Lampenfieber! Ich bewaffnete mich mit einem Kassettenrecorder und erschien im Büro der „ZEIT", zehn Minuten vor dem Termin. Schmidts nette Sekretärin bat mich, schon einmal vor dem Schreibtisch Platz zu nehmen. Natürlich konnte ich so nicht sehen, was sich hinter meinem Rücken abspielte. Dann hörte ich Schritte - das konnte nur Helmut Schmidt sein. Er ging am Schreibtisch vorbei, ohne mich auch nur eines Blickes zu würdigen, ließ sich in seinen Sessel fallen und schlug lässig die Beine übereinander. Dann griff er in die Jackentasche, holte seine berühmte Schnupftabakdose hervor, lud zweimal nach und sog den „Stoff" genüßlich in die Nase. Nun erst neigte er den Kopf - ich sah nur das volle silbergraue Haar mir gegenüber - und er sagte: „Ich höre ..."
Die Szene hatte mich so aus der Fassung gebracht, daß ich sekundenlang stumm blieb und wie hypnotisiert war. Kein „guten Tag", wie es doch üblich war, kein Händedruck, erst recht keine Floskeln wie etwa „Ich freue mich, daß Sie da sind." Nichts von alledem. Nur dieses übergangslose „Ich höre". Als ich nicht reagierte, sah er auf, bemerkte wohl, daß ich einigermaßen fassungslos war und sagte: „Also, was wollen Sie von mir? Etwa Geld?" Endlich bekam ich den Mund wieder auf. „Nein, Herr Schmidt, ich möchte kein Geld von Ihnen. Ich habe Ihnen etwas mitgebracht."

Ganz gegen meine Art - und wer mich kennt, wird es kaum glauben - stotterte ich mir etwas zurecht. Es entspann sich folgender Dialog: „Tja, es gab vor kurzem eine Sendung im Fernsehen von SAT 1...“ „Guck' ich nicht“, warf er sofort ein. „Und auch eine Rundfunksendung im NDR ...“ „Hab' ich keine Zeit für“, knurrte mein „Gesprächspartner“. „Es war eine Sendung mit Bischof Wölber“, fuhr ich schnell fort. Endlich sah er mich voll an: „Ach ja? Den kenn' ich natürlich. Bitter, daß er uns verlassen hat.“ Jetzt konnte ich den Faden aufnehmen: „Ja, er hinterläßt eine schmerzliche Lücke, denn er ist der eigentliche Initiator der Aktion „Rettet die Nikolai-Kirche“. Schmidt hatte das Projekt offensichtlich mit großem Interesse verfolgt und zeigte sich gut informiert. „Und was kann ich dabei für Sie tun?“ Ich faßte allen Mut zusammen: „Ich habe eine Botschaft, die ich Ihnen gern übermitteln möchte. Altbischof Wölber richtete ein paar direkte Worte an Sie und bittet Sie, die Schirmherrschaft für St. Nikolai zu übernehmen.“

In der „Zeit-Redaktion“

120

„Loki kann das besser"

Nun war es heraus, aber der „Alte" erwiderte ungerührt und trocken: „Ach wissen sie, damit können sie mich nicht weichkloppen. Das ist nicht drin. Ich habe so viel zu tun, und ich bin auch nicht der Allergesundeste. Ich sag' Ihnen mal was. Wenden Sie sich an meine Frau Loki, sie kann das viel besser als ich."

Das war eine herbe Enttäuschung. Was ich mir tagelang zurechtgelegt hatte und dem Altkanzler sagen wollte, um ihn für unsere Sache zu gewinnen und ihn gewissermaßen als Galionsfigur ins Nikolai-Schiff zu ziehen, war wie verflogen. Ich haderte mit mir, weil mich meine ansonsten gut funktionierende Beredsamkeit schmählich im Stich gelassen hatte. Jedenfalls schnappte ich mir meinen Rekorder und verließ ziemlich geknickt das Verlagshaus.

Viel später erzählte ich dieses Erlebnis einmal unserer lieben Loki Schmidt, zu der ich inzwischen eine herzliche Verbindung habe. Sie lachte und sagte: „Warum haben Sie ihm nicht Feuer gegeben, das kann er schon ab."

Mit meiner Frau und Frau Rousseau hielt ich Kriegsrat, und wir beschlossen, der Schmidtschen Empfehlung zu folgen. Wir wollten Hannelore Schmidt kurzerhand erklären, daß sie unsere Wunschkandidatin sei. So geschah es. Wir waren uns auf Anhieb sympathisch, und ich konnte Loki tatsächlich für die Schirmherrschaft St. Nikolai gewinnen. Sie betonte aber, daß sie sich wegen ihrer vielen anderweitigen und von ihr sehr ernstgenommenen Verpflichtungen nur für ein Jahr zur Verfügung stellen könne und daß ich keine nennenswerte Hilfe zu erwarten hätte. Ich war erst einmal überglücklich.

Aus dem einen Jahr sind übrigens mittlerweile schon vier Jahre geworden, und ich wünsche mir von Herzen, daß es noch einige mehr werden.

Film und Goldenes Buch

Film und Goldenes Buch

Der Förderkreis hatte sich entschlossen, das Projekt St. Nikolai zu forcieren und einen Film mit Zeitzeugen zu drehen. Eine Art Drehbuch, vorbereitet von Manuela Rousseau und Jürgen Franzgrote, war bereits im Entstehen. Sogar Termin und Ort der Uraufführung - 26. Juli 1993 in der Neuen Flora - war fixiert. Aber: Noch nie in meinem Leben hatte ich einen Film gemacht. Das konnte eigentlich nur ein Flop werden, wenn es nicht gelang, wirkliche Fachleute zu verpflichten. Fest stand auch, daß bedeutende Persönlichkeiten dieses Jahrhunderts „auftreten" sollten, und das alles so wenig wie möglich kosten durfte.

Diesen Part überließ man hauptsächlich mir, weil man glaubte, daß ich damit am besten umgehen könne. Tatsächlich erhielten später alle Mitwirkenden nur eine kleine Unkostenpauschale und verzichteten ausnahmslos auf Honorare. Doch zunächst gab es ja nur die Idee und einen Titel: St. Nikolai - Schicksalskirche Hamburgs. Der Förderkreis war fasziniert, aber bei der Kühnheit des Unternehmens auch ein wenig skeptisch, denn niemand im Kreis der Getreuen hatte auch nur einen blassen Schimmer, wo man da ansetzen müßte. Andererseits wollten wir unbedingt „Flagge zeigen" und das Projekt durchziehen.

Bevor es an die Verwirklichung dieses Planes gehen konnte, der 1991 geboren worden war, wollten wir soviel Persönlichkeiten wie nur möglich für St. Nikolai interessieren und mobilisieren. Wir dachten an die Bereiche Wirtschaft, Politik, Kultur und Sport und hofften auf zahlreiche Eintragungen in ein nagelneues Goldenes Buch, das wir zu allen Besuchen mitnahmen, um Unterschriften zu sammeln.

Im Mai 1991 hatte ich dann die Ehre und das Vergnügen, den FDP-Politiker und Unternehmer Robert Vogel in seinem Büro in der Esplanade aufzusuchen. Er empfing mich herzlich und kam ohne Umwege zur Sache. Er rief einfach seine Sekretärin herein und sagte: „Bevor wir uns lange unterhalten, stecken Sie erstmal diesen Scheck über 10 000 Mark ein. Ich hoffe, das Geld wird Ihnen eine Hilfe sein. Sie haben ja noch ein ordentliches Stück Weg vor sich. Was Sie da machen, finde ich einfach großartig. Wann immer Sie ein Problem haben, wissen Sie ja nun, wo Sie mich finden können."

Die Notwendigkeit dazu sollte sich schon ziemlich schnell ergeben, denn wir hatten jede Menge Schwierigkeiten zu überwinden. Robert Vogel freute sich über unser Engagement, zumal er sah und hörte, daß es Schritt für Schritt weiterging.

Zu Gast bei Alfred Töpfer

Anfang Juni stand mir die nächste Begegnung mit einem großen Hamburger bevor. Ich war beim Ehrenbürger der Hansestadt, Dr. h.c. Alfred Töpfer, eingeladen und wurde von meiner Pressesprecherin Manuela Rousseau begleitet. Natürlich sah ich auch diesem Besuch mit gespannter Erwartung entgegen, erzählte man sich doch über den alten Herrn die schönsten Geschichten. Er galt als Retter der Lüneburger Heide, dieser ganz besonderen und wunderschönen Landschaft, für die er sich unermüdlich mit aller Energie und viel Geld eingesetzt hatte. Bis ins hohe Alter gehörten lange Spaziergänge durch „seine" Heide zum Alltag. Und wenn er dann irgendwo ein Stück Papier oder eine Blechdose liegen sah, bückte er sich danach und brachte den Abfall zum nächsten Papierkorb. Ich freute mich darauf, einen Menschen kennenzulernen, der für Erfolg, aber vor allem auch für Bescheidenheit, Nächstenliebe und Herzlichkeit stand.

Wir waren rechtzeitig im Büro - es handelte sich wohl um die Räume seiner großherzigen Stiftung - erschienen. Interessiert blätterte er wenig später im Goldenen Buch, in dem es nun schon eine ganze Menge zu lesen gab, und fragte dann lächelnd: „Ist denn da überhaupt noch Platz für mich? Ich habe auch kein Foto von mir." Wir baten ihn, während seiner Eintragung ein Foto machen zu dürfen. Er hatte nichts dagegen, wollte aber, daß das Porträt seiner Frau, das hinter dem Schreibtisch an der Wand hing, mit auf das Bild kommen sollte. Genauso geschah es. Im Buch wurde das Bild über den Worten eingeklebt, die Alfred Töpfer geschrieben hatte:

Meine Hochachtung und guten Wünsche für ein erfolgreiches Wirken.

Über etwas wunderten wir uns: Die ansonsten normalen Fenster in seinem Büro wurden von einem weiteren riesengroßen überragt. Ich mochte Töpfer nicht danach fragen, aber nach der Verabschiedung ließ mir meine Neugier keine Ruhe, und ich bat seine Sekretärin um Aufklärung. „Herr Dr. Töpfer hat so seine lieben Gewohnheiten", gab sie schmunzelnd Auskunft. „Als wir in diese Räume umzogen, wollte er nicht auf sein altes Mobiliar verzichten. Darunter waren auch ein paar Stücke, die nicht durch das Treppenhaus zu bringen waren. Also wurde ein Durchbruch geschaffen, durch den die alten Möbel mit Hilfe eines Krans in sein Büro gehievt wurden." Eine köstliche Geschichte, die doch auch bezeichnend war für diesen bodenständigen, im besten Sinne konservativen Mann. Auch von ihm erhielten wir einen Scheck, der uns für unsere Arbeit herzlich willkommen war.

124

„Konkurrenz" für andere Kirchen?

Unter dem Datum 13. Juni 1991 stand in meinem Terminkalender: Bischof Prof. Peter Kruse. So ganz wohl war mir nicht in meiner Haut. Der Bischof verfolgte die Arbeit unseres Förderkreises zwar durchaus mit Respekt, aber da waren auch Vorbehalte, wie sie in unserem Gespräch zum Ausdruck kamen. Der Bischof bat mich um einen Gefallen - „in Sorge um seine Amtsbrüder". Ich sollte ein gemeinsames Gespräch auch mit den anderen Hauptpastoren suchen. Weil sich die Medien seit vielen Monaten sehr für St. Nikolai engagierten, sehe er die Gefahr, daß sich auch in Zukunft alles nur um diese Kirche drehen werde.

Ich war erst einmal verblüfft. Dann aber auch ein bißchen stolz auf die Anerkennung unserer Arbeit, die da wider Willen zum Ausdruck kam. Aber in mir wuchs auch ein Verdacht: Sollte hier vielleicht so etwas wie Neid im Spiel sein? Ich versuchte, deutlich zu machen, daß sich der Förderkreis schließlich nicht für eine Kirche und deren Wiederaufbau einsetzte, zumal die Gemeinde von St. Nikolai längst ihr neues Gotteshaus am Klosterstern gefunden habe. Prof. Kruse sprach nun Klartext. Er meinte, daß wir in erhebliche Konkurrenz zu den anderen Kirchen treten würden.

Das traf mich empfindlich. Von einem bedeutenden Gottesmann den sehr weltlichen Begriff „Konkurrenz" zu hören, verwirrte mich erheblich. Ich unterstrich, daß davon keine Rede sein könne und daß dies niemals unsere Absicht gewesen sei. Wir sammelten kein Geld, um womöglich zum x-ten Mal eine zerstörte Nikolai-Kirche wieder aufzubauen. Unsere Botschaft sei eine ganz andere: „Wir möchten ein Friedensmahnmal schaffen, einen Treffpunkt für alle friedliebenden Menschen dieser Welt, die sich hier - ohne Rücksicht auf Rasse und Religion - zu ganz besonderen Anlässen versammeln sollen."

Er spürte natürlich, daß ich etwas befremdet war, aber ich mußte klar machen, daß ich von diesem Weg der Entwicklung neuer Ideen, ihrer Umsetzung und unseren Aktivitäten keinen Millimeter abrücken würde. Er hörte sich alles an, bat mich dann aber noch einmal, über seinen Vorschlag nachzudenken. Bis heute hat keine Gesprächsrunde mit den anderen Hauptpastoren stattgefunden. Warum auch?

Ich pflege persönliche Verbindungen mit Helge Adolphsen, den ich außerordentlich schätze, mit Probst Klaus Reinhold Borck, Pastor Peter Barth oder Pastor Wolfgang Weissbach, der mich in meiner Arbeit immer wieder ermuntert hat. Ich wollte in der Tat keinen Schritt zurückweichen. Lange genug war St. Nikolai eine fast vergessene ehemalige Kirche gewesen. Ein Mahnmal zwar, doch offensichtlich entschieden zu früh zum Sterben verurteilt.

Die letzte Viertelstunde des Gespräches mit Bischof Kruse war persönlichen Dingen gewidmet. Wir sprachen über seinen Lebensweg und über das

Schicksal meiner Familie. Und dann fragte er mich, ob er etwas ins Goldene Buch schreiben könne, was ihn besonders berührt habe. Es war ein Spruch aus der israelischen Holocaust-Gedenkstätte Yad Vashem:

Vergessen verlängert die Gefangenschaft

Strenges britisches Protokoll

Der 17. Juni 1991 führte mich mit einem Mann aus ganz anderen Regionen zusammen. Patrick Yarnold, britischer Generalkonsul in Hamburg, kündigte mir den Besuch von Botschafter Sir Christopher Mallaby an. Er wolle bei St. Nikolai mit mir zusammentreffen. Er richtete mir persönliche Glückwünsche von Königin Elisabeth II. zu unserer Arbeit aus und trug sich im Namen Ihrer Majestät ins Goldene Buch ein. Er überbrachte auch den Wunsch nach einem Brückenschlag zur Stadt Coventry, die am 14. November 1940 von den Nazis in Schutt und Asche gelegt worden war.

Wir kamen sehr schnell auch zu persönlichen Dingen, wobei mir auffiel, daß sich der Generalkonsul während der ganzen Zeit im Hintergrund gehalten und sich nicht am Gespräch beteiligt hatte. Erst viel später wurde mir klar, daß dies wohl das strenge Protokoll nicht anders erlaubte, sofern man nicht direkt angesprochen wurde. Man lernt eben nie aus.

Das Protokoll hinderte uns freilich nicht daran, über Gott und die Welt zu reden. Dabei kam heraus, daß Sir Mallaby ein passionierter Forellenfischer war - wie ich. Also wagte ich die Bemerkung, daß ich mich riesig darüber freuen würde, wenn wir uns einmal in Schottland oder Irland zum Fischen treffen könnten. Er lächelte und antwortete: „Darüber läßt sich sicher mal sprechen, aber können Sie überhaupt mit einer Fliegenrute umgehen?" Am liebsten hätte ich gesagt, daß ich fast eher angeln als laufen konnte, aber das habe ich mir dann doch verkniffen.

Diplomat auf zwei Kühen

Daß die Schweiz etwas Außergewöhnliches sei, hatte mir schon meine Mutter erzählt, als ich noch klein war: „Dort ist man vor allem sicher, was es an Bösem in der Welt gibt." Ich habe erst später begriffen, was sie gerade angesichts unserer fatalen Lage in Nazi-Deutschland gemeint haben dürfte.

Wir schrieben den 26. Juni 1991, und ich hatte einen Termin beim Schweizer Generalkonsul Alphons N. Müggler. Diesem Mann, der mir schon einmal beim Alstervergnügen begegnet war und sich dort erst durch seinen Eintrag ins Goldene Buch „verraten" hatte, stand ich nun in seinem Büro gegenüber. Er bat mich höflich, Platz zu nehmen und schenkte mir ein eben-so gewinnendes wie entwaffnendes Lächeln. „Sie brauchen mir gar nichts zu erzählen. Erstens gehe ich beinahe täglich auf meinem Weg ins Büro zu Fuß an St. Nikolai vorbei, und zweitens lese ich Zeitung. Ich verfolge seit langem aufmerksam, wie Sie Schritt für Schritt in die richtige Richtung tun. Wenn ich dazu einen Beitrag leisten kann, will ich das gern tun."

Traditionelles Grünkohlessen in unserem Haus in Bendestorf.
Der Schweizer Generalkonsul mit einem kapitalen Hecht aus eigenen Gewässern.
Präsident der Telekom, Alfred Meier, sowie der österreichische Generalkonsul August Zotter mit ihren Ehegattinnen.

Mir kam eine wahnwitzige Idee. Gerade hatte sich der in Hamburg gastie-rende Zirkus „Fliegenpilz" angeboten, für St. Nikolai eine Benefizveranstal-tung mit prominenten Künstlern und möglichst auch Politikern zu starten. Ich fragte ihn also, ob er bereit sei, für unsere gute Sache in die Manege zu steigen. „Wenn ich nicht gerade am Trapez hängen muß", antwortete er ungerührt.
Jetzt ritt mich wohl der Teufel: „Ich könnte mir vorstellen, daß Sie auf zwei Kühen mit entsprechendem Zaumzeug im Schweizer Trachtenanzug und mit der Nationalflagge in die Arena reiten..." Ich war natürlich auf eine böse Abfuhr gefaßt, und tatsächlich sah er mich ein wenig entgeistert an. Doch ich sollte mich gewaltig getäuscht haben, denn seine Züge entspannten sich, und er überraschte mich mit der Antwort: „Wenn ich Ihnen damit einen Gefal-len tun und zur Belustigung von Kollegen und Publikum beitragen kann, bin ich bereit." Natürlich wurde dieser Auftritt ein „Knaller" - den Herrn Gene-

ralkonsul begleitete während der Darbietung ein tosendes Klatschkonzert. Weitere Höhepunkte des Programms boten Anna-Maria Kaufmann, die „Christine" aus dem Musical „Phantom der Oper" und inzwischen eine gute Freundin, Marlene Jaschke alias Jutta Wübbe, die die Zuschauer in ihrer unnachahmlichen Art zu wahren Jubelstürmen hinriß, oder auch die Schauspielerin Mareike Carriére (Großstadt-Revier), die sich seelenruhig „zersägen" ließ.

Schon im Vorfeld hatte Carlo von Tiedemann Schlagzeilen produziert - er wollte eine Raubtierdressur zeigen. Während der Proben ließ der Puma erkennen, daß er mit Moderatoren wenig im Sinn habe - er biß Carlo in den Oberarm. Der wollte zwar ganz tapfer sein und trotzdem auftreten, ließ sich dann aber doch davon überzeugen, daß er mit dem Mikrofon besser umgehen könne als mit der Peitsche.

Der Abend wurde auch finanziell zu einem großen Erfolg. Vor allem hatten wir jedoch gespürt, daß die Bereitschaft, sich für St. Nikolai einzusetzen, größer war als vermutet. Stück für Stück kamen wir dem großen Ziel näher.

Am Mute hängt der Erfolg

Das Goldene Buch war längst ein Trumpf in unseren Händen. Es sollte uns Tür und Tor öffnen - in Europa und in der Welt. Es mußte Geld her, und dafür brauchten wir öffentlichkeitswirksame Aktionen. Wer sich in unser Buch einschreiben durfte und dazu in der Regel schriftlich eingeladen wurde, wußte sehr bald, daß er dann auch sein Scheckbuch zücken mußte. Ausnahmen bestätigten dabei nur die Regel.

Wir waren sehr erfolgreich.

Eine meiner schönsten Begegnungen hatte ich mit Björn Engholm. Er kam sehr schnell zur Sache und traf auch gleich einen wunden Punkt: „Wenn ich vergleiche, wie schnell wir nach dem Krieg unsere Marienkirche in Lübeck wieder aufgebaut haben und höre nun, daß man in Hamburg bei St. Nikolai jahrelang allein darum gestritten hat, welches Holz man für den Bauzaun verwenden solle, dann sagt das doch alles." Ich konnte ihm leider nur beipflichten.

Ins Goldene Buch schrieb er ein Zitat von Theodor Fontane:

Am Mute hängt der Erfolg

Das bezog sich wohl auch auf unsere Arbeit, denn er fragte gleich: „Na, wie gefällt Ihnen das?" „Großartig", antwortete ich. „Ich glaube, Herr Ministerpräsident, ich werde noch öfter auf Ihre Unterstützung hoffen müssen." Er stopfte sich eine neue Pfeife, sah mich mit prüfenden Augen an und sagte ruhig: „Das können Sie auch." Da ich Gelegenheiten gern beim Schopf packe, äußerte ich gleich noch eine Bitte: „Ich suche eine Verbindung zum dänischen Königshaus." „Darüber läßt sich reden", antwortete er. „Und ich hätte so gern ein Gespräch mit Willy Brandt. Ich habe ihm schon zweimal geschrieben und mehrfach angerufen, aber ich treffe auf taube Ohren. „Nun ist es aber erstmal genug", grinste er. Aber schon einige Zeit später bekam ich eine Einladung aus dem Büro Brandt. Das werde ich Björn Engholm nicht vergessen.

In der Folgezeit bin ich ihm dann noch öfter begegnet. Einmal sogar völlig unerwartet. Ich wollte mit meiner Frau nach Bonn. Diesmal sollte der damalige Bundesinnenminister Dr. Wolfgang Schäuble, unser „Opfer" sein. Auf dem Flughafen Fuhlsbüttel tippte mir ein Herr auf die Schulter. Ich drehte mich um und erkannte ihn im ersten Augenblick nicht einmal: Ganz locker, in Lederjacke, stand Björn Engholm vor uns. Auch er mußte nach Bonn. Wir erzählten, daß wir einen Termin beim Innenminister hätten, der uns aber schon vorgewarnt und versichert hätte, daß wir nicht mit Geld rechnen könnten. Engholm lachte. „Was Sie so alles aufstellen, ist schon toll. Vielleicht sollten wir beide mal zusammen betteln gehen." Ein Gedanke, der mir sehr gefiel.

Bei Björn Engholm im Kieler Parlament

Der tapfere Mann im Rollstuhl

Der 12. März 1991 war „Schäuble-Tag". Wir werden ihn kaum jemals vergessen können. Der Minister war nach dem scheußlichen Attentat für immer an den Rollstuhl gefesselt. Mit beispielhafter Disziplin und eisernem Willen hatte er Geist und Körper solange trainiert, bis er seinen wichtigen Platz auf der Bühne deutscher Politik wieder einnehmen konnte.

Im Innenministerium wurden wir in ein Sitzungszimmer mit einem großen ovalen Tisch geführt. Um ihn herum waren Stühle gruppiert - mit einer Lücke. Dort ließ sich der Minister hinschieben, ein für uns doch bedrückender Anblick. Er überspielte geschickt unsere Beklemmung, begrüßte uns sehr freundlich und kam ohne Umschweife zum Thema. Offensichtlich war er umfassend informiert, so daß sich ein interessantes Gespräch entwickelte. Dann schlug er unser Goldenes Buch auf und schrieb folgenden Text nieder:

Nachdem wir die Einheit in Frieden
und Freiheit erreicht haben,
sollten wir die Erinnerung um so mehr
lebendig halten, damit sich Krieg und
Gewaltherrschaft niemals wiederholen.

Wolfgang Schäuble bein Eintrag ins Goldene Buch

Wolfgang Schäuble hob seinen Kopf: „Geld können Sie von mir keines bekommen. Da bin ich wie mein Großvater, ich komme sehr schlecht in die Tasche. Aber ich gebe Ihnen etwas, mit dem Sie viel mehr anfangen können. Ich habe gehört, daß Sie ein Dokumentationszentrum bauen wollen. Dafür brauchen Sie doch Ausstellungsstücke. Ich überlasse Ihnen zu getreuen Händen meine handschriftlichen Aufzeichnungen zum Einigungsvertrag, den ich mit Lothar de Maizière ausgehandelt habe, dazu die beiden Füllfederhalter,

130

die wir bei der Unterzeichnung benutzt haben, und die Tischwimpel der ehemaligen DDR und der Bundesrepublik. Aber Sie haften mir mit Ihrem Kopf für diese Leihgabe."

Auf dem Rückflug nach Hamburg sagte meine Frau unvermittelt: „Ivar, weißt Du eigentlich, daß die Arbeit für St. Nikolai langsam bedrohliche Formen annimmt?" Zunächst hatte ich gar nicht verstanden, was sie damit meinte, aber dann ergänzte sie: „Wir waren in den letzten Wochen nur dafür unterwegs, haben einen überquellenden Terminkalender und kaum noch Zeit für unser Geschäft." Sie hatte recht. Es gab Tage mit bis zu fünf Terminen. Politiker, Künstler, Persönlichkeiten aus der Hamburger Wirtschaft - alle waren wichtig für St. Nikolai, nur mit ihrer Hilfe waren die finanziellen Lasten zu bewältigen.

Was sollte ich tun? Mich zurückziehen aus den Aktivitäten für das Mahnmal; jetzt, wo sich die Dinge so positiv zu entwickeln begannen, die Öffentlichkeit immer aufmerksamer wurde, sich handfeste Erfolge einstellten? Andererseits durfte ich die Firma nicht vernachlässigen, konnte mich nicht aus der Verantwortung für ein Geschäft stehlen, das meine Frau und ich in harter Arbeit aufgebaut hatten. Und jeden Monat war eine sechsstellige Summe an Löhnen und Gehältern fällig.

Aber ich war erfüllt von der großen Hoffnung, daß St. Nikolai nach der Sanierung die erträumte Begegnungsstätte werden würde. Im Herzen der Hansestadt, unter freiem Himmel und einer mächtigen Ruine. Bis dieses Ziel erreicht war, würde ich das Projekt - soviel stand nun fest - nicht aufgeben. Ich mußte eine Lösung finden, meine Kräfte aufzuteilen und meinen Einsatz zu verdoppeln. Und irgendwie bekam ich es hin, daß auch die Firma nicht zu kurz kam. Unsere Mitarbeiter entwickelten eine besondere Art von Respekt für unser Engagement. Es gab nie abfällige Bemerkungen, und wenn ich Leute für St. Nikolai brauchte, waren sie zur Stelle.

Dabei ist ein Mann herauszuheben, der seit 25 Jahren in meiner Firma arbeitet und mit 19 Jahren zu mir gekommen war: Winfried Schwarz. Wie oft ist er im Gerüst am Kirchenschiff herumgeklettert, hat an den schwierigsten Stellen der Wetterschutzhalle losgerissene Planen befestigt. Aber viele Freunde beschworen uns auch, uns nicht zu übernehmen, keinen Raubbau an der Gesundheit zu treiben und alles etwas langsamer angehen zu lassen. Leichter gesagt als getan.

Sonderwunsch nach Sondermarke

Am 12. Februar hatte ich eine sehr nette Begegnung. Ich wünschte, daß die Post eine Sondermarke von St. Nikolai herausgeben würde. Das Ruinen-Motiv fand ich faszinierend, und der 800. Geburtstag der Kirche war auch schon absehbar. Ich suchte Kontakt mit dem Chef der Telekom in Hamburg, Herrn Alfred Meier. Er schilderte mir gleich den schwierigen Weg. Für Sondermarken gebe es einen Programmausschuß, der alle Vorschläge zusammen mit Vertretern von Staat und Kirche sorgfältig prüfe, ehe die ministerielle Ebene mit der Genehmigung befaßt werde. Ich hatte mir das in meiner Naivität ganz anders vorgestellt: Gespräch mit dem Hamburger Präsidenten der Telekom, der alles auf den Dienstweg bringt , und schon geht's los mit der Druckerei.

So einfach war das also nicht. Immerhin bekam ich einen Termin von Alfred Meier. Ich durfte ihn in seinem Büro in der City Nord aufsuchen. Er trug sich in das Goldene Buch ein und gab mir den Tip, Bürgermeister Voscherau zu einem Brief an den Ausschuß der „sieben Weisen" zu veranlassen, um dem Sondermarken-Wunsch mehr Nachdruck zu verleihen. Henning Voscherau ließ sich nicht lange bitten.

Alfred Meier und ich, aber auch unsere Frauen, haben dann sehr bald Freundschaft geschlossen, und wann immer ich ein realisierbares Anliegen hatte, war der „Bayer in Hamburg" mit Rat und Tat an meiner Seite.

Der verkannte „Arrogante"

Ich war häufig mit ihm zusammengetroffen. Aber immer nur kurz, mit knapper Begrüßung. Sehr höflich, freundlich, reserviert. Wie es einem Senatspräsidenten der Freien und Hansestadt Hamburg, ihrem Ersten Bürgermeister, eben geziemt. Doch nun sollte es endlich eine richtige Begegnung mit Dr. Henning Voscherau geben. Sozusagen unter vier bzw. sechs Augen.

Den Termin im Bürgermeister-Amtszimmer im Rathaus erwarteten meine Frau und ich mit außerordentlicher Spannung. Bis dahin hatte ich mir über den „Chef" noch kein klares Bild machen können. Ich hatte aber immer das Gefühl, daß er doch recht arrogant sei.

Der Bürgermeister bat uns höflich, Platz zu nehmen. Es war eine vornehme hanseatische Kaffeetafel gerichtet, und er fragte sehr bald nach den Problemen um St. Nikolai.

Natürlich gab ich erschöpfende Auskunft und erwähnte dabei auch die erheblichen Schwierigkeiten mit dem Bezirksamt Mitte. Diese wollte er nun exakt geschildert haben. Wahrheitsgemäß wies ich darauf hin, daß der schleppende Fortgang der Arbeiten aber nicht allein Schuld der Behörde sei. Vielmehr fehle es auch an Personal. Referatsleiter Dr. Ing. Bossemeyer hatte mehrfach vergeblich um Verstärkung gebeten und der Förderkreis sogar den Vorschlag gemacht, monatlich 3000 Mark beizusteuern, um eine zusätzliche Kraft zu finanzieren. Aber selbstverständlich konnten wir nicht in die inneren Angelegenheiten einer Behörde eingreifen - wir wollten damit nur Aufmerksamkeit erregen. Ohne Bezirksamtsleiter Hubert Jungesblut und später Peter Reichel, die uns beide eine große Hilfe waren, wäre ohnehin manches nicht möglich gewesen.

Der Bürgermeister erwog Möglichkeiten, die Zuständigkeit für St. Nikolai eventuell in die Obhut anderer Behörden zu verlagern, doch davon wollte ich nichts wissen. Ich kannte die Stärken und Schwächen der jeweiligen Sachbearbeiter und wußte damit umzugehen. Mich nun wieder an andere Leute gewöhnen, schien mir eher hinderlich. Das änderte freilich nichts an der Tatsache, daß die Sanierung von St. Nikolai unter günstigeren Umständen ein oder zwei Jahre eher hätte abgeschlossen werden können.

Je länger mein Gespräch mit Dr. Henning Voscherau dauerte, um so größer wurde mein Zutrauen. Ich konnte wohl auch in Zukunft mit ernsthaften Problemen getrost zu ihm kommen. Freilich, er war auch ein grandioser Schauspieler. Für seine diesbezüglichen Talente habe ich ihn bei vielen Gelegenheiten bewundert. Mehr aber noch für seine erstaunlichen Fähigkeiten auf vielen Sach- und Fachgebieten.

Voscherau kam auf Sinn und Zweck des Goldenen Buches zu sprechen. Ich hatte die anfängliche Scheu längst abgelegt: „Wir haben den Ehrgeiz, mit dem Goldenen Buch im Hamburger Rathaus zu wetteifern. Wir wollen alle Großen dieser Welt bitten, sich an unseren Friedensaktivitäten zu beteiligen." Der Bürgermeister schrieb sich „trotzdem" ein und versicherte mir, daß er dem Förderkreis im Rahmen seiner zeitlichen Möglichkeiten zur Verfügung stehen wolle.

Eishockey im Rathaus

Otto für Nikolai

Voscherau hielt Wort. Ich erinnere mich an eine nette Geschichte. Eine Benefiz-Gala zugunsten von St. Nikolai, organisiert von der Eishockey-Abteilung des HSV, den Fußballern vom FC St. Pauli und einigen Fans, sah neben einigen süddeutschen Eishockey-Stars auch Leute wie Otto Waalkes und den ehemaligen St.-Nikolai-Pastor Wolfgang Weißbach auf dem Eis der Farmsener Sporthalle. In Eimern waren immerhin rund 10 000 Markstücke gesammelt worden, die dem Bürgermeister im Rathaus von einem Hummelträger für St. Nikolai übergeben werden sollten. Die Eimer hatten ein beträchtliches Gewicht, doch Voscherau ließ es sich nicht nehmen, das Joch zu schultern. Nicht nur damit imponierte er den Anwesenden. Denn nun griff er sich einen Eishockey-Schläger und schoß den Puck quer durch das Amtszimmer genau auf einen anvisierten Punkt. Was erkennen ließ, daß der „gelernte" Hockeyspieler sportlich noch ganz schön auf der Höhe war.

Die Stimmung im „Saal" war entsprechend, aber ich hatte noch einen wichtigen Termin, der 30 000 Mark wert war, und so etwas darf man einfach nicht versäumen. Also ging ich zu Dr. Voscherau, bat um zwei Minuten Gehör und erklärte ihm, warum ich die reizende Zusammenkunft nun verlassen müsse. Irgendetwas hatte ich, in Protokollfragen ziemlich ahnungslos, nun wohl falsch gemacht. Jedenfalls zischte er mit scharfer Stimme: „Merken Sie sich für die Zukunft eines: Hier geht erst der Bürgermeister und dann erst die anderen." Mit dem Mut der Verzweiflung erwiderte ich: „Aber Herr Bürgermeister, wenn ich nicht auf der Stelle verschwinde, verliert St. Nikolai mindestens 30 000 Mark - können Sie das verantworten?" In seine hellen Augen trat ein Schimmer von Amüsement. „Hauen Sie ab, Ihnen ist ja doch nicht zu helfen..."

Konzernherr mit Herz

Meine tüchtige Pressesprecherin aus dem Hause Beiersdorf, Manuela Rousseau, hatte neben anderen den Vorstandsvorsitzenden der Deutschen Shell, Herrn Hans-Georg Pohl, angeschrieben und ihm einen Platz im Goldenen Buch angeboten. Am 6. Februar 1991 marschierten wir in die Chefetage des Verwaltungsgebäudes in der City Nord. Wir hatten dort vor allem durch Klaus-Peter Johanssen, der als echter „Hamburger Jong" die schlimmen Bombenangriffe miterlebt hatte, immer wieder Unterstützung gefunden. Die Shell hatte sich finanziell äußerst stark engagiert, als es darum ging, die 1942 in die Gewölbe der Michaeliskirche ausgelagerten und bis 1985 dort verbliebenen 237 Kirchenfenster von St. Nikolai zu restaurieren. Hier hat aber auch die Hamburger Glaserinnung einmaliges geleistet.

Herr Pohl wußte aus den Medien fast alles von uns. Er war vom Fleiß und von der Hingabe, mit der bei uns gewirkt wurde, stark beeindruckt und trat spontan dem Förderkreis bei. Seine Eintragung ins Goldene Buch verband er mit einer vierstelligen Spende. Er schrieb:

Jeder Krieg ist eine Niederlage
menschlichen Geistes.

Henry Miller

Ein Brite macht uns Mut

Auf dem Kalender stand der 15. März 1991. Das britische Generalkonsulat hatte auf einen entsprechenden Brief von Manuela Rousseau positiv reagiert. Patrick Yarnold, der Generalkonsul, war bereit, sich ins Goldene Buch einzuschreiben.

Hamburg hatte schon durch den Hafen von jeher eine enge Verbindung zu Großbritannien. Andererseits waren es die Engländer gewesen, die den Luftangriff auf Hamburg als flächendeckendes Bombardement geflogen hatten. Ironie des Schicksals?

Ausgerechnet der englische Architekt Gilbert Scott, ein junger Pastorensohn aus York, hatte nach dem verheerenden Brand 1842 die internationale Ausschreibung gewonnen und St. Nikolai wieder aufgebaut. Der damalige Senat wollte hoch hinaus und zukünftig in einem Atemzug mit dem Ulmer Münster (162 m) und dem Kölner Dom (158 m) genannt werden. Da entsprach Scotts Planung von 147,50 m genau den Wünschen der Verantwortlichen. Und es entstand die „schöne Schlanke", die prächtigste Kathedrale des Nordens.

Also: St. Nikolai das Werk eines Engländers - und von dessen Landsleuten durch das schreckliche „Unternehmen Gomorrha" vernichtet. Es war ein sensibler Bereich, den wir da streifen könnten, denn von den miteingeladenen Journalisten waren Fragen in dieser Richtung nicht auszuschließen. Mir war nicht ganz wohl in meiner Haut, als wir uns zum Harvestehuder Weg aufmachten. Auch um meinen ehrgeizigen Plan zu verfolgen, die Königin von England zu einer weiteren Geste der Völkerversöhnung zu animieren und sich in unser Goldenes Buch einzutragen.

Wir wurden überaus freundlich empfangen. Der britische Generalkonsul hörte uns interessiert und geduldig zu. Das Gespräch drehte sich vorwiegend um die Pläne für unser Mahnmal, und erfreulicherweise blieben brisante Fragen von seiten der Presse aus. Patrick Yarnold ließ sich auch nicht lange bitten. Sein Text für das Goldene Buch lautete:

Es ist für mich eine große Ehre, in diesem Goldenen Buch von St.-Nikolai
zu unterschreiben, und durch meine Unterstützung für die Ziele des Förder-
kreises mitzuteilen.

Zum Abschied machte er mir Mut. Der britische Botschafter, Sir Christopher Mallaby, sei über unsere Arbeit informiert. Ich solle also ruhig ein Schreiben an Ihre Majestät verfassen, das er dann mit einem Begleitschreiben gern an den Hof weiterleiten werde.

Es dauerte gut vier Wochen. Dann ließ Sir Mallaby mitteilen, daß er sich zu einem noch offenen Zeitpunkt im Namen seiner Königin im Goldenen Buch verewigen würde. Ob ein direkter Besuch in London möglich sei, könne er derzeit nicht sagen. Natürlich waren wir ein wenig enttäuscht. Immerhin war nun wenigstens ein erster Kontakt geknüpft worden.

Industrie und Verlagswesen

Frau Rousseau schrieb sich - mit Erfolg - die Finger wund. Die nächste Einladung kam aus der Industrie: Dr. Klaus Göckmann, Vorstandsvorsitzender der Norddeutschen Affinerie, erwartete uns in seinem Büro. Er zeigte sich von der Arbeit des Förderkreises sehr beeindruckt. Seinen Texteinfall für unser Buch schöpfte er aus aktueller Gelegenheit - die Firma beging gerade ihr 125jähriges Bestehen. Und 5000 Mark gab´s obendrein...

Eine kurzfristige Zusage kam aus dem Verlagshaus Gruner & Jahr. Für den 8. Mai waren wir beim Vorstandsvorsitzenden Gerd Schulte-Hillen angesagt. Pünktlich um 11 Uhr. Ich landete ganz woanders, merkte es aber nicht einmal. Der Portier erkundigte sich höflich nach meinen Wünschen, und ich sagte ihm, daß ich eine Verabredung mit Herrn Schulte-Hillen habe. Mein Gegenüber sah mich etwas merkwürdig an, bemühte dann aber wohl die Chefetage. Mit leicht gerötetem Gesicht richtete er mir aus, daß man bedaure, Herrn Schulte-Hillen nicht auf der Gehaltsliste zu haben, aber ich müsse mich schon an das Haus Gruner & Jahr wenden, denn ich befinde mich im - Heinrich Bauer-Verlag!

Ich fiel aus allen Wolken. Nun lief mir bei aller Peinlichkeit auch noch die Zeit weg, aber man war sehr aufmerksam und verständigte die Konkurrenz von meinem Irrtum. Gerd Schulte-Hillen empfing mich wenig später entsprechend belustigt. Er trug sich „trotzdem" ins Goldene Buch ein und honorierte meine Hetzjagd mit 5000 Mark für St. Nikolai. Sein Text:

Eine bessere Zukunft kann nur gestaltet werden, wenn für die Überlebenden die Geschichte lebendig bleibt. St. Nikolai soll uns ermahnen.

Erlebnis Hannelore Greve

Mein nächster Besuch galt einer führenden Dame der Hamburger Gesellschaft, deren Mann - Dr. Helmut Greve, Honorarkonsul von Ungarn und erfolgreicher Unternehmer - nicht weniger bekannt ist. Hannelore Greve führt eines der größten europäischen Spezialhäuser mit englischen Möbeln. Mich begleitete wieder einmal Georg Pakschies vom Hamburger Abendblatt, zu dem im Verlauf vieler Reisen eine Freundschaft gewachsen war. Dabei war auch Rechtsanwalt Herbert Horne vom Förderkreis.

An dieser Stelle möchte ich mich bei allen Getreuen bedanken, die immer wieder ihre freie Zeit für unser Anliegen geopfert haben. Ohne ihre Mitarbeit und stete Bereitschaft wäre das alles nicht möglich gewesen. Lassen Sie mich hier Einen für viele nennen, meinen engen Freund Erich Kolbeck, dem 1. Vorsitzenden der Hansa-Funk-Taxi, und seine Frau. Ihnen hat der Förderkreis viel zu verdanken.

In der City Nord fanden wir in Hannelore Greves riesigem Möbelhaus ein zauberhaftes Ambiente vor. Beim Gang durch die Etagen wuchs das Gefühl, daß jedes einzelne Möbelstück von erlesener Eleganz und von der Inhaberin persönlich und liebevoll ausgesucht worden sei. Später bestätigte sie lächelnd unsere Eindrücke. Keine große Möbelmesse in Europa, bei der Frau Greve nicht selbst gewählt und eingekauft hätte.

Hannelore Greve empfing uns im Wintergarten im zweiten Stock ihres Imperiums und bat uns an eine geschmackvoll gedeckte Kaffeetafel. Sie hörte mich geduldig an. Nun gebe ich zu, daß mein Redeschwall im Kampf um eine Herzensangelegenheit wie das Mahnmal nicht leicht zu stoppen ist. Sie trug sich „dennoch" in das Goldene Buch ein und erfreute uns mit einem sehr schönen Foto und folgendem Text:

Ich freue mich, daß ich für die Erhaltung des Mahnmals St. Nikolai gegen den Krieg und für den Frieden einen Beitrag leisten konnte.

Nach mehr als einer Stunde verließen wir das Haus, versehen mit vielen guten Wünschen für unsere Arbeit - und einem 5000-Mark-Scheck. Ich war damals schon sicher, daß dies nicht unsere letzte Begegnung gewesen war. Und so kam es auch.

Ein vergessener Sohn Hamburgs wird endlich geehrt

Musik liegt in der Luft

Sieben Tage später stand ein weiterer bedeutender Zeitgenosse auf meinem langen Wunschzettel. Es war der 21. Mai 1991, und ich wußte von ihm kaum mehr, als daß er ein erstklassiger Pianist war. Professor Justus Frantz hatte mich zu sich in die Magdalenenstraße in Pöseldorf eingeladen. Er zeigte sich sehr interessiert und sagte nach einer Weile: „Ich glaube, ich könnte etwas für St. Nikolai tun, vielleicht ein Benefizkonzert geben. Der Reinerlös käme Ihnen zugute. Wenn ich damit helfen kann."
Natürlich war ich gespannt, was er unter sein Foto ins Goldene Buch schreiben würde:

St. Nikolai und die Felix-Mendelssohn-Bartholdy-Gesellschaft sind zwei sehr wichtige Vorhaben - nicht nur für Hamburg.

Zu diesem Zeitpunkt wußte ich noch nicht, was Frantz damit gemeint hatte. Tatsächlich kam es aber zu einem Benefiz-Klavierkonzert im Ernst-Deutsch-Theater. Intendant Friedrich Schütter hatte sich spontan bereit erklärt, seine Bühne dafür zur Verfügung zu stellen. Zum ersten Mal betrat ich an diesem Tag die Bretter, die angeblich die Welt bedeuten. Ich hatte früher durchaus einmal Ambitionen gehabt, auf einer Bühne zu stehen; schließlich waren meine Eltern Artisten. Nun war auch das vollbracht.
Es wurde ein ergreifender Abend. Friedrich Schütter las aus Briefen von Wolfgang Amadeus Mozart, Justus Frantz bot ein hinreißendes Konzert. Anschließend traf man sich in der Theater-Klause. Für die vielen Fans des Pianisten und für die Getreuen des Förderkreises war dort freilich nicht genügend Platz, und so wichen einige in den benachbarten „Friesenhof" aus. Dazu gehörte auch die Geschäftsleitung des Hauses Beiersdorf, die uns stets intensiv unterstützt hatte und der ich mich zunächst anschloß.
Nach knapp einer Stunde wechselte ich in die Theater-Klause, wo man mich bereits vermißte. Justus Frantz empfing mich vorwurfsvoll: „Wo warst Du eigentlich die ganze Zeit, ich habe Dich schon gesucht." Er duzte mich so selbstverständlich, als würden wir uns seit Jahren kennen. Ich ließ es gern geschehen und fühlte mich geschmeichelt.
Später nahm er mich zur Seite: „Ich möchte etwas mit Dir besprechen und Dich um etwas bitten. Wegen des Konzertes für St. Nikolai habe ich meinen Spanien-Urlaub unterbrochen, jetzt mußt Du mir einen Gefallen tun - und zugleich der Musikwelt in Deutschland, vielleicht sogar in Europa." Kein

Mit Justus Frantz im Zwiegespräch

Wunder, daß ich ihn erstaunt und leicht verwirrt ansah. Aber da fuhr er schon fort: „In Hamburg ist im Jahre 1809 Felix Mendelssohn-Bartholdy geboren worden." Ich spielte gleich mit offenen Karten und gestand: „Ich muß zu meiner Schande zugeben, daß ich das nicht gewußt habe und nicht der große Klassik-Kenner bin. Von Mendelssohn-Bartholdy habe ich noch nicht so viel gehört, aber immerhin habe ich 1955 zu den Klängen seines Hochzeitsmarsches in der Petrikirche geheiratet."

Das war Wasser auf seine Mühle. „Siehst Du", sagte er, „so kennen ihn leider nur die meisten, aber ich will Dir gern ein paar Worte über ihn erzählen. Er kam während der napoleonischen Willkür in den Jahren 1813/14 mit der Familie nach Berlin. Schon damals gab es antisemitische Zwischenfälle und Diskriminierungen für Teile der jüdischen Bevölkerung. Mendelssohn ging sehr früh nach Leipzig und wurde dann der am längsten amtierende Kapellmeister in der Geschichte des Gewandhausorchesters. Er führte ein eigenes Konservatorium, in dem er zahlreiche Talente ausbildete und auf die großen Bühnen der Welt schickte. Als er 1842 von dem verheerenden Hamburger Brand erfuhr, reiste er, obwohl bereits schwer krank, durch Europa und gab Benefizkonzerte für seine zerstörte Geburtsstadt - auch für St. Nikolai. Verstehst Du jetzt die Zusammenhänge? Hamburg muß endlich etwas für diesen großen Sohn tun."

Auf dem „Klassik-Trip"

Zugegebenermaßen war ich von diesem Vortrag fasziniert. Justus Frantz besitzt ein beneidenswertes Talent, Menschen etwas vermitteln zu können und sie zu begeistern. Auf diesem Gebiet ist er ein Phänomen. Trotzdem mußte ich einwenden, daß es derzeit unmöglich sei, mich für ein weiteres Projekt zu engagieren. Aber ich schlug ihm einen Kompromiß vor: „Ich werde Dir diesen Wunsch erfüllen, auch wenn ich überhaupt noch nicht weiß, wie die Geschichte am Ende ausgehen wird. Eine Garantiekarte kann ich nicht mitliefern, zumal ich keinerlei Verbindung zu den Musikexperten dieser Stadt habe. Ich verspreche Dir aber, daß ich mich in den nächsten 15 bis 20 Monaten ernsthaft darum bemühen werde."
Offensichtlich war er damit sehr zufrieden. Er lud mich zu einem Drink ein, stieß mit mir an und sagte: „Ivar, ich glaube, wir können Freunde werden. Jedenfalls habe ich großes Vertrauen zu Dir, daß Du auch diese Aufgabe bewältigen wirst." In der Folgezeit erfuhr ich mancherlei über den Musiker und den guten Menschen Justus Frantz, der mit dem Schleswig-Holstein-Musikfestival so viele Menschen an klassische Musik heranführte. Ich berichtete meiner Frau von seinen Plänen und Wünschen. In ihre Augen trat ein Ausdruck großer Sorge, mehr noch von Entsetzen. Ich konnte es unschwer ablesen: Um Gottes Willen nicht noch eine neue Aufgabe, es ist ja jetzt schon fast unmöglich, alles zu schaffen. Ich beruhigte sie und versprach, mich nur darum zu kümmern, wenn wirklich Aussicht auf Erfolg bestünde.
Natürlich interessierte mich nun das Schicksal der jüdischen Familie Mendelssohn. Was wäre wohl geschehen, wenn sie in einem anderen Jahrhundert gelebt hätte? Möglicherweise wäre sie dann auch in den Gaskammern nationalsozialistischer Vernichtungslager umgekommen. Das Thema ließ mir keine Ruhe. Vielleicht könnte man den einen oder anderen „meiner" Leute zu einer Doppelmitgliedschaft in Förderkreis und Mendelssohn-Bartholdy-Gesellschaft bewegen, die mit den richtigen Menschen gegründet werden müßte. Gleichzeitig wuchs mein Interesse für klassische Musik. Wenn ich morgens ins Büro fuhr, hörte ich nun klassische Musik. Und ich las, daß es Felix Mendelssohn-Bartholdy war, der in Vergessenheit geratene Werke von Johann Sebastian Bach wiederentdeckt und der Nachwelt erhalten hatte. Ich kaufte Musik von Wolfgang Amadeus Mozart und von Franz Schubert und langsam wurde ich, ohne freilich Experte zu sein, zum „Klassik-Fan".

Die Gründungsversammlung

Wieder einmal machte ich die erstaunliche Erfahrung, wie schnell sich in einem Leben durch äußere Einflüsse Wandlungen vollziehen können. Ich war jetzt davon überzeugt, daß früher oder später eine Felix-Mendelssohn-Bartholdy-Gesellschaft gegründet werden müsse. Es war fast ein innerer Zwang, der mich trieb, und so begann ich - erst noch heimlich - für eine solche Gesellschaft zu werben. Professor Frantz war begeistert. Er erklärte seine Bereitschaft, in einem musikalischen Beirat mitzuwirken, da gewiß große Dinge vorzubereiten und durchzuführen wären. „Ich gebe Dir wichtige Adressen, sprich diese Menschen an, werbe mit meinem Namen, sage ihnen, daß ich glücklich wäre, wenn sie einer solchen Gesellschaft beitreten würden.".Und tatsächlich kam es im Juni 1992 in meinem Wohnort Bendestorf zur Gründungsversammlung. Schauplatz war das wunderschön ausgestattete, reetgedeckte historische Landhaus Meinsbur. Zu den ersten Mitgliedern gehörte einer der großen Dirigenten und Orchester-Chefs, Professor Kurt Masur, mit dem ich später die Mendelssohn-Bartholdy-Gesellschaft in Leipzig gründete. Dort ging es darum, das Sterbehaus von Felix Mendelssohn-Bartholdy vor dem Abriß zu bewahren, denn das Grundstück sollte an eine holländische Hotelgruppe verkauft werden. Aus diesen Aktivitäten ergab sich auch eine freundschaftliche Verbindung zwischen Kurt Masur und dem Förderkreis „Rettet die Nikolai-Kirche" - ein weiterer wertvoller Brückenschlag.

Von Frantz bis Schmeling

Auch Hamburg hatte an seinem großen Sohn gesündigt. An der Ost-West-Straße errichtete der „Deutsche Ring" ein neues Verwaltungsgebäude - just an der Stelle, an der Felix Mendelssohn zur Welt gekommen war. Nur eine kleine Tafel an der Hauswand - 20 mal 20 Zentimeter - kündet davon, daß hier im Jahre 1809 Felix Mendelssohn-Bartholdy das Licht der Welt erblickte. Zu wenig für diese Weltstadt, die sich doch so gern auch als kulturverbunden darstellt.
Mittlerweile war es mir gelungen, 55 Bürgerinnen und Bürger für die Gesellschaft zu gewinnen. Unter ihnen Prof. Justus Frantz, Prof. Peter Ruzicka (Staatsoper), Prof. Hermann Rauhe (Hochschule für Musik und Theater), Hannelore „Loki" Schmidt, Dr. Christina Weiß, Max Schmeling, Unternehmer Robert Vogel, Prinzessin Ingeborg von Schleswig-Holstein und Gatte, Niko Broschek, Prof. Hermann Schnabel und nicht zuletzt Hannelore Greve. In vielen Gesprächen hatte ich sie bedrängt, doch die Präsidentschaft zu übernehmen. Nicht nur, weil uns eine Dame an der Spitze gut zu Gesicht stünde, sondern weil sie uns zweifellos auch glänzend repräsentieren könnte. Ich versprach ihr weitgehende Hilfe bei der Mitgliederwerbung und bei der so wichtigen Pressearbeit. Nur unter diesen Voraussetzungen war sie bereit, die Präsidentschaft zu übernehmen. Ich wurde „Vize", Rechtsanwalt Herbert Horne, auch im Förderkreis aktiv, ließ sich zum Schatzmeister wählen.

Wer Wind sät .....

Endlich der erste Drehtag

Der 3. Juli 1991 wurde gleich in zweifacher Hinsicht für meine Frau und mich unvergeßlich. Nach einem lebhaften Briefwechsel zwischen der Stadt Coventry und unserem Förderkreis-Büro sollten wir nun in die Stadt fliegen, die am 14. November 1941 durch die deutsche Luftwaffe fast völlig vernichtet worden war. Auch St. Michael, die Kathedrale, war den Bomben zum Opfer gefallen.

Doch ehe wir zum Flughafen aufbrechen konnten, stand ein anderes Ereignis im Vordergrund: Der erste Drehtag für den Film „St. Nikolai - eine Kirche erzählt ihre Geschichte". Erst viel später wurde er in „Wer Wind sät, wird Sturm ernten" umgetitelt. Vormittags sollten wir bei zwei „Hauptdarstellern" in der Redaktion der „Zeit" aufkreuzen.

Helmut und Hannelore Schmidt hatten ihre Mitwirkung versprochen. Als wir mit unserem Drehteam beim Mitherausgeber einfielen, brummte Schmidt in seiner unnachahmlichen Art: „Was veranstaltet Ihr denn hier für einen Aufstand?" Frau Loki besänftigte ihn: „Helmut, wir haben doch gesagt, daß wir uns ins Goldene Buch eintragen wollen, und das soll nun eben gefilmt werden."

Ich war schon sehr froh, daß ich von Loki Schützenhilfe bekam. Helmut Schmidt hatte immerhin einen vorbereiteten Text zur Hand; nicht ahnend, daß er ihn handschriftlich eintragen sollte. Ein Blick - mein Gott, was für ein Blick! - teilte mir mit, daß er sich von mir überlistet fühlte. Aber geduldig schrieb er Satz für Satz. Kaum jemand wird sich rühmen können, einen so langen handschriftlichen Schmidt zu besitzen wie der Förderkreis. Auch Frau Loki schrieb sich ein, und unter einem sehr schönen Foto von den beiden war nun zu lesen:

Helmut Schmidt:

Als letzte Kriegsruine der Stadt und gleichzeitig als Gedenkstätte für die fünfundfünfzigtausend Menschen, die 1943 durch Brandbomben ums Leben kamen, mahnt uns die Nikolai-Kirche bis heute an den schrecklichen Zweiten Weltkrieg. Die Zeichen unserer Vergangenheit sind der Kirche im wahren Sinne des Wortes eingebrannt. Wenn wir sie nicht auslöschen wollen, so muß alles unternommen werden, um die Nikolai-Kirche vor dem drohenden Verfall zu retten.

Und Hannelore Schmidt setzte hinzu:

Ich freue mich, daß ich als Schirmherrin auch ein bißchen mithelfen kann, die Nikolaikirchen-Ruine mit all ihren Erinnerungen zu erhalten.

Whisky beim Major of Coventry

Das Filmkapitel Schmidt hatten wir also glücklich „im Kasten". Nun ging´s schnurstracks nach Fuhlsbüttel. In Coventry wurden wir vom Major of Coventry, Mr. Dave Edwards, erwartet. Er empfing uns in seiner Amtsrobe, wirkte also ungeheuer offiziell. Aber da muß wohl gleich ein Funke übergesprungen sein, denn mit einem fröhlichen Augenzwinkern fragte er mich: „Mögen Sie lieber Tee, oder trinken Sie mit mir auch einen Whisky?" Obwohl ich mit Alkohol überhaupt nicht umgehen kann, griff ich mutig zum Whiskyglas und stieß mit ihm an.

Ich überbrachte die Grüße unseres Senatspräsidenten und Ersten Bürgermeisters Dr. Henning Voscherau und übergab das ebenso schöne wie geschmackvolle Gastgeschenk der Hamburger Glaserinnung, das extra für diesen Zweck hergestellt worden war. Natürlich waren wir sehr froh, daß wir innerhalb kurzer Zeit mit dem Domprobst und mit dem Leiter der Gedenkstätte Coventry, Dr. Paul Oestreicher zusammentreffen konnten, einem besonders lieben Menschen, dem meine ganze Hochachtung gilt.

Als ich dann auf dem völlig freien Kirchhof der Kathedrale stand, war ich tief berührt. Wie unglaublich ähnlich sich doch St. Nikolai am Hamburger Hopfenmarkt und St. Michael in Coventry sind. Hier wie dort ein nahezu völlig zerstörtes Kirchenschiff und ein ausgebrannter Turm, der anklagend in den Himmel ragt. Im Kirchenschiff hat man auf einer Plattform Bänke aufgestellt, die zum Sitzen und Nachdenken einladen. Am Altar steht ein Kreuz - aus verkohlten Balken zusammengefügt. Und darunter heischt ein mächtiger quadratischer Stein mit der Aufschrift „Vater vergib" um Aufmerksamkeit. Unmöglich, sich dieser starken Wirkung zu entziehen. Dr. Oestreicher erzählte mir, daß auch die wöchentliche Freitagsandacht immer mit den Worten „Vater vergib" ende. Im übrigen würde der Innenraum des Kirchenschiffes auch für Theateraufführungen und Konzerte genutzt.

An die alte Kathedrale, die als Ruine an die Schrecken des Krieges und die vernichtenden Bombenangriffe erinnern soll, schließt sich eine ganz neue, hallenähnliche an. Sie ist ausgestattet mit herrlichen Fenstern, die bei Sonneneinstrahlung eine farbenprächtige Landschaft ins Innere zaubern. In einem besonderen Vorführraum werden u.a. Filme über den Zweiten Weltkrieg gezeigt, und es gibt einen rekonstruierten Luftschutzkeller, in dem Angst und Schrecken der feindlichen Angriffe auch für folgende Generationen auf unheimliche Weise nachvollziehbar werden: Man hört die Motoren herannahender Flugzeuge, das Heulen und Krepieren der Bomben und schließlich die Stimme eines weinenden Kindes... An den Wänden hängen Gasmasken, am Boden stehen Löscheimer mit Sand - handfeste Erinnerung an die Zeit, da die Zivilbevölkerung durch gnadenlose Luftangriffe terrorisiert wurde.

In der großen Halle überwiegen die Zeichen von Solidarität. Da hängt ein riesiger Wandteppich, der in einer französischen Gemeinde für die neue Kathedrale von Coventry gewebt worden ist. Auch ein aus Holz geschnitztes Kreuz mit Jesus Christus hat eine ergreifende Geschichte, die mir Dr. Oestreicher erzählte. Das Kreuz stammt von einem tschechischen KZ-Häftling, der es aus zwei Eisenbahnschwellen schuf. Die Arbeit hatte seine Gefangenschaft in einem deutschen Lager überdauert und war auf abenteuerlichen Wegen in die Tschechoslowakei und, zunächst von den Russen sichergestellt, schließlich irgendwie nach Coventry gelangt. Der Häftling selbst, Schöpfer des sogenannten „Tschechenkreuzes", ist noch kurz vor Ende des Krieges seinen Häschern zum Opfer gefallen.

Auch Bischofshunde müssen mal

Ein wichtiger Besuch stand noch aus. Wir waren von Bischof Simon Barrington-Ward und seiner Frau außerhalb der Stadt zum Essen eingeladen und sollten dort auch den Ur-Ur-Urenkel des Erbauers der Nikolaikirche, Gilbert Scott, treffen. Der Bischof empfing uns auf seinem Landsitz mit einem sehr schönen, gepflegten Garten - und zwei Hunden. Wir wollten einige Filmaufnahmen im Freien machen, aber der Bischof bat uns um ein wenig Geduld und eilte mit Schaufel und Besen voraus, um die Spuren seiner Hunde zu beseitigen. Das war ihm sichtlich peinlich, aber wir haben uns köstlich amüsiert. Wir nahmen im Garten Platz, und zu unserem Erstaunen unterhielt sich der Gastgeber in fließendem Deutsch mit uns. Er berichtete, daß er in Berlin einige Jahre Theologie studiert habe und noch heute glücklich darüber sei, daß er während dieser Zeit an der Aktion „Sühnezeichen" am Wiederaufbau der Gedächtniskirche teilnehmen konnte. Nun freue er sich darüber, daß so viele deutsche Schülerinnen und Schüler nach Coventry kämen, um ihrerseits am Aufbau der Gedenkstätte und der neuen Kathedrale mitzuwirken.

Die Sprache kam auch auf die Geschichte der europäischen Nagelkreuzgemeinde, und Simon Barrington-Ward kannte natürlich ihren Ursprung. Als im Jahre 1941 deutsche Bomber den Angriff auf Coventry unter dem zynischen Decknamen „Mondscheinsonate" flogen, war die Kathedrale gleich schwer getroffen worden. Die Feuerwehr machte verzweifelte Versuche, das ehrwürdige Gotteshaus vor der restlosen Vernichtung zu bewahren, aber es brannte doch völlig aus. Aus dem riesigen Gewölbe stürzten schwere Balken und lange Zimmermannsnägel. Beides wurde später zu Kreuzen verarbeitet, und von Coventry ausgehend, bildete sich eine Gemeinschaft von geschundenen Kirchen, die europäische Nagelkreuzgemeinde. Zu ihr gehören z.B. die St. Laurentius-Kathedrale in Rotterdam, die von den Nazis noch nach der Kapitulation der Niederlande zerstört wurde; eine Kathedrale in Warschau; die Kirche von Lidice, in der nach einem Attentat auf den SS-Führer Heydrich mehrere hundert Menschen eingesperrt und bei lebendigem Leibe verbrannt worden waren; die Frauenkirche in Dresden; die Kaiser-Wilhelm-Gedächtniskirche in Berlin; St. Katharinen in Hamburg. Und bald sollte nun auch St. Nikolai in diesen Kreis aufgenommen werden.

Das große sichtbare Zeichen

Der schnelle Echternach

Jürgen Echternach (CDU) setzte seinen Namen am 15. August 1991 ins Goldene Buch. Er erledigte das in seinem Büro an der Alster - in knapp drei Minuten. So blieb wenig Zeit, ihm etwas über Bedeutung und Umfang unserer Arbeit zu erzählen. Entsprechend enttäuscht über so wenig Anteilnahme von seiten der CDU verließ ich den Schauplatz.

Ich schreibe das so freimütig und ohne jede Hemmung, weil ich es angesichts eines Projektes wie St. Nikolai für unumgänglich halte, wirtschaftlich und politisch unabhängig zu bleiben. Daß die Sozialdemokraten die Arbeit des Förderkreises wesentlich intensiver unterstützten, ist kein Geheimnis, denn bei den meisten unserer Veranstaltungen glänzten Vertreter von CDU, FDP und anderen Parteien durch Abwesenheit - ausgenommen Reinhard Soltau (FDP), der fast immer dabei war. Ich habe lange mit mir gerungen, ob ich auch recht unerfreuliche Erlebnisse im Umgang mit Hamburger Behörden erwähnen sollte.

Ich erinnere mich an einen außerordentlich heftigen Auftritt in der Baubehörde. Einige führende Mitglieder des Förderkreises - u.a. Frau Rousseau, RA Berger und ich - sowie Dr. Bossemeyer vom Bezirksamt Mitte (Tiefbau) waren zu einem ausführlichen Gespräch bei Oberbaudirektor Prof. Egbert Kossak eingeladen worden. Es ging um erste bauliche Maßnahmen am Kirchenschiff von St. Nikolai. Wir wollten möglichst schnell etwas tun, um in den bevorstehenden Wintermonaten das weitere Eindringen von Feuchtigkeit und weitere Schäden durch Frost und Eis zu verhindern.

Dazu brauchten wir die Genehmigung der Baubehörde. Am ganzen Verhalten des Baudirektors merkte ich schnell, daß er über St. Nikolai nicht besonders glücklich war. Das drückte er auch unverblümt aus: Am liebsten wäre es ihm, wenn der ganze Rest bis auf Kniehöhe abgebrochen und mit einem Zaun umgeben würde, bis alle Trümmer beseitigt seien. Damit wäre dann der Fall erledigt.

Dieser unsensible gefühllose Umgang mit dem historischen Bauwerk machte mich so zornig, daß ich mir den Herrn nach Beendigung der Gesprächsrunde noch einmal vornahm. Ich war so in Rage, daß ich ihn fast „an der Fliege" gefaßt hätte. Auf eine öffentliche Kraftprobe mit dem Förderkreis, der zu diesem Zeitpunkt bereits viel Beachtung gefunden hatte, wollte er es aber wohl doch nicht ankommen lassen, und so gab es ein zweites Gespräch in derselben Besetzung.

Wetterschutzhalle beschlossen

Wir hatten uns nach langer Überlegung entschlossen, für den Bau einer Wetterschutzhalle über den Resten des Kirchenschiffes einzutreten und wirksame Abdichtungsmaßnahmen zu ergreifen. Wieder übernahm der Oberbaudirektor die Gesprächsführung, und ich konnte mich des Eindrucks nicht erwehren, daß sein Vortrag mit einem ganz besonderen Unterton versehen war. Ich hörte jedenfalls ein deutliches Mißfallen darüber heraus, daß sich eine Gruppe aktiver Bürger in Dinge einmischte, die sie eigentlich nichts angingen. Er erklärte - allen Ernstes -man könne ja so etwas ähnliches wie ein Zirkuszelt aufbauen. Dabei sah er mich herausfordernd an, und tatsächlich war ich schon fast wieder auf dem Sprung.

Dr. Bossemeyer muß den Ernst der Situation erkannt haben. Er ergriff das Wort und betonte, daß eine Schutzhalle notwendig sei, ehe man irgendwann mit Restaurations- und Erhaltungsarbeiten beginnen könne. Der Bau müsse einige Jahre überdauern, alle Launen des Wetters aushalten und entsprechend stabil sein. „Es geht also nicht so, wie Sie sich das vorstellen, Herr Oberbaudirektor!" Erstaunlicherweise verständigten wir uns schließlich auf eine große Wetterschutzhalle nach unseren Plänen. Offensichtlich war nun endlich auch Professor Kossak auf unsere Linie eingeschwenkt. Er empfahl für die Abdichtung der Seitenflächen eine reißfeste Plane und überraschte uns dann mit einem tollen Vorschlag: „Wenn Sie schon fast 2500 Quadratmeter Seitenwände mit Planen abdecken müssen, dann nutzen Sie doch die Fläche für Werbung - wir machen Ihnen da keine Schwierigkeiten."

Ich war so verblüfft, daß mir fast die Kaffeetasse aus der Hand gefallen wäre. Das muß er gesehen haben, denn plötzlich stahl sich ein kleines Lächeln in sein Gesicht, als wenn er sagen wollte: Na, Buterfas, das hast du wohl nicht erwartet ... Ich nahm die glänzende Idee sofort auf und erkundigte mich, wer in Hamburg die Rechte für Außenwerbung besaß. Und da gab es gleich zwei Institutionen: der Hamburger Verkehrsverbund (HVV) und die Hamburger Außenwerbung. Ich trug unser Anliegen vor, und beide verzichteten spontan auf alle Einnahmen unserer Flächenvermietung.

Das war der Startschuß für einen Großeinsatz von meiner Frau und mir. Diese interessante Einnahmequelle beflügelte uns und in kurzer Zeit hatten wir mehr als 65 Werbeträger geworben - jeder mit einer Logofläche von fünf Quadratmetern. An der riesigen Wetterschutzhalle ergab das ein reizvolles und buntes Bild. Zudem avancierte die Plane zu einer der attraktivsten Werbeflächen innerhalb der Hansestadt, denn schließlich rollten tagtäglich rund 150 000 Fahrzeuge daran vorbei. Kein Wunder, daß sich die Anfragen aus der Hamburger Geschäftswelt häuften, wie man denn gleichzeitig etwas für St. Nikolai und die eigene Firma tun könne. Unsere Spielregeln waren einfach und klar: Eine Logofläche konnte nur erwerben, wer gleichzeitig wenigstens förderndes Mitglied bei uns wurde - mit einer Aufnahmegebühr von 150 Mark und einem Jahresbeitrag von 100 Mark.

Die tolle Frau an meiner Seite

Aber auch sonst wuchs die Zahl unserer Mitglieder stetig. Das Interesse der Öffentlichkeit an St. Nikolai und an den Menschen, die sich dafür einsetzten und wirklich absolut keine Gelegenheit ausließen, um Hilfe zu aktivieren, wurde immer größer. Meine Frau fand ebenfalls zunehmend Freude daran, mit mir gemeinsam für St. Nikolai zu arbeiten. Ohne „Daggi" wäre vieles nicht möglich gewesen. Wir besprechen alles, und bis heute haben wir alle Aktivitäten zusammen geplant und umgesetzt. Wer mich kennt, weiß, daß ich in der Durchsetzung von sinnvollen Plänen und Ideen keine Behinderungen dulde. Wir gehen die Dinge mit aller Konsequenz und Hartnäckigkeit an, und nur, wenn sich etwas als absolut unlösbar darstellt, wird umdisponiert. Aber was zum Teufel ist schon unlösbar? Meine Frau besitzt die ebenso erstaunliche wie unverzichtbare Gabe, mich in all meiner Dynamik und Ungeduld zu ertragen. Dafür gilt ihr meine ganze Bewunderung und Dankbarkeit.

Hin und wieder gab es auch für sie einen Ausgleich. Sie freute sich über die Möglichkeit, mich auf Auslandsreisen zu begleiten, interessante Menschen zu besuchen, bedeutende Persönlichkeiten kennenzulernen. Und auch das verlief nicht ohne Streß, da viele Reisen ganz kurzfristig geplant werden mußten, oft wieder verworfen wurden und schließlich doch realisiert wurden. Dann hieß es blitzschnell Koffer packen und ab ins Flugzeug Richtung Rom oder Jerusalem oder sonstwohin. Ich habe diese wunderbare Frau an meiner Seite in über 40 Jahren nie ernsthaft klagen hören - ich verehre, schätze, liebe sie.

Die „Schatzjagd" im Osten

In jenen Tagen begannen sich die Verhältnisse in Osteuropa dramatisch zu verändern. Die Mauer fiel, das verbrecherische Regime der DDR zerbrach, die Menschen konnten endlich frei atmen, von Ost nach West und von West nach Ost strömen. Wie bitter, daß nicht wenige „drüben" von ihren westdeutschen „Brüdern" gnadenlos ausgebeutet und betrogen wurden. Sie waren so unerfahren, hätten jeder einen Beschützer und Berater gebraucht. So wurden ihre Arglosigkeit und ihr Vertrauen schamlos mißbraucht. Es begann eine erschreckende, unmoralische „Schatzjagd" im Osten eines Landes, in dem nach dem Krieg die Sonne untergegangen und ein eiserner Vorhang gefallen war. Mein Gott, was haben wir für gute 45 Jahre erleben dürfen, mit dem friedlichen Aufbau unserer Bundesrepublik, der zerstörten Städte, unserer Existenzen. Wie leicht hätte der Eisenvorhang in Altona heruntergehen und uns der kommunistischen Diktatur ausliefern können. So wurden wir so etwas wie die wirtschaftlichen Sieger des großen Krieges - ein zwingender Grund dafür, den Anderen, den betrogenen Deutschen nach Kräften zu helfen. Sie müssen Anschluß an unseren Wohlstand finden, denn gedarbt haben sie wahrlich lange genug.

Ähnliches galt auch für die Sowjetunion. Sie brach auseinander, schlimme Szenen spielten sich dort ab. Die Auswirkungen waren auch in Hamburg zu spüren, denn der sowjetische Generalkonsul geriet durch einen Journalisten unter Beschuß. Das machte mich neugierig, und so ließ ich mich von meinem Freund Alphons N. Müggler, dem Schweizer Generalkonsul, anläßlich des Schweizer Nationalfeiertages in dessen Residenz in Rahlstedt Herrn Dr. Wladlen I. Kusnezow vorstellen. Ich staunte nicht schlecht, als er mir - sehr ruhig, sehr freundlich, in fast fließendem Deutsch - sagte: „Es freut mich sehr, daß ich Sie kennenlerne. Ich hatte immer vor, Kontakt aufzunehmen, denn das Friedensmahnmal an der Ost-West-Straße interessiert mich sehr." Im Verlauf des Gesprächs bot ich ihm an, sich ins Goldene Buch einzutragen, und er versicherte mir, daß er sich nichts mehr wünschen würde. Ich bekam sehr schnell einen Termin.

Doch dann geschah etwas Ungeheuerliches: Generalsekretär Michail Gorbatschow, seine Frau Raissa und die Enkelkinder wurden von einer Gruppe Umstürzler gekidnappt und verschleppt. In der ganzen Welt brach Unruhe aus - wie leicht hätte sich aus einer solchen Aktion ein Flächenbrand entwickeln können. Prompt bekam ich einen Anruf aus dem sowjetischen Generalkonsulat mit der Bitte, meinen Besuch um eine Woche zu verschieben. Ich informierte den Journalisten, der mich hatte begleiten sollen, Georg Pakschies vom Hamburger Abendblatt. Aber offenbar hatte sich meine Besuchsabsicht herumgesprochen, und am Ende bedrängten mich an die hundert Journalisten, an dem nun so brisant gewordenen Treffen teilnehmen zu können. Es tat mir leid, aber ich war bei Georg Pakschies im Wort - und das ist für mich wie ein Evangelium ...

Boris Jelzin war der starke Mann in Moskau geworden. Skeptiker riefen mich an, wollten meine Meinung hören, ob denn der Generalkonsul jetzt wohl seine Fahne in den Wind hängen und „umkippen" würde. Natürlich war auch mir klar, daß er ein linientreuer Kommunist gewesen sein mußte - wie mancher der nun an der Macht sitzenden Reformer um Jelzin. Andererseits gab es auch in der ehemaligen DDR frühere Nazis, die dann „gute Kommunisten" und nach dem Fall der Mauer „prima Demokraten" und Bundesbürger geworden waren. Sofern also kein Blut an ihren Händen klebte - gleiches Recht für alle!

Ich würde also völlig unvoreingenommen in dieses Gespräch gehen, für das der Termin nun feststand. Noch immer wußte niemand, wo man die Gorbatschows gefangen hielt, und ich war darauf gefaßt, daß mir die Tür des Konsulats verschlossen blieb. Sie war tatsächlich zu, aber aus gutem Grund. Denn Hunderte von informationshungrigen Menschen belagerten das Gebäude. Dr. Wladlen I. Kusnezow stand aber bereit und empfing uns mit einem herzlichen „seien Sie willkommen". Das hatte ich nun wirklich nicht erwartet. Er führte uns in sein Büro. Ich nahm auf der Couch Platz, der Generalkonsul neben mir, Georg Pakschies uns gegenüber. Da wir uns lediglich von der Begegnung bei seinem Schweizer Kollegen kannten, kamen wir zunächst über ein paar unverbindliche Worte nicht hinaus.

Das Bekenntnis zu Gorbatschow

Aber dann konnte ich nicht mehr an mich halten: „Herr Dr. Kusnezow, was ist in der Sowjetunion los?" Er antwortete ohne Zögern: „Wir telefonieren fast ständig mit Moskau, aber wir wissen so gut wie nichts - wir sind alle entsetzt." Ich war nun doch ein wenig überrascht, denn es galt als sicher, daß Boris Jelzin der neue starke Mann werden würde. Es wäre also nur natürlich gewesen, wenn sich der Generalkonsul ebenfalls ins Jelzinsche Lager begeben hätte. Wir sahen seinen weiteren Erklärungen gespannt entgegen. Unser Gastgeber fuhr ruhig und bestimmt fort: „Ich bedauere den Zwischenfall außerordentlich. Mein Herz schlägt im Moment nur für die Familie Gorbatschow, und ich hoffe, daß sie unbeschadet aus diesem Dilemma herauskommt."
Die Sorge und Sympathie dieses Mannes galt einem Politiker, der die Worte Glasnost und Perestroika zu weltweit benutzten Begriffen gemacht und nach seinem Treffen mit US-Präsident Ronald Reagan dafür gesorgt hatte, daß im Vorfeld der nun möglich gewordenen aussichtsreichen Verhandlungen das Eis zwischen Ost und West zu schmelzen begann. Mit seiner Aussage hatte Kusnezow möglicherweise eine schwerwiegende Entscheidung getroffen - und er unterstrich diesen Eindruck mit den Worten: „Ich stehe zu Gorbatschow, was immer jetzt in der Sowjetunion auch geschieht. Mein Sohn, meine Schwiegertochter und die Kinder sind derzeit in Moskau. Sie werden vielleicht Repressalien ausgesetzt, wenn sich die Verhältnisse ändern sollten und ich hier abgelöst werden würde."
Dr. Wladlen I. Kusnezow hatte mutig Stellung bezogen und damit jenen Hamburger Journalisten Lügen gestraft, der ihn als wetterwendisch beschrieben und damit öffentlich diskriminiert hatte. Und er schrieb Worte in das Goldene Buch von St. Nikolai, die ihm durchaus zum Verhängnis hätten werden können, aber er tat es aus ehrlicher Überzeugung. Als er mich ansah,

standen Tränen in seinen Augen, und wir umarmten uns herzlich. Das war sie also, die sensible und oft beschriebene russische Seele, die sich mir beim Besuch eines großartigen Mannes offenbart hatte. Seitdem sind wir und unsere Frauen gute Freunde. Wir unternehmen vieles gemeinsam. Er arbeitet inzwischen, bescheiden und klaglos, bei der ASB und lebt von einer sehr mäßigen Rente.

Das Dokumentationszentrum

Das Dokumentationszentrum

Wieder einmal gab es eine jener stürmischen Sitzungen im Förderkreis „Rettet die Nikolaikirche" im Hause Beiersdorf, in dem wir nun schon fast Heimrecht genossen. Wir waren dort gern gesehen und wurden stets verwöhnt. Wenn wir einen Termin angemeldet hatten, stand im Sitzungsraum eine Kaffeetafel bereit und ein Telefon war angeschlossen.

Und wieder einmal wurde eine Idee geboren. Wenn ich heute daran denke, wird mir noch nachträglich Angst und Bange. Aber damals waren wir alle Feuer und Flamme, und noch ehe alles halbwegs ausdiskutiert war, gab es schon Pläne. Sie wurden umgehend eingereicht und sehr rasch die Baugenehmigungen erteilt - eine Idee und ihre prompte Umsetzung: ein Dokumentationszentrum auf dem Hopfenmarkt vor der Ruine von St. Nikolai. Eigentlich begannen wir erst jetzt ernsthaft darüber nachzudenken, ob unser Budget überhaupt groß genug sein würde, um ein so gewaltiges Projekt zu realisieren.

Und wenn das Geld nicht reichen würde? Nun, irgendeine Lösung der Vorfinanzierung würde sich schon finden. Wir unterschieden uns da kaum von unseren Vorfahren, die anno 1843/44 ihre Grundstücke verpfändeten und hohe Bürgschaften übernahmen, um etwas zu bewegen. Oder ganz aktuell: Die Hamburger Glaserinnung mit ihrem Chef, Herrn Ullrich, war bis an die Grenzen ihrer finanziellen Möglichkeiten gegangen, um die Fenster von St. Nikolai wieder in alter Farbenpracht erstrahlen zu lassen. Wir hatten also Vorbilder genug. Im übrigen beobachteten eine Reihe von Hamburgerinnen und Hamburgern aufmerksam unser Wirken. Sie würden uns in einer Notlage gewiß nicht hängen lassen. Und mit jeder Aktion wuchs der Kreis der Getreuen, die dieses Mahnmal gestalten und erhalten wollten. Unser Ansehen in der Bevölkerung Hamburgs, aber auch in Deutschland und über die Grenzen hinaus, wuchs weiter.

Die Praxis: Für ein Dokumentationszentrum mußten Erdarbeiten geleistet und Fundamente geschaffen werden. Das machten wir auf dem ehemaligen Spielplatz mit einer Sandkiste, die längst nur noch von Hunden „benutzt" wurde. Mittlerweile war die Innenstadt praktisch „entvölkert", am Wochenende öde und leer - ganz im Gegensatz zu anderen Großstädten in der Bundesrepublik. Am Fuß von St. Nikolai begannen wir mit den Arbeiten für die Fundamente des Dokumentationszentrums. Das besorgten Mitarbeiter meiner Firma und ich rechnete dafür einen Stundensatz, der nicht einmal die Selbstkosten deckte. Aus gutem Grund, kannte ich doch schon die Frage, die von den meisten Journalisten gestellt wurde: „Sie haben doch ein Bausanie-

rungsunternehmen. Was verdienen Sie denn so an St. Nikolai? Ist es ein loh-
nendes Geschäft?" Ich blieb dabei immer ruhig und erklärte ganz sachlich,
wie wir im Büro, wie im gewerblichen Bereich rechneten, wenn wir für St.
Nikolai tätig waren. Im Büro engagierten sich drei Damen. Unglaublich, was
da an Korrespondenz und anderen schriftlichen Arbeiten bewältigt werden
mußte. Wir rechneten für jede geleistete Arbeitsstunde 34 Mark ab - inklusive Benutzung der Maschinen, anteilige Büromiete und Heizkosten; von
meiner eigenen Arbeitskraft gar nicht zu reden. Mehr als acht Stunden täglich war ich allein für den Förderkreis im Einsatz. Wie gut, daß meine Leute
„die Marotte des Chefs" tolerierten.

„Wir haben Leichen gefunden"

Der Anruf erreichte mich mitten in einer geschäftlichen Besprechung. Ich
möchte so schnell wie möglich zu St. Nikolai kommen - meine Mitarbeiter
hätten mehrere Leichen entdeckt. Ich war geschockt und eilte sofort zum
Hopfenmarkt. Dort ruhte die Arbeit, und meine Leute zeigten mir einen
alten Schädel. Ich verständigte die zuständige Behörde und Fachleute stellten
wenig später begeistert fest, daß wir einen „Pestfriedhof" aus dem 16. Jahrhundert angebuddelt hätten. Natürlich wurden wir aufgefordert, die Arbeiten sofort einzustellen.
Bald erschienen mehrere Frauen und Männer vom Helms-Museum mit
besonderen Werkzeugen. Zwei Tage später erkundigte ich mich telefonisch
vorsichtig nach dem Fortgang der Ausgrabungen. Na ja, man hätte wohl
noch sehr lange zu tun, müsse sehr sorgfältig vorgehen, glaube aber nicht,
daß noch weitere Funde auftauchen würden.
Ich sehe gern selber nach dem Rechten, begab mich also zur Baustelle und
überzeugte mich davon, wie tatkräftig dort gegraben wurde - mit Eßlöffeln.
„Wie lange kann das denn noch dauern?", fragte ich. „Vielleicht 14 Tage oder
auch drei Wochen." Ohne mich, dachte ich, und ließ den Museumsleuten
Flachschaufeln aushändigen. Am nächsten Morgen war die Sache ausgestan-
den. Freilich gab es auch Schlaumeier, die eine sorgfältige Untersuchung der
Knochenreste forderten, weil doch eventuell noch Pestbakterien feststellbar
seien. Nun, mittlerweile steht das Dokumentationszentrum schon mehr als
zwei Jahre, und meines Wissens ist niemand in Hamburg an der Pest
erkrankt.
Das Zentrum ging seiner Fertigstellung entgegen, aber wir mußten unbedingt versuchen, die Kosten zu senken. Wer aber sollte die günstigsten Preise aushandeln? Richtig, Ivar Buterfas. Unser Architekt Volker Huzelmann,
der mit unglaublicher Hingabe und ohne jemals eine Rechnung gestellt zu
haben, arbeitete, machte die Lichtzeichnung mit der Fa. Prediger. Auch ihr

154

an dieser Stelle herzlichen Dank, denn sie überließ uns sämtliche Lichtquellen zu einem wahren Freundschaftspreis. Dank auch den Installationsfirmen, Elektrofirmen, Malerfirmen. Den Estrich hatte meine Firma mit wärmedämmenden Stoffen versehen, um später Heizkosten zu reduzieren. Jedenfalls konnten wir alles in allem die Kosten um fast die Hälfte senken, durch hartnäckige Verhandlungen rund 100.000 Mark einsparen. Und ich wußte von diesem Moment an, daß Bürgerinnen und Bürger dieser Stadt häufig sehr zu Unrecht als „Pfeffersäcke" bezeichnet wurden. Am 5. April 1992 wurde das Dokumentationszentrum eröffnet.

Heidi Kabel - Besuch mit Folgen

Eine geradezu schicksalhafte Bekanntschaft entwickelte sich im Laufe der Jahre zu einer engen Freundschaft. Ich hatte einen Termin bei einer Dame, die ich von jeher sehr geschätzt hatte - die beliebte Volksschauspielerin Heidi Kabel.
Sie hatte schon im Vorwege wissen lassen, daß sie höchstens eine Viertelstunde Zeit habe. Daß wir dann mehr als zwei Stunden zusammensaßen, ergab sich aus einer gegenseitigen Sympathie. Daraus ist im Laufe der Jahre eine intensive und dauerhafte Freundschaft erwachsen. Und nun ist „unsere Heidi" schon über 80 Jahre alt. Niemand sieht ihr das Alter an. Wer in die himmelblauen Augen sieht, die so lustig blitzen und voller Leben und Energie stecken, der muß diese ebenso disziplinierte wie fleißige und schauspielerisch immer wieder mitreißende Künstlerin einfach lieben. Der Förderkreis hat ihr unendlich viel zu verdanken. Fast sechs Tage lang wurde ihr 80. Geburtstag gefeiert. Wir waren fast immer und überall dabei. Ich muß an dieser Stelle eine Geschichte erzählen. Was sich im Jahre 1994 zwischen Heidi Kabel, ihrer „Ohnsorg"-Souffleuse Clara Bruns, mir und einer Familie aus dem ehemaligen Jugoslawien abspielte, erregte viele Gemüter in Hamburg. Und es überschattete die Feierlichkeiten zu Ehren der Schauspielerin.
Und so hatte es begonnen: Die seit vielen Jahren mit Heidi Kabel befreundete Clara Bruns verbrachte ihren Urlaub immer wieder in ihrem geliebten Dubrovnik im ehemaligen Jugoslawien. Sie hatte sich rasch mit einer Familie angefreundet. Die Hausfrau war in Dubrovnik zu Hause, ihr Mann war Montenegriner und die beiden Jungen seinerzeit ein bzw. zwei Jahre alt.
Als die blutigen Auseinandersetzungen im Land begannen, befand sich die Familie gerade bei den Eltern in Montenegro. Während dieser Tage erreichte der Krieg auch Dubrovnik - die wunderschöne Stadt geriet unter Granatfeuer und die vier Urlauber in Panik. Ohne lange zu überlegen, flogen sie nach Deutschland zu Clara Bruns. Sie nahm alle vier Personen mit überwältigender Selbstverständlichkeit erst einmal in ihrer kleinen Wohnung auf.

Hilfe und Unmenschlichkeit

Bald wurde eine andere Bleibe gesucht, da der Zustand von fünf Menschen auf engstem Raum auf Dauer unhaltbar war. Die gute Heidi Kabel übernahm alle dafür notwendigen finanziellen Verpflichtungen. Ein paar Monate später rief sie mich an: „Siehst Du eine Möglichkeit, den Jungen in Deiner Firma unterzubringen? Er ist ehrlich und fleißig." Er stellte sich vor, wurde eingestellt und entwickelte sich zu einem Allround-Talent. Er war bei seinen Kollegen beliebt, lernte schnell die deutsche Sprache und machte sich auf sympathische Weise fast unentbehrlich.

Im Frühjahr 1994 traten meine Frau und ich eine längst fällige Kur auf Ischia an. Heidi Kabel kurte fast zeitgleich in Abano Therme, sodaß wir nicht so weit voneinander entfernt waren. Heidi meldete sich telefonisch mit einer schlechten Nachricht. Sie sei fassungslos, denn man wolle die jugoslawische Familie am 8. August 1994 kaltblütig aus Deutschland, wo sie Schutz gesucht hatten, ausweisen. Die Behörde hatte ihnen bereits die Pässe abgenommen.

Auch ich war empört. In mir wurden Erinnerungen an eine schlimme Vergangenheit wach.

Man konnte sich leicht vorstellen, was mit diesen Menschen geschehen könnte. Der Mann aus Montenegro war fahnenflüchtig - man würde ihn womöglich an die Wand stellen. Jedem hierzulande war bekannt, was sich tagtäglich dort für Greueltaten abspielten.

Die Fernsehbilder waren nur schwer zu ertragen. Würde man ihn aber nach Kroatien abschieben, erginge es ihm kaum besser. Seine Landsleute hatten die historische Altstadt von Dubrovnik verwüstet und Tausende von Menschen umgebracht. Und würde man sie trennen, wäre das Ende einer harmonischen Familie gekommen. Das alles wollten Heidi, Clara und ich keinesfalls hinnehmen.

So setzten wir uns nach unserer Rückkehr zusammen und überlegten uns eine erfolgversprechende Strategie. Die Familie hatte darauf verzichtet, einen Asylantrag zu stellen, denn sie wollte nach Beendigung der Kampfhandlungen unbedingt wieder nach Hause zurückkehren. Den deutschen Staat hatten sie mit keinem Pfennig belastet. Nach der Anfangszeit, die Heidi Kabel und Clara Bruns finanziert hatten, ernährten sie sich nun selbst, hatten eine eigene Wohnung und vorbildliche Nachbarn, die für Wäsche, Kleidung und Möbel gesorgt hatten - eine Welle der Hilfsbereitschaft hatte sie an ein sicheres Ufer getragen.

Notfalls ins Gefängnis

Heidi, Clara und ich vereinbaren einen Termin bei der Innenbehörde. Ein Herr Bornhöft empfing uns mit ausgesuchter Höflichkeit, ließ aber gleich durchblicken, daß es auch für eine Heidi Kabel keine Sonderrechte geben könne.

Davon sollte ja keine Rede sein. Wir wollten sachlich diskutieren und unter Darlegung zwingender Gründe erreichen, daß man der betroffenen Familie einen Aufschub von zwei Jahren, wenigstens aber einem Jahr, gewähren möge. Angeblich hatte die Behörde den Sachverhalt sorgfältig geprüft. Nun stellte sich heraus, daß vieles ungeklärt geblieben war, eine neuerliche Bearbeitung dringend erforderlich sei. Wir bestanden darauf und machten unserem Gesprächspartner klar, daß wir nicht nachlassen würden, bis die Behörde den Abschiebebeschluß aufhebe und eine Duldung aussprechen werde. Herr Bornhöft war dazu nicht bereit.

Also mußte ich wohl deutlicher werden. Ich erklärte kurzerhand, daß ich die Familie verschwinden lassen und ihr Schutz gewähren würde. „Sollten Sie erfahren wollen, wo diese Menschen untergebracht sind, steht es Ihnen frei, mich in Beugehaft zu nehmen." Ich würde ins Gefängnis gehen, ohne mit der Wimper zu zucken, und ich würde selbstverständlich das Bundesverdienstkreuz zurückgeben, das mir für besondere Verdienste um meine Vaterstadt verliehen worden sei. Heidi Kabel und Pastor Wolfgang Weißbach seien bereit, den Orden im Gefängnis unter Zeugen entgegenzunehmen.

Herr Bornhöft war leicht geschockt. Er fragte mich, ob er ihm denn drohen wolle? „Von Drohung kann keine Rede sein, ich habe Ihnen eben nur ein heiliges Versprechen gegeben." Einige Tage später ließ uns Herr Bornhöft wissen, daß er an der Situation nichts ändern könne. Daraufhin teilte ich ihm mit, daß ich mich nun mit seinem Vorgesetzten und Innensenator Werner Hackmann in Verbindung setzen müsse. Mit ihm kam es kurzfristig zu einem Gespräch. Dabei versicherte er, daß er alles tun und den Sachverhalt noch einmal überprüfen wolle. Andererseits müsse ich verstehen, daß er als Beamter einen Eid geleistet habe.

Mir wurde abwechselnd heiß und kalt. „Ich habe auch einen Eid geschworen. Als ich 1945 aus dem Keller eines Trümmergrundstückes kroch, um die englischen Panzer zu begrüßen, habe ich als Junge von zwölf Jahren geschworen, nie wieder Unterdrückung, nie wieder Verfolgung, nie wieder Tod und Ungerechtigkeit widerspruchslos zu dulden." Wir hatten uns ein Jahr lang verstecken müssen, um dem Abtransport in ein Vernichtungslager zu entgehen, und allein durch mutige Einzeltaten deutscher Mitbürger überlebt, die vielleicht auch einen Eid geschworen hatten. Ich werde also unerschrocken gegen diese widersinnige Entscheidung kämpfen.

Deutsch - aber „staatenlos"

Heidi Kabel verfolgte aufmerksam das von mir so heftig und emotional geführte Gespräch. Ich griff in meine Aktentasche und legte dem Senator meinen Fremdenpaß vor. Heidi hatte ihn schon einige Wochen früher gesehen und es einfach nicht fassen können. Nach 1943 waren wir - in Hamburg als Deutsche geboren - kurzerhand für staatenlos erklärt worden. Erst 1964 erhielt ich, nach mehreren Interventionen, meine Rechte als deutscher Staatsbürger zurück. Bis dahin hatte ich mich zweimal im Jahr bei der Fremdenpolizei zu melden, um meine Aufenthaltsgenehmigung verlängern zu lassen - ein ebenso unglaublicher wie beschämender Vorgang. Ich legte die Gebührenquittung über zehn Mark vor, mit denen ich mir seinerzeit die Staatsbürgerschaft „zurückkaufen" mußte.

Beim Vorlegen dieser Dokumente war die Betroffenheit in der Gesprächsrunde fast zum Greifen. Ich war innerlich äußerst aufgewühlt. Heidi spürte das und nahm meine Hand, um mich zu beruhigen. Senator Hackmann versicherte dann, daß er alles versuchen wolle, um ein Verbleiben der Familie in Deutschland zu ermöglichen, bis sie gefahrlos in ihre Heimat zurückkehren könnte.

Mehr hatten wir und unsere Schützlinge nie gewollt. Sie waren vor Heimweh fast krank. Vor allem die Ehefrau war dem Nervenkrieg nicht gewachsen. In intensiven Gesprächen beschworen wir sie, jetzt nicht aufzugeben und sich und ihre Familie zu ruinieren. Natürlich fühlte sie, daß wir alles taten, um zu helfen. Und das stabilisierte schließlich doch ihre Psyche, vermittelte die Gewißheit, einigermaßen sicher und unter Freunden zu sein.

Am 30. Juni 1994 feierten wir in meinem Haus in Bendestorf mit vielen Freunden den 60. Geburtstag meiner Frau und gleichzeitig unseren 39. Hochzeitstag. Als schönstes „Geschenk" erhielten wir von der Behörde für Inneres die Mitteilung, daß die Abschiebung zum 8. August aufgehoben und um 33 Tage verlängert werde. Natürlich waren wir über diesen bescheidenen Teilerfolg glücklich, wenn auch bei weitem nicht zufrieden.

Heidi Kabels Ehrentag, ihr 80. Geburtstag am 27. August, rückte immer näher. Die „Grande Dame" sollte alle Welt mit ihrer ungebrochenen Vitalität überraschen. Im Ohnsorg-Theater, ihrer künstlerischen Heimat, gab man ihr zu Ehren eine wunderbare Vorstellung. Viel Prominenz reiste zur großen Geburtstagsparty an. Aber in all dem Trubel hatte sie ihren Herzenswunsch nicht vergessen. In der Fernsehsendung „Klartext" bei RTL-Nordlive fand sie gegenüber dem populären Moderator Carlheinz Hollmann deutliche Worte in Richtung Innenbehörde. Sie sprach leidenschaftlich über die jugoslawische Familie, von Ungerechtigkeit und tödlicher Gefahr. Und sie ließ keinen Zweifel daran, daß sie die Familie verstecken würde und eher mit mir zusammen ins Gefängnis ginge, als eine Abschiebung zuzulassen.

158

Die Hamburger Journalisten griffen das Thema nun begierig auf, und natürlich wurde auch der Innensenator mit Fragen bedrängt. Es tat uns leid, daß wir das Thema nun doch öffentlich gemacht hatten, aber Heidi Kabel war fest entschlossen gewesen, am Vorabend ihres Geburtstages nicht länger zu schweigen - sie hätte sonst nicht feiern mögen.

Aufmarsch prominenter Freunde

Im ausverkauften Saal des Hamburger Congreß-Centrums (CCH) stieg am 28. August 1994 die Geburtstagsgala für Heidi Kabel. Die Hamburg-Welle mit den Moderatoren Gerd Spiekermann und Friedhelm Mönter hatte ein tolles Programm zusammengestellt. Künstlerinnen und Künstler aus ganz Deutschland hatten sich nicht lange bitten lassen, um „uns Heidi" ihre Reverenz zu erweisen. Besonders beeindruckt hat mich ein Chanson, den Evelyne Künnecke vortrug: „Ich hab' das alles schon einmal gesehen." Inhalt sind Fremdenhaß und die Ereignisse von Rostock, Mölln und Solingen. Für Friedhelm Mönter Anlaß genug, vor dem großen Auditorium noch einmal das Schicksal der jugoslawischen Familie aufzugreifen und deren Sicherheit anzumahnen.

Ich verlor an diesem Tag übrigens eine Wette, weil ein befreundeter Schauspieler gehört haben wollte, daß sich auch der große deutsche Entertainer Harald Juhnke angesagt habe, ich aber fest davon überzeugt war, daß dies eine „Ente" sei. Der Einsatz war eine Davidoff-Zigarre, die ich dem Berliner Künstler beim anschließenden Empfang im Hotel Atlantic überreichen wollte, wenn ich verlieren würde. Und tatsächlich stand der Superstar plötzlich strahlend auf der Bühne.

Später haben wir dann jeder eine der kostbaren Zigarren „ins Gesicht gesteckt" und uns zur Erinnerung an diesen Tag fotografieren lassen. Im kleineren Kreis von etwa 70 persönlichen Freunden absolvierte Heidi Kabel eine weitere Etappe ihrer Geburtstags-Tour. Auf zwei miteinander vertäuten Alsterdampfern gab es ein köstliches Büfett und Musik ohne Ende. Ich hatte die Ehre, mit Heidi den Tanz zu eröffnen...

Sie selbst hatte damit noch lange nicht alles überstanden. Tagelang riefen weiter Journalisten an, baten Fernsehteams um Interviews und Aufzeichnungen. Ich erinnere mich in diesem Zusammenhang an eine sehr nette kleine Geschichte. Ich arbeitete gerade an meiner Autobiographie, beschäftigte mich jedoch auch sehr intensiv mit dem Filmprojekt St. Nikolai, das ich unbedingt realisieren wollte. Heidi wußte von meiner Mehrfachbelastung. Eines abends - sie hatte während der schlimmen sommerlichen Hitzeperiode bei Temperaturen von bis zu 35 Grad gerade 13 Stunden lang in der Deichstraße gedreht - rief sie mich an. „Mien Jong, ich mach' mir Sorgen um Dich. Tu' mir bloß'n Gefallen und schon' Dich'n büschen. Du schuftest zuviel."
Das sagte mir ausgerechnet eine 80jährige Schauspielerin, die eine arbeitsintensive Woche hinter sich gebracht hatte. Nachdem ich mich von meiner Verblüffung erholt hatte, mußten wir beide herzhaft lachen. „Woher nimmst Du nur den Mut, mir jungem Spund Schonung zu empfehlen, wo Du selber ein so wahnsinniges Arbeitsprogramm abspulst", sagte ich. Aber ich war doch stolz und glücklich, eine solche Freundin zu besitzen. Für meine Frau und mich ist sie längst eine Art Familienmitglied geworden.

160

Einspruch - Die Wetterschutzhalle soll weg

Mit Frau Rousseau zum „Chef"

Lassen Sie mich nun von einem Besuch sprechen, auf den ich mich Monate gefreut hatte; und nicht nur ich. Denn es waren bereits zwei Jahre vergangen, in denen die Pressesprecherin des Förderkreises hervorragende Arbeit geleistet hatte. Manuela Rousseau war hauptberuflich im Hause Beiersdorf beschäftigt und früher Journalistin bei der BILD-Zeitung gewesen, eine gescheite und fleißige Frau, die mir viel Respekt abgenötigt hatte. Auch sie mußte mich ertragen - und ich nahm verdammt wenig Rücksicht, wenn es um die Sache ging. Endlich hatte ich alles abgelegt, was mich bei Kriegsende noch so erbärmlich belastet hatte. Es gab keine Menschenscheu mehr, keine Angst, kein Trauma. Noch in den siebziger Jahren war ich nachts aufgeschreckt, wenn böse Erinnerungen in mir aufstiegen und Alpträume das Schlafen unmöglich machten. All das gehörte der Vergangenheit an, ich war besessen von meinem Ziel. Und der Kreis derer, die mir dabei halfen, wuchs und wuchs.

Manuela Rousseau freute sich ebenso wie ich auf das Treffen mit einem Mann, dem wir unseren Dank abstatten wollten: Hans-Otto Wöbcke, Vorstandsvorsitzender der Beiersdorf AG. Sein Name wurde in der ganzen Firma mit Hochachtung ausgesprochen. Er hatte uns seinerzeit auch angeboten, das wunderschöne Sitzungszimmer neben seinem Büro für unsere Vorstandssitzungen zu benutzen - wann immer wir es brauchten.

Für ihn hatten wir uns ein besonderes Geschenk ausgedacht: die Reproduktion eines Gemäldes von St. Nikolai, die von Bundespräsident Richard von Weizsäcker persönlich gezeichnet war. Das Haus Beiersdorf hatte eine starke Beziehung zu der Reproduktion und vor allem zum Maler, dem ehemaligen Mitarbeiter Adolf Aschmann. Er war Schweizer und hatte das Werk nach der Zerstörung der Kirche geschaffen. Das Original gehörte einem Journalisten, der es vom Bundespräsidenten hatte signieren lassen. Das Haus Beiersdorf war dann bereit, Reproduktionen herzustellen. Eine davon machten wir dem Vorstandsvorsitzenden zum Geschenk.

Er empfing uns sehr herzlich. Dieser Mann strahlte Wärme aus, eine faszinierende Ruhe und Sicherheit. Ich lobte natürlich seine und meine glänzende Mitarbeiterin und bedankte mich dafür, daß er mir eine so fähige Kraft aus seiner Presseabteilung schon so lange zur Verfügung gestellt hatte.

Der Mann konnte phantastisch erzählen - ich hörte ihm gebannt zu. Und er vermittelte mir das Gefühl, daß ich allen Anlaß hätte, über mich nachzudenken. Er fand Worte, die mich ganz persönlich betrafen und die mich so überraschten, daß ich sie kaum fassen konnte. Was hatte der Mann davon, daß er so von mir sprach, mich mit Lob überhäufte? Ich habe wirklich nie - und das ist die reine Wahrheit - darüber nachgedacht, was morgen oder übermorgen geschehen müßte und was wir als nächste Aktivität auf der „Speisekarte" hatten. Ich habe das einfach besprochen, mir die Zustimmung geholt (manchmal auch ein bißchen erzwungen) und bin dann an die Umsetzung gegangen. Und es hat mich auch nicht sonderlich beschäftigt, warum ich gern gesehener Gast war bei diplomatischen Empfängen, im Rathaus (nicht immer...), im Anglo German Club, im Haus der Patriotischen Gesellschaft, im Verlag Gruner & Jahr oder in der Katholischen Akademie. Innerhalb eines Monats hatte ich 60 Einladungen. Ich wußte gar nicht recht, wie mir geschah.

Nun hatte ich ein weiteres großes Erlebnis, nämlich einem der bedeutendsten deutschen Industriemanager gegenüberzusitzen und mit ihm über vielerlei Dinge zu plaudern. Hans-Otto Wöbcke lud uns dann zu einem sehr stilvollen Essen in einen Raum, der sonst den „ganz Großen" vorbehalten ist, zu dritt ein.

Es gab wirklich nichts, über das dieser Mann - im Hause nur „HOW" genannt, nicht informiert gewesen wäre. Ich konnte die Frage nicht verdrängen, was für uns wohl nach ihm kommen würde. Irgendwann würde er natürlich nach seinem Ausscheiden aus einem schaffens- und erfolgreichen Berufsleben, einem anderen Platz machen. Wer würde also „Mr. Nivea" folgen? Vielleicht konnte er Gedanken lesen, denn er ließ durchblicken, daß uns das Haus Beiersdorf gewiß auch in Zukunft wohlgesonnen bleiben werde. Daß er mir dann auch noch die Telefonnummer von seinem neuen Haus auf der Insel Sylt gab, machte mich schon stolz, zumal ich mit Leib und Seele „Sylter" bin. „Wenn Sie auf die Insel kommen, rufen Sie mich an, wir werden dann einmal schön essen gehen." Wovon ich mit Sicherheit Gebrauch machen werde.

„Nun fehlt nur noch der Papst"

Der Kreis von interessanten Persönlichkeiten, die mir zu Gesprächen zur Verfügung standen (und von denen einige auch ein wenig angestoßen werden mußten...), wurde immer größer. Wuchs damit auch mein Einfluß? Ich denke schon, denn jede Begegnung zog Kreise - und wer wollte schon zurückstehen? Mir schien es manchmal, daß keiner die Frage verneinen wollte, ob ich schon bei ihm gewesen war. Größenwahnsinn? Keine Spur - aber ein tolles Gefühl war das schon. Gewiß machte es sich nun auch bezahlt, daß ich auf meine Frau gehört hatte und politisch völlig unabhängig geblieben war. Es erleichterte die Arbeit für eine Sache, der wir uns mit ganzer Seele verschworen hatten.

In den Printmedien wurde meine Aktivität gelegentlich leicht glossiert und danach gefragt, was ich mir denn jetzt wieder ausdenken werde und wer „mein nächstes Opfer sein werde". Eine Zeitung gönnte sich sogar die etwas spöttische Bemerkung: Nun fehlt ihm nur noch der Papst. Ich glaube, das war die „Hellseherin" von BILD: Ute Daum-Stummer, eine phantastische Journalistin und eine wirkliche Dame.

Erst einmal gewann ein Unternehmen an Kontur, das Ute Daum-Stummer angekündigt hatte, ehe es wirklich aktuell war. Ich hatte monatelang daran gearbeitet, und endlich erreichte mich ein Telefonat aus Kiel. Ein Protokollbeamter der Landesregierung richtete einen Gruß des Ministerpräsidenten aus und kündigte eine Einladung von Willy Brandt an. Der Herr muß sich sehr gewundert haben, denn ich war so sprachlos, daß ich mich weder bedankte noch verabschiedete, sondern einfach auflegte. Zwei Minuten später rief ich zurück und entschuldigte mich für meine Unhöflichkeit. Der Mann schien nicht überrascht. Vielleicht hatte Ministerpräsident Björn Engholm seine Leute darüber aufgeklärt, daß dieser Herr Buterfas gelegentlich recht seltsam sein könne.

„Mister Musical": Friedrich Kurz

Ich brauchte noch zwei Logos; aber richtig große, die im Innenbereich des Kirchenschiffes an unserer Wetterschutzhalle jeweils etwa 20 Quadratmeter ausmachen und uns monatlich mindestens je 3000 Mark Miete einbringen sollten. Es ging also um 70 bis 75 000 Mark pro Jahr. Einnahmen, auf die wir dringend angewiesen waren, um allen Verpflichtungen nachkommen zu können.

So faßte ich mir ein Herz und wandte mich an einen Mann, der damals Schlagzeilen machte, weil er dem Operettenhaus an der Reeperbahn nach jahrelanger Durststrecke neues Leben eingehaucht hatte. Alle Kritiker, die ihm eine fulminante Bauchlandung prophezeit hatten, beschämte er binnen weniger Wochen. Jene Pessimisten hatten wohl übersehen, daß Hamburg nach wie vor ein „Tor zur Welt" war und daß sich hier täglich zwischen 100 000 und 150 000 Besucher bewegten. Friedrich Kurz hatte genau darauf gesetzt. „Mr. Musical" etablierte „Cats" im Operettenhaus und landete damit einen Erfolg.

Er empfing mich in seinem Büro. Seitdem weiß ich, was Hektik ist und daß ich dagegen - obgleich ich ja nun wirklich auch kein Müßiggänger bin - fast wie in einem Sanatorium lebe.

Das gilt übrigens auch für meine Leute. Es hätte sie viel schlimmer treffen können, wenn sie diesem Friedrich Kurz in die Hände gefallen wären. Die Unterhaltung mit ihm gestaltete sich recht schwierig, denn ständig stürmte irgendjemand ins Zimmer, brachte gute oder schlechte Nachrichten, die er entsprechend aufnahm.

„Haben Sie zwei Minuten, um mit mir nach draußen zu kommen?", fragte ich ihn nach geraumer Zeit. Ich zerrte ihn in den nächstbesten Raum und schloß die Tür hinter uns. In rasender Geschwindigkeit - dagegen ist Wanderprediger Billy Graham ein Langweiler - trug ich mein Anliegen vor. Er hörte mir tatsächlich zu und sagte dann: „Wir fahren nach St. Nikolai - sofort!" Ich zeigte ihm die Stellen für die beiden Logos. „In Ordnung", sagte er. Ich nannte ihm meinen Preis und schon war der Vertrag abgeschlossen. Über die Laufzeit hatten wir nicht gesprochen, aber es handelte sich schließlich um geradezu ideale Werbeflächen. Alle, die in Richtung Wallringtunnel fuhren, würden in Zukunft auf „Cats" und „Phantom der Oper" hingewiesen werden.

Dann machten wir einen Rundgang um St. Nikolai. Plötzlich blieb er stehen, sah mich an und legte los: „Paß mal auf, mein Lieber, jetzt werde ich Dir was erzählen. Wir haben ja bald ein zweites Haus in Hamburg, die „Neue Flora" für das „Phantom der Oper". Und hier bei Dir schaffen wir eine dritte Musicallandschaft. Dann brauchst Du den ganzen Hamburger Senat nicht mehr, und wir bauen St. Nikolai so auf, daß wir hier klassische Musicals aufführen können. Na?"

Deutlich, wenn auch mit Verständnis für solche Pläne und ohne die neue Partnerschaft zu gefährden, mußte ich ihm vermitteln, daß er es hier nicht mit einer Einzelperson zu tun hatte. An diesem historischen Grund mit den Kirchenresten hingen zahllose Hamburger Bürgerinnen und Bürger mit ihren Herzen - und so sollte es auch bleiben. Wenn hier etwas geschaffen würde, dann nur unter Beteiligung der Menschen dieser Stadt, also auch der Bürgerschaft, des Senats und selbstverständlich des Besitzers von Turm und Kirchenschiff, der Gemeinde St. Nikolai Am Klosterstern, sowie des Kirchenkreises Alt-Hamburg.

Kurz sah mich verwundert an und konnte meine Meinung wohl in mehreren Punkten nicht teilen. Als wir uns trennten, sagte er mir aber noch, daß ich einmal mit dem, durchaus nicht nur mit Musicals befaßten Komponisten Andrew Lloyd-Webber reden könne. Möglicherweise sei er bereit, zum 800. Geburtstag von St. Nikolai ein Friedens-Requiem zu schreiben. Das hielt ich nun wiederum für eine sehr interessante Idee.

Einspruch der Anwohner

Kaum waren die neuen Logos montiert, rief mich der Bürgerschaftsabgeordnete Gerhard Kleinmagd an. Wie ich bald sehen sollte, war er ein „Wonneproppen" von respektablem Gewicht. Aber der Mann hatte Humor, und das machte ihn mir von der ersten Minute an sympathisch. Daß er der einzige „echte" Hamburger Brezelbäcker war, wußte ich freilich noch nicht. Natürlich war ich erst einmal entsetzt, als er mir erklärte, daß er die Bürgerinnen und Bürger in seinem Stadtteil vertrete und diese geschlossen dagegen opponierten, daß die leichte Muse auf dem ehrwürdigen Gelände von St. Nikolai Einzug gehalten habe. Ich hörte mir seine Beschwerde an und fragte, um ihn erst einmal etwas zu „entschärfen", ob wir uns nicht einfach an der Kirchenruine treffen wollten, um die Angelegenheit vor Ort zu diskutieren.

Schon wenige Stunden später lernten wir uns kennen. Die Begrüßung war herzlich, was an seinem Standpunkt indessen nichts änderte. So ginge es jedenfalls nicht, die Menschen im Viertel fühlten sich empfindlich gestört. Ich reagierte wieder einmal spontan: „Gut, wir entfernen die Logos, wenn Ihre Bürgerinnen und Bürger den Ausfall übernehmen. Ansonsten müssen wir uns eben anders auseinandersetzen, denn wir haben die Genehmigung vom Bezirksamt Mitte, von der Hansestadt und von der Baubehörde. Also einen schönen Gruß an die Bürgerinnen und Bürger Ihres Stadtteils. Wir wollen keine Gefühle verletzen, sondern die Reste dieser herrlichen ehemaligen Kathedrale erhalten. Daran sollten sich alle beteiligen, auch die Menschen, die hier leben. Sie sind ein guter Abgeordneter, wenn Sie das ihren Leuten erklären und verständlich machen können. Ich glaube, bei Ihnen liegt das in den allerbesten Händen". Er sah mich an - und grinste. In diesem Moment wurde der Grundstein für eine dauerhafte Freundschaft gelegt, in die später auch unsere Frauen eingeschlossen wurden.

Leider kein Phantom: Chaoten

„Cats" lief längst mit ungebrochenem Erfolg. Nun stand die Aufführung des Musicals „Phantom der Oper" im Theater „Neue Flora" bevor. Ich war zur Premiere eingeladen - und die war „nicht ohne". Schon lange vor diesem Tag war angekündigt worden, daß die „Gala" im Steinhagel von Radikalen und verrückten Randalierern, von ewig Gestrigen und Chaoten, denen nichts und niemand heilig ist, untergehen werde. Wo immer es eine Gelegenheit gibt, Krawalle auszulösen, rotten sie sich zusammen und prügeln wahllos auf Menschen ein. Diesmal traten sie sogar eine schwangere Frau zusammen, die gottlob alles gut überstand. Einige Krakeeler wurden festgenommen.
Vorsorglich hatte ich meinen Wagen weit entfernt vom „Tatort" abgestellt. Es nutzte nichts. Als ich nach der Premiere mit meiner Frau zum Auto schlich, lagen im Inneren große Pflastersteine...
An diesem Abend hörte ich zum ersten Mal Anna-Maria Kaufmann singen, und war von der herrlichen Stimme begeistert. Wir hatten uns natürlich auf

die Premierenfeier in der Fischauktionshalle gefreut, aber der Anblick unseres Autos verdarb uns die gute Laune. Meine Frau hatte nur noch den Wunsch, möglichst schnell nach Hause zu kommen.

Der Wagen sah aus, als sei er das Opfer eines Bombenanschlags geworden. Alle Scheiben zertrümmert, die Polster mit Scherben und Glassplittern übersät. Wir beseitigten sie so gut es ging, zogen dann unsere Mäntel aus und bedeckten damit die Sitze. Beim nächsten Polizeiwagen wollten wir Anzeige erstatten, doch die Beamten drehten ihre Scheibe nur wenige Zentimeter herunter und baten uns dringend, zur Davidwache oder einer anderen Dienststelle zu fahren. „Sagen Sie dort, wo Sie herkommen, und melden Sie den Schaden bei den Kollegen. Wir können im Augenblick nicht helfen, wir bangen ja selbst um unser Leben."

Also steuerten wir die Davidwache an. Da der Wagen ringsum offen war, blieb meine Frau an ihrem Platz. Ich ging hinein und wollte meine Meldung machen, als ein Pflasterstein in das Dienstzimmer flog. Eine Polizistin stürmte an mir vorbei und rief: „Alles aufrüsten, alles aufrüsten!" Ich konnte mir als Laie keinen Vers darauf machen, aber einer der Beamten riet mir, besser zu verschwinden, es sei zu gefährlich. Und schon hörte ich den Ruf: „Jetzt marschieren sie in Richtung Fischauktionshalle!"

Ein Hauch von Ruhe kam erst über uns, als wir langsam an St. Nikolai vorbeifuhren und später unbeschadet nach Hause kamen. Ich ließ das Auto am nächsten Tag in die Werkstatt bringen - der Schaden belief sich auf 15 000 Mark.

Nun hat jedes Ding bekanntlich zwei Seiten. Ich hatte Anna-Maria Kaufmann kennengelernt und das sollte für die Zukunft in mancher Richtung bedeutsam sein. Auch, weil sie dann bald den Flugkapitän Hartmut Peters heiratete - und ich ein Leben lang davon geträumt hatte, meinen Flugschein zu erwerben. Jetzt, in fortgeschrittenem Alter, wollte ich das wahrmachen. Aber zuvor sollte mich Hartmut Peters testen. Wie das geschah und wie sich die Verbindung mit Anna-Maria Kaufmann entwickelte, werde ich an anderer Stelle ausführlich erzählen.

Die langersehnte Begegnung mit Willi Brandt

Der „Brandt-Brief" ist da

Als ich schon kaum noch damit gerechnet und den Anruf aus dem Kieler Ministerium über all' dem anderen Trubel fast schon vergessen hatte, lag plötzlich ein Brief aus dem Büro von Willy Brandt auf meinem Schreibtisch. Er enthielt den Termin für einen Empfang im Bonner Büro des Ex-Kanzlers. Ich wußte natürlich, wie sehr der Mann, dem die Bundesrepublik Deutschland so viel zu verdanken hat, gelitten hatte. Nicht nur, weil ihn die eigenen Genossen so bitter enttäuscht und damit ins Lager vieler bedeutender Männer gestellt hatten, die, wie er, trotz großer Verdienste abgehalftert worden waren. Mir hat das immer Schamröte und Zorn ins Gesicht getrieben. Denn was hatten sie in den Wirren des Zweiten Weltkrieges alles durchlebt, mit welcher Vehemenz waren sie für die junge Demokratie eingetreten, und was mußten einige unter ihnen später an persönlichen Erniedrigungen erdulden. Einer von Ihnen war Willy Brandt. Dieser großartige Kanzler trat zurück, weil sich an seiner Seite ein mieser Spion eingenistet hatte. Und das blieb nicht der einzige Schicksalsschlag; denn auch Krankheiten zehrten an seiner Kraft.

Ich hatte große Hochachtung vor ihm. Auch weil ich wußte, wie leidenschaftlich er sich im Widerstand gegen das nationalsozialistische Unrechtsregime engagiert hatte. Diesem Mann begegnen zu dürfen - darauf freute ich mich unbeschreiblich. Meine Frau sah mich bewundernd von der Seite an (von niemandem auf der Welt genoß ich das mehr), denn sie wußte, daß sich für mich ein Herzenswunsch erfüllte.

Wir waren auf der Reise nach Bonn. Mir selbst schwor ich hoch und heilig, nach diesem Besuch sofort das Büro von Björn Engholm anzurufen, dem ich das Zustandekommen zu verdanken hatte. Auch wenn sich später um seine Person viele unerfreuliche Geschichten rankten, bleibe ich ihm verbunden. Ich habe ihn kennengelernt und mir eine eigene Meinung bilden können. Es macht mich traurig, daß er so von der politischen Bühne abtreten mußte.

Auf dem Kalender stand der 18. September 1991. Ich durfte eigentlich keinen Journalisten mitbringen, hatte aber das Hamburger Abendblatt von meiner Reise informiert. Die Zeitung hatte in Bonn eine Korrespondentin, die mir von Namen und von ihrer hervorragenden Berichterstattung her bekannt war: Ulrike Brendlin.

Wir trafen uns auf dem Gang zum Vorzimmer des Alt-Bundeskanzlers. Sie erwartete meine Frau und mich mit sichtlicher Nervosität. „Meinen Sie, daß ich wirklich eine Chance habe, mit hineinzukommen? Ich versuche schon seit langem, von Willy Brandt ein Interview zu bekommen", sagte Frau Brendlin. Ich antwortete: „Von Anbeginn unserer Aktivitäten war das Hamburger Abendblatt auf unserer Seite und immer dabei. Deswegen freue ich mich, daß Sie jetzt mit mir zusammen zu Herrn Brandt gehen." Sie sah mich mit großen Augen an, ihr Optimismus war da doch wesentlich geringer. Aber sie sollte schnell belehrt werden , denn nun öffnete sich die Tür, und zu dritt marschierten wir auf Willy Brandt zu.

Eine ergreifende Begegnung

Für mich wurde es eine Begegnung der besonderen Art - hochinteressant und ergreifend zugleich. Im Grunde meines Herzens war ich immer sozialdemokratisch eingestellt. Natürlich konnte ich mit vielen Dingen - schließlich bin ich ja auch Unternehmer - nicht einverstanden sein. Wie etwa mit einigen der sozialen Forderungen, die von der SPD und den Gewerkschaften durchgesetzt wurden und auch Arbeitsscheue belohnten. Aber schließlich trifft es immer Gerechte und Ungerechte.
Willy Brandt war auf meinen Besuch verblüffend gut vorbereitet. Er blätterte interessiert im Goldenen Buch von St. Nikolai und zeigte sich von den vielen Unterschriften bedeutender Persönlichkeiten beeindruckt. Besonders freute er sich über den Spruch von Björn Engholm: „Am Mute hängt der Erfolg". Brandt sah mich an, er verstand wohl genau, was Engholm damit gemeint hatte. Ich fragte Willy Brandt nach vielen persönlichen Dingen. Er gab mit großer Ruhe und leiser Stimme Auskunft. Ob er immer so sprach, konnte ich natürlich nicht beurteilen. Vielleicht fiel ihm das Sprechen auch schwer, denn bereits einige Wochen später erkrankte er schwer. Als die Seite aufgeschlagen war, auf der sich Willy Brandt verewigen sollte, fragte ich ihn gespannt, welchen Text er uns widmen möchte. Er sah meine Frau und mich mit einem netten, gewinnenden Lächeln an und sagte: „Ich habe schon alles vorbereitet." Er griff in die Innentasche seines Jacketts und nahm ein postkartengroßes Foto heraus, unter das er seinen Spruch geschrieben hatte.
Wie er so dasaß, kam er mir plötzlich unendlich einsam vor - wie verlassen und verraten. Ich hätte gerne noch länger mit ihm gesprochen, denn er konnte glänzend erzählen, war stets höflich und zuvorkommend. Er lobte unsere Energie, unseren Einsatz. Nur so könne man für eine Sache einstehen. Es sei schon bewundernswert, was wir alles auf die Beine gestellt hätten. Er begrüßte solche Aktivitäten und wünsche sich, daß es mehr Bürgerinnen und Bürger geben würde, die nicht immer nur jammern und nach dem Staat rufen würden.
Ich mußte ihm beipflichten. Wir hatten nie danach gefragt, was unsere Stadt für uns tue; ich wollte etwas für die Stadt tun, in der ich mit meinen

168

Geschwistern überlebt hatte, und der ich in gewisser Weise meinen wirtschaftlichen Erfolg verdankte. Ja, und ich wollte etwas hinterlassen, auf das man mit Stolz blicken könnte. Meine Getreuen aus dem Förderkreis der Nikolaikirche und ich waren auf dem besten Weg dorthin. Daß vieles rascher als erhofft ging, konnte ich am 18. September 1991 noch nicht wissen. Aber die Medien begannen, uns immer stärker zu unterstützen. Es gab Interviews, eine durchweg positive Stimmung und nicht eine einzige abwertende oder auch nur kritische Äußerung unter zahllosen Veröffentlichungen. St. Nikolai, dieser steinerne Zeuge der Geschichte, war im Begriff, in Hamburg für alle Zeiten seinen Platz als Mahnmal zu erhalten und weltweite Beachtung zu finden. Mein Besuch bei Willy Brandt war eine wichtige Station auf dem weiteren Weg.

Besuch in Bonn bei Willi Brandt

Schmerzliche Niederlagen

Je mehr Persönlichkeiten sich ins Goldene Buch einschreiben würden, so wußten wir, desto einfacher würde es werden, weitere Staatsmänner dazu zu veranlassen das gleiche zu tun. Jetzt wollten wir vor allem auch im Ausland tätig werden. Wir dachten nicht zuletzt an die europäischen Königshäuser. Doch da sollten wir schmerzliche Erfahrungen sammeln.

Eine unerwartete Absage war auch die des französischen Staatspräsidenten, der sich eindeutig distanzierte. Er wünsche uns viel Erfolg, aber eine Eintragung ins Goldene Buch komme für ihn nicht in Frage. Diesen Brief bewahre ich auf und sicherlich werde ich in Paris irgendwann noch einmal nachfassen. Diese Niederlage war bitter. Ich habe lange gebraucht, um sie zu verkraften.

Eine zweite deprimierende Absage kam aus Norwegen. Das Königshaus verweigerte sich trotz des persönlichen Einsatzes von Schleswig-Holsteins Ministerpräsidenten Björn Engholm. Die Norweger wollten nicht mit einer deutschen Aktion dieser Art konfrontiert werden. Natürlich war ich enttäuscht, aber auch in diesem Fall werde ich auf Dauer nicht resignieren.

Im ganzen litt unsere Sache keineswegs unter solchen gelegentlichen Rückschlägen. Sie wuchs vielmehr zu bedeutender Größe und ich war glücklich, daß ich seinerzeit mit großer Hartnäckigkeit Frau Hannelore Greve für die Präsidentschaft in der Felix-Mendelssohn-Bartholdy-Gesellschaft gewonnen hatte. Wenn ich auch dort noch die erste Geige hätte spielen sollen, wäre das gewiß über meine Kraft gegangen.

Der Bausenator: Eugen Wagner

Ein revolutionärer und kühner Plan ließ mir keine Ruhe - die Ost-West-Straße verschwinden zu lassen. Nur ein Mann konnte mir Auskunft darüber geben, ob ein solches Vorhaben überhaupt jemals denkbar sei: Eugen Wagner, der Bausenator. Vieles hatte ich über ihn gelesen, manches von ihm gehört. Persönlich war ich ihm immer nur kurz auf Empfängen begegnet. Ich wußte freilich, wie außerordentlich wichtig er für alle Probleme rund um St. Nikolai sein könnte. Also mußte ich an ihn herankommen - und fing gleich eine Absage ein. Er sei völlig überarbeitet, der Terminplan randvoll usw. Man kenne dies ja aus eigener Erfahrung. Wenn ich aber jemanden brauche, sei er nie vor mir sicher, und das habe sich in Hamburg herumgesprochen.

Also dachte ich bei mir: Lieber Eugen Wagner, gib auf, bevor ich dir restlos den Nerv töte. So ähnlich muß er auch gedacht haben, denn ich bekam schon für den 25. September einen Termin in der „Höhle des Löwen", in der Baubehörde. Von diesem Haus hatte ich keine besonders gute Meinung, denn ich war gleich beim ersten Treffen mit Oberbaudirektor Prof. Egbert Kossak gründlich zusammengerasselt.

Gottlob sind die Menschen verschieden. Bei Eugen Wagner hatte ich das Gefühl, ihn schon lange zu kennen. Wir waren uns auf Anhieb sympathisch. Was er sagte, das spürte ich, war auch so gemeint. Auch, daß er eine ganz besondere Beziehung zu St. Nikolai habe. Da lag es mir dann aber doch auf der Zunge: Nun laß' mal schön Dampf ab, mein Freund, ihr hättet ja alle die

Gelegenheit gehabt, euch schon viel länger um die Sache zu kümmern.
Er muß meine Gedanken erraten haben, denn er erzählte mir eine Geschichte, in der Bürgermeister Klaus von Dohnanyi die Hauptrolle spielte. Und den
mochte ich wegen seines arroganten Auftretens überhaupt nicht. Ich weiß
nicht, ob er sich auch nur ein einziges Mal nach der Arbeit des Förderkreises
erkundigt hat. Wäre er Bürgermeister geblieben, hätten wir wohl überhaupt
keine Unterstützung aus dem Rathaus bekommen. Mag sein, daß ich vor-
eingenommen bin, aber seinem Auftreten nach konnte ich nicht anders empfinden.
Eugen Wagners Erzählung bestärkte mich darin. Er hatte einmal mit
Dohnanyi St. Nikolai besucht, um die Turmruine und die Reste des Kirchenschiffes zu besichtigen. Damals stand da noch der alte Bauzaun, der
bereits zu verrotten begann. Es sah in der Tat alles ziemlich trostlos aus. Wagner: „Klaus fragte mich, was hältst du davon, wenn wir die Kirche neu aufbauen? Laß' doch mal prüfen, welche Kosten da auf uns zukommen würden." Das geschah. Kossak legte eine Schätzung vor, die bei einer halben Milliarde lag. Und daraufhin ist das Projekt gleich wieder beerdigt worden.
So weit, so schlecht. Eugen Wagner mußte ich nicht mehr erzählen, wer wir
waren und was wir bis dato alles erreicht hatten. Das war ihm aus den Medi-
en, aber auch aus der eigenen Behörde bekannt; denn natürlich wurde er
regelmäßig vom zuständigen Bezirksamt informiert. Ich ging geradewegs auf
mein Ziel los: „Wann verschwindet endlich die Ost-West-Straße?" Er sah
mich ganz verdutzt an. Doch ich ließ ihm keine Zeit, sich vom ersten Staunen zu erholen und legte los: „Dieser Zustand ist völlig unhaltbar. Jeden Tag
benutzen rund 200 000 Fahrzeuge diese Straße. Hinzu kommt nun noch der
wachsende Schwerlastverkehr; denn das Öffnen der Ostgrenzen steigert die
Verkehrsdichte erheblich. Abgesehen vom unerträglichen Ausmaß der Abga-
se kommen ständige Erschütterungen hinzu - oder wollen Sie den Turm von
St. Nikolai abtragen?"
Ich ließ meinem Gesprächspartner nur Zeit für ein kurzes „Das kommt doch
überhaupt nicht in Frage", denn jetzt war ich in meinem Element: „Also
müssen wir ihn schützen - weg mit der schrecklichen Straße! Sorgt doch endlich für vernünftige Entlastungsstraßen, lassen Sie uns die Ost-West-Straße
historisch bebauen, etwas schaffen, was es in der Welt kein zweites Mal gibt,
und endlich das Herz von Hamburg wieder zusammensetzen. Die beiden
Stadtteilseiten sind gewaltsam voneinander gelöst worden, als es hier nur
noch Schutt und Trümmer gab. Jetzt aber muß Schluß sein mit einer unmög-
lichen Lösung."
Mein leidenschaftlicher Vortrag muß ihn doch beeindruckt haben: „Wir treffen uns mal an St. Nikolai", sagte er, „und dann reden wir in Ruhe noch einmal über alles. Aber jetzt muß ich wirklich ins Rathaus." Ich hatte ein Einsehen, aber auch das sichere Gefühl, daß er das Gespräch nicht abwürgen

wollte. Wagner nahm die Sache ohne Zweifel ernst. Und ich nagelte ihn gleich fest: „Wie wär's denn mit einer Turmbesteigung, wenn das Gerüst fertig ist, oder sind Sie vielleicht nicht schwindelfrei?" „Kein Problem, ein Bausenator kann sich solche Schwächen nicht leisten", lachte er. Mir gefiel seine etwas burschikose und direkte Art. Das war einer, der meine Sprache sprach, da konnte eigentlich nicht viel schiefgehen. Und er war ebenfalls ein Arbeitspferd - genau der richtige Typ für die weiteren Pläne von St. Nikolai. Ich sagte ihm noch, daß es ein Konzept für eine Untertunnelung der Ost-West-Straße gebe und daß dann fast 50 000 Quadratmeter Bauland mit einem Marktwert von ca. einer Milliarde Mark frei würden, und daß man damit einen wesentlichen Teil der Untertunnelungskosten bestreiten könne. Längst wußte der Mann, daß ihm mit mir einer gegenüber saß, der nicht nur redete, sondern sich auch intensive Gedanken gemacht hatte. Noch einmal versprach er, daß wir uns sehr bald wiedersehen würden. Und dann trug er sich wie folgt ins Goldene Buch ein:

Der Initiative „Rettet St. Nikolai" meine Hochachtung für das Ziel des Erhalts als Mahnmal und der Völkerverständigung. Als Bau-Senator der Freien und Hansestadt Hamburg wünsche ich mir, daß viele solche Initiativen Baudenkmäler auch für die Nachwelt erhalten.

Besitzansprüche

Wem gehört eigentlich was?

Ich wollte einen Kreis gründen, der sich „Zukunft St. Nikolai" nennen sollte. Dafür wollte ich unbedingt den Bausenator gewinnen, denn mit seinem Engagement hätten wir zugleich einige widerborstige Beamte „überzeugt", die sich noch mit voller Kraft gegen alles stemmten, was wir vorhatten. Sie fürchteten zusätzliche Arbeit. Was sich in einzelnen Behördenbereichen abspielt, habe ich hinreichend studieren können. So gab es beim Bezirksamt Mitte einen Mitarbeiter, der sich wieder einmal mit mir angelegt hatte und mir in seinem Zorn den Schlüssel wegnahm, der mir den Zugang zum Kirchhofsplatz von St. Nikolai ermöglichte. Ich war darüber so empört, daß ich mich mit dem Bezirksamtsleiter in Verbindung setzte, der sofort ein Gespräch zwischen den Beteiligten anberaumte. Dabei wurde dem Herrn klar gemacht, daß sich so ein Verhalten nicht wiederholen dürfe.

Man stelle sich einmal folgendes vor: Der Förderkreis ist verantwortlich für die Wetterschutzhalle mit 3500 qm Planen. Im Jahr haben wir bis zu 20 Stürme mit orkanartigen Böen. Ich bin morgens um 5 oder 6 Uhr vor Ort, um etwaige Schäden festzustellen und im Bedarfsfall telefonisch sofort entsprechende Maßnahmen anzuordnen. Ohne Schlüssel hätte ich keine Chance, diese Überwachungspflicht zu erfüllen. Nein, dieser aufmüpfige Beamte hatte mit den Schikanen seine Befugnisse eindeutig überschritten.

Natürlich sprach sich im Bezirksamt Mitte bald herum, daß sich der Bausenator nun ganz direkt und sehr persönlich um St. Nikolai kümmern wolle, den Fall zur Chefsache erklärt hatte und sich zukünftig bei jeder gewünschten Gelegenheit einschalten würde, um uns behilflich zu sein. Ich rief ihn an und bat ihn, im Arbeitskreis „Zukunft St. Nikolai" mit mir gemeinsam den Vorsitz zu übernehmen, um unsere Sache weiterzubringen. Es gab nämlich einen ganz wichtigen Punkt: die völlig ungeklärten Besitzverhältnisse um St. Nikolai.

Das Thema machte auch Eugen Wagner „wild". Er wies seine Leute an, umgehend herauszufinden, wie die Zuständigkeitsverhältnisse seien. Er wolle ganz schnell Antworten auf folgende Fragen haben: Wem gehörte der Turm, wem das Kirchenschiff, wem das Grundstück? Mir war zwar ein Vertrag aus dem Jahr 1966 zwischen der Behörde und Neu - Nikolai bekannt, aber aus diesem gingen nicht die exakten Besitzverhältnisse hervor. Das ärgerte Bausenator Wagner maßlos.

So kam es zu einem Gespräch im Bischofssitz, an dem auch der Senator und die Bischöfin teilnahmen. Wir kamen schnell auf den Punkt und erläuterten unsere Vorstellungen von St. Nikolai. Immer wieder war während des

Gesprächs die Rede von „christlicher Kirche". Ich mußte energisch erklären, daß wir uns nicht für eine Kirche, sondern für ein Mahnmal einsetzen würden, daß ich aber mit einem Kreuz auf der Spitze ebenso wie mit einem Davidstern oder jedem anderen Glaubenssymbol leben könnte. Mich würde es dagegen erheblich stören, wenn hier eine Stätte geschaffen würde, die nur für Christen gedacht sei. Eugen Wagner setzte entschlossen nach: „Wenn Sie etwas allein für die christliche Kirche wollen, dann machen Sie es mal schön selber, von uns gibt es dafür kein Geld."

Ich hatte nun auch die andere Seite des Senators kennengelernt, der seinen Standpunkt mit aller Konsequenz vertrat und niemanden im Zweifel ließ. Dies überzeugte wohl auch die Vertreter der Kirche, zumal sie genügend Sorgen mit ihren übrigen Kirchen hatten. Hauptrollen in diesen Auseinandersetzungen spielten auch Ivo von Trotha, der immerhin zweiter Mann im Kirchenvorstand von St. Nikolai und uns sehr gewogen war, sowie Probst Dr. Werner Hoerschelmann, den ich ebenfalls bitten wollte, in unserem neuen Arbeitskreis mitzuwirken. Von diesem Mann gingen starke Impulse aus, um das zukünftige Mahnmal so zu gestalten, daß es wirklich ein Treffpunkt für alle friedenswilligen Menschen werden könnte; unabhängig von Hautfarbe, Religion oder Nationalität. In Hamburg leben doch Menschen aus etwa einhundert Ländern friedlich zusammen - ein ganz wichtiger Aspekt und ein schönes Beispiel.

Das Ergebnis dieser ersten stürmischen Sitzung, in der viele Emotionen freigesetzt wurden, ehe die Bischöfin verstand, welche Botschaft ich zu übermitteln hatte, war zufriedenstellend. Wir wollten uns in Kürze wieder zusammensetzen, wenn die zuständigen Behörden - und hier war vornehmlich Dr. Bossemeyer vom Bezirksamt Mitte gefordert - die Besitzverhältnisse geklärt hatten.

Gottesdienste, Konzerte, Museum

Das gelang relativ schnell, und in der nächsten Sitzung kamen wir endlich dazu, kreativ zu arbeiten. Das St. Nikolai-Mahnmal am Hopfenmarkt sollte selbstverständlich an die Vergangenheit erinnern, aber ebenso selbstverständlich der Zukunft zugewandt sein. Junge Menschen aus aller Welt müßten motiviert werden, sich hier zu treffen. Popkonzerte müßten ebenso gut möglich sein wie klassische Musik, Konzerte mit der Musikhochschule genauso wie solche mit dem wunderschönen Glockenspiel, das wir eines Tages haben würden. Und für alle Religionsgemeinschaften müßte gleichermaßen Platz sein. Im neuerrichteten Gewölbe könnte bei vernünftiger Klimatisierung ein musealer Teil entstehen, in dem die vom Krieg verschont gebliebenen Schätze von St. Nikolai zu bewundern sein würden. Ohne jede Frage müßte zugleich an das schwärzeste Kapitel deutscher Geschichte, an das „Dritte Reich" und seine Verbrechen, erinnert werden.

Dazu brauchten wir klare Konzepte. Man wollte sich an Beispielen orientieren: an der Kathedrale und Gedenkstätte von Coventry, an der israelischen Gedenkstätte Yad Vashem, an der Gedenkstätte der Alliierten in der Normandie.

Es gab also viele Dinge, über die nachgedacht und befunden werden mußte. Ich machte Druck, denn ich wollte nicht, daß die Gerüste gebaut, der Turm gesichert, die Sanierungsarbeit abgeschlossen wurden, ehe es konkrete Vorstellungen gab, was danach geschehen solle.

Das nächste Treffen fand bei Eugen Wagner in der Baubehörde statt. Hier wurde endlich die von mir herbeigesehnte Arbeitsgruppe „Zukunft St. Nikolai" gegründet, der folgende Personen angehörten: Probst Dr. Werner Hoerschelmann, Landgerichtsdirektor Ivo von Trotha, Architekt Bernhard Brüggemann, der sich als hervorragender Kenner alter historischer Kirchen empfahl und über ein exzellentes Fachwissen verfügt. Hier hatte das Bezirksamt Mitte eine außerordentlich glückliche Hand, diesen tüchtigen Architekten nach Hamburg geholt zu haben. Mich bat Eugen Wagner, den Vorsitz zu übernehmen. Wagner und Probst Dr. Hoerschelmann wollten zudem „per sofort" einige Ideen für die Zukunft entwerfen. Ihre Ergebnisse sollten dann dem neuen Arbeitskreis vorgestellt und diskutiert werden, ehe sie an Senat und Bürgerschaft geleitet würden.

Dabei ging es um Fragen wie: Was trifft die Sensibilität der Bürgerinnen und Bürger dieser Stadt? Wie wird man dem Standort und dem Sinn des Mahnmals gerecht? Was ist wirtschaftlich überhaupt möglich? Gibt es einen Weg, die Ost-West-Straße zu beseitigen? Arbeitsvorlagen zu diesen und anderen Themen sollten kurzfristig geschaffen werden. In Wahrheit sollte es dann doch ziemlich lange dauern.

Dies alles spielte sich im Jahr 1993 ab. Ich habe also einen Gedankensprung gemacht, der aber notwendig wurde, weil er in direktem Zusammenhang mit meiner ersten Begegnung mit Senator Eugen Wagner und der daraus entwickelten Strategie steht.

Der „Luftkutscher-Test"

Noch einmal zurück zu Anna-Maria Kaufmann und ihrem frisch angetrauten Mann, dem Commercial-Pilot Hartmut Peters. Wie schon erwähnt, zählte der Pilotenschein zu den heißen und noch unerfüllten Wünschen meines Lebens. Schon als Kind hatte ich davon geträumt, einmal Flugkapitän zu werden. Dafür wären freilich eine bessere Schulausbildung mit Abitur und eventuell ein Studium unverzichtbar gewesen. All das hatte ich aufgrund meiner Abstammung und der geschilderten Umstände nicht zu bieten - mein Studium war das Leben, und es hat mir wirklich nichts geschenkt. Ich habe mir alles, was notwendig und möglich war, selber aneignen müssen. Es war gewiß einer der ungewöhnlichsten, turbulentesten und schwierigsten Lernprozesse, die man sich vorstellen kann.

Hartmut Peters ließ mich wissen, daß er mich bei schönem Wetter ganz gern erst einmal einem Test unterziehen würde. Meine Frau war strikt dagegen, und auch Freunde fragten besorgt, ob ich nun total durchgedreht wäre. Aber warum sollte ich mir mit 60 Jahren, zumal ich mich topfit fühlte, nicht noch einen Traum erfüllen? Also setzte ich meinen Dickschädel durch, rief Hartmut Peters an und erklärte meine Bereitschaft. Einige Tage später verabredeten wir uns an der Lufthansa-Werft.

Ich schluckte einige Tabletten gegen See- beziehungsweise Luftkrankheit, bevor Peters mich strahlend begrüßte: „Gleich geht's los!" Ich glaubte natürlich, wir würden mit einer Sportmaschine fliegen, aber er reichte mir Kopfhörer und eröffnete mir: „Wir nehmen die Libelle, einen kleinen Hubschrauber für zwei Personen, da kann man besser die Lufttauglichkeit testen." Merkwürdigerweise war mir nicht einmal mulmig, als wir in die Maschine kletterten.

Ich nahm neben ihm Platz und harrte geduldig der Dinge, die da kommen sollten. Er begann mit seinen Erklärungen: „Immer, wenn ich über Kopfhörer zu Ihnen spreche - ach was, bleiben wir doch gleich beim Du." Mir war es recht, und ich antwortete: „Das ist in Ordnung. Ich hatte dieselbe Idee, denn wir sind jetzt aufeinander angewiesen..." Er lachte fröhlich und zeigte mir noch einmal, wie die Kopfhörer am besten sitzen und wie ich das Mikrophon vor den Mund nehmen mußte. Dann holte er sich vom Tower die Starterlaubnis.

Ich hatte mir jedes Wort, das Peters dabei benutzte, merken wollen, aber das war in der Aufregung reine Illusion. Langsam schwebte er zum Startpunkt und dann stieg der Hubschrauber auf die von ihm gewünschte Höhe. „Wir fliegen zum Flugplatz Hartenholm", erklärte er mir. Mir war alles recht, denn das Wetter war wunderbar, und am Himmel zeigte sich kaum eine Wolke. Wir überflogen Kaltenkirchen und unseren Betrieb in Kisdorf, dann Bad Bramstedt und schon lag der Flugplatz Hartenholm unter uns. Peters ging auf etwa 20 Meter herunter, und ich war sicher, daß er nun zur Landung ansetzte. Bis hierhin war alles ruhig verlaufen.

Vor uns lag ein großes Waldstück. Plötzlich drehte er voll auf, raste mit hoher Geschwindigkeit auf den Wald zu. Erst 50 Meter vor den ersten Bäumen riß er die Maschine hoch und stieg steil einige hundert Meter empor. Natürlich hatte ich so etwas noch nie erlebt, und es riß mich förmlich aus meinem Sitz. Er sah mich von der Seite an, gönnte sich ein leichtes Lächeln und sagte seelenruhig: „Bleib' lieber sitzen." Und schon stellte er den Hubschrauber fast auf den Kopf, wechselte die Richtung, machte ein paar walzerähnliche Bewegungen, zog in eine steile Schleife, stieg noch einmal hoch und ließ sich dann fast senkrecht fallen. Butterweich setzte er Sekunden später auf.

Ich hatte schon etwas weiche Knie, als wir ausstiegen, ließ mir aber nichts anmerken. Wir tranken ein Kännchen Kaffee, rauchten eine Zigarette - ich meinen obligatorischen Zigarillo - und schon ging es zurück nach Hamburg. Auf der Landebahn blieb er plötzlich stehen: „Jetzt sage ich es dir - du warst ein hervorragender Co-Pilot." Ich war überrascht, aber auch stolz. Ich wurde augenblicklich wohl einen halben Meter größer. Er klopfte mir auf die Schulter: „Ich bilde dich aus, aber erst einmal machst du deine Prüfung für den Funkbereich bei der Telekom."

Noch von Fuhlsbüttel aus rief ich meine Frau an. Ihr wäre es wohl doch lieber gewesen, wenn mich Peters für völlig untauglich erklärt hätte...

Ein Wort in eigener Sache

Zur goldenen Hochzeit von Hannelore und Dr. Helmut Greve gab es im Hotel Atlantic einen wunderbaren Empfang. Anna-Maria Kaufmann hatte ihren Auftritt um 22.30 Uhr. Ich hätte sie so gern gehört, aber ich hatte die Fähre nach Rosslaire/Irland gebucht, mußte also pünktlich in Le Havre sein - und das sind immerhin knapp 1000 Kilometer. Auf dem Weg dorthin wollte ich meine Autobiographie zu Ende bringen, also weitere Tonbänder besprechen. Deshalb konnte ich nicht länger bleiben und verabschiedete mich auch von meiner Frau, die sehr traurig war. Wenn ich mir aber etwas in den Kopf gesetzt habe, kann mich nichts und niemand davon abbringen. So bin ich in der Nacht zum 15. September 1994 nach Le Havre gefahren.

Erlauben Sie mir hier einige Bemerkungen in eigener Sache. Ich möchte mit meiner Biographie allen Menschen Mut machen, die vielleicht ein ähnliches Schicksal erlitten haben und denen man gleichfalls Dinge entzog oder entzieht, die jedem Menschen zustehen müssen: Vernünftige Ausbildung, Recht auf Schule und Recht auf Schutz durch seinen Staat. Ich habe auf vieles verzichten müssen, aber niemals resigniert - auch dank meiner Frau. Aber durch manches muß man sich schon allein kämpfen. Gemeinsam ist man indessen sehr viel stärker und manchmal sogar unschlagbar. Meine Lebensgeschichte ist mir auch deshalb ein Bedürfnis, weil ich aufzeigen möchte, wieviel man vollbringen kann, selbst wenn man einige Grundvoraussetzungen nicht erfüllen kann. Mit Energie, Zuversicht und Gottvertrauen lassen sich Berge versetzen.

Nicht nur Kaffee im Kopf

Wichtig war mir weiterhin das Goldene Buch von St. Nikolai. Uns fehlte noch eine Menge Prominenz, besonders aus dem Bereich Industrie, in dem Leute mit Geld zu finden sind. Im Visier hatten wir auch den erfolgreichen Hamburger Unternehmer Addi Darboven. Sein Kaffee ist in Deutschland ein Begriff. Er lud uns zu einem Gespräch ein. Frau Rousseau und ich freuten uns auf den Besuch bei einem hochkarätigen Geschäftsmann mit interessanten Hobbys. Darboven war eines der ältesten Hamburger Unternehmen. Ich erinnere mich an meine Kindheit und einen Zeichentrickfilm mit der auf dem Eis tanzenden Kaffeebohne „Darbohne" als gelungener Werbung.

Wir wurden von einem elegant gekleideten Herrn empfangen und angenehm überrascht. Über St. Nikolai und unsere Aktivitäten war er umfassend informiert, lobte unser Engagement und unsere Arbeit. Natürlich wolle er, Addi Darboven, auch seinen Beitrag leisten. Er wolle uns unterstützen, wann immer wir ihn brauchten. Mir fielen dabei sofort ein paar Daten für das Jahr 1995 ein: der 800. Geburtstag von St. Nikolai und der Jahrestag der Hamburger Kapitulation. Wir dürfen nie vergessen, was geschehen wäre, wenn Karl Kaufmann - von den Engländern zur Aufgabe aufgefordert - nach drei Tagen Bedenkzeit nein gesagt hätte. Wenn er dem „Führerbefehl" gefolgt wäre, Hamburg untergehen zu lassen.

Im Verlauf unseres Gesprächs erzählte ich Herrn Darboven auch von den herrlichen Kirchenfenstern, darunter das runde Mailänderfenster, das nach Maßgabe der Freien und Hansestadt zwar verkauft werden, aber Hamburg nicht verlassen dürfe. Er war von dieser Idee angetan, aber leider war das Objekt viel zu groß, um es im Eingangsportal seiner Firma unterzubringen. Nach wie vor sucht der Förderkreis dafür einen Gönner. Ein Teil des Kaufpreises von 130.000 Mark soll an den Förderkreis, der andere Teil an die Hamburger Glaserinnung gehen, die bis heute unter den finanziellen Lasten der Restaurierung der wertvollen Fenster zu leiden hat.

Wir verließen Herrn Darboven, nahmen einen 5000-Mark-Scheck mit und hatten ein weiteres interessantes „Autogramm" im Goldenen Buch.

Ist das nicht zu exklusiv ?

Exklusiver „Club der 33er"

Am 23. Oktober 1991 war wieder einmal ein Besuch im Rathaus bei der Präsidentin der Hamburger Bürgerschaft Elisabeth Kiausch fällig. Erstens gehörte sie zu den Gründungsmitgliedern der Mendelssohn-Bartholdy-Gesellschaft, zweitens zu dem kleinen Kreis jener, für die mein Freund Alfred Meier - Chef der Telekom in Hamburg - den „Club der 33er" gründen wollte. Mich einzubeziehen empfand ich als eine Auszeichnung, wie ich sie mir früher nie hätte träumen lassen. Mit Senatoren und Wirtschaftskapitänen in einem Club, das war für mich eine große Anerkennung für bisher erbrachte Leistungen. Zu den Mitgliederkandidaten zählten Persönlichkeiten wie Karl Theodor Walterspiel (Kempinsky-Gruppe), Dr. Klaus Asche (Präses der Handelskammer und Vorstandsvorsitzender der Holsten-Brauerei), Alfons Pawelczyk (ehemaliger Innensenator), Hans-Jürgen Grupp (Zweiter Bürgermeister und Wirtschaftssenator) und eben Elisabeth Kiausch und Initiator Alfred Meier. Und nun sollte auch der „Sunny Goj" dazugehören.
Die erste Zusammenkunft fand im Überseeclub statt. Eingeladen hatte Karl Th. Walterspiel, der dann auch prompt zum Präsidenten gewählt wurde.

Die glanzvolle Eröffnung

Wir hatten uns fest vorgenommen, zur Eröffnung des Dokumentationszentrums einen Mann nach Hamburg zu bitten, dem die Bundesrepublik Deutschland viel zu verdanken hat: Ungarns ehemaliger Außenminister Dr. Gyula Horn sollte das Zentrum gemeinsam mit unserer Schirmherrin Hannelore Schmidt einweihen. Die erste Ausstellung sollte etwa drei Monate gezeigt werden und unter dem Motto stehen „Die Veränderung der Jahre". Im Mittelpunkt standen Fotos von der Grenzöffnung in Ungarn und den vorausgegangenen katastrophalen Verhältnissen in den deutschen Botschaften von Prag, Warschau und Budapest, in die sich Tausende von DDR-Bürgern geflüchtet hatten. Sie wollten ihre Freiheit erzwingen. Gyula Horn war von der Idee begeistert.
Am Eröffnungstag war das Zentrum überfüllt. Wir waren schon stolz darauf, daß Persönlichkeiten wie Dr. Kurt A. Körber, Dr. h.c. Alfred Töpfer, hohe Kirchenvertreter, Bürgermeister Dr. Henning Voscherau oder Loki Schmidt, um nur einige zu nennen, anwesend waren. Der Festakt und die Reden von Hannelore Schmidt, Gyula Horn und Henning Voscherau wurden im Film festgehalten.

Hannelore und Dr. Helmut Greve, Honorarkonsul von Ungarn, luden anschließend zu einem Essen in kleinem Kreis ins Hotel Elysée am Dammtorbahnhof. Danach hatte ich die Ehre und das Vergnügen, Dr. Horn zusammen mit meinem Freund, dem Schriftsteller Ralph Giordano, und dem großen Schauspieler Will Quadflieg mit nach Bendestorf nehmen zu dürfen. Wir hatten dort im Landhaus Meinsbur noch eine angeregte und sehr freundschaftliche Unterhaltung.

Gyula Horn war in recht guter Stimmung und erzählte uns auch einen Witz, den ich gern weitergeben möchte und der ein bißchen über das Verhältnis der Ostblockstaaten untereinander verrät: „Es ist ja kein Geheimnis, daß sich Staatsmänner und Politiker gerne mit Kindern zeigen, weil sich so etwas nach Meinung ihrer Berater immer ganz dekorativ ausnimmt und vor allem fotografiert wird. Der Staatsratsvorsitzende der DDR, Erich Honecker, bildete da keine Ausnahme. Er meldete sich einmal in einer Schule in Halle an und versetzte diese damit in helle Aufregung. Tagelang wurde alles für den hohen Besuch vorbereitet, die Schule und die Klassenzimmer entsprechend geschmückt. Die Kinder wurden auf den Besuch eingestimmt, ganz besonders aber die einer Klasse, bei der sich der Gast etwas länger aufhalten wollte.

Einer der Erstklässler rannte sofort zu seinem Lehrer: ‚Ich kenne ein wunderschönes Gedicht, Herr Lehrer, das würde ich so gern vortragen, wenn der Herr Staatsratsvorsitzende kommt.' Der Lehrer mißtraute dem Jungen, von dem bekannt war, daß er gelegentlich den Schalk im Nacken hatten. Um seine erheblichen Bedenken abzubauen, forderte er den Kleinen auf, das Gedicht gleich einmal aufzusagen. Er ließ sich das nicht zweimal sagen: ‚Unsere Katze hat Junge gekriegt, viere an der Zahl; drei sind Kommunisten geworden, eine ist liberal.'

Der Lehrer lächelte amüsiert. ‚Das ist ein netter Vers, und deshalb darfst du ihn dann auch vortragen.' Der große Tag war gekommen. Nach einem Rundgang betrat der erste Mann der DDR die ausgesuchte Klasse, und der Kleine war sofort zur Stelle. Der Lehrer erklärte: ‚Herr Staatsratsvorsitzender, hier mein Schüler hat über Tage ein Gedicht gelernt, das er ihnen vortragen möchte.' Die Pressefotografen nahmen ihre Plätze ein, der Kleine baute sich ohne jede Hemmung vor Honecker auf und deklamierte: ‚Unsere Katze hat Junge gekriegt, viere an der Zahl; drei sind in den Westen gegangen, und eine war nicht normal.' Atemlose Stille und tiefe Beklemmung. Entgeistert sah der Lehrer seinen Schüler an. Mühsam brachte er ein ‚du hast mir das Gedicht vor fünf Wochen doch noch ganz anders erzählt' heraus. ‚Ja, das stimmt', antwortete der kesse Knirps, ‚aber da waren die Katzen ja auch noch blind.“ In unserer Runde erhob sich großes Gelächter.

Ich war glücklich, die Gesellschaft eines so bedeutenden Gastes genießen zu dürfen. Er war es, der das Ende des Honecker-Regimes durch seine mutige

Tat beschleunigt und durch die Grenzöffnung mehreren tausend Deutschen den Weg in die Freiheit geebnet hatte. Mir war klar, daß dieser Mann aus der ungarischen wie der europäischen Politik nun nicht mehr wegzudenken war. Wie recht ich damit hatte, bestätigte sich 1994, als er einstimmig zum Ministerpräsidenten der Republik Ungarn gewählt wurde.

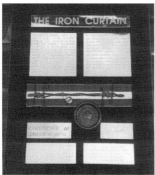

Gyula Horn, und das „Mitbringsel"

Ein Blick zurück: Bevor das Dokumentationszentrum eröffnet wurde, hatte ich noch einen ganz wichtigen Besuch zu machen. Am 29. Oktober 1991 empfing mich der Generalkonsul des Königreichs der Niederlande, Willem Hendrik Simonsz. Wir hatten ein sehr ruhiges und sachliches Gespräch. Man spürte natürlich, daß hier alles, was in deutschem Namen zwischen 1940 und

181

1945 an Unrecht und Gewalt ins Nachbarland getragen worden war, nicht vergessen sein konnte. Herr Simonsz, der sich in Hamburg aber recht wohl fühlte, fragte mich dann doch, welchen Beitrag er leisten könne. Ich lud ihn zur Eröffnung unseres Zentrums ein und bat ihn um ein Empfehlungsschreiben für die Anne-Frank-Stiftung in Amsterdam, Prinsengracht 263. Das ist das Haus, in dem sich die durch ihre Tagebücher weltbekannt gewordene Anne Frank und ihre Familie lange vor den Nazis versteckt hielten. Es nützte ihnen leider nichts. Kurz vor Kriegsende wurden sie verraten und aufgespürt.

Kurt Masur und Leipzig

Langsam näherten wir uns dem Jahr 1993 und damit einem für Hamburg entscheidenden Datum. Im Juli 1943 war die Hansestadt Opfer des Unternehmens „Gomorrha" geworden. Unter diesem Decknamen liefen die verheerenden Bombenangriffe der Alliierten.

Generalkonsul Simonsz versicherte, daß er sich glücklich schätzen würde, wenn er als Vertreter der Niederlande die Anne-Frank-Ausstellung mit eröffnen dürfe. Er trug sich zu diesem Anlaß mit einem sehr schönen Spruch in unser Goldenes Buch ein:

Der Förderkreis „Rettet die Nikolaikirche e.V." hat sich ein lobenswertes Ziel gesetzt. Ich wünsche den Initiatoren bei ihrem Bemühen, die Ruine der Hamburger Nikolaikirche als Mahnmal gegen den Krieg zu erhalten, viel Erfolg

Ich war über diesen Erfolg sehr froh. Die Niederländer von unseren aufrichtigen und seriösen Absichten zu überzeugen, war nicht einfach gewesen. Alle Wunden des Krieges waren noch lange nicht verheilt. Wir mußten im Umgang mit unseren vielen sensiblen Nachbarn äußerst taktvoll und zurückhaltend sein.

Im April 1992 die Eröffnung des Dokumentationszentrums und die Ausstellung „Die Veränderung der Jahre", drei Monate später alles über Anne Frank - damit hatten wir ein wenig Zeit für andere Dinge gewonnen. So mußte ich die halbe Welt bereisen, um weitere Drehtermine für unseren Film wahrzunehmen, der endlich fertig werden sollte. Natürlich alles auf eigene Kosten. Am 29. Oktober 1991 hatte ich im Hotel „Vierjahreszeiten" eine interessante Begegnung mit einem Mann, der während der Umbruchzeit im Osten unter anderem bei den Freitagsgebeten in der Leipziger Nikolaikirche seine Landsleute immer wieder aufgefordert hatte, Ruhe zu bewahren, keine Gewalt anzuwenden, die friedliche Auseinandersetzung zu suchen - „Wir

Mit Frau Rousseau bei Kurt Masur

sind das Volk!". Es handelte sich um den großen Dirigenten Professor Kurt Masur, den weltberühmten Chef des Gewandhaus-Orchesters. Meine erste Begegnung mit ihm hatte ich längst hinter mir, denn ich war ja Gründungsmitglied der Mendelssohn-Stiftung Leipzig, die sich das Ziel gesetzt hatte, das Sterbehaus von Felix Mendelssohn-Bartholdy vor dem Abriß zu bewahren und es zu einer Stätte der Begegnung zu machen. In dem Haus sollten auch ein Konservatorium und ein Museum eingerichtet werden, und das Gewandhaus wollte hier sein Büro einrichten. Schließlich war Mendelssohn einer der am längsten amtierenden Kapellmeister in der Geschichte des Leipziger Orchesters gewesen.

Es war mir eine große Freude, unser beider Anliegen in einer Pressekonferenz darzulegen. Auch in Leipzig hatte man eine große Erwartungshaltung mir gegenüber, aber ich mußte zuerst an meine Aufgaben im Förderkreis und der hiesigen Gesellschaft denken. Dennoch faszinierte mich die Leipziger Stiftung. Ich dachte an Männer, wie den ehemaligen Polizeipräsidenten Dr. Goerdeler, die unter den Augen der Nazis das niedergeworfene Denkmal Mendelssohns wieder aufrichteten, die Courage bewiesen hatten und für ihre Gesinnung eingestanden waren.

Dabei fällt mir ein traumhaft schöner Abend ein. Zum 350. Geburtstag des Gewandhauses war ich mit meiner Frau und einigen Freunden zu Gast in Leipzig gewesen. Kurt Masur hatte alles persönlich gestaltet. Punkt 20 Uhr wurde der Ballsaal eines großen Leipziger Hotels geöffnet. Masur dirigierte das Gewandhaus-Orchester, und unter den Klängen des Hochzeitsmarsches rückten wir ein. Es sah aus, als würden 125 Paare zur Trauung marschieren. Zauberhaft das Arrangement, eindrucksvoll die Stimmung. Ein Geschenk auch das am Vorabend besuchte Konzert, bei dem Kurt Masur einen erst zwölfjährigen Schützling präsentierte, eine begnadete Pianistin aus China.

20.000 Mark für St. Nikolai

Ein Mann der ersten Stunde in unserem Vorstand war Harald Ahrens. Er war Geschäftsführer in einem Unternehmen, das Netze und Planen herstellt, wie wir sie z.B. für unsere Wetterschutzhalle benötigten. Die meisten Hamburger Gerüstbauer gehörten zu den Kunden der Firma, deren Inhaber Kurt H. Müller-Matthieu war. Der gab am 21. Januar 1992 im Hafen-Klub Hamburg seinen Abschied und nahm das zum Anlaß, seinen Freunden und Geschäftspartnern auch den Förderkreis St. Nikolai ans Herz zu legen. Er hatte sie nicht nur gebeten, von Geschenken und Blumen abzusehen und stattdessen für unsere Sache zu spenden, sondern forderte sie nun auch auf, sich ins Goldene Buch einzutragen. An Spenden kamen immerhin 10.000 Mark zusammen, und da Kurt H. Müller-Matthieu den Betrag verdoppelte, konnten wir einen schönen finanziellen Erfolg verbuchen. Es war ein Schritt vorwärts und machte neue Wege frei. Denn nun konnten wir auch bei Jubiläen, Firmengeburtstagen oder Verabschiedungen tätig werden.

Zehn Tage später, am 31. Januar, stand ein Treffen mit dem Zweiten Bürgermeister und Wirtschaftssenator Prof. Hans-Jürgen Krupp auf dem Terminkalender. Ich besuchte ihn im Amt, übergab einige Geschenke, darunter eines der wenigen Exemplare des im Christians-Verlag erschienenen und von Bischof Hans-Otto Wölber erst kurz vor seinem Tod vollendeten Buches „St. Nikolai - Wegzeichen Hamburgs". Der Senator sah mich mit einem ergründlichen Lächeln an: „Nun habe ich Ihnen wohl ein wenig die Schau gestohlen, Herr Buterfas, aber ich habe das Buch schon." Ob ich mich darüber gefreut oder geärgert habe, kann ich heute nicht mehr sagen, es ist eigentlich auch belanglos. Große Hilfe konnte ich vom Wirtschaftssenator sowieso nicht erhoffen, aber es war wichtig, daß sich auch Prof. Krupp im Goldenen Buch verewigte. Er schrieb:

Ich blicke aus meinem Büro in der Wirtschaftsbehörde jeden Tag auf den Turm der Nikolaikirche. Krieg und Verfolgung Unschuldiger bedeuten Zerstörung und Leid. Der schwarze Turm dieser zerstörten Kirche erinnert daran. Daß wir solche Mahnung - leider - immer wieder brauchen, erfahren wir täglich aus den Nachrichten. Die Erhaltung dieses Mahnmals sollte daher jedem ein Anliegen sein, der diese Welt besser hinterlassen möchte, als er sie vorgefunden hat.

Das Gespräch hatte kaum 15 Minuten gedauert - es war sicher eines meiner kürzesten.

Am selben Tag hatte ich noch einen erfreulichen Besuch zu machen: beim ehemaligen Hamburger Bürgermeister Hans-Ulrich Klose. Von ihm wußte ich, daß er immer eine persönliche Beziehung zu St. Nikolai gehabt und häufig den Weg zur Ruine gefunden hatte, um in der Hektik des Alltags eine Minute der Besinnung und Einkehr einzulegen. Der „Ex" freute sich darüber, daß diese würdige Stätte erhalten werden sollte und zeigte sich vom Ideenreichtum des Förderkreises und seiner Getreuen beeindruckt. Wann immer sich eine Möglichkeit ergebe, wolle er gern helfen - und unterschrieb spontan einen Antrag auf Mitgliedschaft im Förderkreis.

Meine größte Auszeichnung:
Mit Max Schmeling in Amerika

Mit „Maxe" in Amerika

Der Tag war damit immer noch nicht „ausgeschöpft". Er brachte mich wieder einmal mit einem Großen dieses Jahrhunderts zusammen. In Wandsbek erwartete mich Max Schmeling. Seine Worte im Buch von St. Nikolai:

St. Nikolai als Trutz
uns Menschen zum Schutz

Schmeling fragte uns als aufmerksamer Gastgeber natürlich gleich nach unseren Getränkewünschen. Bei unserem ersten Zusammentreffen hatte ich noch den Fehler begangen, ihn um „eine Cola" zu bitten. Er verbesserte mich sofort: „Sie meinen doch wohl eine Coca-Cola..."
Deutschlands einziger Weltmeister im Schwergewichtsboxen verfolgte unsere Arbeit mit lebhaftem Interesse. Auch er wurde nun Mitglied des Förderkreises und übergab zum „Einstand" einen Scheck über 5000 Mark. Das phantastischste Erlebnis mit Max Schmeling lag weit zurück. Lassen Sie mich an dieser Stelle davon erzählen, denn es waren für mich mit die schönsten Tage in meinem gewiß nicht ereignisarmen Leben. Es war Ende November 1989. Ich hatte mich bei den vielen Telefonaten, die ich mit Schmelings Büro geführt hatte, ein wenig mit seiner Sekretärin, Frau Peters, angefreundet. Sie war seine rechte Hand und erledigte seit über 40 Jahren auch die viele Fan-Post, die den großen alten Mann heute noch erreicht. Frau Peters teilte mir also mit, daß mich der Chef gerne einmal sprechen würde. Für ihn hatte ich immer Zeit - ich hätte jeden anderen Termin abgesagt. Voller Erwartung fuhr ich nach Wandsbek. Max Schmeling begrüßte mich freundlich, sah mich an und fragte dann ziemlich übergangslos: „Hätten Sie Lust, Anfang Dezember mit mir nach Amerika zu reisen?" Ich war so überrascht und verblüfft, daß ich keinen klaren Gedanken fassen konnte und ihn wohl ziemlich dumm anstarrte. Aber, fuhr er fort: „Schauen Sie, es gibt zwei Männer, die mich nach Las Vegas eingeladen haben. Eigentlich wollte ich mir so etwas nicht mehr aufladen, aber Henry J. und Werner Lewin haben so lange gedrängelt, bis sie mich endlich soweit hatten. Allein möchte ich aber nicht gern reisen. Wenn Sie also Lust haben, kommen Sie doch mit. Natürlich entstehen Ihnen keinerlei Kosten. Wir wohnen im Sands-Hotel, einem der größten Häuser in Las Vegas, das dem Henry Lewin gehört."
Ein bißchen hatte ich mich inzwischen von der freudigen Überraschung erholt. „Herr Schmeling, darf ich einmal telefonieren?" Ich durfte, rief meine

Frau an und erzählte ihr die Geschichte. „Ich weiß nicht, ob dort eine Ehrung oder sonst etwas geplant ist, aber ich würde die Einladung wahnsinnig gern annehmen." Meine Frau stimmte sofort zu, war selbst ganz begeistert: „Ivar, eine solche Gelegenheit kommt nie wieder, das darfst du dir nicht entgehen lassen - viele würden dich darum beneiden." „Aber wir wollten doch zusammen nach Mexiko" warf ich noch fairerweise ein. Die erhoffte Antwort kam sofort: „Ach, das können wir doch dann immer noch." Und auch den nicht ganz überzeugend vorgebrachten Einwand, daß sie mit ihrem linken Fuß - das Sprunggelenk war etwas angeknackst - Probleme habe, wischte diese tolle Frau vom Tisch - mein schlechtes Gewissen war damit beruhigt.

Ich kehrte zu Schmeling zurück, der mich erwartungsvoll ansah: „Na, was hat ihre Frau gesagt?" Ich strahlte ihn an: „Sie drängt mich geradezu, die Reise mitzumachen." Auch Schmeling freute sich: „In Ordnung, wir fliegen am 2. Dezember für ungefähr zehn Tage. Schön, daß sie sich so schnell entschlossen haben."

Meine Neugier war stärker als meine Diskretion: „Hat die Reise eigentlich einen besonderen Anlaß?" Schmeling zögerte nicht mit der Antwort: „Na ja, zumindest sieht das der Henry Lewin so. Die Geschichte ist schnell erzählt, aber eigentlich wollte ich davon kein Aufhebens machen." Das war typisch für diesen natürlichen und bescheidenen Menschen. „Es war im Jahr 1939, Henry und Werner Lewin waren 12 bzw. 13 Jahre alt. Die Eltern sind verfolgt worden und ich habe die beiden Jungen damals in meiner Wohnung in Potsdam versteckt. Über Umwege und Freunde habe ich sie über China nach Amerika gebracht. Schon in ganz jungen Jahren wurde Henry schnell die rechte Hand von Hotelkönig Conrad Hilton. Henry gründete später seine eigene Hotelkette, die Aristocrat-Hotels. Und nun meint er, er müsse sich endlich in aller Form für damals bedanken."

Die Sache hatte sich in einer Zeit abgespielt, die auch für manchen großen Künstler oder Sportler problematisch war. Wie etwa für Schmeling, der mit der tschechischen Schauspielerin Anny Ondra verheiratet (und bis zu deren Tod 55 Jahre lang eine wunderbare, erfüllte Ehe geführt hatte) und dessen Manager und Trainer Max Machon jüdischer Abstammung war. Von beiden hatte er sich nicht getrennt - er vertraute seiner ungeheuren Popularität und erwies sich tatsächlich als unantastbar. Der dramatische Rückkampf mit Joe Louis fiel bereits in eine Phase, in der die braune Pest langsam ganz Europa zu unterjochen und mit Krieg zu überziehen begann. Es gehörte deshalb schon sehr viel Willensstärke und Selbstbewußtsein dazu, zu diesem Zeitpunkt gegen den Willen der Nazis noch einmal nach Amerika zu gehen und gegen einen „Neger" anzutreten. Auf dem Weg zum Ring wurde Schmeling von einigen Zuschauern sogar beschimpft. Hitler hatte dafür gesorgt, daß man im Ausland von den Deutschen eine denkbar schlechte Meinung hatte.

188

Aber über die Jahre und Jahrzehnte hinweg war der faire Boxer Schmeling bei den meisten Amerikanern in guter Erinnerung geblieben. „Mäx" war bei seinen Nachkriegsbesuchen in den Staaten in einer Art gefeiert worden, wie man sich das hier kaum vorstellen kann. Da wußte man natürlich, daß man es hier nicht allein mit einem großartigen Schwergewichtsweltmeister, sondern mehr noch mit einem Menschen zu tun hatte, der seine vielen Freunde in Amerika nie hatte fallen lassen. Ich glaube fast, seine eigentliche Karriere fing erst an, als seine sportliche Laufbahn längst zu Ende war. Da bezeugten ihm Staatsmänner, bedeutende Persönlichkeiten aus Politik und Wirtschaft und sogar der Papst ihren Respekt und ihre Sympathie. Bis heute ist er ein Idol geblieben. Sogar für junge Leute von heute, die den Mann niemals im Ring erlebt haben. Seine Wirkung auf Menschen ist schwer erklärbar und gründet wohl vor allem in seiner stets bewahrten Bescheidenheit und Aufrichtigkeit. Und wenn er heutzutage noch einmal eine Sportarena betritt, jubelt ihm das Publikum zu - eine lebende Legende.

Noch vor unserer Ankunft jenseits des Atlantiks hatte ich ein nettes Erlebnis. Wir beiden Boxbegeisterten hatten wir uns auf dem Flug natürlich viel zu erzählen. Schmeling ließ keinen Zweifel daran, daß er dem Boxsport alles verdankte. Wenn er sich später bei keiner Veranstaltung mehr sehen ließ, so gab es dafür gute Gründe, die im Negativ-Image des Berufsboxens lagen. Wir hatten etwa die halbe Flugstrecke hinter uns gebracht, als mich Schmeling durchdringend ansah und die dicken schwarzen Augenbrauen zusammenzog: „Ihr Fachwissen ist ja erstaunlich. Kann es sein, daß ich im Zusammenhang mit dem Boxsport schon von Ihnen gehört habe?" Mir schwante etwas - der alte Herr hatte mich wohl durchschaut. „Sie sind also der ehemalige Veranstalter Buterfas?" Ich legte ein umfassendes Geständnis ab: „Ja, Herr Schmeling, der bin ich. Ich habe diesen Sport geliebt und nach wie vor überwiegen die Erinnerungen an bessere Zeiten."

Meine Beichte war wohl etwas spät erfolgt, denn die Stimme meines Nebenmannes war merklich schärfer, als er fragte: „Und warum haben Sie mir das nicht längst gesagt?" „Na ja, unsere Pressesprecherin Frau Rousseau hatte seinerzeit den Kontakt hergestellt, und ich bin als Vorsitzender des Förderkreises zu Ihnen gekommen. Da wußte ich natürlich, daß Sie mit all dem Negativen rund um das Profiboxen nichts mehr zu tun haben wollten. Deshalb sah ich keinen Grund, mich als ehemaliger Manager und Veranstalter vorzustellen."

Wieder sah er mich prüfend an, aber sein Gesicht hatte sich schon entspannt. „Eigentlich haben Sie recht. Im übrigen habe ich in den letzten Jahren viel Gutes über Sie gelesen, und das hat mit dem Profisport absolut nichts zu tun. Ich freue mich, daß wir zusammen reisen. Aber Sie hätten es mir ruhig erzählen können..." Damit war das Thema Aufklärung beendet, und ich fühlte mich merklich befreit.

189

Der große Max Schmeling

Wiedersehen in Chicago

Nach der Landung in Chicago erwarteten mich am Ausgang meine Schwester Alice und mein Schwager Hermann, ein ausgesprochen netter Kerl. Ich hatte ihn zuletzt 1970, als meine Mutter noch lebte, auf seiner Farm bei Indiana besucht. Inzwischen war er aus dem Berufsleben ausgeschieden. Daß er neben seinem Schwager auch noch Max Schmeling begrüßen konnte, fand er phantastisch. Einige ältere farbige Gepäckträger umringten den deutschen „Champ", und einer sprach ihn erwartungsvoll an: „Mr. Schmeling, Sie haben 1936 in Detroit einen tollen Kampf gemacht. Ich saß ganz vorn, erinnern Sie sich?" Max Schmeling lachte: „Na klar erkenne ich Sie wieder."
Er war glücklich, sah seine Kollegen triumphierend an und zog ab. Dennoch sagte ich zu Schmeling: „Es ist doch völlig unmöglich, daß Sie sich an diesen Mann erinnern?" „Bei mehr als 50.000 Zuschauern ist das ausgeschlossen, aber warum soll ich den alten Mann enttäuschen. Jetzt ist er glücklich, geht nach Hause und erzählt, daß er mit mir gesprochen hat und daß ich ihn sogar wiedererkannt habe." Typisch Max Schmeling.
Mein Schwager Hermann, Alice, Max Schmeling und ich unterhielten uns noch eine Weile und machten einige Erinnerungsfotos, die sicherlich einen Ehrenplatz bei meinem Schwager bekommen haben. Ich fragte ihn, ob wir uns nicht einmal in Europa treffen wollten, aber er hatte seine frühere Mei-

nung nicht geändert. „Nein, Ivar, ich komme nicht mehr nach Europa - und nach Deutschland sowieso nicht." Hermann war der einzige aus seiner Familie, der das Inferno von Auschwitz überlebt hatte. Ich verabschiedete mich sehr herzlich von den beiden und von meiner Nichte Nancy, die übrigens eine der jüngsten amerikanischen Jugendrichterinnen war.

Da staunt sogar der Buterfas

Max Schmeling und ich flogen weiter nach Las Vegas. Die prunkvolle Ankunftshalle aus Marmor, Stahl und Glas und die hier schon überall als „einarmige Banditen" weltbekannt gewordenen Spielautomaten beeindruckten mich. Pralles Leben und Treiben, wohin das Auge blickt - ich fühlte mich wie auf einem anderen Stern.

Kaum hatten wir die Sperre passiert, wurden wir auch schon umringt und von Henry und Werner Lewin stürmisch begrüßt. Zusammen mit einigen seiner Hoteldirektoren bildeten sie ein beachtliches Empfangskomitee.

Max stellte mich als seinen Amerika-Manager vor, was mir sehr schmeichelte und mir bei den Gastgebern sofort entsprechenden Respekt einbrachte. Vor der Halle wartete ein riesiges Auto, wie ich es bisher nur in amerikanischen Filmen gesehen hatte. Wir saßen uns gegenüber, zwischen uns wurde ein Tisch ausgefahren - mit Getränken, Fernseher, Telefon. Ich staunte wie ein Kind unterm Weihnachtsbaum...

Henry erzählte ein bißchen von der geplanten Veranstaltung. Obwohl ihn Schmeling darum gebeten hatte, nicht soviel Wirbel zu machen, war eines schon jetzt erkennbar: Im Ballsaal des Sands-Hotels würde eine Show abgehen, wie sie wohl nur Amerikaner auf die Beine stellen können. Schmeling war nicht gerade begeistert, kannte aber die Mentalität dieser Menschen und machte gute Miene zum bösen Spiel.

„Max, ich habe Euch zwei Suiten reserviert", klärte Henry Lewin auf, „und für Peter - das war von diesem Augenblick an mein US-Name - gibt es angrenzend noch ein schönes Arbeitszimmer, so daß Du ihn jederzeit erreichen kannst." Das hieß, daß ich auch mit der Betreuung Schmelings befaßt war. Er bat mich gleich, möglichst viel von ihm fernzuhalten und lediglich einige besonders wichtige Termine nach Absprache mit Lewin und ihm zu akzeptieren.

Klar, daß ich diese Aufgabe sehr ernst nahm. Allerdings konnte ich da noch nicht wissen, was da noch alles auf uns zurollen würde. Zum Beispiel, daß der Ballsaal für 1600 Personen „gebucht" war, daß 250 Pfund deutsches Sauerkraut eingeflogen wurden, 5000 echte Nürnberger Bratwürstchen und jede Menge „Buletten" aus Berlin. Das Haus rüstete für eine glanzvolle Schmeling-Gala. Und dann sah ich es mit eigenen Augen: Im Saal hingen große

Poster mit Motiven wie Schloß und Park Sanssouci, Münchner Biergärten, Hamburger Alster - viele deutsche Städte und Sehenswürdigkeiten schmückten die Wände.

Abends waren wir Gäste in einer Show, in der bedeutende und populäre Persönlichkeiten als Muppet-Puppen agierten. Als auch Henry Lewin als Puppe erschien, flammte plötzlich das Licht auf, das „Original" stand auf und rief: „Meine Damen und Herren, einer der bedeutendsten Männer dieses Jahrhunderts ist heute unter uns - Mister Mäx Schmeling aus Germany!" Ihm war es sichtlich unangenehm, doch das Publikum klatschte begeistert Applaus. Wir verließen dann sehr bald den Schauplatz, um Scharen von Autogrammjägern zu entkommen. Schließlich war Schmeling kein Jüngling mehr, der sich stundenlang seinen Fans widmen konnte. Schmeling bat mich, ihn nicht vor neun Uhr zu wecken und dann mit ihm zu frühstücken. Ich wurde schon sehr früh wach und ging bereits kurz nach fünf Uhr ins Hotelschwimmbad, wo ich zunächst mutterseelenallein war. Dann tauchte Henry Lewin auf, der wohl ebenfalls zu der schlimmen Gattung der Frühaufsteher zählte und seinerseits überrascht war, jemanden anzutreffen. Nachher sagte er grinsend: „Ich habe hier einen schönen Bademantel für Dich mit dem Emblem des Hotels. Bevor Du ihn klaust, schenke ich ihn Dir lieber." Er lachte über diesen Scherz, aber ich freute mich über das originelle Andenken.

Lewin kam auch am nächsten Morgen zum Schwimmen, war aber nicht gerade gut gelaunt. „Gestern ist nicht unser Tag gewesen, wir haben fast eine halbe Million Dollar verloren. Na ja, morgen oder übermorgen holen wir das wieder auf - irgendein Verrückter steigt immer aus dem Zug." Der Mann war ein Unikum. Seine Bürowände hingen voll von signierten Bildern, die ihn mit Sängern und Schauspielern, Senatoren und sogar Präsidenten zeigten. Es fehlte zwar noch ein Foto mit Max Schmeling, aber wie ihn Henry inzwischen kennengelernt hatte, konnte das nur noch eine Frage von Stunden sein. Ich bestaunte auch eine Art gläsernen Hafen. Er war viereckig, etwa 1,50 m groß und stand auf einer beweglichen Säule. Immer, wenn sich das Glasbecken um 45 bis 50 Grad hob, kam eine Wasserwelle „angerauscht", die sich am Ende „überschlug", zurückrollte und dabei jeweils ein unbeschreibliches Geräusch auslöste. „Das habe ich mir bauen lassen", erläuterte Henry Lewin, „damit ich immer mal das Meeresrauschen von Sylt hören kann..."

„Mäx", der absolute Superstar

Und dann kam der große Abend im Sands-Hotel. Er übertraf meine kühnsten Erwartungen. Aus allen Himmelsrichtungen und über Tausende von Kilometern waren Amerikanerinnen und Amerikaner angereist, um „Mäx", der Boxlegende, ihre Ehre zu erweisen. Auf der Bühne war eine Tafel mit etwa zehn Stühlen aufgebaut, an der die großen US-Manager, Gouverneur Miller, Senatoren, Schauspieler, Henry Lewin und natürlich Max Schmeling saßen.

Auf einer riesigen Leinwand wurden dann Ausschnitte aus den großen Kämpfen des deutschen Weltmeisters gezeigt. Auch für mich gab es eine Überraschung. Henry Lewin wußte, daß ich ein begeisterter Boxfan war und schenkte mir einen 16-mm-Schmalfilm über Schmelings bedeutenden US-Kämpfe und einen Besuch des damaligen Präsidenten Roosevelt in seinem Trainingscamp. Diesen Film hüte ich wie einen Schatz.

Dann stellte uns Lewin einen Mann vor, der extra aus New York gekommen war, um „den Champ" zu porträtieren. Der Künstler, einer der prominenten Karikaturisten des Landes, machte zwei verschiedene Zeichnungen. Eine bekam ich von Schmeling zum Geschenk. Sie bekam nach unserer Heimkehr einen Ehrenplatz in meiner Hausbar. Während der Filmvorführung kommentierte „Mäx" seine Kämpfe übrigens selbst - unter stürmischem Beifall in einem perfektem amerikanisch.

Später saßen wir an einem Tisch für einige Ehrengäste. Er war in eine „Sicherheitszone" verwandelt worden, denn Schmeling wollte und sollte doch einige Autogrammwünsche erfüllen. Gäste, die eine weite Reise gemacht und vielfach sogar ein paar Tage Urlaub geopfert hatten, um den Deutschen kennenzulernen und ihm die Hand zu drücken, sollten belohnt werden. Man kann sich kaum vorstellen, wie populär Schmeling in den Staaten ist. Und dies nicht nur in Boxerkreisen. Man weiß um seine Arbeit für Coca-Cola Deutschland, und mit seiner Fairneß und seiner natürlichen Menschlichkeit hat er die Herzen der Amerikaner gewonnen. Daß er die Witwe seines ehemaligen Gegners und langjährigen Freundes Joe Louis bis zu deren Tod unterstützte, hat niemand vergessen.

Also, es wurden jeweils fünf oder sechs Leute zu seinem Tisch durchgelassen, die oft irgendein Foto Schmelings mitgebracht hatten oder eins von ihm bekamen. Und unermüdlich schrieb er sein „Herzlichst, Max Schmeling, 6. Dezember 1989".

Auch stand da ein Hüne von Mann, mindestens 1,90 m groß und mit einem mächtig breiten Kreuz. Er legte ein Bild auf den Tisch. Max Schmeling sah sich die Postkarte lange an. Sie zeigte ihn mit freiem Oberkörper, die Linke angewinkelt vor dem Kinn, die gefürchtete Rechte in Siegerpose nach oben gereckt. Aber auf dieser Faust prangte das goldene Parteiabzeichen der NSDAP mit dem Hakenkreuz.

Schmeling nahm einen Stift und radierte das Hakenkreuz langsam heraus. Zwischendurch hob er einmal den Kopf, sah dem Amerikaner, der keine Miene verzog, ernst ins Gesicht. Sicherlich hatte er damit ein Souvenir „verstümmelt", das über Jahrzehnte hinweg aufbewahrt worden war. Aber Max

Schmeling war wohl nicht bereit, sich als Nazi darstellen und mißbrauchen zu lassen - auch nicht 44 Jahre nach Kriegsende. Als er mit seiner „Korrektur" fertig war, schrieb er besonders deutlich und sorgfältig „herzlichst, Ihr Max Schmeling". „Alles o.k., Mister?" „Sure, Mr. Schmeling, thank you ..." Sprach's, drehte sich um und ging.

Mike Tyson, seinerzeit Weltmeister mit besten Aussichten auf eine märchenhafte Karriere und im Umgang mit Menschen oft unmöglich, war an diesem Abend lammfromm. Er saß neben Max, hörte ihm aufmerksam und sichtlich gespannt zu, erhob sich sogar einmal, um zu applaudieren und sprach von einem großen Vorbild, das er bewundere und verehre. Solche Worte aus seinem Mund hatte bis dahin noch nie irgendjemand gehört.

Nach etwa fünf Stunden wurde es für Schmeling wirklich Zeit, sich zurückzuziehen. Man merkte doch, daß ihn der lange Abend angestrengt hatte und er nun dringend Ruhe brauchte. Vier, mit Kisten schwer beladene Männer, begleiteten uns - so viele Geschenke waren zu deponieren.

Langsam rückte der Tag der Abreise näher. Ich hatte für Schmeling noch eine Menge Interviews zu organisieren, wobei für mich die Aufmachung einiger Journalisten das Erstaunlichste war. Den Vogel schoß ein Mann in mittleren Jahren ab. Er trug eine Hose mit unterschiedlich strukturierten Beinen - das eine einfarbig und ohne Muster, das andere mit Vogelmotiven. Zwei verschiedene Schuhe, unterschiedlich gefärbte Socken und ein kreisrunder Hut beachtlichen Ausmaßes, den er stets aufbehielt, vervollständigten das ungewöhnliche Outfit des fröhlichen Herrn. Ich ließ mich darüber aufklären, daß es sich um einen der bedeutendsten amerikanischen Fachjournalisten handelte. Aber so ist Amerika, wie es leibt und lebt.

Mexiko-Reise mit Hindernissen

In Deutschland angekommen, erfuhr ich, daß meine Frau vom Arzt ein absolutes Gehverbot erhalten hatte. Und unsere Reise nach Mexiko war gebucht - und zwar schon für den übernächsten Tag! Meine Daggi hatte sich so auf den Urlaub gefreut, daß ich das Unternehmen auf gar keinen Fall abblasen wollte, zumal ich gerade eine so erlebnisreiche USA-Reise hinter mir hatte. Natürlich gab es erhebliche Probleme, mußte ich meine Frau doch im Rollstuhl transportieren.

Immerhin brauchten wir nirgends zu warten, wurden sofort zur Maschine geleitet, bekamen bevorzugte Plätze. Aber der Arzt hatte seine Einwilligung für diese Reise davon abhängig gemacht, daß die Patientin den lädierten Fuß so wenig wie möglich belasten würde. Ich war dazu verpflichtet worden, mich intensiv zu kümmern, meiner Frau jeden vermeidbaren Weg abzunehmen, sie gegebenenfalls zu tragen, wo der Rollstuhl nicht einsetzbar war, auch während der drei Tage, die wir nach Acapulco geflogen waren, um die weltberühmten Felsenspringer zu bewundern.

Wir genossen diese Ferienwochen trotz aller Handicaps in vollen Zügen. Völlig unbeschadet konnte ich meine Frau nach der Heimkehr ihrem Arzt „zurückgeben". Er stellte zufrieden fest, daß der Heilungsprozeß weit fortgeschritten sei und langwierige Folgen nun nicht mehr zu befürchten wären.

Noch eine Ehrung für Schmeling

Kaum heimgekehrt, bat mich Max Schmeling dringend um ein Gespräch. Ich besuchte ihn in Hollenstedt, und er kam gleich zu seinem Anliegen. Er habe einen Brief von der Wallenberg-Stiftung bekommen, die ihn für besondere Verdienste während der Nazizeit mit der Wallenberg-Medaille auszeichnen wolle. Raoul Wallenberg war ein schwedischer Diplomat, der während des Krieges als Legationsrat in Budapest gearbeitet und von dort aus viele Juden aus dem Vermögen seiner Eltern freigekauft hatte. Als 1945 die Russen ins Land kamen, war er verhaftet und wohl nach Sibirien verschleppt worden. Man hat nie wieder etwas von ihm gehört.

Schmeling las mir den Brief vor und mutmaßte, daß er von Henry Lewin vorgeschlagen worden sei. „Aber ich will nicht schon wieder nach New York fliegen. Und ich weiß nicht, ob ich diese Ehrung überhaupt annehmen soll." Ich redete auf ihn ein, versuchte ihn davon zu überzeugen, daß es sich um eine Würdigung seiner Leistung, seines persönlichen Mutes und seines Einsatzes handele, an der sich nachfolgende Generationen orientieren könnten. „Denken Sie daran, daß es damals Sippenhaft gab, daß Ihre Handlungen in hohem Maße gefährlich und strafbar waren. Vielleicht hätte man sich nicht an Ihnen vergriffen, aber Ihre Position wäre doch entscheidend schwieriger geworden."

Er wurde recht nachdenklich. Und dann hatte er eine Idee: „Schreiben Sie der Gesellschaft, daß ich eine Vielzahl wichtiger Termine wahrzunehmen hätte und daß Sie an meiner Stelle nach New York kämen, um die Medaille entgegenzunehmen." Ich war „baff", erholte mich aber schnell von dem Schreck und versicherte, daß es mir unmöglich sei, eine so persönliche Auszeichnung in seinem Namen anzunehmen. Schmeling zögerte. „Wissen Sie denn, wer die Dame ist, die mit mir zusammen geehrt werden soll?" Mir war Miep van Santen ein Begriff. „Sie ist die ehemalige Sekretärin von Anne Franks Vater Otto aus der Prinsengracht 10, wo sich damals die Familie Frank versteckt hatte, ehe sie kurz vor Kriegsende verraten und von der Gestapo doch noch gefaßt wurde. Diese Frau wird ausgezeichnet, weil sie die Frank Familie so lange mutig unterstützt und in ihrem Versteck mit Lebensmitteln und Informationen versorgt hat."

Schmeling sah mich an und wollte nun doch keine voreilige Entscheidung treffen. „Ich muß noch einmal darüber nachdenken und rufe nächste Woche an." So geschah es. Am Telefon eröffnete er mir dann, daß er der Wallenberg-Stiftung schreiben und sich für die hohe Ehrung bedanken wolle. Daß er aber zeitlich nicht in der Lage sei, nach Amerika zu kommen und dafür um Verständnis bitte. Ich wagte, ihn nach seinen Gründen für diese Lösung zu fragen. Die Antwort war typisch für diesen Mann: „Was ich getan habe, würde ich immer wieder tun. Wo ich kann, stelle ich mich eben vor Schwache, Unterdrückte und Verfolgte. Aber die Nazis haben mich nicht für sich vereinnahmen können, und dann sollten das die Juden jetzt auch nicht tun." Damit war das Thema für ihn erledigt. Es hätte keinen Sinn gehabt, noch ein einziges Wort darüber zu verlieren. Ich bekam dann von Max Schmeling noch ein wertvolles Geschenk - eines der zwei existierenden Fotos, die ihn im Kampf mit Joe Louis zeigen und von beiden Fightern handsigniert wurden. Es gibt so rührende Geschichten von Max Schmeling und seinen guten Taten, aber ich weiß, daß es ihm überhaupt nicht recht wäre, wenn ich sie erzählen würde. Ich bin glücklich, daß ich mich zu seinen Freunden zählen darf und zu den etwa 20 Ehrengästen gehörte, die aus Anlaß seines 85. Geburtstages mit ihm bei Bundespräsidenten Dr. Richard von Weizsäcker weilen durften. Dabei waren u.a. auch die Schauspieler Heinz Rühmann und Vera Tschechowa, der Journalist Harry Valérien, Springreiter Fritz Thiedemann, „Traberkönig" Hans Frömming, Fußball-Idol Uwe Seeler und der frühere Schwergewichts-Europameister Hein ten Hoff. Was der Bundespräsident am Ehrentag Schmelings zu sagen hatte, liest sich so:

Die Weizsäcker-Rede

Liebe Gäste und Freunde,

Ihnen allen gilt der Willkommensgruß von meiner Frau und mir. Für mich ist es ein wahrhaft glückliches Beisammensein. Es ist ein unvorstellbarer Traum meiner eigenen Kindheit, Gastgeber der beiden Menschen zu sein, an die ich die lebendigste Erinnerung habe: Max Schmeling und Heinz Rühmann sind die Idole meiner Jugend. Ich danke Ihnen, daß Sie gekommen sind.
Heute gilt unser Beisammensein Ihnen, Herr Schmeling. Wir gratulieren Ihnen nachträglich zu Ihrem Geburtstag. Meine Frau und ich sind Ihnen herzlich dankbar, daß Sie in diese kleine Nachfeier eingewilligt haben.
Ihre großen Leistungen, die die Welt bewegten, liegen nun, was die sportliche Seite anbetrifft, über 50 Jahre zurück. Damals begann die Welt gerade, nachrichtentechnisch ein großes Dorf zu werden. Atemlos verfolgten die Menschen in Europa, darunter auch ich im jugendlichen Alter, nachdem sie sich nachts hatten

wecken lassen, die Radioberichte über Ihre Kämpfe. Etwas, was man nicht sieht, aber durch's Radio hört, erzeugt keine geringere Spannung. Nichts gegen Fernsehen, aber es war damals gewiß nicht weniger aufregend, diese Dinge zu verfolgen.

In dieser Medienwelt war Max Schmeling aufgrund seiner überragenden Leistung der erste ganz große Stern. Aber die Medienwelt pflegt ihre Stars gnadenlos zu verschleißen. Das eigentliche Wunder, fast möchte ich sagen, die größte Leistung Max Schmelings ist, daß er, diesem Prozeß des Verschleißens zum Trotz, von seinem Ruhm nichts eingebüßt hat. Bei den nachgewachsenen Generationen, die keinen seiner Kämpfe miterlebt haben, steht er unvermindert in höchstem Ansehen.

Max Schmeling ist im Herzen der Menschen jung geblieben wie in seinem eigenen Herzen. Dazu beglückwünsche ich uns alle, denn es ist unser Gewinn. Und dafür danke ich Ihnen, Herr Schmeling. Sie sind eine wahrhaft große Persönlichkeit. Sie vereinen Charakter und Klarheit, Eigenständigkeit und Verstand, die Fähigkeit zur Freude und Freundschaft, zur Freundschaft auch mit Gegnern. Sie verbinden in Ihrer Person die zuverlässige Kraft zur Gewissenhaftigkeit, den Humor und - allem Ruhm zum Trotz - die Bescheidenheit.

Mit mir, so denke ich, freuen sich alle unsere Gäste. Ich denke unter ihnen auch gerade an die Sportler, deren eigene überragende Leistung durch Ihr vorbildliches menschliches Wesen begründet wurde und fortlebt. Es bedeutet unendlich viel, diese Kontinuität des Vorbildes in einer raschen und schnellebigen Zeit lebendig zu erhalten. Ich möchte auch den Medien dafür danken, wenn sie der jungen Generation helfen, sich an solchen Vorbildern zu orientieren.

Ich freue mich, daß wir uns heute hier in Berlin versammelt haben - im vereinten Berlin. Herr Schmeling, in Ihren Lebenserinnerungen steht auf Seite 45 etwas Herrliches. Sie schildern Ihre Zeit im Rheinland, in Köln. Und dann kommt folgender Satz: „Ich beschloß, aus Köln wegzugehen, meine Wahl fiel auf Berlin." Meine Damen und Herren, das ist ein Zitat nicht von mir aus dem Jahr 1990, sondern von Max Schmeling aus dem Jahr 1926. Aber ich habe immer schon seine Weitsicht bewundert ...

Ohne daß es mir zusteht, möchte ich ein wenig Buchwerbung betreiben und Ihnen diese Lebenserinnerungen zur Lektüre wärmstens empfehlen. Sie sind ebenso sympathisch wie interessant. Sie sind eine wahre Kulturgeschichte Berlins in den zwanziger und dreißiger Jahren. Der enge Kontakt, der Austausch von verschiedenen Berufen, die großen Sportler im Zentrum der Kultur - Fritz Kortner soll bei Ihnen Boxstunde gehabt haben -, die Nachbarschaft zu Willy Forst, Georg Kolbe und Ringelnatz, dies alles wird hier lebendig.

Erlauben Sie mir, auch Ihrer unvergessenen verehrten Frau Anny Ondra zu gedenken und Ihrer 54 glücklichen Ehejahre.

Bleiben Sie, lieber Herr Schmeling, wie Sie sind. Erfreuen Sie sich an der Freude, die Sie uns machen. Wir danken Ihnen, und ich bitte Sie, meine Damen und

Herren, Ihre Gläser zu erheben, um unsere herzlichen Wünsche für unser Geburtstagskind zum Ausdruck zu bringen.

Endlich - Die CDU wird aktiv

Geld und handfeste Hilfe

Zurück zum 23. Februar 1992. Der Fraktionsvorsitzende der CDU, Rolf Kruse, durfte sich in das Goldene Buch von St. Nikolai eintragen. Ich hatte an diesen Besuch große Erwartungen geknüpft. Wie schon erwähnt, hatte sich die CDU bis dato nicht gerade mit Ruhm bekleckert, was die Unterstützung unserer Arbeit anging. Wir mußten uns immer sehr intensiv bemühen, wenn wir irgendetwas wollten. Eigentlich hätten auch von dieser Seite ein paar Impulse ausgehen müssen, aber lediglich Herr Boysen war stets bemüht, wenigstens beim Zustandekommen von Terminen behilflich zu sein. Mehr kam bei alledem nicht heraus. Nun trug sich also Rolf Kruse ein, der folgenden Text gewählt hatte:

Türme sind Zeitzeugen. Türme sind Symbole von Glaube und Hoffnung, Symbole des Friedens oder des Krieges. St. Nikolai aber, fast ein halbes Jahrhundert nach seiner Zerstörung, ist ein Symbol der Ratlosigkeit, für die sich eine gültige Erklärung nicht finden läßt.

Am 24. Februar 1992 galt mein Besuch dem Doyen des konsularischen Korps und Generalkonsul im Königlich Dänischen Generalkonsulat, Flemming Morch. Er war ein überzeugter Anhänger unserer Idee. Und so schrieb er einen langen Text ins Goldene Buch, begnügte sich aber mit einem kleinen Paßfoto, um ja alles unterzubringen, was er dem Förderkreis sagen wollte:

Als dänischer Generalkonsul in Hamburg ist es mir eine Ehre und Freude, der Aufforderung des Förderkreises „Rettet die Nikolaikirche" bei Herrn Ivar Buterfas nachzukommen, mich in das Goldene Buch einzutragen.
Der Einsatz des Förderkreises zum Erhalt der ehemals wunderschönen Nikolaikirche erfordert Bewunderung und Respekt. Neben dem Ziel, die Nikolaikirche zu retten, liegt die Bedeutung dieser Aktion in ihrem Symbolwert: zum einen, zu mahnen und damit die Wiederholung einer schrecklichen Vergangenheit zu verhindern, zum anderen eine friedliche Zukunft - ungeachtet religiöser Unterschiede - zu sichern. Ich wünsche dem Förderkreis und Herrn Ivar Buterfas vollen Erfolg für dieses ehrwürdige Begehren.
Finanzielle Zuwendungen konnten wir nicht erwarten, aber er machte deutlich, daß er den Förderkreis jederzeit unterstützen würde.
Daß er das auch so meinte, sollte sich sehr bald zeigen.

Mein nächstes „Opfer" war am 25. März 1992 fällig: Karl-Heinz Mittelsteiner, Präsident der Steuerberaterkammer Hamburg. Er übergab uns einen respektablen Geldbetrag, trug sich ins Goldene Buch ein und steuerte ein Foto bei, das ihn zusammen mit Bundesfinanzminister Theo Waigel zeigt. Und dann hatte ich eine grandiose Idee. Ich fragte ihn nämlich, ob er sich vielleicht um die Bücher des Förderkreises kümmern könnte. Er sagte zu, und inzwischen haben wir dem Büro Mittelsteiner viel zu verdanken.

Da lag meine Begegnung mit der Dame, die in Hamburg für alles Kulturelle zuständig ist, nämlich Frau Senatorin Dr. Christine Weiß, schon knapp drei Wochen zurück. Liegt es nun an ihrem Amt oder an ihrer Person, daß sie keine besonders große Lobby hat? Ich mußte wochenlang auf einen Termin warten und bekam ihn schließlich anläßlich einer Veranstaltung im Bürgersaal des Bischofssitzes Neue Burg. Dort wurde ein neues Buch über Denkmalpflege vorgestellt. Ich war eingeladen und im Anschluß an die Veranstaltung mit ihr verabredet. Natürlich wollte ich ihr auch einmal St. Nikolai und den Fortgang der Arbeiten zeigen, vor allem aber ein Gespräch führen, das längst fällig war.

Bis dahin hatte sich noch nie jemand von der Kulturbehörde bei uns blicken lassen. Ob man in dieser Institution überhaupt wußte. was bei uns geschah? Ich hatte mangels irgendwelcher Resonanz eher den Eindruck, daß man uns ignorierte. Jetzt aber wollte ich endlich meine Probleme auch mit dieser Frau besprechen. Schließlich fällt St. Nikolai ja wohl eindeutig unter das Ressort Kultur.

Nach der Veranstaltung trug sich Frau Dr. Weiß immerhin in das Goldene Buch ein. Gerade wollte ich unser Gespräch einleiten, als sie jemand am Ärmel zupfte und sagte: „Wir müssen jetzt los." Ich widmete dem jungen Mann einen vernichtenden Blick und starrte gespannt mein Gegenüber an. Und prompt erklärte Frau Dr. Weiß: „Ich muß leider weg, das verstehen Sie doch." Da platzte mir dann doch der Kragen. „Wenn Sie gehen müssen, tun Sie das. Aber Sie wissen, daß ich seit Monaten auf einen Termin gewartet habe, und wenn wir uns jetzt nicht unterhalten können, werde ich Ihnen eben selbst schreiben." Es sollte dann schon bald zu einer ernsthaften Kontroverse kommen.

Denn ich hatte immer geglaubt, daß die Arbeit, die der Förderkreis mit seinen ehrenamtlichen Mitarbeitern auf sich genommen hat, in den Bereich der Kultursenatorin fällt. Da muß ich mich aber sehr getäuscht haben, denn bis zum heutigen Tage hat Frau Dr. Christine Weiß noch keinen Fuß in St. Nikolai gesetzt. Das hat mich natürlich in all den Jahren maßlos empört. Natürlich habe ich diesen Umstand schon mal bei Bürgermeister Voscherau angesprochen und gefragt, wie es überhaupt möglich ist, daß die Frau Senatorin überhaupt kein Interesse zeigt, und sich nicht bei einer einzigen Veranstaltung sehen läßt. Wir hatten nur immer wieder Absagen erhalten.

Zwischenzeitlich hatte ich die Felix-Mendelsson-Bartholdy-Gesellschaft gegründet, deren Mitglied Frau Senatorin Weiß auch ist. Ich habe mich auch gefreut, daß sie bei der Gründung der Gesellschaft in meinem Heimatort Bendestorf dabei war. Das war aber auch die einzige Vorstellung, die sie in dieser Richtung gegeben hat. Hat Mendelssohn etwas mit Kultur zu tun? Er ist ja nur in dieser Stadt geboren, er wird in der ganzen Welt gefeiert, es gibt kaum ein Paar, das sich kirchlich trauen läßt und nicht zu seinem Hochzeitsmarsch in die Kirche geht.

Wenig später ergab sich, daß wir im Hause von Frau Greve einen der bekannten und beliebten Mendelssohn-Abende hatten. Am Tag vorher hatte ich ein wichtiges Gespräch mit Dr. Plagemann von der Kulturbehörde. Das Gespräch kam aber nicht zustande. Statt dessen meldete sich plötzlich eine weibliche Stimme am Telefon: „Ich bin Frau Weiß, ich habe eine große Überraschung für sie ! „Wieviel?" fragte ich. Denn mir geht es bei solchen Gelegenheiten immer gleich ums Geld für St. Nikolai. „Nein", sagte sie, „es geht nicht ums Geld, ich habe eine viel schönere Überraschung für sie." Ich sagte, das kann ich mir nicht vorstellen, um was geht's denn? „Ja, sie wissen doch, wir haben morgen diesen schönen Abend bei Frau Greve. An diesem Abend überreiche ich ihnen das Große Bundesverdienstkreuz." Ich war für mehrere Minuten reaktionsunfähig und konnte ihr überhaupt keine Antwort geben. Als sie fragte: „Sind sie noch dran?" sagte ich: „Ja, und dazu möchte ich ihnen etwas sagen. Dieser Abend, den ich seit drei Monaten für unsere Präsidentin vorbereitet habe, der gehört ihr. Und den können Sie durch eine solche Aktion nicht sprengen. Außerdem hat mir der Bundespräsident gesagt, daß mich viele Hamburger für diese Auszeichnung vorgeschlagen haben. Einige davon kenne ich persönlich. Wenn Sie eine so plötzliche und spontane Aktion machen würden, wäre es eine Unhöflichkeit von mir, diese Leute zu diesem Ereignis nicht einzuladen und dabeisein zu lassen. Außerdem haben Sie sich bis zum heutigen Tage nicht ein einziges Mal um unsere Arbeit bemüht. Damit hat sich das wohl erledigt."

Der Trick mit Gorbatschow im Rathaus

Zwischen Papst und Gorbatschow

Einen Tag später besuchte ich Dr. Hans-Jochen Jaschke. Der katholische Weihbischof erwies sich als Mann von ausgesuchter Höflichkeit und Zuvorkommenheit. Nach seiner Eintragung ins Goldene Buch fragte er mich, ob er etwas für mich tun könne. Ich schluckte zweimal, holte tief Luft und sprach es dann aus: „Herr Weihbischof, ich hätte gern die Unterschrift des Heiligen Vaters im Goldenen Buch." Er sah mich wie ein Wesen vom anderen Stern an. „Ist das Ihr Ernst?" Ich ließ keinen Zweifel daran.

Da er meine Entschlossenheit erkannte, lenkte er ein: „Dann müßten wir den Vertreter des Heiligen Stuhls in Bonn anschreiben." „Gut", nickte ich, „dann machen wir das doch. Und wenn Sie dieses Schreiben liebenswürdigerweise befürworten würden..." Er machte mir keinerlei Hoffnungen, kannte aber auch meine Hartnäckigkeit nicht. „Mehr als eine Absage können wir doch nicht bekommen", lächelte ich ihn werbend an, „und dann schreibe ich eben einen zweiten Brief. Und dann einen dritten und dann einen vierten - irgendwann werde ich es schon schaffen." Ich bereitete das Schreiben vor und schickte es zu Weihbischof Jaschke. Die Post ging weiter nach Bonn und schließlich an den Vatikan in Rom. Und dann rührte sich nichts mehr.

Aber nun faszinierte mich eine ganz andere Nachricht: Gorbatschow macht einen Besuch in Hamburg - ich mußte den Namen Michail Gorbatschow ins Goldene Buch zaubern. Ich wollte ihn für unseren Film „Wer Wind sät, wird Sturm ernten" gewinnen. Es gab nur zwei Menschen, die mir dabei helfen konnten: Hamburgs Bürgermeister Dr. Henning Voscherau und der russische Generalkonsul.

Sofort setzte ich alle Hebel in Bewegung, um ein Gespräch mit dem Bürgermeister zu führen. Das kam in der Hektik nicht mehr zustande, aber Staatsrat Dr. Reimer Rohde erreichte wenigstens, daß ich eine Drehgenehmigung für die Vorhalle im Rathaus bekam, in der sich Gorbatschow ins Goldene Buch eintragen sollte.

Wir waren in absoluter Hochstimmung - das sollte unsere große Stunde werden. „Gorbi" stand hierzulande noch hoch im Kurs, und seinen weltberühmt gewordenen Spruch „Wer zu spät kommt, den bestraft das Leben" hatten wir längst auch auf unsere eigene Arbeit bezogen.

Das Filmteam war bereit. Alles andere mußte ich mit meinem Freund, Dr. Wladlen I. Kusnezow, besprechen. Er sagte mir, daß wir laut Protokoll höchstens drei Minuten Zeit hätten, um mit Gorbatschow zu sprechen und ihn sich ins Goldene Buch eintragen zu lassen. Ich mußte mir also etwas einfallen lassen, denn unser Regisseur, Jürgen Franzgrote, und der Kameramann versicherten übereinstimmend, daß es völlig unmöglich sei, alles in drei Minuten zu packen.

Wir mußten also einen Regieplan erstellen. Dazu wollte ich wissen, wo Gorbatschow nach dem geplanten Essen auftauchen würde. Meine Recherchen ergaben, daß er eine Doppeltür passieren und dann direkt auf uns zukommen würde. Wir kannten natürlich den Platz - genau in der Mitte eines großen Tisches - wo er die Eintragung vornehmen sollte und konnten deshalb die Szene mit einem „Double" schon einmal proben. Das war wegen der komplizierten Lichtverhältnisse besonders für den Kameramann wichtig, denn eine Wiederholung war völlig ausgeschlossen. Der Dreh mußte auf Anhieb hundertprozentig sitzen, brauchte aber drei bis vier Minuten. Und die mußte ich auf irgendeine Art und Weise herausschinden. Ich verließ mich auf meine Intuition - irgendetwas würde mir einfallen.

Ich konnte mich wieder einmal auf mich verlassen. Mir kam eine Idee, die sogar Gorbatschow aus der Fassung bringen sollte; ich war für den großen Augenblick gerüstet.

„Gorbi" glatt ausgetrickst

Die Tür ging auf, und Gorbatschow erschien. Ich verharrte wie angewurzelt auf meinem Platz, um nicht die geprobte Kamera-Einspielung zu stören. Dann kam der hohe Gast auf mich zu und begrüßte mich. Für Sekunden hielt ich seine Hand in meiner - eine aufregende Begegnung. Wir gingen um den Tisch herum. Gorbatschow nahm Platz und blätterte etwas lustlos im Goldenen Buch. Ich eröffnete das Gespräch. „Exzellenz", sagte ich, „ich möchte Ihnen sagen, daß wir alle in Deutschland um Ihr Leben, um das Ihrer Familie und Enkelkinder gebangt haben, als Sie am 5. August 1991 von Menschen entführt wurden, die wohl nicht wußten, was sie der Welt damit antun."

Der Dolmetscher zuckte zusammen. „Was meinen Sie denn mit dem 5. August?" Gorbatschow hatte gemerkt, daß es eine Unstimmigkeit gab und ließ sich das von seinem Dolmetscher übersetzen. Der erklärte dann auch, daß hier offensichtlich eine Verwechslung der Daten vorliege und vom 5. August keine Rede sein könne. Ich gab mich peinlich berührt: „Bitte, entschuldigen Sie, in meiner Aufregung ist mir da ein Irrtum unterlaufen, es tut mir wirklich leid. Aber wir sind so glücklich, daß Michail Gorbatschow das schreckliche Ereignis unbeschadet überstanden hat." Bürgermeister Voscherau gönnte mir ein verschmitztes Lächeln, er hatte meinen Trick durchschaut.

Der Kameramann hob seinen Daumen - er hatte alles im Kasten. Ich bedankte mich bei Gorbatschow für seine Eintragung. Er erhob sich, noch leicht irritiert, und verabschiedete sich. Und wir hatten unsere Wunschszene für den Film gesichert. Mein besonderer Dank Henning Voscherau, ohne dessen Einwilligung das alles nicht möglich gewesen wäre - und der die mutwillige Verzögerung mit einem Wort hätte beenden können. Später sagte auch Wladlen Kusnezow: „Du bist doch ein großes Schlitzohr, daß Du sogar meinen Freund, den Dolmetscher, aufs Kreuz gelegt hast. Ich habe ihm das übrigens erzählt, und er hat herzlich gelacht. Bei Gelegenheit trinken wir darauf einen Wodka ...“

Gorbatschow, Voscherau, Jasmin, Dagmar

Was schrieb eine Hamburger Boulevard-Zeitung am anderen Tag? „Jetzt fehlt ihm nur noch der Papst!“ Den hatte ich inzwischen fast vergessen. Also nachsetzen. Ich rief Weihbischof Dr. Jaschke an und bekam die Auskunft, daß es nichts Neues gebe und die Aussichten nach wie vor minimal seien. Na gut, ich konnte warten. Kommt Zeit, kommt Rat.

Zwei Schicksale - zwei kämpferische Wege - eine echte Freundschaft

Ralph Giordano - ein guter Freund

Von Ralph Giordano hatte ich schon sehr viel gehört. Sehr häufig fiel sein Name im Hause Beiersdorf AG von Frau Rousseau, meiner Pressesprecherin im Förderkreis. Ihr war nach ihrer Erzählung selten ein so beeindruckender Mensch begegnet, mit einem ungewöhnlich scharf geschliffenen Geist und einer hervorragenden Wortwahl. Bei Vorträgen oder Lesungen, so erzählte sie, würden ihm die Zuhörer förmlich jedes Wort vom Munde ablesen. Seine Gestik, die Ausdrucksweise wie er etwas vortrug, das war schon sehenswert und hätte jedem Schauspieler Ehre eingelegt. Daß er darüber hinaus ein hervorragender Journalist ist, ein erstklassiger Fernsehmann, der zu jener Zeit schon fast 200 vielbeachtete Dokumentarfilme gedreht hatte und darüber hinaus zu den bedeutendsten Schriftstellern gehört, das alles sollte ich erst viel später erfahren. Natürlich wußte ich längst, daß dieser Ralph Giordano ein Mann ist, der stets mit entschiedenen Worten der nach vielen Jahren aus den Löchern herauskriechenden braunen Gesinnung entgegentritt.

Daß er sich damit natürlich auch einer großen Gefahr aussetzte war ihm längst bekannt. Seinen Bruder Rocco hatte ich schon zu früheren Gelegenheiten kennengelernt. Er war ein ehemaliger Mitarbeiter des Hauses Beiersdorf AG und deshalb Frau Rousseau bestens bekannt. Ich war natürlich sehr gespannt auf eine Begegnung mit Ralph Giordano. Die Gelegenheit kam anläßlich einer Ausstellung von Bildern von St. Nikolai in der Filiale einer Hamburger Bank. Diese Bank hatte darum gebeten, einige Fenster von St. Nikolai, die nach dem Wiederauffinden im Jahre 1985 von der Glaserinnung restauriert worden waren, der Hamburger Bevölkerung zeigen zu können.

Die zur Ausstellungseröffnung geladenen Journalisten nahmen zwar Notiz von den ausgestellten Fenstern, ich merkte aber sehr rasch, daß deren eigentliche Aufmerksamkeit diesem großen deutschen Geist Ralph Giordano galt. Kurze Zeit später wurde ich ihm vorgestellt. Meine Frau und ich standen einem Mann gegenüber, der uns mit seinem scharfen Habichtsblick kritisch musterte und deutlich erkennen ließ, daß er uns erst einmal auf Herz und Nieren prüfen würde. Rocco muß ihm aber schon einige Dinge über meine Familie und mich erzählt haben - vor allem auch von meiner Arbeit für St. Nikolai. Nach wenigen Sätzen vereinbarten wir nach der Veranstaltung noch in ein nahegelegenes Café zu gehen, um unser Gespräch fortzusetzen.

Ralph Giordano fragte mich, weshalb ich mich so sehr für St. Nikolai einsetzen würde, schließlich sei es eine ehemals christliche Kirche. Ich erläuter-

te ihm, daß St. Nikolai in meinen Augen ein Mahnmal für alle Menschen sei, die gelitten haben, für alle Verstorbenen, eine Mahnung an die Lebenden. Und daß dieses unbedingt erhalten werden müsse. Er verstand mich und im weiteren Gespräch merkten wir auch, daß es eine gewisse Ähnlichkeit zwischen den Schicksalen unserer Familien gab. Der wesentliche Unterschied war wohl, daß unsere Familie doppelt so groß war, der zweite Unterschied, daß seine Eltern zusammengeblieben waren und gemeinsam das Schicksal trugen, während bei uns die ganze Mühe, die ganze Last, Sorge und Angst ausschließlich auf den Schultern unserer Mutter lag. Wir verabschiedeten uns sehr bald, aber unsere Verbindung riß nicht ab. Als ich ihn einmal für den Film „Wer Wind sät, wird Sturm ernten" brauchte, war er spontan bereit und stellte sich in Hamburg der Kamera und unserem Film zur Verfügung. Gemeinsam mit Will Quadflieg wurde an diesem Abend in meinem Haus in Bendestorf ein mehrstündiges Gespräch geführt. Will Quadflieg war hochinteressiert daran, Ralph Giordano persönlich kennenzulernen und dessen Wunsch war es wiederum, sich einmal mit diesem großen Schauspieler unterhalten zu können. Nun kreuzten sich unsere Wege immer öfter. Mittlerweile ist zwischen Ralph Giordano, seiner Frau, meiner Frau und mir eine Freundschaft entstanden. Was mich an ihm immer wieder überrascht und fasziniert ist seine geradlinige Art. Ungerechtigkeiten, selbst aus dem Munde hoher Politiker nahm er nicht hin, er griff sie an, ließ nicht zu, daß Dinge außerhalb der Legalität geschahen, er setzte sich vehement ohne Rücksicht auf sein eigenes Leben für Gerechtigkeit ein. Vielen häßliche Drohungen, schriftlich und auch per Telefon, waren die Folge. Daß ich inzwischen alle seine Bücher gelesen habe, ist wohl selbstverständlich. Eines Tages reifte in ihm die Idee, ein neues Buch zu schreiben, ein Buch, das sicherlich wieder ein großer Erfolg wird - „Irische Geschichten". Dafür war ein längerer Aufenthalt in Irland erforderlich, denn die Recherche spielt bei Ralph Giordano eine wichtige Rolle. Da war es nur eine Frage der Zeit, wann Ralph Giordano uns in unserem Haus am Lough Sheelen besuchen würde. Er war begeistert. Natürlich haben wir ihm spontan angeboten, in unserem Hause zu wohnen, bis er mit seiner Recherche fertig wäre. Er sagte dankend zu.
Überall war Ralph sofort ein gern gesehener Gast. Er kam bei den Leuten in Irland in unserer unmittelbaren Umgebung hervorragend an. Die Leute mochten ihn und er mochte die Leute. Aus wenigen ursprünglich vorgesehenen Monaten sind mittlerweile schon acht geworden. Ich habe den heimlichen und leisen Verdacht, daß Ralph Giordano diese Umgebung ganz besonders gut tut. Zum ersten Mal konnte er sich so geben, wie er es wollte. Er war keiner Gefahr ausgesetzt, wurde nicht bedroht, erhielt keine anonymen Anrufe, sondern hatte nur Freunde in einer friedlichen Gegend in einer herrlichen Landschaft. Während seines Aufenthaltes hat er uns immer auf dem Laufenden gehalten. Ob es seine kleine Eskapade in Belfast war, wo er

in eine Demonstration geriet, sich zwei Rippen anbrach, oder in einer anderen großen irischen Stadt, in der Protestanten sehr provokativ aufmarschierten und es zu Auseinandersetzungen kam, überall war Ralph Giordano dabei. Wie hieß einer seiner Romane? „An den Brennpunkten dieser Erde." Ich bin schon gespannt, was der nächste Brennpunkt des großen Schriftstellers, Journalisten und Filmemachers Ralph Giordano sein wird.

Beim „Dreh" in Bendestorf mit Ralph Giordano und Will Quadflieg

Bei Kollek in Jerusalem

Wieder einmal waren Reisevorbereitungen angesagt. Mein Freund Ralph Giordano hatte sich im März '92 in Israel aufgehalten, wo sein Roman „Israel - um Himmelswillen Israel" verfilmt wurde. Ich sollte dort die Leute vom NDR mit Regisseur Scheffler an der Spitze kennenlernen, hatte aber auch eine Einladung von Jerusalems Bürgermeister Teddy Kollek, der zugleich ein enger Freund unserer Schirmherrin Hannelore Schmidt war. Auf dieses Treffen waren meine Frau und ich in besonderem Maße gespannt und neugierig. Aber wieder gab es ein Problem, denn ich wollte diese Begegnung und Kolleks Eintragung ins Goldene Buch unbedingt filmen. Nur, wo sollte ich ein Kamerateam hernehmen? Ich verließ mich auf mein Gefühl, und das sagte mir, daß es in unserem American Colony Hotel in der Altstadt so kurz vor Ostern bestimmt Kameraleute aus aller Welt geben würde.
Wir flogen also los und ließen die berühmt-berüchtigten umfangreichsten Sicherheitskontrollen der Welt über uns ergehen. Daß wir einen Besuch bei

Bürgermeister Kollek machen würden, beeindruckte die Sicherheitsbeamten überhaupt nicht. Ich wurde dann doch langsam unwillig, zumal ich um unsere Geschenke für Teddy Kollek fürchtete. Aber wir überstanden auch das und erreichten schließlich wohlbehalten Jerusalem.

Uns blieben noch einige Tage für Besichtigungen: Ölberg, Grabeskirche, die Leidensstationen Christi auf seinem Weg mit dem Kreuz, Klagemauer, Gedenkstätte Yad Vashem und vieles mehr. Der Faszination dieser Stadt kann sich niemand entziehen.

Doch nun brauchte ich ein Kamerateam. Ein Gespräch mit NDR-Regisseur Scheffler brachte mich weiter. Er gab mir eine Telefonnummer, und tatsächlich eröffnete sich mir eine Chance. Ich handelte den Preis aus und sagte zunächst nur, daß ich einen Dreh mit Teddy Kollek hätte. Das interessierte „meinen Mann" brennend, denn bis dahin war es ihm nie möglich gewesen, auch nur in die Nähe des Bürgermeisters zu gelangen. Vorsichtshalber ließ ich erkennen, daß möglicherweise noch einige andere Einstellungen notwendig werden könnten.

In Ralph Giordanos Roman hatte ich u.a. von einer arabischen Familie in Ramallah gelesen, zu der der Autor eine besondere Beziehung hatte: „Verliebt in rehbraune Augen, in ein hübsches Mädchen ...“

Schließlich faßt er sich ein Herz und hält bei den Eltern um die Hand dieses Mädchens an, das noch ein Kind ist. Das war so reizend geschildert, daß ich dachte, ich würde ihm vielleicht eine Freude machen, wenn ich diese Familie aufsuchen, den Kindern etwas mitbringen und als Erinnerung ein gemeinsames Foto mit uns machen würde.

Allerdings müßten wir dazu die „Green Line" überschreiten - und das war nicht ganz ungefährlich. Ich brauchte einen Führer. Auch in Giordanos Buch war in mehreren Kapiteln von einem jungen Mann, einem recht gut deutsch sprechenden Palästinenser, die Rede, der ihn auf seinen Exkursionen begleitet hatte. Mit dem auffällig rot eingebundenen Buch in der Hand trat ich vor das Hotel und steuerte einen Taxistand an, fragte nach Ramallah und ob mich jemand hinfahren könne. Die Herren starrten mich entgeistert an. Mit ihren Autokennzeichen sei eine solche Fahrt undenkbar. Ob sie denn zufällig diese Familie - ich schlug das Buch auf und zeigte auf den Namen - kennen würden. Sie sahen sich an, schüttelten die Köpfe.

Da tippte mir jemand auf die Schulter: „Ich kenne die Familie. Und Sie sind bestimmt Herr Buterfas...“

Der „Jahrhundert-Zufall"

Der junge Mann sprach deutsch und quittierte meine Verblüffung mit breitem Grinsen. „Ich bin der Mann, den Giordano in seinem Buch beschreibt. Ich habe ihn überallhin begleitet, auch an Orte, die er sonst nie gesehen hätte." Ich war noch immer beinahe sprachlos, zog ihn am Jackenärmel von den Taxifahrern weg und ins Hotel. „Ich brauche erst einmal einen Kaffee." Der Schock saß tief, denn ich glaubte an einen unfaßbaren „Jahrhundert-Zufall", wurde aber schnell eines anderen belehrt. „Ralph hat mich angerufen, mir den Termin Ihres Besuches mitgeteilt und mich gebeten, mich ein bißchen um Sie zu kümmern. Deswegen habe ich Sie schon erwartet, ich stehe also zu Ihrer Verfügung."

Ich war immer noch perplex. Zum ersten Mal in einem völlig fremden Land. Ich frage nach einem Ort, einem Namen - und schon steht der Mann hinter mir, der fast alle Schwierigkeiten lösen kann. Ein kleines Wunder.

Natürlich war er bereit, mit mir nach Ramallah zu fahren. „Ich kenne die Familie sehr gut, sie wird sich bestimmt freuen." Dem war so, und wir führten mit den sehr freundlichen Leuten ein herzliches Gespräch. Sie hatten einiges hinter sich. Mehrere Angehörige waren von den Israelis verhaftet worden und saßen im Gefängnis. Und einmal waren sie gekommen, hatten das gesamte Mobiliar auf die Straße geworfen und zerstört. Wieder einmal fühlte ich in diesem Augenblick nicht wie ein Jude. Ungerechtigkeiten und Willkür haben mich von jeher empört.

Ich lernte dann auch das von Giordano beschriebene Mädchen kennen. Es entsprach genau dem im Buch entworfenen Bild, war aber inzwischen eine entzückende „junge Dame" von zwölf Jahren geworden. Wir nahmen herzlich Abschied und fuhren zurück nach Jerusalem.

Im Auto begann mein Begleiter über den Roman zu sprechen. „Giordano beschreibt da ja auch unsere Seite auf sehr korrekte Weise, beschönigt nichts, übt vielfach Kritik an dem Verhalten der Israelis. Wie ich weiß, sind Sie auch Gast bei Teddy Kollek, machen einen Film über und für Ihr Friedenswerk. Wollen Sie nicht auch einmal die Meinung der Palästinenser aus erster Hand hören? Ich könnte Sie mit einer Dame zusammenbringen, die sonst überhaupt keine Interviews gibt und kaum vor eine Fernsehkamera zu bringen ist." „Von wem sprechen Sie?", fragte ich interessiert.

Er beugte sich mir entgegen und flüsterte: „Um eine Führerin der palästinensischen Bewegung, um Frau Professor Hanan Ashrawi, die Leiterin unserer Delegation bei allen Friedensverhandlungen."

Ich war wie elektrisiert: „Natürlich würde ich die Dame brennend gern sprechen und mit Ihnen zu ihr fahren, aber haben Sie denn schon einen Termin?" „Nein, aber das organisiere ich. Machen Sie erst einmal Ihren Besuch bei Kollek."

„Herr der Teddybären"

Wir betraten den Raum, sahen ihn an einem massigen Schreibtisch sitzen: Teddy Kollek; untersetzt, ziemlich füllig. Die rechte Wand des Büros, immerhin etwa 3,50 mal 2 Meter, mit Regalen versehen und vollgestopft mit Teddybären. Vermutlich waren es Geschenke von unzähligen Besuchern aus aller Herren Länder. Er bemerkte meinen amüsierten Blick und sagte lächelnd: „Ein deutscher Teddy von Ihnen hätte mir noch gefehlt."
Wir setzten uns. Zu trinken gab's nichts. Es war auch niemand da, der uns hätte versorgen können. Nun, das war auch nicht so wichtig, schließlich waren wir hier, um mit dem populären Mann zu reden. Er eröffnete das Gespräch mit der Frage: „Sie kommen extra nach Jerusalem, um mich zu besuchen. Was bringt Ihnen das?" Das war eine typisch jüdische Frage. Erst einmal wissen wollen, was etwas bringt, was einer verdient, was ihn daran glücklich macht. Ich erzählte von St. Nikolai. „Ja, ich kenne die Ruine", sagte Kollek, „ich war ja schon einige Male in Hamburg. Gute Sache, die Sie da angefangen haben. Aber warum machen Sie das?" Ich berichtete aus unserem Leben, von unserem Schicksal, und er hörte sich alles geduldig an. „So, und nun gehen Sie für St. Nikolai sammeln?" „Ja", erwiderte ich, „erst sammle ich wertvolle Unterschriften, dann werden sie vermarktet." Interessiert ließ er sich Einzelheiten schildern, wechselte dann aber das Thema.
„Was haste denn schon alles gesehen hier?" Er fiel plötzlich ins vertrauliche Du. Ich zählte im Handumdrehen ein Dutzend Sehenswürdigkeiten auf. „Paß' mal auf", warf er ein, „ich habe hier ein Buch, das ich selbst geschrieben habe. Da steht alles drin. Und wenn Du es gelesen hast, brauchst Du nicht mehr überall hinzulatschen." Sein Grinsen hatte einen unwiderstehlichen Charme.
Wir hatten ihm natürlich etwas mitgebracht: Eine wunderbare Reproduktion unseres Aschmann-Gemäldes und das Buch von Alt-Bischof Wölber „St. Nikolai - Wegzeichen Hamburgs", für das er sich besonders herzlich bedankte. „Was haben Sie denn jetzt noch alles vor?", fragte er gegen Ende des Besuches. „Wir möchten dieses schöne Land noch ein paar Tage genießen und würden sehr gerne auch einen Kibbuz besichtigen."
Er gab uns eine Adresse und verabschiedete uns. „Und dann grüßen Sie mir mal die Familie Schmidt, die kommt ja auch bald hierher."
Wir verließen Teddy Kollek und waren glücklich, einen Mann getroffen zu haben, der auch in Deutschland hohes Ansehen genießt. Viele Prominente, die sich nach Kollek in unser Goldenes Buch eintrugen, waren von seinem „Autogramm" beeindruckt. Für St. Nikolai fiel es unter die Rubrik „besonders wertvoll".

Ein gefährliches Abenteuer

Am nächsten Vormittag kam mein junger arabischer Freund ins Hotel und teilte mit, daß uns Hanan Ashrawi „morgen nachmittag" in ihrem Haus erwarte. Eine gefährliche Exkursion konnte beginnen - direkt ins Zentrum des palästinensischen Widerstandes. Natürlich wollte ich wissen, was möglicherweise auf mich zukommen könnte. Mein Begleiter klärte mich darüber auf, daß wir ein spezielles Fahrzeug benutzen und außerhalb Jerusalems die Kennzeichen austauschen würden. „Dann hänge ich die Palästinenser-Flagge aus dem Fenster und sende ein verabredetes Morsezeichen, das übrigens täglich geändert wird und mit dem ich Freunden ankündige, daß sich hier Gleichgesinnte in friedlicher Absicht nähern.

Das beruhigte mich einigermaßen, zumal ich wußte, daß auch Ralph Giordano durch dieses gefährliche Gebiet gereist und unversehrt zurückgekommen war. Um die bevorstehende Zusammenkunft mit Professor Ashrawi hätte er mich aber wohl glühend beneidet. Ich informierte mein Kamerateam über den Starttermin gegen 14 Uhr. Es sei besser, mit nur einem Fahrzeug auf die Reise zu gehen, weil das Gelände schwierig sei.

Zur „Stunde X" fand sich noch eine Dolmetscherin ein, da das Gespräch englisch geführt werden sollte. Der Kameramann wollte natürlich unbedingt das Ziel der Fahrt wissen. Ich versicherte, daß er sich keine Sorgen zu machen brauchte. „Schließlich nehme ich meine Frau mit, und die bringe ich gewiß nicht unnötig in Gefahr." Er stieg jedenfalls ein, und in langsamer Fahrt verließen wir Jerusalem. Schon bald erreichten wir die „andere Seite", passierten dann auch einige Gebiete, die nicht sehr einladend aussahen. Menschen an den Straßenrändern beäugten uns ebenso neugierig wie fast feindselig, aber uns geschah nichts.

Nach einer Dreiviertelstunde stoppte der Wagen vor einer für palästinensische Verhältnisse prachtvollen Villa. Ob dies die „Festung" war, in der Hanan Ashrawi lebte? Wir fuhren seitwärts in eine Parkbucht, und dann hatte unser arabischer Freund und Führer seinen Auftritt. Er ging zur Tür und gab ein besonderes Klopfzeichen. Ihm wurde geöffnet - und heraus schauten ein paar vermummte Gestalten. Wenig später wurden wir eingelassen - ohne jede Kontrolle oder gar Körpervisitation. Unser Kameramann war verständlicherweise ziemlich verwirrt. „Wo sind wir hier eigentlich?" Ich erwiderte betont lässig: „Wir machen jetzt ein Interview mit Frau Professor Hanan Ashrawi." Da hätte der arme Mann fast die Filmkamera fallen lassen...

Im sogenannten Herrenzimmer stand gleich links ein Flügel mit aufgeschlagenen Noten. Neugierig riskierte ich einen Blick: Lieder von Franz Schubert. Unser arabischer Begleiter klärte auf: „Hier spielt die kleine Tochter, sie ist eine begabte Pianistin." In diese Bemerkung mischte sich eine feine, ja eine „vornehme" Stimme. Hanan Ashrawi war beinahe unbemerkt eingetreten.

Wir wurden einander vorgestellt, und obwohl sie selbstverständlich informiert worden war, fragte sie höflich nach meinem Anliegen. Sie fand unseren Einsatz für das Hamburger Friedensmahnmal St. Nikolai vorbildlich und widmete uns im Goldenen Buch einen längeren englischen Text, der übersetzt folgenden Inhalt hat:

Wir teilen Ihre Vision von Frieden, Stabilität, Sicherheit, friedlicher Koexistenz und Gerechtigkeit - basierend auf der gegenseitigen Achtung der Menschenrechte, der Freiheit und Selbstbestimmung der Völker.

Das Gespräch berührte schon nach wenigen Minuten ein Thema, das uns beide anging. „Ist es nicht eine große Freude für das deutsche Volk, daß es nun vereinigt ist und daß die Menschen von Ost nach West und von West nach Ost reisen können, ohne daß auf sie geschossen wird, daß Steine fliegen oder Minen hochgehen? Ist das nicht ein wunderbares Gefühl? Glauben Sie mir, wir hier in Palästina wünschen uns nichts sehnlicher, als mit unseren Nachbarn in Frieden zu leben. Aber es ist ein schwieriger, langer und schmerzhafter Prozeß, ehe wenigstens die größten Probleme gelöst sind."
Sie fragte mich auch nach der Meinung der Deutschen über Palästina und seine Menschen, und ich antwortete offen, daß gerade jetzt viel Sympathie für die israelische Seite spürbar sei. Nur durch die Besonnenheit der Israelis sei vielleicht ein dritter Weltkrieg verhindert worden. „Wie meinen Sie das?", fragte mein Gegenüber verwundert. Nun mußte ich doch etwas weiter ausholen. „Sie wissen, daß Saddam Hussein versucht hat, alle arabischen Staaten gegen Israel und den Westen in einen „Heiligen Krieg" zu treiben. Das ist ihm Gottlob nicht gelungen. Wären seine Raketen gegen Israel mit Giftgas geladen gewesen, hätten die Israelis nicht länger

Im Hause von Prof. Hanah Ashrawi

stillhalten können. Und wie sie dann reagiert hätten, kann sich jeder unschwer ausmalen."

Ich war nun richtig in Fahrt und hatte fast vergessen, wo und bei wem ich mich befand. „Besonders empört war man bei uns darüber, verehrte Frau Professor, daß Ihre Landsleute jede Rakete mit Gesang und der Hoffnung begleitet haben, sie möge Giftgas zum Feind tragen und Tod und Verderben verbreiten. Hussein hätte die Welt in Flammen setzen können, und womöglich wäre auch Ihr Volk dabei untergegangen. Stellen Sie sich nur vor, Israel hätte seine ganze militärische Macht eingesetzt und zurückgeschossen. Wir wollen nie mehr Krieg, nie mehr Gewalt, nie mehr Unterdrückung, nie mehr Intoleranz. Beten wir alle dafür, daß auch Ihr Volk einen Weg zum sicheren Frieden findet."

Ich war überrascht, daß diese Frau meinen Temperamentsausbruch relativ gelassen hingenommen hatte. Sie antwortete völlig beherrscht: „Wir werden alles versuchen, damit wir eines Tages in Ruhe und Frieden leben können." Wir verabschiedeten uns mit gegenseitigem Respekt. Zwei Stunden waren wie im Fluge vergangen. Das Interview war aufgezeichnet worden.

Es war ein ereignisreicher Tag gewesen. Wir wollten ihn mit einem gemeinsamen Essen beschließen. Jetzt mußte ich nur noch die Filmkassette durch den Zoll kriegen. Regisseur Scheffler gab mir den Tip, zur Filmzensurstelle nach Jerusalem zu gehen. Dort holte ich mir die Ausfuhrgenehmigung, verriet aber natürlich nicht alles, was wir gedreht hatten. Selbstredend wäre das Interview mit Frau Ashrawi beschlagnahmt worden, und wir hätten gewiß erhebliche Unannehmlichkeiten bekommen.

Schwierigkeiten gab es trotzdem. Bei der Kontrolle am Flughafen wollte man unbedingt wissen, was wir aufgenommen hatten. Ich zeigte die Einladung von Teddy Kollek und die Bescheinigung der Filmzensur. Dennoch wurde ein höherer Sicherheitsbeamter geholt. Wir waren inzwischen die letzten Passagiere, die noch nicht abgefertigt waren, während die Maschine bereits startklar auf dem Flugfeld stand. Natürlich würde sie nicht warten, wenn wir länger festgehalten würden. In meiner Not legte ich noch ein Schreiben vor, mit dem mich der Bremer Bürgermeister Klaus Wedemeier bat, am 31. März im Park-Hotel zu erscheinen und dort u.a. Polens Staatspräsident Lech Walesa mit Ehefrau Danuta zu treffen. Glück im Unglück: Der Offizier war polnischer Abstammung, sprach auch deutsch und strahlte plötzlich über das ganze Gesicht. Er bat mich allen Ernstes, einen Gruß auszurichten und klopfte mir brüderlich auf die Schulter. Im Handumdrehen waren wir durch die Sperre, begleitet von zwei Beamten, die brav unsere Koffer trugen..

215

Ein Elektriker verändert die Welt

Walesa und die Bodyguards

31. März 1992. Meine Frau und ich waren unterwegs nach Bremen. Was uns im dortigen Park-Hotel erwartete, war hollywoodreif. Das Haus wimmelte von Polizisten und Soldaten, darunter Dutzende von polnischen Sicherheitsbeamten, um Lech Walesa zu schützen. Die Halle war belagert von Journalisten und Kameraleuten. Obwohl es die Anordnung gab, daß weder Fotos noch Interviews gemacht werden dürften.

Wie entschlossen das durchgesetzt wurde, war schnell bewiesen. In der Halle entstand plötzlich ein mächtiger Lärm. Sicherheitsbeamte hatten im zweiten Stock, wo der polnische Staatspräsident eine Suite bewohnte, drei Fernsehjournalisten aufgestöbert, die heimlich versucht hatten, Filmaufnahmen zu machen. Jetzt waren sie mit blutigen Nasen aus dem Fahrstuhl gestiegen, beschwerten sich lautstark und verließen dann wutschnaubend den Tatort.

Wir fanden das auch nicht so lustig, aber schließlich hatten wir ja einen festen Termin. Der Protokollchef zeigte sich glücklicherweise informiert und führte uns nach geraumer Zeit zum Lift. In der zweiten Etage wurden wir von sechs polnischen Beamten empfangen, die mir kommentarlos mein kleines Köfferchen abnahmen. Ich ließ es widerstandslos geschehen. Sie nahmen das Goldene Buch heraus und blätterten es durch - Seite für Seite. So etwas hatte ich überhaupt noch nicht erlebt.

Doch dann war es endlich soweit. Lech Walesa und seine Frau traten aus der Tür und begrüßten uns höflich. Per Dolmetscher tauschten wir ein paar Freundlichkeiten aus, und dann trug er sich auch schon ins Goldene Buch ein -

Einsamer Turm der Kirche - ein Symbol der Liebe zu Gott
und zum Nächsten, verschont von der Vernichtung
inmitten Ruinen einer Großstadt,-
gedenkt des Schmerzens der Tragödie des Krieges,
der grausamen Vernichtung der Menschheit.
Er läßt die Opfer beweinen.
Er warnt die Menschen vor dem ihn vernichtenden Gefühl,
des Hasses, dem er vernunftlos nachgibt.
Fortwährend gebietet er Liebe zu Gott.
Er gebietet Liebe zum Nächsten.
Er schreit nach Frieden.

von Walesa in deutscher Sprache geschrieben! Er mußte sich also sorgfältig vorbereitet haben. Walesa erkundigte sich ausführlich nach unseren Problemen und ließ sich alles genau erklären. Ich war von der Ruhe und Sicherheit, die dieser Mann ausstrahlte, beeindruckt.

Unmittelbar nach unserer Begegnung wurde das Ehepaar von Polizisten umringt und, gesichert „wie die Bank von England", aus dem Hotel geführt. Dort hatten sich Dutzende von Fahrzeugen von Polizei, Bundeswehr, Bundesgrenzschutz und Behörden gesammelt. Da wir wenige Meter neben dem Portal an der Seite einen Parkplatz gefunden hatten, warteten wir, bis sich das letzte offizielle Auto in Bewegung gesetzt hatte und schlossen uns dann kurzerhand dem schier endlosen Konvoi an. Auf diese Weise kamen wir ungehindert und auf schnellstem Wege durch von der Polizei gesicherte oder abgesperrte Straßen durch die Stadt und auf die Autobahn nach Hamburg.

Zu Besuch beim polnischen Staatspräsidenten

Hilfreicher Senator

Strom zum Nulltarif

Ein weiterer Termin stand ins Haus - und der sollte Geld bringen. Am 1. April stand mir der Sinn überhaupt nicht nach Aprilscherz, als ich Umweltsenator Dr. Fritz Vahrenholt aufsuchte. Ich hatte mehrfach mit ihm telefoniert und dabei den Eindruck gewonnen, daß er unsere Arbeit mit Aufmerksamkeit und Wohlwollen verfolgte. Er würde, so hoffte ich, für meine Sorgen ein offenes Ohr haben.

Wir saßen in der Umweltbehörde, und er machte mir eine Menge Komplimente. Aber dafür konnte ich mir leider nichts kaufen, so gern ich sie auch für mich und meinen Vorstand entgegennahm. Endlich fragte er, was er für mich tun könne, und es entwickelte sich folgender Dialog: „In Ihre Zuständigkeit fällt doch auch das Hamburger Elektrizitätswerk?" „Ja, das ist richtig." „Na großartig", sagte ich, „wir brauchen nämlich Strom." Er lächelte: „Kein Problem, Sie bekommen natürlich einen Sondertarif." „Das weiß ich wohl, aber ich hätte gern einen besonderen Sondertarif." Er sah mich etwas verwirrt an. „An was dachten Sie denn?" Ich holte einmal tief Luft und platzte dann heraus: „An den Nulltarif."

Auch Senatoren können in solchen Augenblicken dumm gucken. „Das müßte ich dann ja aus eigener Tasche bezahlen", gab er zu bedenken. Auch darauf wußte ich eine Antwort: „Herr Senator, meinen Sie nicht, daß das für ein Jahr mal ganz gut ginge? Dann wären wir nämlich erst einmal aus dem Gröbsten heraus." Er lachte und versprach: „O.k., ich mache was." Tatsächlich erhielten wir den Strom für eine bestimmte Zeit umsonst. Auch die Telekom verschaffte uns einen sehr günstigen Telefonanschluß, und wir waren damit wieder ein Stückchen weiter. Später wurden diese Extras natürlich erheblich reduziert, aber wir konnten ja nun wirklich keinen „Dauermißbrauch" verlangen.

Wem die Stunde schlägt

Wieder eine stürmische Sitzung des Förderkreises in den Räumen der Beiersdorf AG. Wie immer war die Zeit viel zu kurz, und dennoch wurde ein kühner und genialer Gedanke geboren: Glocken für den Turm von St. Nikolai! Man hätte eine Stecknadel zu Boden fallen hören können, so still wurde es auf einmal. „Wie kommen Sie denn darauf?", fragte mich Frau Rousseau. „Es gibt einen Mann namens Eggebrecht." Manuela Rousseau zuckte förmlich zusammen. Sie und mancher andere kannten Hans Eggebrecht als

219

berüchtigten Schnorrer („Bei dem könnten Sie sogar noch in die Schule gehen", scherzte Frau Rousseau.). Das schreckte mich nicht ab, denn selbstverständlich hatte ich längst mit ihm gesprochen. Er hatte nämlich das Kunststück vollbracht, dafür zu sorgen, daß in der Danziger Marienkirche wieder Friedensglocken läuteten. Und er hatte eine Audienz beim Papst in Rom erwirkt, was er oft und gern erzählte.

Ich war auf die Überraschung und die Kritik aus diesem Kreis gut vorbereitet. „Herr Eggebrecht wartet draußen. Er hat um eine Sprechzeit von 15 Minuten gebeten und ein kurzes Video aus Danzig mitgebracht. Ich meine, das sollten wir ihm gestatten." Ich fand Zustimmung und holte den Umstrittenen herein, wohl wissend, daß es bei einigen Anwesenden Vorurteile gab. Die hatte ich übrigens, vor meinen Gesprächen mit ihm, auch gehabt. Er „genoß" den Ruf einer „Dampfwalze", die alles überrollt, was sich in den Weg stellt. Das hatte für gewisse Zwecke freilich auch Vorteile, wie ich aus eigener Erfahrung wußte.

Hans Eggebrecht legte das Video ein, das nun wirklich alle fesselte und faszinierte. Er genoß diesen Triumph sichtlich, hatte er damit die Zuschauer doch davon überzeugt, daß Glocken etwas für die Ewigkeit waren und daß genau so etwas auch im alten Turm von St. Nikolai fehlte - vielleicht sogar ein ganzes Glockenspiel. Und natürlich wußte er auch, wo man so etwas bekommen könnte und daß diese Glocken zwischen 1.400 und 35.000 Mark kosten würden.

Ich war so begeistert, daß ich es nun auch wissen wollte. Mein Appell war leidenschaftlich: „Liebe Freunde, wir können etwas Unvergängliches schaffen, ein ganz neues Kapitel hamburgischer Geschichte aufschlagen. Wäre es nicht wunderbar, wenn am 24. Juli 1993, 50 Jahre nach Hamburgs Untergang, im Turm von St. Nikolai zum ersten Mal Glocken für den Frieden in der Welt erklingen würden?" Ich bohrte gleich weiter: „Wer wäre denn bereit, selbst eine Glocke zu stiften?" Als erster hob unser sonst immer außerordentlich zurückhaltender Schatzmeister Herbert Berger die Hand: „Ich kaufe eine für 1.400 Mark." Ich übernahm die nächste. Michael Buck wollte erst mit seiner Mutter sprechen. „Aber wir übernehmen sicher auch eine." Na, das waren schon drei. Auch Rechtsanwalt Herbert Horne wollte „eine kleine" spenden. Frau Rousseau stand kurz vor ihrer Trauung. „Wie wär's mit einer echten Hochzeitsglocke?", fragte ich ein wenig hinterlistig. „Keine schlechte Idee. In Ordnung, ich spendiere auch eine von den kleineren, obwohl ich im Augenblick noch ein paar Probleme wegen meines Umzugs habe." So hatten wir in kurzer Zeit allein in unserem Kreis bereits fünf Glocken verkauft. Zwar noch keine große, aber es war doch ein toller Einstieg. Der Traum vom eigenen Glockenspiel war geboren, eine Sensation für Hamburg bahnte sich an.

Nun wurde ein kleiner Arbeitskreis gegründet, zu dem auch Hans Eggebrecht gehörte. „Ich könnte sicher ein paar große Glocken verkaufen, da sehe

ich kein Problem", behauptete er und nannte auch gleich einige Namen. „Lieber Herr Eggebrecht", warf ich ein, „dann wollen wir doch gleich mal untereinander abstimmen, wer mit wem redet. Außerdem müssen wir einen Besuch beim Hersteller machen." Es handelte sich um die „Königlich Eijsbouts Glockengießerei und Fabrik für Turmuhren" in Aasten/Niederlande.
In unserem Überschwang hatten wir etwas ganz Wesentliches vergessen: Die Glocken mußten ja aufgehängt werden. Und ein Glockenstuhl war auch nicht gerade billig. Zudem brauchten wir wohl auch die Genehmigung des Kirchenvorstandes von St. Nikolai. Solche Dinge fielen uns reichlich spät ein, doch wir waren wie im Fieber und von einer Euphorie ergriffen, wie es sie im Förderkreis nie zuvor gegeben hatte. Unter uns war eine regelrechte „Glockenepidemie" ausgebrochen. Freilich türmten sich immer neue Schwierigkeiten auf, doch zunächst ging es darum, auch unseren bauleitenden Architekten Bernhard Brüggemann mit dem „Glockenbazillus" zu infizieren. Er war schnell bereit, auch dafür die Bauleitung zu übernehmen, die Zeichnungen und Baupläne zu erstellen, mit der holländischen Spezialfirma Eijsbouts in Aasten zu verhandeln und das ganze Projekt abzuwickeln.
Irgendwie erfuhr die Presse davon. In großen Lettern wurde verkündet, was der Förderkreis wieder ausgeheckt hatte. Und prompt meldete sich Neu Nikolai mit dem Einwand, daß es noch erhebliche Probleme gebe.

Eingriff und Einbruch...

Mitten in dieser hektischen Phase mußte ich ins Eppendorfer Krankenhaus. Ich hatte lange auf diesen Termin gewartet, um eine Bypass-Operation vornehmen zu lassen. Es handelte sich um einen leichteren Eingriff, der mit meinem alten und schon früher beschriebenen Leiden zusammenhing. Dennoch bedurfte es natürlich einer Vollnarkose, die dann doch so kräftig ausgefallen war, daß ich erst abends gegen 20 Uhr wieder aufwachte. Zuerst sah ich meine liebe Frau - sie war nicht von meinem Bett gewichen, nun aber rechtschaffen müde. Ich ließ sie nach Hause fahren, damit sie ihren wohlverdienten Schlaf nachholen sollte.
Eine Stunde später rief sie mich per Autotelefon aufgeregt an. „Ivar, was soll ich machen, unser Tor ist zu. Als ich nach Hause kam, wunderte ich mich, daß die Automatik am Einfahrtstor nicht reagierte. Ich bin ausgestiegen und habe gesehen, daß um die beiden Torflügel eine schwere Eisenkette geschlungen und mit einem dicken Schloß versehen war."
„Um Gottes willen, Daggi, fahr' sofort ins Haus Meinsbur und ruf' die Polizei an", rief ich erschrocken ins Telefon, „und sag' unserem Freund Gerd Bescheid." Die Polizei kam, wie mir dann erzählt wurde, sehr schnell. Man konnte nicht ausschließen, daß meine Frau entführt werden sollte. Irgendet-

was muß die Täter vertrieben haben. Jedenfalls kletterten die Polizisten über das blockierte Tor und suchten mit entsicherten Pistolen Haus und Grundstück ab, ohne eine Spur zu finden. Auch mein Freund Gerd war gekommen und hatte die Kette mit einer Eisensäge gelöst. Ich war so nervös und besorgt, daß ich meine Frau bekniete, mich am nächsten Tag abzuholen. Sie erklärte mich zwar für verrückt, doch ich war nicht zu bremsen.

Für meine Unruhe gab es allerdings einen zweiten Grund. Der Kirchenvorstand von St. Nikolai wollte tagen und über die Glocken entscheiden. Ich mußte unbedingt dabei sein. Als ich mit meiner Frau den „Herrensaal" von Neu Nikolai im Obergeschoß der Kirche Am Klosterstern betrat, war der Kirchenvorstand komplett versammelt. Glücklicherweise hatte ich einige Verbündete in diesem Gremium wie etwa Ivo von Trotha und Pastor Wolfgang Weißbach. Mittlerweile waren diverse Glocken verkauft worden. Der Bundespräsident hatte uns einen Scheck geschickt, und unter den Glockenkäufern waren z.B. Max Schmeling, Helmut und Hannelore Schmidt, Gerd Bucerius, Justus Frantz und Hermann Rauhe. Der dänische Generalkonsul und damalige Doyen Flemming Morch hatte das gesamte konsularische Korps mobilisiert und zu Spenden für eine gemeinsame Glocke gewonnen. Das war eine wunderbare Geste, denn nun waren 93 konsularische Vertretungen an einer Friedensglocke beteiligt. Wir hatten offensichtlich wieder einmal den richtigen Riecher gehabt.

Doch hier schlug mir erst einmal Eiseskälte entgegen. Man überfiel mich gleich mit einem Vorwurf: „Was haben Sie sich eigentlich dabei gedacht, ein Glockenspiel zu initiieren, ohne uns als Eigentümer zu fragen?" Ich war zwar von der Schärfe des Tons etwas überrascht, aber nicht unvorbereitet. „Ich habe Ihre Zustimmung eigentlich für selbstverständlich gehalten, denn in St. Nikolai hat es ja immer Glocken gegeben. Es ist mir bekannt, daß die Gemeinde selbst dafür kein Geld hat, aber im Bewußtsein der Bevölkerung ist St. Nikolai eine Bürgerkirche geblieben. Ich kann mir gut vorstellen, daß es die Bürgerinnen und Bürger dieser Stadt sehr begrüßen würden, ein Glockenspiel für das Mahnmal zu bekommen.

Einige der Anwesenden fühlten sich übergangen und beharrten darauf, daß ich sie hätte fragen müssen. Um des lieben Friedens willen lenkte ich ein: „Dafür möchte ich mich bei Ihnen in aller Form entschuldigen, aber wir waren so euphorisch, daß wir einfach nicht daran gedacht haben."

Da meldete sich eine Dame, die ausgerechnet unter dem Bild von Alt-Bischof Wölber saß. „Was machen Sie denn, wenn wir Ihnen die Zustimmung verweigern?", fragte sie spitz. In mir stieg Hitze auf. „Dann bekommen Sie von mir die Schecks von Schmeling und dem Bundespräsidenten oder von Helmut Schmidt. Und wenn Sie diese an die Absender zurückschicken, dürfen Sie erklären, daß die Inhaber des Turms nicht bereit sind, ein Friedensglockenspiel zu installieren. Abgesehen davon, daß Sie sich bisher kaum um

den Turm gekümmert haben, wie werden die Betroffenen wohl reagieren? Vielleicht darf ich daran erinnern, daß etwa der Herr Bundespräsident auch einmal unser Kirchentagspräsident war und zu St. Nikolai, wie überhaupt zu unserer Arbeit eine persönliche Beziehung hat. Aber Sie müssen entscheiden. Und vielen Dank, daß Sie mich heute abend hier empfangen haben."
Ohne Gegenstimme (!) wurde schließlich das Glockenspiel von St. Nikolai befürwortet.

Die heimliche Liebe des Kurt A. Körber

Das Geständnis des Kurt A. Körber

Im April '92 hatte ich auch meinen zweiten Termin bei Dr. Kurt A. Körber, für mich Inbegriff eines Unternehmers. Ein Mann mit Herz und Verstand. Er machte den Mund nur auf, wenn er wirklich etwas zu sagen hatte. Ich bewunderte und verehrte ihn. Im Verlauf unseres Gespräches legte er ein „Geständnis" ab. „Mein lieber Buterfas, ich habe mich nur so für die Markthallen engagiert, weil Sie mir mit St. Nikolai zuvorgekommen sind. Sehen Sie sich mal die Bilder an, die ich gerade von St. Nikolai gemalt habe." Und dann fragte er mich, ob ich Weihnachtskarten möge. Ich nickte eifrig. „Dann werde ich Ihnen eine malen, weil mir Ihre Arbeit so imponiert. Was Sie geleistet haben, ist einfach großartig, das muß man doch unterstützen." Seine Worte machten mich stolz, und er fuhr fort: „Ihre Initiative „Rettet die Nikolaikirche" hat mich ganz wesentlich zu meiner Aktion „Hilfe zur Selbsthilfe" angeregt. Ich habe gerade junge russische Wirtschaftswissenschaftler bei mir. Sie werden auf unsere Kosten in unserem Betrieb ausgebildet. Wenn sie wieder nach Hause gehen, haben wir sie vollgestopft mit Fachwissen, und das ist allemal besser als Bargeld. Es gibt ein treffendes russisches Sprichwort: „Gib ihnen keinen Fisch, gib ihnen eine Angel". Daran habe ich mich gehalten.

Im Unternehmen des Kurt A. Körber

So, und Sie wenden sich zu gegebener Zeit wieder an mich, und dann wollen wir doch mal sehen, was wir gemeinsam mit der Körber-Stiftung alles tun können."

Seine wesentlichen Aussagen wiederholte er für unseren Film auch vor der Kamera. Er drückte mir noch einen Scheck in die Hand, schloß mich in die Arme und sagte: „Junge, das machen Sie alles ganz phantastisch. Wenn Sie ein ernsthaftes Problem haben, rufen Sie einfach den alten Kurt Körber an." Wie schade, daß dieser großartige Mann viel zu früh verstorben ist.

Die Kosten laufen davon

Das Unternehmen Glockenspiel lief auf Hochtouren. Fast alle Glocken waren verkauft. Einen Tag später als unser Architekt Bernhard Brüggemann fuhr ich mit meiner Frau, Frau Rousseau, einigen Journalisten und Hans Eggebrecht, den eigentlichen Urheber der Geschichte, in die Glockengießerei nach Aasten. Für mich war es von größter Bedeutung, den Auftrag gerade dorthin zu vergeben. Denn während der Besetzung durch die deutsche Wehrmacht hatten die Nazis in den Niederlanden mehr als hundert Glockentürme geplündert. Die Glocken waren ausgebaut, nach Hamburg transportiert und bei der Norddeutschen Affinerie eingeschmolzen worden. Die Holländer haben das nie verwunden.

Für mich war es also eine Art Wiedergutmachung, wenn wir jetzt miteinander verhandelten. Wir fanden bald gemeinsame Wege und kamen schließlich zu einem für beide Seiten zufriedenstellenden Ergebnis. Nun konnten wir die große Erfahrung dieser Menschen nutzen, die einige hundert Glockenstühle in der ganzen Welt mit ihren wohlklingenden Erzeugnissen ausgerüstet hatten. Man zeigte uns, wie Glocken gegossen und weiterbehandelt werden, wie die Klangfülle entsteht und wie sie beschriftet werden.

Stark beeindruckt fuhren wir nach Hamburg zurück. Ich hätte mich sehr gerne noch einmal mit der Norddeutschen Affinerie unterhalten, ob sie uns bei der Installation der Glocken behilflich sein könnte, aber die Herren waren sehr sensibel. Man wollte unter allen Umständen vermeiden, daß die Beteiligung des Unternehmens an der Einschmelzung ausländischer Glocken im Krieg noch einmal zu einem öffentlichen Thema werden würde. Ich meine, 50 Jahre danach wären wohl kaum noch Vorwürfe an die Adresse der heutigen Betreiber erhoben worden. Wichtiger war für mich dann auch der gelungene Brückenschlag nach Aasten.

Architekt Bernhard Brüggemann arbeitete fieberhaft an den Zeichnungen, die dem Bezirksamt Mitte und der Baubehörde mit der Bitte um schnellstmögliche Erledigung vorgelegt werden sollten. Denn irgendwann würden die Glocken vollendet sein und nach Hamburg kommen. Wir brauchten einen

Glockenstuhl, der in seiner Konstruktion zur Würde des Turmes passen sollte, der die angestrebte Klangfülle berücksichtigte und also eine entsprechende Aufhängung brauchte. Niemand hatte geahnt, welche Fülle von Problemen wir uns aufhalsen würden, und niemand konnte so recht damit umgehen. Auch der arme Brüggemann war von uns ja mehr oder minder verge-
waltigt und dazu verdonnert worden, sich um das Glockenspiel zu kümmern.
Wir wundern uns bis heute, daß er nie ein böses Wort sagte - und daß er nie
eine Rechnung vorlegte. Auch er war besessen von der Aufgabe, 51 Glocken
zum Klingen zu bringen.
Wir wollten unsere Glockenspiel-Premiere am 24. Juli 1993 feiern und das
Instrument von einem niederländischen Meister spielen lassen. Die Vorbereitungen liefen, wir waren den Ereignissen in der Planung wieder einmal um
Monate voraus. Nun wurde auch noch ein Glockenspieler-Häuschen
gebraucht, das bisher in keiner Kalkulation aufgetaucht war. Kräne mußten
bestellt werden, die jede einzelne Glocke vorsichtig in ihre Aufhängung steu-
ern sollten. Als Ablage brauchten wir Eisenbahnschwellen und Paletten, denn
die empfindlichen Glocken durften nicht einfach abgeladen, womöglich ver-
schrammt und in ihrer Klangreinheit beeinträchtigt werden. Die Kosten
rund um das Glockenspiel stiegen fast auf bedrückende 500.000 Mark.
Die Flut von Details, die bedacht und organisiert werden mußten, war end-
los. Unzählige Gespräche und Telefonate waren notwendig. Aber es gab
immer wieder auch ermutigende Hilfe. Von der Deutschen Bundesbahn
bekamen wir die Eisenbahnschwellen, von unseren Freunden von der Fa.
Knaack Kräne zu Preisen, die uns viel Geld sparten. Ein böser Rückschlag
drohte uns bei der Beschaffung des „Spieler-Häuschens“, wie es unser Architekt nannte. Wir brauchten das Metallgehäuse schnell, mußte es doch das
nur äußerlich einem Klavier ähnelnde Instrumentarium, das mit einer empfindlichen und komplizierten Elektronik ausgerüstet war, sofort nach der
Auslieferung vor Wind und Wetter schützen. Wir forderten also ein Angebot
an, das uns vom Hocker riß: 70.000 Mark - ohne Tür und Verglasung. Das
sprengte jeden denkbaren Rahmen. Ich sprach deshalb eine polnische Firma
an, die im Hafen engagiert war. Sie fertigte uns das Gehäuse in nahezu gleicher Form und Qualität für sage und schreibe 20.000 Mark. Und die Verglasung übernahm Glasermeister Peter Wockenfuss, der auch sonst geschäftliche Beziehungen mit uns unterhielt und dem Förderkreis verbunden war,
unentgeltlich. An dieser Stelle sei ihm dafür noch einmal herzlich gedankt.
Auf diese Weise hatten wir fast 100.000 Mark für umfangreiche Dienstlei-
stungen und an Löhnen gespart. Die Firma Eduard Schmidt & Sohn, die
auch für die Stadt tätig ist, über respektable Kapazitäten und einen Inhaber -
Dipl. Ing. Gerhard Buchholz - verfügt, der St. Nikolai außerordentlich wohlgesonnen ist, wollte uns die ganze Glockenstuhl-Konstruktion für knapp
300.000 Mark bauen. So günstig der Preis auch war, das Geld dafür hatten

wir nicht mehr, es mußte erst beschafft werden. Ich mußte dem guten Herrn Buchholz also beibringen, daß wir den Glockenstuhl zwar lieber heute als morgen hätten, daß er finanziell aber in Vorlage treten müsse. Er war sofort dazu bereit. Daß ich ihn später dank meiner Verhandlungszähigkeit und seiner Großzügigkeit noch einmal um gut ein Drittel des Preises „drücken" würde, konnten wir da beide noch nicht wissen. Ich werde ihm sein Entgegenkommen und seine Geduld nie vergessen, denn erst im Frühjahr 1994 bekam er die Restzahlung.

Alle Beteiligten arbeiteten wie wild, denn es waren nur noch wenige Monate bis zum Juli 1993, einem der wichtigsten Daten in der Geschichte Hamburgs. Zwischenzeitlich wurde auch unser Film „Wer Wind sät, wird Sturm ernten" vorangetrieben. Von den ursprünglich geplanten 20 Minuten Laufzeit waren wir längst weg, hatten jetzt schon eine Spieldauer von 25 Minuten und waren immer noch nicht fertig. Wir machten noch Einspielungen mit dem großen Will Quadflieg, der eine Hauptrolle spielte, und mit Ralph Giordano.

Alle waren so eingespannt, daß sie kaum noch wußten, daß sie eine eigene Firma hatten. Diese Verpflichtungen blieben der guten und gemeinsamen Sache zuliebe vorübergehend einfach mal links liegen.

228

Der Papst erwartet uns

Kern, Biermann - und der Papst

Als sich Senator Helmut Kern am 14. Mai 1992 ins Goldene Buch eintrug, verband er das mit einer beachtlichen Spende. Für seine Eintragung wählte er folgenden Text:

> *Da war nach dem Kriege eine fast völlig zerstörte Stadt, und die Hamburger haben sie energisch und mit aller Kraft wieder aufgebaut - aber an St. Nikolai vorbei. Schlimmer noch, denn nach dem Krieg wurde hier wieder gesprengt und zerstört, ebenso wie beim Kehrwieder-Turm. Da ist einiges gutzumachen. Dank der Initiative des Förderkreises und seines unermüdlichen Vorsitzenden hat St. Nikolai wieder eine große Zukunft.*

Gut vier Wochen später verewigten sich Liedermacher Wolf Biermann und seine Mutter Emma. Auch Probst Dr. Werner Hoerschelmann, der sich intensiv um die Belange von St. Nikolai bemühte, gab uns sein „Autogramm".

Gespräch über kommende Aktivitäten

Und dann hatten wir endlich doch einen festen Termin für die Audienz beim Heiligen Vater. Natürlich war das nicht einfach, und wir bekamen auch nur fünf Eintrittsausweise. Da war guter Rat teuer. Hans Eggebrecht wollte unbedingt mit, obwohl er ja schon einmal beim Papst gewesen war. Auch Manuela Rousseau, die sich das Erlebnis durch ihren unermüdlichen Einsatz vor vielen anderen verdient hatte. Mit meiner Frau und mir waren wir schon vier, und weil ich gute Kontakte zu Dr. Metzger im Vatikan aufgebaut hatte, bekam ich auch eine Drehgenehmigung, brauchte daher einen Platz für den Kameramann.

Leider gab es noch einen kleinen Zwischenfall. Das Hamburger Abendblatt war in Rom durch eine Korrespondentin vertreten, d. h. es brauchte niemanden mitzuschicken. Aber Ute Daum-Stummer von BILD wollte unter allen Umständen in unmittelbare Nähe des Papstes gelangen. Dafür hätte einer von uns verzichten müssen, und das konnte ich einfach nicht einsehen. Sie erwartete von mir, daß ich Frau Rousseau dazu überreden sollte. Ich erklärte mich zwar bereit, mit ihr zu reden, machte ihr aber keinerlei Hoffnung, denn Frau Rousseau hatte sich dafür extra Urlaub genommen und wollte die Reise aus eigener Tasche bezahlen. Dennoch bestand die Journalistin auf einem Sonderplatz bei der Audienz. Meine Versuche, über Dr. Metzger eine zusätzliche Karte zu bekommen, scheiterten. Und Manuela Rousseau den Platz einfach wieder wegzunehmen, konnte ich ihr einfach nicht antun. Ich selbst konnte beim besten Willen nicht zurücktreten, und meiner Frau, die mich überallhin begleitet hatte, war ein Verzicht ebenfalls nicht zuzumuten. Auch wenn Ute Daum-Stummer, deren Wunsch ich natürlich verstehen konnte, nun sehr böse war.

So fand die Audienz beim Papst auch zu meinem Bedauern ohne die BILD-Zeitung statt. Der Heilige Vater begrüßte uns auf liebenswürdige Weise und in gutem Deutsch. Er würdigte die Friedensmission, die uns nach Rom geführt hatte und war gern bereit, die Friedensglocke für den Turm von St. Nikolai zu segnen. Ich bedankte mich für die große Ehre seines Empfangs und für seine Worte, die uns neuen Mut für unsere Aufgabe gäben. Ich gab meiner Bewunderung für ihn und seine Eltern Ausdruck, die im Krieg in ihrer Heimatstadt bedrängte Juden versteckt hatten. Und ich sagte Dank für sein Interesse im Namen unserer Bischöfin Maria Jepsen, die nach ihrer Wahl auch aus dem Vatikan mit unsachlicher Kritik bedacht worden war. Der Papst bedauerte ausdrücklich die falsche und unqualifizierte Reaktion seiner Presseabteilung und trug mir herzliche Grüße aus dem Vatikan und von ihm selbst auf. Ich habe sie gleich nach unserer Rückkehr übermittelt.

Beinahe wären übrigens unsere Filmaufnahmen geplatzt, obwohl wir die Sondergenehmigung erhalten hatten, die Segnung unserer mitgebrachten Friedensglocke durch den Papst per Kamera festzuhalten. Das sollte von der Empore aus geschehen. Im letzten Moment entzog uns eine übereifrige Refe-

Papstaudienz

rentin aus bis heute unerklärlichen Gründen die Genehmigung. Sie war auf der Empore aufgetaucht und verbot die Aufnahmen. Ich sah das mehr oder weniger zufällig und „hypnotisierte" Dr. Metzger mit verzweifelten Blicken und Handzeichen. Tatsächlich verstand er sofort, verließ das Podium und eilte zum Team einer Filmgesellschaft, die als einzige direkt neben dem Papst stand.

Er bat die Männer eindringlich, für mich eine Filmkassette einzulegen und die Szene der Glockensegnung aufzunehmen, sie werde für einen deutschen Friedensfilm gebraucht. Tatsächlich willigte das Team ein, und Dr. Metzger winkte mir erleichtert zu. Die Bitte um Fotos wurde dagegen von den eigenen Fotografen des Vatikans zu unserer vollen Zufriedenheit erledigt. Auf dem Rückflug fand sich ausreichend Gelegenheit, Dr. Metzger für sein schnelles Eingreifen zu danken. Er flog nach München, um seine Mutter zu besuchen.

In Hamburg berichteten die Zeitungen umfangreich über unseren Besuch in Rom. Weihbischof Dr. Hans-Jochen Jaschke beglückwünschte mich zu dem großen Erfolg und sagte scherzhaft: „Wenn ich mal eine Information aus dem Vatikan brauche, darf ich mich in Zukunft wohl vertrauensvoll an Sie wenden." Nun, so abwegig war das gar nicht, denn den „heißen Draht" zu Dr. Metzger wollte ich mir natürlich erhalten.

231

Wo immer ich mich sehen ließ, wurde ich auf das „Unternehmen Rom" angesprochen. Viele wollten genau wissen, wie sich alles abgespielt hatte und wie es gelungen war, den Heiligen Vater so stark für unsere Mission zu interessieren. Immerhin ging es doch um eine ehemalige evangelische Kirche. Die gesegnete Symbolglocke befindet sich natürlich unter Verschluß. Sollte sich irgendwann eine Gelegenheit ergeben, sie für einen ganz besonderen Zweck und zum Wohle von St. Nikolai verkaufen zu können, würden wir das bei einem angemessenen Preis wohl tun. Dazu würden wir noch eine entsprechende Urkunde anfertigen. Aber davon konnte zunächst keine Rede sein, und im „Ernstfall" könnte das ohnehin nur der Vorstand entscheiden.

Hinter schwedischen Gardinen

Neu im Goldenen Buch von St. Nikolai war der Name Arne Lundquist. Der schwedische Generalkonsul trug sich mit diesem schönen Spruch ein:

Seit meinem ersten Hamburg-Besuch im Jahre 1949 habe ich im Verlauf der Jahre mehrere Gelegenheiten gehabt, den Wiederaufbau der Stadt nach den schweren Bombenschäden des Zweiten Weltkrieges zu betrachten.
Für mich stellt sich die Initiative des Förderkreises „Rettet die Nikolaikirche e.V", den Turm von St. Nikolai als Mahnmal für die Schrecken des Krieges zu bewahren, als ein Schlußpunkt des Wiederaufbaus dar.
In ideeller Hinsicht unterstütze ich den Förderkreis gern bei seiner wichtigen Aufgabe und hoffe auf eine glückliche Vollendung dieser großen Arbeit, die er auf sich genommen hat.

In der Folgezeit führte ich noch viele Gespräche mit dem Konsulat, in dem später Frau Margareta Hegardt als Chefin Einzug hielt.
Längst hatte ich mit Wolf Biermann und seiner reizenden Frau Pamela Freundschaft geschlossen. Wir hatten mit der Familie auch einmal einen herrlichen Tag an meinen Fischteichen verbracht und am Abend eine Grillparty veranstaltet. Wolf Biermann hatte seine Gitarre mitgebracht und sang uns einige seiner Lieder vor. Er staunte über den Fischreichtum, denn da schwamm alles, was in Süßwasser leben kann: Hechte, Karpfen, Schleien, Zander.

Ein kleiner Empfang

Was für ein Geburtstag

16. Januar 1993 - mein 60. Geburtstag. Meine Frau bestand darauf, ihn „würdig" zu begehen. Wir hatten erst überlegt, ob wir nur einen Stehempfang geben sollten, aber dann kam alles doch ganz anders. Wir hatten ungefähr 200 Personen geschätzt, die einzuladen wären, doch als die Gästeliste fertig war, zählten wir nahezu 300 Menschen.

Da war mein Freund Günter Wolczik vom Bahrenfelder Forsthaus gefordert. Bei ihm wollten wir feiern. Meine Frau übernahm die entsprechenden Verhandlungen und die Regie inklusive der gar nicht so einfachen Sitzordnung. Neben den zahlreichen Freunden hatten sich auch viele Persönlichkeiten angesagt, die in Hamburg Rang und Namen haben. Unter die Rubrik „Wünsch' dir was" fielen die Angebote von Justus Frantz, der seinen Flügel anlieferte (Ich entschied mich für die Appassionata, eine der berühmtesten Sonaten Beethovens), und von Wolf Biermann, den ich um eine kleine Laudatio bat. „Aber laß' noch ein paar gute Haare an mir", sagte ich vorsichtshalber - ich kannte ja die „lebende Rolle Stacheldraht". Ralph Giordano war leider verhindert, schickte aber eine Würdigung, die sein Bruder Rocco verlas. Die Freunde von Stella Musicalmanagement („Phantom der Oper", „Cats") ließen sich eine zauberhafte Überraschung einfallen und schickten mir die erste Besetzung von „Cats" mit ihrer Pianistin.

Die Flut von Geschenken war überwältigend. Bürgermeister Dr. Voscherau überbrachte mir, wie schon einmal erwähnt, einen Portugaleser. Professor Dr. Hermann Rauhe übertraf sich selbst und sorgte für einen Höhepunkt in meinem Leben. Für die Gründung der Felix-Mendelssohn-Bartholdy-Gesellschaft durfte ich die Glückwünsche aller Musikhochschulen der Welt entgegennehmen. Auch Weihbischof Dr. Jaschke und Bischöfin Maria Jepsen, Hauptpastor Helge Adolphsen und Pastor Wolfgang Weißbach, Ivo von Trotha, Max Schmeling und Loki Schmidt gaben mir die Ehre. Letztere schenkte mir etwas ganz persönliches: eine kleine bestickte Fahne, auf der Eimer, Pinsel und Leiter sowie eine goldene 30 für drei Jahrzehnte Selbständigkeit, eine 40 mit zwei Eheringen für die Zeitspanne, die meine Frau und ich miteinander verbracht haben, und schließlich eine 60 für mein Lebensalter. Die Freude über dieses Zeichen bewährter Freundschaft war groß. Originell auch der Einfall von Max Schmeling: Er erteilte mir feierlich die Erlaubnis, fortan bei seiner „heiligen" Skatrunde mit über 75jährigen Landwirten in Hollenstedt kiebitzen zu dürfen.

Ehe Wolf Biermann die Ballade von Jan Gat vortrug, fand er sehr freundliche einführende Worte und sagte dann genüßlich: „Es ist überhaupt keine

Kunst, Prominente einzusammeln, die bekommt man an jeder Straßenecke. Aber so viele verschiedene Menschen, die eigentlich überhaupt nicht zusammen passen, wie etwa Max Schmeling und Henning Voscherau ..." Der Rest ging in Gelächter und Beifall unter.

Im Bahrenfelder Forsthaus mit Bischöfin Maria Jepsen, Loki Schmidt, Henning Voscherau und Max Schmeling

Henning Voscherau ließ es sich nicht nehmen, selbst das Wort zu ergreifen:

Liebes Geburtstagskind,

der ganze Charme, der Ivar Buterfas eigen ist und der ihn zu dem kommunikativen Kraftwerk macht, als das wir ihn alle schätzen, wurde hier eben entfaltet. Und wer immer noch nicht verstanden hatte ,warum alle alle kommen, wenn Ivar Buterfas ruft, jetzt spätestens müßte er es wissen.
Wir haben allerdings, Herr Buterfas, einen Augenblick harter Kritik zu erdulden, bevor wir als Geburtstagskind bejubelt werden dürfen. Denn es gibt einen Fehltritt zu übermitteln. St. Nikolai gehörte ja der Kirche, der christlichen Kirche. Und deswegen möchte ich doch mit einer gewissen schuldigen Ehrerbietung sagen dürfen, daß wenn 1863 aus Anlaß der Einweihung der Nikolaikirche, eine Münze, ein Portugaleser geprägt wurde, auf dem es heißt: „Siehe die Steine rufen, Ehre sei Gott in der Höhe. Der Herr verletzt, der Herr heilet.", dann rechtfertigt das mehr als genug, daß hier so bedeutsame Persönlichkeiten, wie Frau Bischöfin Jepsen, Herr Weihbischof Jaschke, Herr Hauptpastor Adolphsen, die Kirchen vertreten und daran erinnern, daß das Mahnmal St. Nikolai nicht nur wegen der

234

Zerstörung durch den Krieg, sondern auch wegen der Zerstörung einer dem Frieden geltenden Kirche in Hamburg und in ganz Norddeutschland und vielleicht sogar darüber hinaus so hoch geachtet wird.

Recht hat allerdings Ivar Buterfas mit dem Hinweis, gäbe es ihn nicht, dann würde diese Sandsteingebäude allmählich endgültig zerbröseln. Und Ivar Buterfas hat sich in das Herz der Hamburger gearbeitet in sehr schneller Zeit, in seinem sechsten Lebensjahrzehnt und seit etwa sechs Jahren ganz intensiv, dadurch daß er dem Rest der Stadt, der Politik und der Kirche inklusive, durch das Feuerwerk seines Handelns demonstriert hat, was alle anderen bis dahin unterlassen hatten. Lieber Herr Buterfas, dafür sind wir Ihnen dankbar. Sie haben ja nicht nur mich eingespannt, nicht nur Bischof Wölber, Bischof Grusche, Bischöfin Jepsen eingespannt. Sie haben den Bundespräsidenten eingespannt. Sie haben den Papst in Rom eingespannt. Und es ist sicher nicht übertrieben, wenn man hier sagt, die Gewalt, die von Ivar Buterfas ausgeht, ist eine friedliche Gewalt des Feuerwerks von Initiativen. Lieber Herr Buterfas, Sie haben Schwung und Enthusiasmus und haben so vor 40 Jahren am Rande der Alster tropfnaß ihre Dagmar kennengelernt. Heute vor 40 Jahren. Vor 30 Jahren haben Sie ein Bauunternehmen gegründet und sind bis heute ein erfolgreicher Geschäftsmann in Hamburg. Und wenn wir heute eine dreifache Freude haben, zu gratulieren, nämlich zu diesen drei Anlässen, dann soll nicht nur über Sie geredet werden. Sondern auch über Ihre Frau Dagmar. Sie ist die gute Seele der Familie, die gut, obwohl sie offenbar nicht immer das letzte Wort hat, mit der sanften Überzeugungskraft der Frauen obsiegt.

Und sie ist wohl auch diejenige, die ihrem Feuerkopf Ivar selbst noch als Großvater den Rücken so freihält, daß er hemmungslos in der Welt herumkutschieren kann, für Hamburg und St. Nikolai. Er weiß, zuhause ist trotzdem alles in Ordnung. Das ist die Arbeitsteilung, auf die er sich verläßt und dafür wollen wir jetzt alle Frau Buterfas recht herzlich danken. Dieser Rückhalt von Dagmar ist es, der Ivar zu dem macht, was die Tageszeitung 'Die Welt' ohne jede Übertreibung beschrieben hat, als hamburgisches Urgestein. Das ist positiv gemeint und so verstehen wir das auch alle. Obwohl es Ihnen, lieber Herr Buterfas nicht an der Wiege gesungen war. Sie sind hamburgisches und hanseatischen Urgestein und waren doch in der dunklen Zeit der NS-Gewaltherrschaft rassisch verfolgt. Für Sie im Untergrund im Mai 1945 handelte es sich nicht um eine Niederlage, sondern wirklich um eine Befreiung. Und daß Sie trotz dieses schweren Schicksals, vielleicht auch wegen dieses schweren Schicksals, das zu beurteilen ist nicht an mir, mit dieser Fröhlichkeit, Herzlichkeit, Unbekümmertheit und Initiative in dieser Stadt einen solchen Aufstieg selbst aus eigener Kraft geschafft haben, zusammen mit Ihrer Frau, das ist bewundernswert. Dafür sind wir Ihnen dankbar. Nicht nur wegen des materiellen Erfolgs und der materiellen Wirkungen Ihres Trommelns für Spenden für St. Nikolai, sondern auch für diesen Lebensweg als ein Exempel.

Was aber den materiellen Teil angeht, meine Damen und Herren, so hat er immerhin 14 Millionen zusammengetrommelt. Gut da sind auch ein paar Haushaltsmittel dabei, aber seien wir doch ehrlich, sie wären doch nicht gekommen, ohne daß er uns immer wieder den Spiegel vorgehalten hätte, in jedem Radio und in jeder Zeitung und auf jeder Veranstaltung.

So sind jetzt die Kirchenfenster restauriert, das Dokumentationszentrum steht, das ganze Haus ist eingerüstet, umzäunt. Der Bauzaun ist künstlerisch gestaltet. Ein Glockenspiel ist in der Mache. Und wer zu den leidgeprüften Adressaten von solchen Initiativen gehört, bei denen er so locker und flockig auftaucht und sagt: „Also wäre das nicht ein tolle Idee, und nachdem wir diese Glocken da schon in Danzig haben und sie jetzt auch hier haben könnten, wollen Sie doch sicher dabei sein, das kann doch gar nicht ohne Sie gehen." Wer das erlebt hat, der weiß, es kann nur wenige Wochen dauern, dann sind die Glocken alle ausverkauft. Und so war es.

So meine Damen und Herren. Ivar Buterfas, einer der liebenswertesten hamburgischen Initiatoren, hat inzwischen trotz großväterlicher Pflichten, trotz des Geschäftes, trotz St. Nikolai, trotz der Glocken noch etwas weiteres getan. Er hat nämlich außerdem auch noch die Mendelssohn-Bertholdy-Gesellschaft gegründet. Und möchte auch auf diesem Felde mit diesem großen Musiker ein Beispiel setzen, der Überwindung der Schatten aus der Vergangenheit. Auch dafür möchte ich herzlich danken. Die Glückwünsche des Senats für Sie als Geburtstagskind und auch an Ihre liebe Frau für die jederzeitige Bereitschaft zur Unterstützung. Wenn die Kraft des Initiators Ihnen mal über den Kopf wächst, liebe Frau Buterfas, an meiner Brust können Sie sich ausweinen. Die Stadt hat die Hoffnung, daß Ivar Buterfas noch auf vielen Feldern gute Ideen haben, die Schläfrigkeit beenden und mit einem Feuerwerk von Vorschlägen etwas was im Argen liegt nach vorne bringen wird. Und deswegen bekommen Sie nun, was ich vorhin vorgelesen habe als Geschenk, nämlich, ein extra für Sie geprägtes Exemplar des Por-

tugalesers von 1863, der aus Anlaß der Einweihung der St. Nikolai Kirche geprägt worden ist und den es seit damals nicht mehr gegeben hat. Auf der einen Seite sehen wir den schwebenden Engel des Glaubens, in der Rechten das Schwert, in der Linken den Palmenzweig. Mit der Umschrift: „Der Herr verletzt, der Herr heilet". Das stammt aus Hiob. „Durch Feuer zerstört, eingeweiht 1863." Und auf der Rückseite die Kirche in der Vollendung, die dann 1943 wieder den Flammen erlag, mit der Umschrift: „St. Nikolai Kirche in Hamburg: Siehe die Steine rufen, Ehre sei Gott in der Höhe Lukas 19". Dieser Portugaleser, lieber Ivar Buterfas, den außer Ihnen in Hamburg niemand haben wird, den haben wir für Sie neu prägen lassen, unter Benutzung des alten Prägestocks von 1863. Das ist ein Unikat für Sie. und soll die Herzlichkeit des Glückwunsches symbolisieren.

Der Empfang sollte ursprünglich von 12 bis 14 Uhr dauern, aber als sich die letzten Gäste verabschiedeten, war es 23 Uhr geworden. „Höhepunkt" einiger Geburtstagsszenen, die der NDR am nächsten Tag brachte, war übrigens ein Kanon, den Max Schmeling, die Bischöfin, Loki Schmidt, Justus Frantz, Bischof Jaschke, meine Frau und ich zum besten gaben.

Offiziell hatten wir auf Geschenke verzichtet, was den einen oder anderen freilich nicht davon abhalten konnte. Trotzdem kamen noch mehr als 20.000 Mark für St. Nikolai zusammen - die Glocken konnten kommen.

Der Bremer OB und Ignatz Bubis

Zu Besuch im Bremer Rathaus

Lange schöpferische Pausen gab es nicht. Am 22. Februar hatte ich einen persönlichen Termin beim Bremer Bürgermeister Klaus Wedemeier. Das gab mir Gelegenheit, ihm noch einmal für seine Unterstützung zu danken, die er mir anläßlich des Besuches von Polens Staatspräsident Lech Walesa gewährt hatte. Es wurde ein wunderschöner Nachmittag, den der Bürgermeister meiner Frau und mir widmete. Fast zwei Stunden lang führte er uns durch das herrliche Rathaus mit allen seinen Sehenswürdigkeiten. Er konnte sich nicht verkneifen zu sagen: „Das hat so wohl nicht einmal Hamburg zu bieten, wir sind auf unser Rathaus wirklich sehr stolz." Zumindest in Teilen mußte ich ihm beipflichten. Ich konnte nachempfinden, daß es ein tolles Gefühl sein mußte, in diesem Prachtbau zu regieren. Klaus Wedemeier wollte uns noch zum Abendessen einladen, aber leider ließ das mein Terminplan wieder einmal nicht zu, was ich außerordentlich bedauert habe.
Dieser wichtige Termin sollte am selben Tag in Kiel stattfinden und mich mit einem Mann zusammenführen, der für mich persönlich, aber auch für den Förderkreis sehr interessant war: Ignatz Bubis. Anlaß für das Gespräch in Kiel war die Eröffnung der Ausstellung einer amerikanischen Jüdin, die aus etwa 10.000 Bleistücken das Modell eines Konzentrationslagers zusammengebaut hatte. Diese beeindruckende Arbeit zeigte auf Holztafeln montiert die Baracken, die Wachtürme, die gesamten Lager und zum Teil auch deren Insassen. Zu diesem Besuch waren auch der damalige Ministerpräsident Björn Engholm und Ignatz Bubis, der Vorsitzende des Zentralrates der Juden in Deutschland anwesend. Ich wollte Ignatz Bubis bitten, die Eröffnungsrede zur Gedenkveranstaltung am 24. Juli 1993 anläßlich des 50. Jahrestages des Feuersturmes über Hamburg zu halten. Wir wußten, daß er der einzige Überlebende einer einstmals großen Familie war.

Der alte Ungeist lebt weiter

Begegnung mit Ignatz Bubis

Ich ging Ignatz Bubis entgegen. Er begrüßte meine Frau und mich sehr herzlich. Durch eine Reihe von Presseberichten, die ich ihm zugeschickt hatte, war ich ihm ein Begriff. Na, und ihn zu erkennen, war für Menschen, die Zeitungen lasen und Fernsehsendungen verfolgten, recht einfach. Wir unterhielten uns in einem Raum, der gegen Journalisten und Neugierige abgeschirmt wurde, und so konnte ich alles loswerden, was ich ihm schon lange hatte sagen wollen. Er hörte geduldig zu, gab mir hier und da einen Rat, äußerte Meinungen, und so hatten wir innerhalb dieser halben Gesprächsstunde einen Konsens gefunden. Er trug sich in das Goldene Buch ein, und wir klebten sein Foto gemeinsam unter folgenden Text:

> *Der Wiederaufbau der Nikolaikirche als Friedens-Denkmal möge stets von Glück begleitet sein und mögen die Glocken immer friedlich läuten.*

Danach sagte ich, daß ich mich sehr freuen würde, wenn er am 24. Juli, dem Jahrestag des Untergangs Hamburgs, bei unserer Gedenkveranstaltung einige Worte an die Menschen in dieser Stadt richten würde. Wir, die wir zu den Unterdrückten gehört hatten, dürften niemals vergessen, daß auch die Bom

Ignatz Bubis trägt sich ins Goldene Buch ein

ber der Alliierten zu unserer Befreiung gehörten und daß jede Bombe, so schrecklich auch ihre Wirkung war, den Krieg verkürzte und dem Elend ein Ende setzte. Diesen Standpunkt werde ich immer vertreten.

Schon einige Tage später erhielt ich aus dem Büro Bubis seine Zusage für den 24. Juli. Ralph Giordano und Wolf Biermann wollten ebenfalls kommen, dazu Witta Pohl und weitere Künstlerinnen und Künstler. Sie alle wollten sich an diesem denkwürdigen Tag in den Dienst der guten Sache stellen.

Verdienstkreuz? Nein, danke!

Einige Zeit, nachdem sich am 12. Mai Dr. Klaus Asche, Präsident der Hamburger Handelskammer in das Goldene Buch eingetragen hatte, ereignete sich etwas Außergewöhnliches. Aus der Senatskanzlei erfuhr ich, daß Bundespräsidenten Dr. Richard von Weizsäcker mir das Bundesverdienstkreuz am Bande verleihen wollte. Ich sah mich außerstande, diese hohe Auszeichnung anzunehmen. Warum das so war, will ich gern erzählen.

Dezember 1992. Ich hatte meine Firma und besuchte eine Baustelle in Eilbek. Es handelte sich um ein Mehrfamilienhaus, in dem etwa 36 Mieter wohnten. Das Gebäude war rundum eingerüstet worden und sollte komplett saniert werden. Beschäftigt waren hier ausschließlich Mitarbeiter der Fa. Buterfas & Buterfas, darunter auch ein Maler aus Winsen/Luhe. Der Mann, der früher schon einmal bei uns beschäftigt gewesen war, sich dann aber für längere Zeit zurückgezogen hatte, lieferte ordentliche und saubere Arbeit. Ich wußte wohl, daß er gelegentlich dem Alkohol zusprach, aber er war doch recht zuverlässig und mittlerweile schon wieder drei Jahre bei uns.

Als ich nun in die Nähe des Gerüstes kam, erkannte ich den Mann, der gerade auf einem Balkon stand. Auch er sah mich kommen, stieg über die Balkonbrüstung auf das Gerüst und belegte mich mit einer Kanonade von Schimpfwörtern, die ich hier nicht wiedergeben möchte. Seine massiv antisemitischen Äußerungen empörten mich maßlos. Und sie überraschten mich umso mehr, als ich solche Ausbrüche von ihm nicht erwarten konnte. Schließlich hatte er mit einigen Kollegen auch schon privat an unserem Haus gearbeitet und war nie unangenehm aufgefallen.

Als ich mich von dem Überfall erholt und die Tragweite seiner unglaublichen Anwürfe begriffen hatte, forderte ich ihn auf, umgehend die Baustelle zu verlassen und mir nie mehr unter die Augen zu kommen. Seine Papiere würden ihm zugeschickt. Er packte seine Klamotten zusammen, und einen Augenblick lang sah es so aus, als wollte er handgreiflich werden. Aber das wäre ihm schlecht bekommen. Ob er angetrunken war, konnte ich nicht einmal mit Bestimmtheit sagen. Leider wiederholte sich dann, was ich schon in den Jahren der Naziherrschaft erlebt hatte - niemand wollte etwas gesehen oder gehört haben, niemand dabei gewesen sein. Eine Mieterin im Parterre öffnete zwar die Balkontür und beklagte den Lärm, doch Einzelheiten hatte sie natürlich nicht gehört.

Ich setzte mich in mein Auto, fuhr ins Büro und schloß mich ein. Ich mußte erst einmal mit diesem Vorfall fertig werden. Ob ich es wollte oder nicht - in diesen Minuten wurde die Vergangenheit wieder wach. Solche gemeinen Ausdrücke hatte ich zuletzt im Kriegsjahr 1943/44 gehört. Sie jetzt aus dem Mund eines Mitarbeiters wahrnehmen zu müssen, war grausam.

In meiner Erschütterung rief ich Ralph Giordano in Köln an und hatte das große Glück, ihn gleich zu erreichen. Ich erzählte die Geschichte, und er forderte mich energisch auf, sofort Strafantrag zu stellen. Ich folgte seinem Rat.

Die Mühlen der Justiz...

Was dann geschah, liest sich wie ein Krimi. Ich setzte mich mit der Sonderabteilung Staatsschutz in Verbindung und hatte auch Staatsrat Reimers informiert. Er hatte mir gleichfalls zur Anzeige geraten. Alsbald kam ein Polizist zu mir, der sich alles erzählen ließ und mich darauf hinwies, daß es eine Sonderkommission gebe, die sich vornehmlich mit Fällen von Antisemitismus und Ausländerdiskriminierung befasse. Solche Dinge würden sehr ernst genommen, aber natürlich brauche man Zeugen. Ich sah das ein, doch am Ende müßten wohl die Aussagen von ihm und von mir entscheiden. Jedenfalls wurden die Ermittlungen aufgenommen.

Ich hatte damit gerechnet, daß mein gefeuerter Mitarbeiter das Arbeitsgericht einschalten würde. Es ist kein Geheimnis, daß Hamburg hinsichtlich arbeitsrechtlicher Vorgänge strenge Maßstäbe anlegt und spezielle Formen entwickelt hat, aufgelöste Arbeitsverhältnisse finanziell abzugelten. Wäre der Mann von mir also ungerecht behandelt worden, wäre es sein gutes Recht gewesen, sich mit einer Kündigungsschutzklage gegen die fristlose Entlassung zu wehren, Widerspruch einzulegen und zu versuchen, eine angemessene Abfindung herauszuholen.

Nichts dergleichen geschah. Die Ermittlungen dauerten an, immerhin sollten Zeugen gefunden und verhört werden. Das erwies sich indessen, wie von mir befürchtet, als äußerst schwierig. Selbst ein spanischer Mitarbeiter, der während des Streits gerade um die Ecke gekommen war und eigentlich alles mitbekommen haben müßte, hatte „leider nichts verstanden". Dabei konnte er, wenn es um Lohnerhöhung, Schlechtwettergeld oder andere Vergünstigungen ging, seine Wünsche ohne gravierende Sprachprobleme verdeutlichen.

Fünf Monate später, ich hatte mich längst beruhigt und den Fall schon fast verdrängt, erhielt ich ein Schreiben der Staatsanwaltschaft. Es trieb mir die

Schamröte ins Gesicht. Gottlob hatte ich meine frühere Scheu vor Behörden abgelegt, und mir fiel sofort Generalstaatsanwalt Dr. Arno Weinert vom Hanseatischen Oberlandesgericht ein, den ich als sehr verständnisvollen und auf solche Zwischenfälle äußerst empfindlich reagierenden Mann kennengelernt hatte. Das Schreiben der Staatsanwaltschaft bestand praktisch nur aus einem Formblatt mit der lapidaren Mitteilung: „... wurde das Verfahren auf Grund richterlicher Anweisung aus Mangel an Beweisen eingestellt." Punkt, Unterschrift, fertig.

Ich empfand dies schlicht als eine größere Sauerei, als die Beschimpfungen selbst. Also rief ich den zuständigen Staatsanwalt an und meldete mich deutlich mit meinem Namen.

Er war sofort im Bilde, und es kam zu folgendem Disput:

„Sie haben das Verfahren eingestellt?"

„Nein, nicht ich, sondern der Richter."

„Wie kann ein Richter so verfahren, ohne daß die Beteiligten gehört worden sind?"

„Das ist eine Sache, die in seinem Ermessen liegt und die ich nicht zu entscheiden habe."

„Aber Sie haben die Mitteilung unterschrieben."

„Ja, ja, die Ermittlungen waren abgeschlossen."

„Für mich nicht. Denn die Parteien - er und ich - hätten einander gegenübergestellt und vernommen werden müssen. Und warum geht der Mann, wenn ihm Unrecht widerfahren ist, nicht zum Arbeitsgericht und nimmt dort seine Rechte wahr? Der Mann verschenkt doch nicht schätzungsweise 9000 Mark, die ihm zugestanden hätten, wenn ich ihn widerrechtlich von seinem Arbeitsplatz entfernt hätte. Glauben Sie etwa wirklich, daß ich einem Menschen aus purer Lust und Tollerei antisemitische Äußerungen und wilde Beschimpfungen in der Öffentlichkeit vorwerfe? Ihr Verhalten empfinde ich beinahe schwerwiegender als das dieses Mannes. Mit solchen Persilscheinen, die Sie da ausstellen, ohne den Vorgang gewissenhaft zu prüfen, fördern Sie Intoleranz und Gewalt. Ich werde mir das nicht gefallen lassen. Wie alt sind Sie eigentlich?"

Diese Frage stellte ich ihm bewußt. „Ich bin 42", gab er Auskunft. „Gut, dann war es für Sie die Gnade der späten Geburt, daß Sie nicht miterlebt haben, was wir ertragen mußten. Ich werde mich beim Generalstaatsanwalt und bei der Justizsenatorin über Sie beschweren, und ein Brief an den Bürgermeister ist schon unterwegs.

Und noch etwas: Wenn der Herr Bundespräsident meint, mir für besondere Verdienste das Bundesverdienstkreuz verleihen zu sollen, und der ist unser oberster Staatsdiener, dann lasse ich mir von einem vergleichsweise kleinen Angestellten eine solche Behandlung nicht bieten." Ich war aaußer mir und beendete das Gespräch grußlos.

Wegen dieser Vorkommnisse hatte ich dem Bundespräsidenten geschrieben, mich für die hohe Ehre bedankt und erklärt, warum ich den Orden leider ablehnen müsse. Die Antwort kam beinahe postwendend. Richard von Weizsäcker ließ mich wissen, daß er meine Enttäuschung und meinen Zorn verstehen könne und daß ihn der Vorgang tief beschäme. Andererseits möge ich doch daran denken, daß mich zahlreiche Hamburger Bürgerinnen und Bürger, viele persönliche Freunde und bedeutende Persönlichkeiten für diese Auszeichnung vorgeschlagen hätten und daß ich das eine nicht mit dem anderen verbinden solle. Ich konnte meine Meinung trotzdem nicht ändern, bat ihn um Verständnis und wartete auf eine Reaktion des Generalstaatsanwaltes.

Der befand sich zwar gerade im Urlaub, hatte die Akte aber bereits auf seinem Tisch, denn zwischenzeitlich hatte sich die Justizsenatorin die Unterlagen geben lassen und empfohlen, das Verfahren wieder aufzunehmen. Noch am Tag seiner Rückkehr aus den Ferien rief mich Dr. Weinert an. Er beruhigte mich und las mir die Aussage meines ehemaligen Mitarbeiters vor. Laut Protokoll habe der lediglich gesagt, ich sehe aus wie ein Jude, der den Leuten das Geld aus der Tasche ziehe. Das erschien allerdings auch dem Generalstaatsanwalt höchst unwahrscheinlich. Er ordnete ein Wiederaufnahmeverfahren an und entschuldigte sich für die unglückliche Formulierung, mit der mir die Niederschlagung des Verfahrens mitgeteilt worden war.

Wenige Wochen später bat er mich in sein Büro. Ruhig und sachlich teilte er mir mit, daß nun das neue Strafverfahren eröffnet werden könne. Er sei sicher, daß, wenn Aussage gegen Aussage stehe, es für meinen Gegner ziemlich übel ausgehen könnte. Aber er sagte mir auch dies: „Nachdem dieser Mann hier noch einmal vernommen und auf die Pflicht zur wahrheitsgemäßen Aussage sowie auf die Folgen einer Falschaussage hingewiesen worden ist, erhielten wir einen Tag später vom Polizeirevier Winsen einen Anruf. Danach bestehe die Gefahr, daß sich der Beschuldigte, der Alkoholiker geworden sei, umbringen werde.

Das war eine neue Situation. Der Generalstaatsanwalt überließ mir die Entscheidung. Wenn ich darauf bestünde, würde das Verfahren sehr schnell wieder in Gang gesetzt. Er gab mir aber auch zu bedenken, welche Reaktionen möglich seien. Und sollte sich der Mann wirklich etwas antun, müßte ich als „Persönlichkeit von öffentlichem Interesse" zumindest damit rechnen, daß die Medien den Fall begierig aufgreifen und mich in die Schlagzeilen heben würden. Der Staatsanwalt gab mir diese Hinweise aus seiner Erfahrung und in aller Fairness.

Ich will kein Rache-Engel sein

Ich dachte über seine Worte nach. Dann sah ich ihn an und sagte sehr ernst: „Ich bin nicht daran interessiert, eine Existenz zu vernichten. Ich will aber, daß wir den Anfängen wehren, daß wir nicht wieder einfach wegsehen und solche Fälle auf die leichte Schulter nehmen." Er pflichtete mir lebhaft bei, bat mich aber, die Situation noch einmal zu überdenken und mir die Entscheidung nicht leicht zu machen. Mein Entschluß stand da bereits fest: „Ich möchte, daß Sie diesem Mann noch einmal eine massive schriftliche Mahnung zukommen lassen und dann das Verfahren einstellen. Ich bin kein Rache-Engel. Ich hoffe nur, daß ihm jetzt klar ist, wohin solche scheußlichen Taten führen, daß man damit nicht durchkommt und daß es einfach verwerflich ist, friedliebende Menschen auf unflätige Art zu beleidigen und sie in Angst und Schrecken zu versetzen."

Ich dachte dabei auch an die zunehmenden Angriffe auf Ausländer, die Schändung jüdischer Friedhöfe und die Horden Unbelehrbarer, die gelegentlich gröhlend und mit Hitlergruß durch die Straßen ziehen. Menschen waren in ihren Häusern verbrannt. Solingen, Mölln und Rostock standen für scheußliche Verbrechen an wehrlosen Menschen.

Der Glockenraub war unvergessen

Wir holen die Glocken „heim"

Zu Erfreulicherem: Der Tag war gekommen, an dem wir unsere Glocken „heimholen" wollten. Uwe Einsath, einer unserer Förderer, und dessen Partner Michael Sottmann hatten einen LKW zur Verfügung gestellt, der - festlich geschmückt - die kostbare Fracht nach Hamburg tragen sollte. Meine Frau hatte sich mit viel Arbeit und Hingabe vorbereitet und mit einer Schule in Altona gesprochen, in der Kinder aus 32 Ländern friedlich zusammen mit deutschen Kindern die Schulbank drückten. Sie sollten den Glockentransport durch Hamburg begleiten und am Ziel eine Melodie singen, die ihre Lehrerin für das Glockenspiel von St. Nikolai komponiert hatte.

In Begleitung einiger Journalisten fuhren wir zur Glockengießerei in Aasten. Der LKW war bereits einen Tag vor uns angekommen und beladen worden - uns bot sich ein tolles Bild. Neben dem Wagen stand ein transportables Glockenspiel, dessen Sinn uns zunächst aber verborgen blieb. Wir hatten uns alle in einem Motel einquartiert und wollten unseren „Glockenzug" am folgenden Morgen auf den Weg bringen. Wir schrieben den 23. Juni 1993.

Ich hatte etwas organisiert, das unerwarteten Ärger machen sollte. Der katholische Pfarrer aus Finkenwerder, Helmut Tourneau, und Pastor Wolfgang Weißbach von St. Nikolai waren spontan bereit, den Transport zu begleiten. Ich wollte aber ein Zeichen setzen und hatte auch in der türkischen Moschee in St. Georg, in der man mich gut kannte, Imam Ramazan Ucar und einen Dolmetscher gebeten, mitzukommen. Natürlich sprach ich auch die jüdische Gemeinde an, um einen Rabbiner zu interessieren, denn hier handelte es sich um Friedensglocken für ein Mahnmal für alle friedfertigen Menschen dieser Welt. Wir wollten ein für alle offenes Haus des Friedens schaffen, und die Glocken sollten deshalb in einem ökumenischen Gottesdienst gesegnet werden.

Doch erst einmal waren wir einfach nur glücklich, hatten wir uns doch einen Traum erfüllt, wenn wir am nächsten Tag an St. Nikolai eintreffen würden. Viele Zuschauer würden kommen, um die Glocken in Empfang zu nehmen, und das Fernsehen wollte ebenfalls dabei sein. Doch zuvor machte uns Jacques Maassen, ein Meister seines Faches, noch eine große Freude. Er gab uns auf dem transportablen Glockenspiel, über dessen Zweck wir gerätselt hatten, ein wunderbares Konzert.

Meine Frau und ich hatten auf dem LKW unsere Glocke herausgefunden. Wir standen davor und freuten uns. Auch Frau Rousseau strahlte, denn ihre Hochzeitsglocke war ja auch dabei. Was für ein Tag für Hamburg: 51 Glocken mit vier Oktaven, ein Glockenspieltisch mit computergesteuerter

Elektronik und 100 Musikstücken - das konnte sich wahrlich sehen lassen.

Am anderen Morgen fuhren wir aus Aasten ab. Der LKW war natürlich sehr viel früher gestartet, und wir wollten uns kurz vor Hamburg treffen. Da würden dann auch die 32 Kinder zu uns stoßen, die mein Freund Bruno Holstein aus Bendestorf mit einem seiner Busse in Altona abholen wollte. Es klappte alles wie am Schnürchen, und so näherten wir uns der Stadt. Wo immer der Glockentransport vorbeifuhr, wurde er mit Hupkonzerten begrüßt. Ein Filmteam von Uwe Einsath begleitete das Gefährt von Aasten bis zu seinem Bestimmungsort. Natürlich war die Polizei vor Ort, denn wir mußten wegen der Überlänge des Zuges eine Einbahnstraße „verkehrtherum" benutzen, um den Hopfenmarkt zu erreichen.

Als wir auf das Gelände von St. Nikolai fuhren, gingen überall in den benachbarten Büros die Fenster auf, die Menschen winkten und freuten sich mit uns - Hamburg hatte sein Glockenspiel in einer Größe und Klangfülle, wie es so leicht nicht noch einmal zu finden war.

Der dänische Generalkonsul Flemming Morch kreuzte auf, um uns die vom konsularischen Korps gespendete Glocke symbolisch zu übergeben. Das war freilich leichter gedacht als getan, denn es war schlicht unmöglich, die Glocke mit zwei Personen vom LKW herunterzuheben. Da bedurfte es schon einiger kräftiger Gerüstbauer aus dem Hause Einsath und Sottmann. Nun übereignete uns Flemming Morch die Glocke mit ein paar feierlichen Worten.

Ausgerechnet jetzt verfinsterte sich der Himmel, und wir ahnten Fürchterliches. Dabei war der Bürgermeister noch nicht in Sicht. Wegen der immer schlechter werdenden Sichtverhältnisse bat das Fernsehen darum, daß die Kinder schon einmal den LKW entern, sich auf und zwischen den Glocken verteilen und ihr Lied singen sollten. Uns bot sich ein schönes und buntes Bild: Eine Afrikanerin stand neben einer Chinesin, eine Türkin neben einer Mexikanerin, ein kroatisches Mädchen neben einer Deutschen, und fast alle trugen ihre Heimattracht. Auch meine Enkelkinder Mario und Iva-Charlene waren mit von der Partie. Die Kinder sangen ihr Lied gleich mehrfach, bis die Fernsehleute mit der Einstellung zufrieden waren. Natürlich war das auch ein reizvoller Beitrag für unseren Film.

Im übrigen blieb der Bürgermeister seinem Ruf als „Regenmacher" treu. Bei weit geöffneten Himmelsschleusen übernahm er von mir die 51 Glocken für den Turm von St. Nikolai.

Beim Verkauf der Glocken hatte sich auch das Hamburger Abendblatt engagiert. In seinen Geschäftsstellen konnten Anteilscheine im Wert von jeweils 50 Mark erworben werden. Die ersten 300 Käufer sollten auf den beiden Glocken verewigt werden, die das Abendblatt erworben hatte. Alle übrigen Spender - und wir brauchten noch 2000 - sollten auf Ehrentafeln stehen, die an der Mauer unterhalb des Turmes aufgehängt werden würden. Das kleine

Wunder geschah: Innerhalb von zwei Tagen waren sämtliche Anteile verkauft. Die Zeitung hatte sich kaum retten können, die beiden Innenstadt-Geschäftsstellen waren hoffnungslos überfüllt.

Unsere verehrte Frau Bischöfin Maria Jepsen hatte bedauerlicherweise bei vielen Aktionen und so auch bei dieser eine etwas unglückliche Hand. Mich hat es persönlich tief getroffen, als sie mir bei einem Gesprächstermin in ihrem Amtszimmer erklärte, daß dort auf dem Lkw doch ein eigenartiger Mischmasch gewesen sei. Zuerst begriff ich ihre Worte nicht, dann, als ich mich etwas gefaßt hatte, überkam mich nackte Wut. Und ich erklärte ihr, daß ich über ihr Verhalten außerordentlich merkwürdig berührt sei. Wenn sie eine solche Äußerung in der Öffentlichkeit tun würde, könnte sie davon ausgehen, daß sie an einem Tag mehr Kirchenaustritte in der evangelischen Kirche Hamburgs hätte, als im übrigen Deutschland. Ich nahm meine Sachen, war nicht bereit, an diesem Tag über andere Dinge mit ihr zu sprechen, und erklärte ihr nur noch beim Herausgehen aus der Tür, das ich nun verstehen könnte, warum bei den 12 Aposteln keine Frau am Tisch saß. Wie die Bischöfin reagiert hat, weiß ich nicht, weil ich voll Empörung die Tür hinter mir geschlossen

Ivar Buterfas und seine Frau bei der 2-Tonnen-Bronze-Glocke in Holland

hatte. Mit dem Mischmasch hatte sie die unterschiedlichen Religionsgemeinschaften auf einem Anhänger gemeint.

Unglücklicherweise schrieb am darauffolgenden Tag auch noch eine Hamburger Tageszeitung, daß der „Hauptpastor" von St. Nikolai, Herr Wolfgang

Weißbach, die Glocken für Hamburg mit gesegnet hat. Mit Empörung nahm ich zur Kenntnis, daß man aufgrund dieser irrtümlichen Darstellung, die Schuld der Zeitung war, Herrn Weißbach zur Verantwortung ziehen wollte. Als mir das bekannt wurde, habe ich sofort den stellvertretenden Vorsitzenden des Kirchenvorstandes von St. Nikolai, Herrn Ivo von Trotha, angerufen und ihm erklärt, daß ich mit an Sicherheit grenzender Wahrscheinlichkeit auf die Barrikaden gehen würde, wenn man Herrn Wolfgang Weißbach, der sich in vielen Jahren mit mir gemeinsam und schon vorher mit Altbischof Hans Otto Wölber für den Erhalt des Mahnmales verdient gemacht hatte, weitere Schwierigkeiten machen würde.

Mein Gott, so viel Arbeit...

Der Glockenstuhl war fertig und geliefert. Aus dem Hause Beiersdorf kam ein großer Gabelstapler, auch ein Tieflader wurde uns zur Verfügung gestellt, es gab Hilfe von allen Seiten. Nun wurde es allerdings auch Zeit, denn die Glocken mußten nicht nur aufgehängt, sondern dann auch noch gestimmt werden. Es gab unendlich viel Arbeit, ehe sie am 24. Juli erstmals ihre Stimmen erheben könnten. Das war zugleich das bis dahin bedeutendste Datum in der Geschichte des Förderkreises.

Auf unseren bauleitenden Architekten Bernhard Brüggemann konnten wir uns verlassen. Er vollbrachte Bewundernswertes und sorgte dafür, daß die Glocken an ihren Platz kamen, die Konstruktion stimmte, die notwendigen Maurerarbeiten ausgeführt, die Auflagen für die Träger ausgestemmt und die seitlichen Einbindungen ins Mauerwerk vorgenommen wurden. Das alles lief mit einer Präzision ab, die fast beängstigend war - es gab keine einzige Panne. Was Bernhard Brüggemann in die Hand nahm, wurde zügig umgesetzt. Als hätte der Mann in seinem Leben nie etwas anderes getan, als Glocken in einen alten Turm zu hängen.

Begeistert zeigte sich auch Prof. Dr. Hermann Rauhe, Präsident der Hochschule für Musik und Theater in Hamburg. Er hatte große Pläne und war schon auf der Suche nach einem Professor, der einen Studiengang für Glockenspiel ins Leben rufen sollte. Aber auch in Hamburg wurden finanzielle Mittel an allen Ecken und Enden gekürzt oder ganz gestrichen. Vom Senator für Wissenschaft, Professor Hayen, Zuschüsse für diese Maßnahme zu bekommen, würde viel Überredungskunst kosten. Ich brauchte dringend einen Termin bei ihm. Auf beiden Seiten verzögerte Zeitnot ein Gespräch. Trotz aller Probleme, meine Frau und ich fühlten uns, angesichts des schon Geschaffenen, wie im siebenten Himmel.

Und dann meldete auf einmal die Kirche Ansprüche an. Wir machten noch einmal deutlich, daß dies Glocken für ein Mahnmal seien und ein Monopol der Kirche indiskutabel sei. In Sitzungen mit heftigen Debatten verlor ich dann schon einmal die Fassung. „Wenn Sie auf Ihrem Standpunkt verharren, kann ich nur feststellen, daß meine Arbeit verfehlt ist", wetterte ich, „ich sehe im Geiste schon wieder Parkbänke, auf denen „Für Juden verboten" steht." Ich wurde heftig gebremst, und das war gut so. Manchmal bin ich leider etwas zu impulsiv, und mir gehen die Pferde durch. Wenn ich dann wieder zu mir komme, verstehe ich die eine oder andere Äußerung selber kaum, und es tut mir leid. Aber in diesem Fall war ich eben so eng mit dem Projekt verbunden, daß man mir den Gefühlsausbruch nachsehen mußte. Irgendwann bewegten wir uns dann ja auch wieder in ruhigem Fahrwasser und fanden zu gemeinsamen Aktivitäten. So verständigten wir uns auf eine Kommission, die gemeinsam mit der Hochschule für Musik und Theater und der Gemeinde Neu Nikolai einen Weg finden sollte, um eine, allen Seiten gerecht werdende, Musik einzuspeichern.

24. Juli 1993 - ein großer Tag

Der 24. Juli wurde zu einem fast historischen Ereignis. Tausende von Hamburgern versammelten sich, folgten den Reden der Bürgerschaftspräsidentin und des Ersten Bürgermeisters, hörten sich an, was Wolf Biermann zu sagen und zu singen hatte, lauschten den Worten von Ralph Giordano und besonders von Ignatz Bubis, die ihre Wirkung nicht verfehlten. Beiträge für einen stimmungsvollen Tag lieferten viele Künstlerinnen und Künstler, darunter ein von Beiersdorf gesponsertes Orchester aus St. Petersburg, Sängerinnen vom Stella Musicalmanagement und eine russische Liedersängerin.
Am 26. Juli sollte unser 45-Minuten-Film „Wer Wind sät, wird Sturm ernten" in der Neuen Flora seine Uraufführung erleben. Geplant war ein zweiteiliges Programm mit Prof. Justus Frantz. Drei Tage vor dem großen Abend erfuhren wir, daß der musikalische Teil mit Justus Frantz nicht stattfinden könne. Wir waren sehr enttäuscht, zumal der Vorverkauf auf Hochtouren lief. Schnell fanden wir Ersatz. Wir brachten einen großartigen Leseabend zustande, den Heidi Kabel, Friedrich Schütter, Volker Lechtenbrink, Walter Plathe und Uwe Friedrichsen zu einem bewegenden Erlebnis machten. Mancher andere hätte gern noch teilgenommen, wie etwa Peter Striebeck, der auch unseren Film besprochen und damit einen hervorragenden Beitrag geleistet hatte.
Mit rund 1400 Personen war das Theater sehr gut besetzt. Alle Beteiligten waren begeistert, und der Verkauf unserer Filmkassette begann furios.
Wir brauchten das Geld dringend, denn der Film hatte Selbstkosten von etwa 75.000 Mark verursacht.

Mit dem Bischof von Coventry, Simon Warrington-Ward und der Bischöfin Maria Jepsen anläßlich der Aufnahme St. Nikolais in die Nagelkreuzgemeinde.

Das war nicht einmal zuviel, wenn man davon ausgeht, daß ein Auftragswerk leicht 350 bis 400.000 Mark verschlungen hätte. Wir hatten also denkbar rationell gewirtschaftet. Die Presse war voll des Lobes, wir bekamen hervorragende Kritiken. Und wir alle hatten sie uns ehrlich verdient, denn was der Förderkreis da fertiggebracht hatte, sucht - das darf ruhig einmal gesagt werden - seinesgleichen.

Ohne Geld geht gar nichts

Das Leben ging gleich mit neuen Eintragungen in das Goldene Buch weiter. Am 29. Juli schrieb sich der Direktor der Hamburger Sparkasse, Herr Karl-Joachim Dreyer, ein. Lesen Sie seinen Text:

Für mich als Hamburger symbolisiert der Turm der Nikolaikirche wie kein anderes Bauwerk in dieser Stadt die ganze Bandbreite von den überaus schrecklichen Zeiten des Krieges bis hin zu der Hoffnung auf eine Zukunft in Frieden.

252

Er übergab mir einen hohen Scheck, bat aber zugleich um Verständnis dafür, daß sich die Haspa intensiv für Hamburgs Michel einsetze. Selbstverständlich respektierten wir das, denn die Michaelis-Kirche, eine der schönsten Kirchen im Norden, mußte unter allen Umständen erhalten und unterstützt werden. Dr. Dreyer hatte dennoch eine angenehme Überraschung parat. Aus dem Fond des Prämiensparens hätten wir Ende 1994 noch einmal einen fünfstelligen Betrag zu erwarten.

Natürlich gab es eine Menge Verbindlichkeiten, und ich hatte für den Glockenstuhl und einige Nebenleistungen gerade eine persönliche Bürgschaft von 220.000 Mark übernommen, von der ich möglichst bald entlastet werden wollte.

Sehr dankbar war ich in diesem Zusammenhang auch dem Direktor von Stella Musicalmanagement, der mir zum Geburtstag im Januar 5000 Telefonkarten mit dem Emblem von St. Nikolai überlassen hatte. Die Auflage war limitiert, ließ daher einen beträchtlichen Wertzuwachs erhoffen. Ein anderer „Renner" war unsere St. Nikolai-Uhr mit Goldumrandung, Lederarmband und Stahlgehäuse für 95 Mark. Aus dem Verkauf beider Artikel flossen dem Förderkreis erhebliche Mittel zu.

In mühevoller Arbeit hatte unser neues Mitglied Günter Schulze von der Firma HBV (Hamburger Baustellen- und Verkehrsabsicherungs GmbH) St. Nikolai als Modell gebaut. Wir fanden dafür einen publikumswirksamen Standort und verkauften dort Weihnachten 1993 unsere Geschenkartikel. Im Sommer 1994 stand der Kirchennachbau fast acht Wochen an der Mönckebergstraße, wofür wir dem Bezirksamt Mitte, der Baubehörde und der Polizei zu danken haben.

Wieder hilft der Bundespräsident

Bei Richard von Weizsäcker

Aktionen aller Art nahmen kein Ende und forderten immer wieder unsere Kreativität. Dazu gehörte aus gutem Grund auch ein Besuch bei Bürgermeister Voscherau. Der Hamburger Maler Jörn Werner und mein Freund Rocco Giordano (der Bruder von Ralph) hatten eine blendende Idee. Werner hatte ein Gemälde vollendet, das Hamburger Sehenswürdigkeiten „auf einen Blick" zeigte: Michel, Hafen, Schiffe, die Musicals „Phantom der Oper" und „Cats", die Staatsoper, Außenalster, St. Nikolai als Turmruine, das Rathaus u.a.m. Dieses Werk sollte von Henning Voscherau signiert werden, und blitzartig kam mir die Idee, eine zweite Signatur einzuwerben - von Bundespräsident Richard von Weizsäcker.

Wir waren am 11. Januar zu Gast im Berliner Schloß Bellevue. Angemeldet war lediglich eine kleine Delegation mit Erich Kolbek, der dem Förderkreis große Dienste erwies, und dessen Frau Ute, der Maler Jörn Werner, Rocco Giordano und einige Journalisten. Der Bundespräsident empfing uns mit gewohnter Herzlichkeit und nahm sich, obgleich nur 15 Minuten geplant waren und später noch ein Neujahrsempfang für Diplomaten stattfinden

Besuch im Schloß Bellevue in Berlin

sollte, fast eine Stunde Zeit. Gründlich sah er sich das Gemälde an, entdeckte im oberen Teil auch die Reeperbahn und fragte scherzhaft, ob er vielleicht „auf St. Pauli" unterschreiben solle. Wir hielten dann doch die weiter unten angesiedelte Staatsoper für angebrachter. Nach der Signation ließ er erfrischende Getränke bringen, und alle griffen nach Saft oder Mineralwasser. Nur ein Glas blieb übrig - mit Bier gefüllt. Der Bundespräsident sah lächelnd in die Runde. „Sie glauben wohl, ich lasse so etwas stehen, aber da irren Sie." Er griff nach dem Bierglas, prostete uns freundlich zu und trank es genußvoll aus.

Ehe wir uns verabschiedeten, nahm er mich noch einmal beiseite. „Herr Buterfas, bald geht meine Amtszeit zu Ende. Ich möchte Sie bitten, das Bundesverdienstkreuz anzunehmen. Es gibt doch nun keinen Grund mehr, es zu verweigern." Die freundliche Aufforderung berührte mich, und ich versprach, in Hamburg mit Senatsdirektor Dr. Reimer Rohde über eine nachträgliche Ehrung zu sprechen.

Verleihung des Bundesverdienstkreuzes

VERLEIHUNGSURKUNDE

IN ANERKENNUNG DER UM VOLK UND STAAT ERWORBENEN

BESONDEREN VERDIENSTE

VERLEIHE ICH

HERRN IVAR BUTERFAS

DAS VERDIENSTKREUZ

AM BANDE

DES VERDIENSTORDENS DER BUNDESREPUBLIK DEUTSCHLAND

BONN, DEN 18. JANUAR 1994

DER BUNDESPRÄSIDENT

Die Verleihungsurkunde

Während die anderen den Heimweg antraten, hatten meine Frau und ich noch etwas vor. Wir wollten unbedingt die neue Gedenkstätte im Haus der berüchtigten Wannsee-Konferenz in Berlin-Dahlem aufsuchen. Ich mußte die Villa sehen, in der die größten politischen Verbrecher aller Zeiten im Oktober 1943 die Massenvernichtung der Juden als „Endlösung" beschlossen hatten.

Das Haus liegt in einem riesigen Park mit einer langen Allee und einem gepflegten Garten. Ich klingelte an dem hohen, verschlossenen Tor. Es erschien eine Dame, die uns erklärte, daß die Gedenkstätte heute wegen einer Fernsehaufzeichnung geschlossen sei. Ich sagte ihr, daß wir nur kurzfristig zu einem Besuch beim Bundespräsidenten in der Stadt seien und wies mich als Vorsitzender des Förderkreises „Rettet die Nikolaikirche" aus. Sie nahm meine Karte, bat uns zu warten und ging zurück ins Haus. Wenige Augenblicke später teilte sie mit: „Der Direktor erwartet Sie. Er weiß von Ihrer Arbeit in Hamburg und heißt Sie herzlich willkommen. Sie möchten aber dafür Verständnis haben, daß er sich nicht um Sie kümmern kann, weil jeden Moment das Berliner Fernsehen eintreffen wird."

Ich nahm meine Frau an die Hand. Erwartungsvoll traten wir durch die Tür in eine geräumige Halle, durchquerten sie und standen plötzlich vor einer riesigen Terrasse. Sie eröffnete uns einen phantastischen Blick auf den Wannsee. Das konnte uns freilich nur vorübergehend ablenken, denn unser Ziel war die von Dänen zusammengestellte Ausstellung „Die Endlösung der Judenfrage im Oktober 1943". Zu diesem Zeitpunkt waren schon mehr als drei Millionen Juden umgebracht worden. Nun aber erging der Befehl, die Maschinerie des Todes auf volle Touren zu bringen und Europa „judenfrei" zu machen.

Wir sahen uns die vielen Exponate an und stießen dabei auch auf eins aus dem KZ Sachsenhausen-Oranienburg. Es betraf Georg-Ferdinand Duckwitz. Ich las den Text mehrere Male und prägte ihn mir fest ein. Denn dieser Mann hatte den Tod von mehreren tausend Juden in Skandinavien verhindert, weil er als Teilnehmer an der Wannsee-Konferenz den Mut aufbrachte, zwischendurch den Raum zu verlassen und den dänischen Widerstand zu informieren. Hitler hatte das „Protektorat Dänemark" zwar lange geschont, weil er das Agrarland für die Versorgung des Großdeutschen Reiches brauchte, doch nun sollten die Häscher auch hier alle Juden ausfindig machen und in die Vernichtungslager bringen. In einer denkwürdigen Aktion ließen die Dänen - auch unter Mithilfe deutscher Soldaten und Polizisten - in knapp 24 Stunden 7200 Juden spurlos verschwinden. Sie versteckten sie und brachten sie dann nach Schweden - bis auf 491, die zu schwach, zu krank oder zu alt waren und den abenteuerlichen Transport nicht überstanden hätten. Sie endeten im Konzentrationslager Sachsenhausen.

Wir beschlossen, von dem Gesehenen total aufgewühlt, einen Tag später auch dorthin zu fahren und uns die schrecklichen Dokumente unfaßbarer Grausamkeit anzusehen. Sie berichteten auch von Rettungsaktionen, die dem Roten Kreuz in Dänemark und Schweden gelungen waren und mit denen einige hundert Menschen vor dem sicheren Tod bewahrt wurden. Diese mutigen Taten, so meinten wir, durften nicht länger nur einer relativ kleinen Gruppe von Menschen bekannt bleiben. Ich wußte zwar von einem

„Kulturfilm", der auch dieses Thema behandelt hatte, aber solche Filme haben in der Regel gerade auf die deutsche Jugend nur eine begrenzte Wirkung. Wer wollte 50 Jahre nach dem Krieg immer wieder mit Leichenbergen konfrontiert werden, mit Schuldgefühlen in Sack und Asche herumlaufen, ständig daran erinnert werden, daß Eltern und Großeltern in einer schlimmen Zeit zu lange weggesehen und geschwiegen hatten?

Aber es gab andere Filme, Werke von durchschlagender Kraft und Wirkung, die sogar geschäftliche Erfolge zu verzeichnen hatten. Natürlich dachte ich an „Schindlers Liste", der unter der Regie von Steven Spielberg ein geradezu epochales Ereignis geworden ist und auch das Gute im Menschen an die Oberfläche transportierte. So ließen sich auch junge Menschen anrühren, erschüttern und motivieren. Die Rettung von 7200 Juden - in mir reifte der Gedanke an ein ähnliches Filmwerk.

Da die Ausstellung in Zusammenarbeit mit dem dänischen Widerstand und dem dänischen Innenministerium entstanden und von einem jungen Historiker in Dänemark auf den neuesten Stand gebracht worden war, setzte ich mich in Hamburg mit dem Generalkonsul in Verbindung. Ich fragte ihn, ob das nicht auch ein Thema für unser Dokumentationszentrum sein könnte. Und ich sprach über meine Filmidee, die zu einer Co-Produktion der an der Rettung beteiligten Länder führen müßte, also Dänemark, Schweden, Norwegen und auch Deutschland. Dazu brauchte ich Menschen, die das Thema mittrugen, die dahinter standen. Dänemarks Generalkonsul Björn Olsen, gerade in sein Amt eingeführt, war jedenfalls hellauf begeistert. Ein erster Schritt sollte die Ausstellung sein, zu deren Eröffnung ich möglichst viele wichtige Leute einladen wollte.

Ein Zentrum der Aufklärung

„Die Rettung der 7200 dänischen Juden" löste die erfolgreiche Ausstellung „Die Blockade von Leningrad" ab. Hitler hatte seinerzeit befohlen, die Stadt an der Newa dem Erdboden gleich zu machen - inklusive der über fünf Millionen Einwohner. Nun präsentierten wir bereits das vierte brisante Ausstellungsthema und luden alles ein, was in Hamburg Rang und Namen hatte. Frau Rousseau und mein Stellvertreter Klaus-Ulrich Krosanke hatten die Dokumentation mit viel Liebe und Sorgfalt vorbereitet. Davon konnten sich allein 40 konsularische Vertreter überzeugen. Bürgermeister Voscherau hielt eine glänzende Eröffnungsrede.

Das Thema zog Kreise. Ich erfuhr die Adresse eines Herrn Piehl in Bergedorf, der 1930 in Kopenhagen das erste Haus für Emigranten gegründet und 1933 u.a. Bertolt Brecht und Familie aufgenommen hatte. Sie flohen nach der deutschen Besetzung 1940 nach Amerika. Später wirkte Piehl in Norwegen, war zeitweise auch Begleiter von Willy Brandt, der von dort aus den Faschismus bekämpfte.

Immer mehr Zeitzeugen aus Skandinavien meldeten sich. Der Club Danske gab mir wichtige Hinweise, sogar dänische Schauspieler bekundeten ihr Interesse. Mein Engagement für dieses Projekt wurde immer stärker. Die Antwort, die ich aus dem Bundesinnenministerium bekam, befriedigte mich indessen überhaupt nicht. Ich telefonierte deshalb mit dem Sachbearbeiter und brauchte eine geschlagene Dreiviertelstunde, bis er mich bat, alle Unterlagen direkt an ihn zu adressieren. Er wolle sie dann mit einer entsprechenden Empfehlung an Minister Kanther weiterreichen. Tatsächlich erhielt ich schon bald Post vom Innenminister. Er teilte mit, daß dieses Projekt auch nach seiner Meinung realisiert werden sollte. Ich hätte seine Unterstützung und möchte mich umgehend mit der Filmförderung in Verbindung setzen, die schon informiert sei. Zugleich fragte er, ob Exponate der Hamburger Ausstellung für hiesige Dokumentationen erworben werden könnten.

Nun konnte ich auch die schwedische Generalkonsulin Margareta Hegardt ansprechen. Sie sagte mir alle denkbare Hilfe zu und machte mir eine interessante Eröffnung: Auch ihr Bruder habe eine jüdische Familie in die Freiheit gerudert. Die Idee eines neuen Filmprojektes war jedenfalls geboren. Wie sie sich fortentwickelt, wird man abwarten müssen.

Bedeutsame Begegnung
mit Prof. Ludwig Güttler

Frauenkirche und St. Nikolai

Im Januar '94 stand noch ein Besuch beim Oberbürgermeister der sächsischen Landeshauptstadt Dresden, Dr. Herbert Wagner, an. Wir waren gespannt und nahmen die Gelegenheit wahr, uns an der Frauenkirche umzusehen, zu der ich eine starke Beziehung hatte. Schließlich war mein Vater in Dresden geboren worden, und meine Frau hatte nur mit viel Glück den verheerenden Bombenangriff auf Dresden überlebt. Es war also ein merkwürdiges Gefühl, dort zu stehen. Der schwierige und kostspielige Wiederaufbau der Frauenkirche soll schon 2006 abgeschlossen sein. Was dafür alles auf die Beine gestellt wird, ist wirklich imponierend und müßte eigentlich einen Motivationsschub im ganzen Osten der Republik auslösen.

Der Empfang bei Dr. Wagner war herzlich und sehr informativ. Wir erfuhren eine Menge über die Probleme der Sachsen-Metropole, aber auch über die Sorgen, von denen viele Menschen in den neuen Bundesländern noch geplagt werden.

Für uns ging das Ringen um St. Nikolai weiter. Unser Gemälde „Liebeserklärung an Hamburg", von Henning Voscherau und Richard von Weizsäcker signiert, war 300mal in der Größe 60 x 84 cm reproduziert und - gerahmt oder ungerahmt - durch den Förderkreis zum Verkauf angeboten worden.

Eine andere Aktion startete mein Freund Erich Kolbeck, als Vorsitzender der Hansa Funk Taxi eG gewissermaßen Herr über 620 Hamburger Taxis. Er hatte die fabelhafte Idee, von jeder Fahrt - und davon gab es pro Jahr rund 3,7 Millionen - einen Pfennig, den Nikolai-Pfennig, an uns abzuführen. Im Juni '94 übergab er als ersten Teilbetrag einen Scheck über 20.000 Mark. Wenn es in der Hamburger Wirtschaft doch mehr solcher großzügiger Initiativen gäbe.

Einzelpersonen waren wohl einfach kreativer. Wie etwa unser Mitglied Dieter Bruhn, als stimmgewaltiges Verkaufsgenie „Aal-Dieter" weithin bekannt und beliebt. Er wollte eines seiner wertvollsten Fohlen durch die beliebte Volksschauspielerin Heidi Kabel auf den Namen „St. Nikolai" taufen und zu unseren Gunsten verkaufen lassen. Dabei waren Heidi Kabels Gefühle Pferden gegenüber durchaus gemischt. Als sie einmal mit Henry Vahl, ihrem unvergessenen Bühnenpartner, eine von zwei schweren Pferden gezogene Kutsche bestiegen hatte, gingen die Tiere durch. Das Gefährt ging zu Bruch, aber wie durch ein Wunder blieben die beiden Schauspieler unverletzt.

Ein anderes Projekt betraf den Sport. Ich hatte die Zusage für ein Benefizfußballspiel zwischen den beiden Hamburger Spitzenclubs HSV und FC St.

Pauli. Ihre Präsidenten, Ronald Wulf und Heinz Weisener, trugen sich mit folgenden Texten in das Goldene Buch ein:

Mehr als nur ein Symbol. Es ist der mahnende Finger, der uns allen zeigen soll, daß Kriege nie die Lösung unserer Probleme sind.

Ronald Wulf

Das friedliche Miteinander ist eine Herzenssache. Dafür einzutreten ist Menschenpflicht.

Heinz Weisener

Hilfe auf Gegenseitigkeit

Hochinteressant verlief meine Begegnung mit Prof. Ludwig Güttler, einem der ganz großen Klassik-Trompeter dieser Welt und Kuratoriumsvorsitzender der Dresdner Frauenkirche. Daß er am 60. Geburtstag meiner Frau und unserem 39. Hochzeitstag mein Gast in Bendestorf war, gehört zu den reichen Stunden meines Lebens. Ludwig Güttler erläuterte mir seine Pläne für gemeinsame Veranstaltungen unter dem Motto „Hamburg hilft Dresden - Dresden hilft Hamburg". Beide Städte hatten im Krieg das gleiche Schicksal weitgehender Zerstörung erlitten, sind als Partnerstädte freundschaftlich miteinander verbunden, und St. Nikolai wie die Frauenkirche gehören zur Nagelkreuzgemeinde Coventry. Beim Zusammenspiel der positiven Kräfte wollte Güttler sein künstlerisches Potential einbringen, und natürlich sollte auch unser Glockenspiel einbezogen werden.

Es wurde von Prof. Ludwig von Kameke betreut, nach dessen Gutachten St. Nikolai über eines der klangvollsten und schönsten Glockenspiele der Welt verfügte. Es lohnte sich also, hier Konzerte zu veranstalten. Eine zum Jahrestag des Atombombenabwurfs auf Hiroshima komponierte Melodie für Bläserchor (Güttler) und Glockenspiel sollte in die Liederelektronik eingegeben werden und die Menschen in der Welt zu bestimmten Anlässen mahnen, ein zweites Hiroshima und Nagasaki für alle Zeit zu verhindern.

Die Idee des Erich Kolbeck

„Pfennig-Idee" auf breiter Basis

Im Herbst '94 stellte der Förderkreis erstmals Firmen vor, die sich an der von Erich Kolbeck ins Leben gerufenen Pfennig-Aktion beteiligen wollten. Als Symbol diente ein „Nikolai-Pfennig" von fast 1,50 m Durchmesser, der mit allen wichtigen Daten rund um St. Nikolai versehen war. Die Beteiligten sollen für entsprechende Erfolge geehrt werden. Für eine Million Pfennige gibt es einen silbernen, ab fünf Millionen einen goldenen, für zehn Millionen einen goldenen Nikolaisticker mit einem Diamanten. Jeder Spender bekommt außerdem eine auf wertvollem Pergament gedruckte Zwillingsurkunde - eine für Büro oder Wohnung, die andere sozusagen für die Ewigkeit. Sie ist für eine Schatulle vorgesehen, die ihren Platz im Mauerwerk unterhalb des Turms finden wird. Außen an der Mauer soll eine große Tafel vom guten Willen der edlen Spender künden.

Bundespräsident Roman Herzog mit dem 1. Vorsitzenden der Hansa Funktaxi eGmbH, Erich Kolbeck

In diesem Zusammenhang muß ich noch ein anderes Thema berühren. 1990 rief mich ein Mitarbeiter der Hamburger Morgenpost im Büro des Förderkreises an. Er versprach mir wertvolle und hochinteressante Informationen, sofern er die Geschichte exklusiv verwerten könne. Es ging um folgendes: Als St. Nikolai 1943 ausgebrannt war, fehlte vom Kirchenschiff nur das Dach, alles andere war stehengeblieben. Aus Sicherheitsgründen, vielfach aber auch voreilig und gedankenlos, waren Mauern und Portale im Laufe der Jahre - zuerst durch die Engländer, später auch durch deutsche Behörden - abgetragen oder gar gesprengt worden. Eine Bilddokumentation des Hamburger Denkmalschutzamtes in unserem Dokumentationszentrum macht hierzu bedeutsame Aussagen. Große und zum Teil unversehrte Stücke sollen mit Schuten in die Haseldorfer Marsch transportiert und zur Uferbefestigung im Bereich der Elbe versenkt worden sein. Da es sich um hervorragende Steinqualität handelte, konnten selbst die unter Wasser liegenden Stücke in einem guten und rückführbaren Zustand sein. Natürlich konnten brauchbare Erkenntnisse erst durch Fotos, Filmaufnahmen und Besichtigungen bei niedrigem Wasserstand gewonnen werden.

Die steinernen Schätze heben?

Ich tat, was ich in ähnlichen Fällen immer bevorzuge: Ich setzte mich mit der zuständigen Behörde in Verbindung. In diesem Fall war der Leiter des Denkmalschutzamtes, Prof. Fischer, zu informieren. Ich berichtete von den Recherchen des Journalisten und traf damit wohl einen wunden Punkt. Prof. Fischer bat mich jedenfalls händeringend, den Fall mit aller Diskretion zu behandeln, um eine Art „Schatzsuche" zu verhindern, die von solchen Veröffentlichungen ausgelöst und leicht unkontrollierbar werden könne. Er befürchtete, das dann wertvolle und womöglich noch verwendbare Teile gestohlen werden könnten.

Da mußte ich ihm beipflichten. Bei meinen Untersuchungen der Ruine am Hopfenmarkt hatte ich mich von der erstaunlich guten Qualität des Gesteins am äußeren Turmhelm bis hinunter zum Fuß von St. Nikolai überzeugen können. Obwohl seit Jahrzehnten ein saures Gemisch vom Himmel regnet, waren die Steine äußerlich kaum beschädigt worden. Das galt gleichermaßen für einige große Brocken, die im Laufe der Jahre abgestürzt und geprüft worden waren. Einige sind in unserem Zentrum ausgestellt. Ein letzter großer Speier fiel im März '93 aus etwa 80 m Höhe - Glücklicherweise stürzte er nach innen und nicht auf die stark frequentierte Fahrbahn der Ost-West-Straße. Auch er ist in einwandfreiem Zustand.

Prof. Fischer versprach mir, sofort auch die Kollegen in Schleswig-Holstein zu unterrichten. Danach wollten wir bei Ebbe an den Fundorten, die ihm im übrigen bekannt seien, erst einmal eine Besichtigung durchführen. Auf einen entsprechenden Rückruf des Herrn Prof. Fischer warte ich seitdem vergeblich.

Sollten die Fundstücke tatsächlich gut erhalten sein, wollen wir sie zurückholen. „Heben" wollen wir auch den Schatz, der in den großen Kellergewölben ruht. Sie sind seinerzeit mit vielen Teilen vom Kirchenschiff oder Mauerwerk kurzerhand zugeschüttet worden. Einige Stücke konnten durch die Aufmerksamkeit unseres Architekten sichergestellt werden, andere ruhen noch auf den Gewerbehöfen des Denkmalschutzamtes und des Bezirksamtes Mitte.

Mit Hilfe dieser Fragmente könnte die Idee realisiert werden, die große Lücke auf der Seite des Wölberstieges mit historischen Steinen von St. Nikolai zu schließen. Bürger, die am Ausbau und Erhalt des Mahnmals interessiert sind, könnten für einzelne Bauteile Patenschaften übernehmen. Damit hätten wir einen großen Schritt in Richtung Friedenstreffpunkt getan.

St. Nikolai - vom Computer gebaut

Auf einer Pressekonferenz stellten wir zum ersten Mal auch die Computer-Vision nach erfolgter Sanierung und einige der Pläne vor, wie das Mahnmal auf internationaler Basis für Erwachsene und Jugendliche genutzt werden könnte. Dazu gehörte ein Dach, das zum historischen Teil von Turm und Kirchenschiff passen sollte und das man wahlweise öffnen oder schließen könnte. Vorgesehen war ferner ein musealer Teil mit Klimaanlage im neuen Gewölbe. Wir dachten auch an eine Bühnenfläche mit Orchesterempore. Man könnte Andachten, Konzerte, Kundgebungen oder Festakte gestalten. Am Ende unserer langjährigen Bemühungen sollte jedenfalls ein Ort der Begegnung und Besinnung stehen, der einer weltoffenen Stadt wie Hamburg gerecht würde.

Schlösser, die im Monde liegen? Nein, wachsende und vielfach bereits greifbare Realität. Nur muß über Verwendungsmöglichkeiten und die dafür notwendigen Voraussetzungen vor Beendigung der Sanierungsarbeiten intensiv nachgedacht und entschieden werden. Es ist eine Aufgabe für unsere Stadt und ihre Bewohner, sich der Geschichte zu stellen, nachwachsenden Generationen Mahnung und Perspektive zugleich zu vermitteln. Dazu gehörte als bisheriger Höhepunkt die Weltfriedenswoche vom 6. bis zum 14. August 1995.

Nie wieder Hiroshima

Die Weltfriedenswoche wirft ihre Schatten voraus

Diese Weltfriedenswoche hatte sich lange vorher angekündigt. Da war nicht nur die unendlich viele Organisationsarbeit zu bewältigen, bei der ich wieder einmal von meinen beiden bewährten Mitstreitern Manuela Rousseau und Klaus Krosanke unterstützt wurde, es waren nicht nur einige Kilometer Faxe zu verschicken, erst sollte auf der Spitze des Nikolaiturmes auch noch rechtzeitig zu dieser Veranstaltung ein weithin sichtbares Zeichen gesetzt werden. Es ging darum, die Turmzier abzunehmen, restaurieren und vergolden zu lassen und sie wieder auf diesen dritthöchsten Kirchturm der Welt aufsetzen zu lassen. Das ging nur per Hubschrauber.

Um Kosten zu sparen, hatten wir uns zuerst mit unseren amerikanischen und britischen Freunden in Verbindung gesetzt. Die Idee, daß die Amerikaner mit einem Armeehubschrauber die Turmzier von der dritthöchsten Kirchturmspitze der Welt abnehmen und pünklich am 6.8.95 im neuerstrahlten Glanz, auf die Spitze zurückzuführen, war zwar begeistert von dem amerikanischen Generalkonsul Daniel Wygand aufgenommen worden. Diese Gespräche fanden schon vor Ostern statt, blieben aber leider ergebnislos. Amerikaner wie Briten lehnten ab. Sie argumentierten, daß es zu gefährlich sei und sie keine Piloten hätten, die sich das zutrauen würden.

Vergoldung der Turmzier

Nun setzten wir uns mit unserem Verteidigungsminister Volker Rühe, der daher noch ein Mandat und einen Wahlkreis in der Hansestadt hat und eigentlich ein Interesse an unserer Aktion haben müßte, in Verbindung.
Reaktion aus Bonn - absolute Funkstille.
Nach langem Suchen fanden wir schließlich eine Mannschaft in Berlin, im ehemaligen Ostteil der Stadt, die eine alten russischen Armeehubschrauber besaß und sich die Aufgabe auch zutraute.
Die Flieger schafften es tatsächlich in nur vier Minuten die 5,40 Meter hohe Turmzier zuheben, sie über das Nikolaifleet in den Freihafen zu fliegen und dort auf einem Tieflader abzusetzen.

Rücktransport

Der Rücktransport sollte sich schwieriger gestalten. Denn die Zier hätte, um die Vergoldung nicht zu beschädigen, stehend transportiert werden müssen. Damit kam man jedoch unter keiner Brücke und keiner Oberleitung durch. Und einen Hubschrauberflug von der Vergolderei zur Kirche hatten die Behörden wegen der drohenden Gefahren abgelehnt. Doch unser bauleitender Architekt Bernhard Brüggemann fand eine Möglichkeit, und so konnte die Turmzier pünktlich am 6. August 1995, morgens um acht Uhr wieder auf die Turmspitze geflogen werden. Das zumindest hatten die Behörden genehmigt. Ich war damit aber keineswegs beruhigt. Würde auch das Wetter mitspielen? Doch nach so mancher schlaflosen Nacht konnte ich beruhigt sein. Der Tag war sonnig, klar und es war nicht zu windig. Wir hatten optimale Bedingungen für unser Unternehmen.

268

Vorsichtig setzt der Hubschrauber die Turmzier ab.

Ganz vorsichtig, als würde er Nitroglyzerin transportieren, hob der Hubschrauber seine Last an. Langsam stieg er mit seiner goldenen Last in den strahlendblauen Himmel und setzte sie um 8.07 Uhr auf der Spitze ab. Architekt Brüggemann schwenkte seinen Helm in Richtung des Gebäudes der Reederei Hamburg-Süd, auf deren Dach ich die Aktion verfolgt hatte. Mir fiel ein Stein vom Herzen.

Hier gilt unserer besonderer Dank dem Wirtschaftsrat der Hamburger CDU, die über 65 Einzelspenden eine Summe von DM 35 000,- zusammenbrachten. Damit war ein Großteil der Kosten für diese Aktion zusammengekommen. Zwei Herren seien hier besonders hervorgehoben. Herr Dr. Werdemann, Geschäftsführer des CDU-Wirtschaftsrates und unser Vorstandsmitglied Herr Erich Kolbeck, ohne die die Aktion aus Kostengründen nie zustande gekommen wäre.

Weltfriedenswoche - ein kulturelles Ereignis

Anschließend wurde die Ausstellung „Hiroshima gestern und heute - Hiroshima vor 50 Jahren" im Dokumentationszentrum von St. Nikolai eröffnet. Ganz besonders ergriffen, erfreut und erleichtert war ich darüber, daß der japanische Generalkonsul in seiner Ansprache zum ersten Male die Verbrechen eingestand, die Japan im Zweiten Weltkrieg begangen hatte. Das Thema war bislang in Japan tabuisiert worden. Auch am Abend zuvor, im Gedenken an den 6. 8. 1945, gab der japanische Bürgermeister von Hiroshima die Schuld an vielen Verbrechen im Zweiten Weltkrieg zu, zeigte Reue und entschuldigte sich für sein Land. Der amerikanische Generalkonsul, der im Rahmen dieser Veranstaltung ebenfalls eingeladen war, kam zwar, hielt aber keine Ansprache. Einige Wochen vorher hatte ihm die amerikanische Botschaft eine Rede untersagt. Wir haben das sehr bedauert, aber seinen Entschluß respektiert und uns trotzdem gefreut, daß er an diesem Abend unser Gast war. Friedlich ging der erste Abend der Weltfriedenswoche zu Ende.

Der Montag, es war der 7. August 1995, wurde mit einem sehr schönen Konzert eröffnet. Gemeinsam mit dem Posaunenchor Harburg war der Dirigent Prof. Ernst-Ulrich von Kameke Gestalter dieses Abends. Gemeinsam mit Posaunen und Trompeten erklangen Glockenspiel und Orgel.

Nicht nur ich hatte meine Freude an den vielseitigen konzertanten Möglichkeiten des Glockenspiels. Diese Weltfriedenswoche zeigte zum ersten Mal den Weg auf, der künftig hoffentlich junge Menschen aus aller Welt zum friedlichen Musizieren an die Turmruine von St. Nikolai führen wird. Trotz Baugerüsten, Material- und Wohncontainern bot das Mahnmal schon jetzt ein wunderschönes zauberhaftes Ambiente. Bereits am Abend vorher hatte Prof. Ludwig Güttler, der Mann, auf dessen Initiative der Wiederaufbau der Frauenkirche in Dresden zurückzuführen ist, und zugleich der Mann, der zu den weltbesten Klassiktrompetern gehört, die Menschen begeistert.

Der 8. August 1995, der dritte Tag der Weltfriedenswoche stand ganz im Zeichen der von den Franzosen angekündigten Atomtests. Namhafte Redner hatten sich angesagt. Die Greenpeace-Aktivistin Claudia Sieg mußte zwar leider kurzfristig absagen, da sie schon wieder zu weiteren Protestaktionen in Richtung Mururoa-Atoll unterwegs war. Sie ließ aber der Veranstaltung ausrichten, daß sie mit ihrem Herzen dabei sei.

Von der Vereinigung „Ärzte gegen den Atomkrieg" war Dr. med. Bastian vertreten. Dr. Jörg Wallner konnte als Atomphysiker kompetent von den unglaublichen Gefahren berichten, die von der Atombombe ausgehen. Auch Krista Sager, Abgeordnete und Bundesvorstandssprecherin der Grünen/ Bündnis 90, war zur Nikolaikirche gekommen.

Ein großartiger Höhepunkt und ein wirklich einmaliger Genuß in der Turmruine von St. Nikolai war der Auftritt der weltbekannten Opernsängerin Gail Gilmore aus Amerika. Sie wurde für ihre Opernarien stürmisch gefeiert und gab das Versprechen ab, zum 800. Geburtstag von St. Nikolai im Januar 1996 ein Benefizkonzert zum Erhalt des Mahnmals von St. Nikolai zu geben.

Der 9. August war der Veranstaltungstag des Deutschen Gewerkschaftsbundes mit Rednern wie Hellmut Kalbitzer und jungen Gewerkschaftlerinnen und Gewerkschaftlern zum Thema „Nie wieder Krieg - Ende mit den kriegerischen Auseinandersetzungen in Jugoslawien - Keine Atomtests, keine Atombombe, atomwaffenfreie Zonen, Frieden für alle Menschen".

Der 4. Veranstaltungstag in der Turmruine von St.-Nikolai bedeutete Halbzeit. Vier Tage würden noch folgen. Da erreichte mich ein Anruf aus der Staatskanzlei in Dresden. Der Oberbürgermeister der Stadt, Dr. Herbert Wagner, ließ mitteilen, daß er gern zum Abschluß der Weltfriedenswoche am 14. August in der Neuen Flora, die uns für die große Abschlußgala kostenlos zur Verfügung gestellt wurde, das Grußwort an die Gäste richten würde. Ich freute mich sehr, denn mich verbindet viel mit dieser ehemals so wunderschönen Stadt - erstens stammt meine Frau aus Dresden. Dann sind Hamburg und Dresden verbunden durch das Band der Elbe, verbunden außerdem durch das gleiche Schicksal zweier zerstörten Kirchen, die Frauenkirche in Dresden und St. Nikolai in Hamburg. Die Frauenkirche wird dank der großartigen, genialen Idee von Prof. Ludwdig Güttler wieder aufgebaut.

Beide Kirchen sind als verwundete, geschändete Gotteshäuser aus dem Zweiten Weltkrieg aufgenommen in den Schoß der europäischen Nagelkreuzgemeinde von Coventry.

Es gab im Rahmen der Weltfriedenswoche eine Reihe von kulturell interessanten Höhepunkten. Doch leider kamen keine Vertreter aus dem Rathaus oder aus der Kulturbehörde. Ich fühlte mich, als würde uns Gleichgültigkeit vor Augen geführt. Es glich fast einer Diskriminierung. Selbst Senatoren, die für den Erhalt des Mahnmals verantwortlich sind, waren nicht in der Lage, eine halbe Stunde ihrer Zeit zu opfern, um gemeinsam mit ihren Familienmitgliedern die von uns mit viel Liebe und Aufmerksamkeit zusammengestellte Veranstaltungsreihe zu genießen.

Am 11. August 1995 war dann unser Gast aus Japan, Frau Nuamata im Dokumentationszentrum. Sie begegnete dort Dr. Paul Oestreicher, der gerade aus Hiroshima zurückgekommen war und berichtete, wie tragisch sich die Japaner mit der Geschichte von vor 50 Jahren auseinandersetzen.

Frau Nuamata sprach ganz offen von den armen gequälten Kreaturen, die nach dem Bombenangriff vor 50 Jahren nicht gleich gestorben sind, sondern langsam dahinsiechen, und die in Japan teilweise wie Aussätzige behandelt werden. Ihnen wurde damit eine doppelte Strafe aufgebürdet. Frau Nuamata hatte nicht geheiratet, sie wußte, daß sie durch die Schädigung der Strahlen nie hätte eine glückliche Ehe führen können. Ihr war damals - ohne Narkose - das Bein abgetrennt worden und es ist erstaunlich, wie diese kleine zierliche Person aus dem Land der aufgehenden Sonne noch heute ihr Schicksal tragt und wie sie darüber berichtet.

Der 12. August wurde von unserem Nachbarland Polen ausgerichtet, damit wir uns eine kleine Pause gönnen konnten, denn die ganze Aktion war doch sehr anstrengend, und man darf nicht vergessen, daß auch die gesamten organisatorischen Vorbereitungen über Monate hinweg sehr nervenaufreibend war. So delegierte ich die mir zugedachte Eröffnungsansprache an die sehr sprachtalentierte Pressesprecherin Frau Rousseau. Vielleicht hatte ich auch geahnt, daß dieser Tag besonderen Zündstoff erhalten sollte.

Die Rangeleien um die Finanzen, die schon im Vorfeld der Veranstaltung zu einigen Irritationen und Unmut geführt hatten, setzten sich am Tage der Veranstaltung fort.

Es wurde nur auf polnisch moderiert, was natürlich für die zahlreichen Nikolai-Freunde äußerst unbefriedigend war. Die Veranstaltung sollte um 22.00 Uhr beendet sein, aber erst gegen 22.30 Uhr wurde ein ohrenbetäubend lautes Feuerwerk abgefeuert, sodaß die Polizei einschreiten wollte, was nur mit einiger Mühe verhindert werden konnte. Zu allem Überfluß versengte eine Magnesiumrakete noch die Kleider des polnischen Generalkonsuls und seiner Gattin. Ein peinlicher Auftritt, was natürlich zu zusätzlicher Mißstimmung führte.

Die Nerven waren äußerst strapaziert und die polnisch-deutschen Beziehungen waren auf dem Nullpunkt angekommen. Herr Krosanke und Herr Brüggemann schritten nun energisch ein, um die Veranstaltung zu beenden. Mittlerweile haben sich aber diese Wogen wieder geglättet.

Am 13. August, erinnerten wir noch einmal an den Mauerbau in Berlin vor 34 Jahren. Aber ansonsten sollte dieser Tag, der ganz im Zeichen der beliebten Volksschauspielerin Heidi Kabel stand, ein wenig der Entspannung dienen. Der NDR hatte ein Video drehen lassen, das der längste Videofilm wurde, der je über eine einzelne Person gedreht worden ist.

Unsere Gäste waren der amerikanische Sänger Owen Williams, die begnadete Sängerin Bridget Fogle mit ihrer unvergleichlichen Stimme und natürlich wieder Colby Thomas. Im Programm war auch das Hamburger Polizeiorchester unter Leitung der Amerikanerin Dr. Christine Kresge und selbstverständlich hatte es sich Adi Albershardt nicht nehmen lassen, mit seiner Finkwarder Speeldeel und vielen anderen diesen wunderbaren Abend zu verschönern.

Nicht zu vergessen die Aktionen des Hamburger Suppenpastors Jens Uwe Flügel aus Rissen mit seiner Suppe zugunsten von St. Nikolai oder auch die Aktion der Firma McDonalds um hier stellvertretend nur einige zu nennen die zu diesem Ereignis beigetragen haben.

Wir näherten uns dem Ende der Weltfriedenswoche, dem groß angekündigten Benefizkonzert zu gunsten des Wiederaufbaus der Dresdner Frauenkirche. Prof. Ludwig Güttler aus Dresden gestaltete dieses Konzert mit seinem kompletten Orchester. Zu den Programminhalten gehörte natürlich Colby Thomas. Sie brachte meisterlich Lieder für Singstimme und Klavier von Wolfgang Amadeus Mozart und Georg Friedrich Händel zu Gehör. Begeistert waren die Besucher von der jungen japanischen Pianistin Eiko Yamashita. Das Benefizkonzert stand im Zeichen der ehemaligen Gegner von gestern und Freunde von heute. Prof. Ludwig Güttler aus Dresden, Eiko Yamashita aus Japan und Colby Thomas aus den Vereinigten Staaten von Amerika. Das war eine Mischung, die den passenden Abschluß der Weltfriedenswoche bildeten.

McDonald hatte ein Bufett mit Speisen und Getränken für 1 Mark und 1,50 Mark aufgebaut. Die Summe, die dabei zusammen kam, sollte für die Frauenkirche und für die Nikolaikirche gespendet werden.

Die Enkelkinder und ihre Freundinnen gingen mit einer Spendensammelbüchse durch das Foyer und verkauften Programmhefte und sammelten sonstige Spenden ein.

Die kleine Jessica hatte sich etwas Besonderes ausgedacht: Sie verkaufte einfach das kostenlose Programm der Abendveranstaltung für 2 Mark. Gerade
als ein „Kunde" bereit war, 2 Mark zu bezahlen, tauchte ein kleiner Junge auf
und sagte: „Das müssen Sie nicht bezahlen, das ist kostenlos". Darauf antwortete die kleine Jessica sag: „Zieh Leine - Du verdirbst das Geschäft". Wir
haben noch Stunden später Tränen darüber gelacht. Es zeigt, daß selbst die
kleinsten schon wissen, welche Bedeutung St. Nikolai zukommt. Alles in
allem war es ein wunderbarer Abend, an den sicherlich noch viele Menschen
mit Freude zurückdenken werden.

Veranstaltung am Mahnmal St. Nikolai

Als Nachtrag lassen sie mich den sehr netten Brief von Annett Pietsch, der mich am 11. August '95 erreichte, erwähnen.

Sie schreibt, daß sie beiliegendes Gedicht am 6.August 1995 nach der Rückführung der Turmzier geschrieben hat und es uns als Dank überreicht.

Zitat : „....und etwas von dem zurückzugeben, das Sie mit Ihrem Engagement für St. Nikolai, für Hamburg, für alle Menschen, die gegen das Vergessen und die Gleichgültigkeit, und für den Frieden in der Welt stehen, tun.

Der „Turmzier-Lady" zum 6. August 1995

Sie hat uns oft den Kopf verdreht,
erreicht, daß sonntags früh aufsteht,
wer ihr nicht widerstehen kann,
ob Kind, Hund, Kegel, Frau und Mann
harrt aus auf Dächern, Straßen, Gassen,
dabei zu sein, applausbereit,
wenn sie sich zeigt in neuem Kleid.

Die Polizei sperrt für sie Straßen,
doch diese Lady nimmt's gelassen,
läßt durch die Lüfte sich chauffieren,
auch wenn Motoren laut rotieren,
bewahrt die Haltung, schwebt mit Stil,
der Fotografen nicht zuviel.

Gelandet ist sie, glaub ich, seicht-
das Gold für viele Tage reicht.
daß Blicke folgen willig ihr,

na, wem? Der Nikolai-Turmzier!

Annett Pietsch

274

HIROSHIMA-GEDENKEN

WeltFriedensWoche 1995

IN HAMBURG
6. BIS 14. AUGUST

PROGRAMM

50 Jahe nach Hiroshima
Für einen weltweiten Atomteststopp

WeltFriedensWoche 1995

IN HAMBURG
6. BIS 14. AUGUST

HIROSHIMA-GEDENKEN

Veranstalter und verantwortlich:
Förderkreis »Rettet die Nikolaikirche« e. V.

mit freundlicher Unterstützung:
Deutscher Gewerkschaftsbund Hamburg
mit seinen Einzelgewerkschaften
Hauptkirche St. Nikolai am Klosterstern
Frauenrat Hamburg
Republik Polen
Hochschule für Musik und Theater in Hamburg
Kulturbehörde Hamburg
Freie und Hansestadt Hamburg
Deutsche Post AG, Direktion Hamburg
Stella Kultur-Management
eurodruck GmbH
Hansa Funktaxi e. G.
McDonald's Deutschland Inc.
Behörde für Schule, Jugend und Berufsbildung, Hamburg
Jürgen Herter Plakatanschlagsunternehmen
Hamburger Außenwerbung

Wir danken allen Institutionen,
allen Freunden und allen ehrenamtlichen Helfern
sowie Mitarbeitern, Mitgliedern und dem Vorstand des Förderkreises.
Für die künstlerische Gestaltung danken wir besonders
dem in Hamburg lebenden Maler Bruno Bruni.

Wir weisen ausdrücklich darauf hin,
daß dies eine friedliche Veranstaltung
zum Zwecke der Aussöhnung und
gegen das Vergessen sein soll.

Typographie | Gestaltung Peter Gutsche | Zeichnung Bruno Bruni

276

WELTFRIEDENSWOCHE 1995

IN HAMBURG

PROGRAMM

6. BIS 14. AUGUST

Mit dem Datum 6. August 1995 erinnern wir an den Abwurf der ersten Atombombe vor 50 Jahren auf die Stadt Hiroshima. Diese Veranstaltung dient dem Zwecke der Aussöhnung und steht gegen das Vergessen.

SONNTAG, 6. AUGUST

8.00 Uhr. Montage der neuvergoldeten Turmzier auf die Spitze von St. Nikolai. Ein einmaliges Erlebnis. Sie sind herzlich eingeladen.

Eröffnungsveranstaltung des Förderkreises »Rettet die Nikolaikirche« e.V.

Glockengeläut aller Hamburger Kirchen
Begrüßung durch Ivar Buterfas,
1. Vorsitzender Förderkreis »Rettet die Nikolaikirche« e.V.
Erläuterung und Uraufführung der **Weltfriedensmelodie**
Friedensfanfaren
Prof. Ludwig Güttler und Blechbläserensemble
1. Fanfare für 2 Trompeten und Posaune
von U. Leyendecker
2. Klage für Trompete von S. Otte
3. Fanfare für Blechbläser von Harald Gezmer
4. Fanfaren von Dhora Leka
Signal 1 für 2 Trompeten und 2 Posaunen
Signal 2 für Waldhorn und Posaune
5. Fanfare für Blechbläser op. 65 von Hans Günter Allers
– ausgewählt und bearbeitet von Ludwig Güttler
   Ludwig Güttler, Trompete
   Mathias Schmutzler, Trompete
   Volker Stegmann, Trompete
   Roland Rudolph, Trompete
   Lothar Böhm, Waldhorn
   Manfred Zeumer, Alt- und Tenorposaune
   Gerhard Eßbach, Tenorposaune
   Guido Ulfig, Tenor- und Baßposaune
   Lars Zobel, Baßposaune
   Hans-Werner Liemen, Tuba
Ansprache von Prof. Dr. Leonard Hajen, Präses der Behörde für Wissenschaft und Forschung Hamburg
Bläserensemble Ludwig Güttler: William Brade
»Aus der Suite 1617 den Satz ›Blumen‹«
Ansprache des japanischen Generalkonsuls Tsutomu Sugimoto
Wir bedanken uns bei **A. Daniel Weygandt**,
Generalkonsul der Vereinigten Staaten von Amerika,
für seine Anwesenheit
Bläserensemble Ludwin Güttler: Giovanni Gabrielli
»Canzon XXVI« für drei Bläserchöre
Der Schauspieler **Walter Plate** verliest einen Brief
zur Weltfriedenswoche von **Ralph Giordano**
Internationaler ökumenischer Gottesdienst unter
der Leitung von Dr. Ferdinand Ahuis, Hauptpastor
an St. Nikolai am Klosterstern
Eröffnung der Hiroshima-Ausstellung
durch Ivar Buterfas
Wiederholung der Friedensfanfaren
Ausklang mit dem Glockenspiel von St. Nikolai
Richard Brinkmann

Mahnmal St. Nikolai am Hopfenmarkt

MONTAG, 7. AUGUST

Veranstaltung des Förderkreises »Rettet die Nikolaikirche« e.V.

Glockenspiel St. Nikolai, Richard Brinkmann
Harburger Posaunenchor: Bläserfanfare
Begrüßung durch Ivar Buterfas
1. Vorsitzender Förderkreis »Rettet die Nikolaikirche« e.V.
Hamburger Posaunenchor:
Morgenmusik (aus dem »Plöner Musiktag«)
von Paul Hindemith
Largo aus dem Orgelkonzert d-moll (nach Vivaldi)
von Johann Sebastian Bach
Turmkonzert St. Nikolai für Glockenspiel, zwei Bläser,
Chöre und Pauken von **Ernst-Ulrich von Kameke**
Orgelchoräle von Johann Sebastian Bach
»Wo soll ich fliehen hin«
»Lobe den Herren, den mächtigen König«
Orgel und Glockenspiel »Nun danket alle Gott«,
bearbeitet von **Ernst-Ulrich von Kameke**
Mitwirkende: **Der Harburger Posaunenchor**
– Leitung **Heinz Korupp**, **Ernst-Ulrich von Kameke**
und **Richard Brinkmann**, Glockenspiel

19.30 Uhr Mahnmal St. Nikolai am Hopfenmarkt

DIENSTAG, 8. AUGUST

Veranstaltung des Förderkreises »Rettet die Nikolaikirche« e.V.

»Für saubere Umwelt gegen alle Atomversuche«
Glockenspiel St. Nikolai, Richard Brinkmann
Begrüßung durch Ivar Buterfas,
1. Vorsitzender Förderkreis »Rettet die Nikolaikirche« e.V.
Gail Gilmore, der Openstar aus Amerika singt:
»Seien wir wieder gut« (aus Naxos von R. Strauß)
Gastrednerin aus Bonn: **Krista Sager**,
Bundesvorstandssprecherin Bündnis 90 / Die Grünen:
»50 Jahre nach Hiroshima –
für einen weltweiten Atomteststopp«
Eine **politische Einschätzung** der geplanten Testserie
der Franzosen mit **Dr. Jörn Wallner**, Institut für
Friedensforschung und Sicherheitspolitik, Universität
Hamburg: »Atomwaffen – kein Ende?«
Glockenspiel St. Nikolai
Sprecher der Hamburger Gastronomie
Broder Dreews und Walter Knickrehm
Glockenspiel St. Nikolai
Heinz Laing, Greenpeace International, Experte für Atom-
energie und Abrustung: »Atomtests und ihre Folgen«
Dr. Bastian, Vorsitzender der Organisation Internationale
Ärzte für die Verhütung des Atomkrieges e.V.
Gail Gilmore: singt »Vissi d'Arte« (aus Tosca von Puccini)
Diskussion mit allen Beteiligten
Glockenspiel St. Nikolai

19.30 Uhr Mahnmal St. Nikolai am Hopfenmarkt

MITTWOCH, 9. AUGUST

Veranstaltung des DGB Hamburg

16 bis 17 Uhr: **Vorprogramm** und Eintreffen der Gäste
17 Uhr Beginn: **Glockenspiel St. Nikolai,
Richard Brinkmann**
Staatliche Jugendmusikschule Hamburg
Jiddisches Ensemble, Leitung Walter Stoiber
Ansprache von **Hellmut Kalbitzer**,
ehemaliges Mitglied des Deutschen Bundestages
und der Hamburger Bürgerschaft
Staatliche Jugendmusikschule Hamburg
Jiddisches Ensemble, Leitung Walter Stoiber
Ansprache von **Georg Benz**,
ehemaliges Mitglied des Vorstandes der IG Metall
und Mitstreiter der Friedensbewegung
Staatliche Jugendmusikschule Hamburg
Jiddisches Ensemble, Leitung Walter Stoiber
Redner der DGB-Jugend Hamburg
Abschluß mit dem **Glockenspiel St. Nikolai
Richard Brinkmann**

16:00 Uhr Mahnmal St. Nikolai am Hopfenmarkt

DONNERSTAG, 10. AUGUST

Veranstaltung des Frauenrates Hamburg

Glockenspiel St. Nikolai, Richard Brinkmann
Wolfgang Borchert, gesprochen von **Jasmin Buterfas**:
»Dann gibt es nur eins – NEIN«
Begrüßung durch **Ute Pape**, Bürgerschaftspräsidentin
der Freien und Hansestadt Hamburg
Ansprache von **Dr. Jutta Krüger**,
Vorsitzende des Frauenrates Hamburg:
»Vernichtung aller Atomwaffen«
Gedichte vorgetragen von Studenten der Hochschule
für Musik und Theater Hamburg
Abschlußansprache von **Dr. Jutta Krüger**:
»Alle Mütter der Welt, sagt NEIN«
Glockenspiel St. Nikolai, Richard Brinkmann

19.00 Uhr Mahnmal St. Nikolai am Hopfenmarkt

FREITAG, 11. AUGUST

Veranstaltung des Förderkreises
»Rettet die Nikolaikirche« e. V.

Glockenspiel St. Nikolai, Richard Brinkmann
Begrüßung und Einleitung durch Ivar Buterfas
1. Vorsitzender Förderkreis »Rettet die Nikolaikirche« e.V.
Ansprache von Dr. Paul Oestreicher, Vizepräsident
der Campaign for Nuclear Disarmament und Leiter
des Friedenszentrums an der Kathedrale von Coventry
Frau Suzuko Numata, Überlebende des Atombomben-
abwurfs auf Hiroshima, **im Gespräch** mit **Hardy Tasso**
Beginn der Patenschaft St. Nikolai und Hiroshima
Dom. Ivar Buterfas überreicht Frau Suzuko
Numata eine Patenschaftsurkunde
Einführende Worte von **Manuela Rousseau**,
Pressesprecherin und Vorstandsmitglied
des Förderkreises »Rettet die Nikolaikirche e. V.
zur Aufführung von »Und es ward Hiroshima«
Welturaufführung »Und es ward Hiroshima«
Eine Collage über Anfang und Ende der Schöpfung.
Musik: **Felicitas Kuckuck**
Wort: **Margret Johannsen** unter Verwendung
von Texten aus 1. Moses 1,1–2,3 und einem Gedicht
von Mitsue Furuta
Sopran: **Julia Barthe**
Tenor: **Wilfried Jochens**
Sprecher: **Joachim Kuntzsch**
Bläserensemble:
Oboe I: **Dieter Krefis**
Oboe II: **Hildegard Demdenski**
Fagott: **Wolfgang Guttschke**
Englisch Horn: **Ursula Maiwald-Klövekorn**
Schlagwerk: **Hauke Wendt**
Ein Projektchor, Leitung: **Christian Barthe**

19.30 Uhr Mahnmal St. Nikolai am Hopfenmarkt

SONNABEND, 12. AUGUST

Veranstaltung des Koordinationskomitees
der Polnischen Vereine in Hamburg

Glockenspiel St. Nikolai, Richard Brinkmann
Begrüßung durch Ivar Buterfas
1. Vorsitzender Förderkreis »Rettet die Nikolaikirche« e. V.
Musik: **Deutsch-Polnisches Duo Lamorski**
Ansprache des Generalkonsuls der Republik Polen,
Herrn A. B. Kulaszewski, Vorsitzender des Koordina-
tionskomitees der Polnischen Vereine in Hamburg
Musik: **Deutsch-Polnisches Duo Lamorski**
Das Jugendorchester Oldenfelde Hamburg:
Felix Mendelsohn Bartholdy, Symphonie Nr. 5,
Reformationssymphonie, II. Satz
Johann Nepomuk Hummel, Trompetenkonzert, I. Satz
Solistin: **Saskia Louwerts**
Symbolische Inzenierung »Mit Trümmern geschriebene
Gedichte« nach der Idee und unter der Regie
von **Ryszard Wojtyllo**
Requiem für die Opfer der Gewalt
Der berühmte Multiinstrumentalist und Komponist
Cz. Niemen spielt Musik über Krieg und Frieden
auf der literarischen Grundlage eigener und anderer
polnischer Gedichte – mit Spezialeffekten

19.30 Uhr Mahnmal St. Nikolai am Hopfenmarkt

Der Eintritt zu allen Veranstaltungen ist frei. Etwaige Programmänderungen entnehmen Sie bitte der Tagespresse.
Für den Erhalt des Mahnmals bitten wir um Spenden.
Wir laden Sie auch ein, die Hiroshima-Ausstellung im Dokumentationszentrum am Hopfenmarkt zu besuchen.

278

Veranstaltung des Förderkreises
»Rettet die Nikolaikirche« e.V.

Glockenspiel St. Nikolai, Richard Brinkmann
Kinderchor der Schule Altonaer Straße
unter der Leitung von **Hildegard Stengel**
»Das kleine Lied vom Frieden«
»Alle Kinder dieser Erde«
»Kanon für St. Nikolai«
Organisation **Dagmar Buterfas**
Glockenspiel St. Nikolai, Richard Brinkmann
Aufstieg der Friedenstauben (Besitzer Herr Schießl),
Organisation und Leitung Dagmar Buterfas
Begrüßung und Einleitung durch Ivar Buterfas
1. Vorsitzender Förderkreis »Rettet die Nikolaikirche« e.V.
Polizeiorchester Hamburg: Amerikanische Musicalmelodien
Leitung: **Dr. Christine Kresge**
Heidi Kabel liest eine Hamburger Kurzgeschichte
Finkwarder Speeldeel: »Frische Bri's van de Elv«
Leitung: **Adi Albershardt**
Owen Williams: »Ol' Man River« und zwei weitere Titel
Colby Thomas: »Somewhere« (aus ›Phantom der Oper‹)
Bridget Fogle: »You're my Life«
Colby Thomas und Bridget Fogle: »From a Distance«
Begleitung: **Heiko Lippmann**
Großes Finale mit allen Mitwirkenden:
»In Hamburg sagt man Tschüß«
Ausklang mit Hamburgs Suppenpastor **Jens-Uwe Flügel**
und einer Steckrüben-Rahm-Suppe

15.00 Uhr Mahnmal St. Nikolai am Hopfenmarkt

VON DER EINHEIT HIN ZUR EINIGKEIT

WELTFRIEDENSWOCHE 1995
IN HAMBURG

PROGRAMM

Grußworte der Schirmherren:
des Dresdner Oberbürgermeisters
Dr. Herbert Wagner
und Hamburgs Ersten Bürgermeisters
Dr. Henning Voscherau

ANTONIO VIVALDI
1678–1741

Konzert C-Dur für zwei Trompeten,
Streicher und Basso Continuo RV 537
Allegro
Largo
Allegro

GEORG FRIEDRICH HÄNDEL
1685–1759

Drei Lieder für Singstimme und Klavier
Va gadeno
Lascia ch'io pianga
Lusinghe piu care

WOLFGANG AMADEUS MOZART
1756–1791

Divertimento Nr. 1 D-Dur für Streicher,
KV 136, daraus
Allegro
Zwei Lieder für Singstimme und Klavier
Abendempfindung ·
Ridente la Calma
Divertimento Nr. 1 D-Dur für Streicher,
KV 136, daraus
Andante
Presto

PAUSE

JOSEPH HAYDN
1732–1809

Klavierkonzert D-Dur Hob XVIII-11
Allegro
Un poco Adagio
Rondo all'Ungarese – Allegro assai

GEORG FRIEDRICH HÄNDEL
1685–1759

Zwei Arien für Sopran, Streicher (Oboen)
und Basso Continuo
»Frohlocke und jauchze, du Tochter Zion«
»Er weidet seine Herde«

JOHANN MELCHIOR MOLTER
1696–1765

Konzert D-Dur für zwei Trompeten,
Streicher und Basso Continuo
Allegro
Andante
Allegro

Colby Thomas	Sopran
Marina Kommisartchik	Klavier
Eiko Yamashita	Klavier

Ludwig Güttler	Trompete	} Basso
Mathias Schmutzler	Trompete	} Continuo
Roland Straumer	Solovioline	

Friedward Dittmann	Violoncello
Werner Zeibig	Kontrabaß
Friedrich Kircheis	Cembalo

Virtuosi Saxoniae Dresden
Leitung **Prof. Dr. Ludwig Güttler**

WELTFRIEDENSKONZERT
BENEFIZ-GALA
NEUE FLORA
14. AUGUST 1995 · 20 UHR

Etwaige Änderungen des Programms entnehmen Sie bitte der Tagespresse. Wir bitten für den Erhalt des Mahnmals von St. Nikolai um Spenden.

280

Der Weltmeister mit Herz

Die Nacht der Knock-Outer

Während eines gemeinsamen vorbereitenden Gespräches vor der Weltfriedenswoche in dem Atelier von Bruno Bruni wurde wieder einmal das unerschöpfliche Thema Boxen zwischen Dariusz Michalczewski, Bruno Bruni, Klaus-Peter Kohl, dem Manager von Dariusz, und mir debattiert.

Plötzlich sagte Dariusz zu mir: „Du, ich will etwas für Deine Kirche tun. Ich möchte, daß Du von dem, was ich gemalt habe, etwas hast. Ich habe ein Bild alleine gemalt, das ist noch nicht ganz fertig, zudem habe ich ein weiteres Bild gemeinsam mit Bruno gemalt. Ich habe mit Bruno schon einmal darüber gesprochen, daß wir uns von diesen beiden Bildern, an denen wir eigentlich doch hängen, trennen und sie zugunsten Deiner Nikolaikirche versteigern wollen. Der Erlös, soll dann der Nikolairuine zufließen".

Ich war gerührt, denn eine so weiche Seite eines harten Boxers vermutet man nicht unbedingt. Dariusz Michalczewski ist alles in allem eine absolute Ausnahmeerscheinung. Er kann mit der Würde eines Weltmeistertitels umgehen. Ich war von diesem Vorschlag begeistert. Jetzt fehlte nur noch der passende Kampftag und die Versteigerung, die im Anschluß daran stattfinden konnte. Dieses Datum war ein weltweit aufsehenerregendes Ereignis, es sollte der 19. August 1995 sein, der Tag, an dem auch Mike Tyson boxte. Dieser Mann besteht nur aus einer eisenharten Muskulatur, aus unglaublichen Oberarmen und man kann sich vorstellen, welch eine Kraft in seinen Fäusten steckt. Im Rahmen dieser „Nacht der Knock-Outer", wie sie von den Medien genannt wurde, sollte die Versteigerung der beiden Kunstwerke sein.

Ich hatte allerdings eine große Sorge: Was passiert, wenn Dariusz Michalczewski seinen Titel verliert? Würde er dann die Halle durch den Hinterausgang verlassen, anstatt nach Abschluß seines Kampfes gemeinsam mit Bruno Bruni und mir in der VIP-Lounge bei der Versteigerung aufzutreten?

Dariusz stand wohl vor der schwersten Bewährungsprobe in seiner Profi-Boxlaufbahn. Der Gegner kam aus Mexiko, sein Name: Everardo Armenta, er war fast 10 Zentimeter größer als Michalczewski und hatte auch einen hervorragenden Kampfrekord. Fast alle seine Kämpfe hatte er mit seinen Gegnern vorzeitig beendet.

Ich flog vormittags mit meiner Frau und meinem Freund Stephan Buck, der mich im Hamburger Großmarkt immer mit frischen Blumen für meine Frau versorgt, nach Düsseldorf.

Ich sah Dariusz nur einmal ganz kurz nachmittags um 16.00 Uhr, als er gemeinsam mit Bruno Bruni eine Kleinigkeit aß, um sich dann vor dem Kampf noch etwas auszuruhen.

Der Weltmeister mit dem großen Herzen

In Hamburg hatte sich der Nachrichtensender DFA mit mir in Verbindung gesetzt und es war von mir ein Deal zwischen zwei Fernsehanstalten eingefädelt worden. Der Nachrichtensender war sehr daran interessiert, daß die Versteigerung, die sicherlich ein lokales Ereignis wäre, in Hamburg dann über das Fernsehen übertragen werden könnte.

Es ist aber nicht möglich, daß bei einem Weltmeisterschaftskampf mit Dariusz Michalczewski ein anderer Fernsehsender als „Premiere" in der Halle sein darf. Bei den Kämpfen um den Halbschwergewichtsmeister Henry Maske ist RTL der übertragende Sender und alle anderen stehen draußen vor der Tür und erhalten die Nachrichten aus zweiter Hand.

„Premiere" erklärte sich einverstanden, das Aufnahmeteam vom DFA-Sender in die Halle zu lassen. Die Bedingung war, daß ich ihnen für den 8. November 1995 eine Drehgenehmigung in Rom im Vatikan beim Besuch der Familie Michalczewski beim Heiligen Vater beschaffen würde.

Natürlich ließ ich sofort wieder meine Verbindungen zum Vatikan spielen, klärte die Angelegenheit und hatte auch für „Premiere" die Genehmigung parat, daß sie drehen können, wenn Dariusz Michalczewski mit dem Heiligen Vater sprechen wird.

Dariusz Michalczewski wird der zweite deutsche Boxer nach Max Schmeling sein, der den Heiligen Vater in Rom besucht.

Hilfe für St. Nikolai, Dariusz Michalczewski und Max Schmeling

Der harte Kampf von Dariusz

Aber zurück zum Boxabend. Die Spannung wuchs. Meine Frau und ich hielten uns fast während des ganzen Kampfablaufes an der Hand, denn mit Runde 1 begann auch gleich ein heftiger Schlagabtausch. Man sah es beiden Boxern deutlich an, der eine wollte mit aller Gewalt die höchste Krone und der andere wollte sie auf gar keinen Fall abgeben. Dariusz Michalczewski bediente sich in hervorragender Weise seiner linken Hand und wenn er Platz schaffte für die rechte, feuerte er sie auch ab und damit erschütterte er merklich den Mexikaner schon von der ersten Runde an. Aber der Mexikaner war ein hervorragend austrainierter Bursche, der über eine beachtliche Schlagkraft verfügte, und so war es sehr gefährlich für Dariusz, wenn er in schwere Konter hineinlief, weil er sich ständig auf den Angriff festgelegt hatte, daß er möglicherweise, unter Umständen hart getroffen, den Kampf verlieren könnte, denn beide sind als absolute k.o.-Schläger bekannt. Ihre Rekorde sprachen eindeutige Bände.
In Runde 3 traf Dariusz Michalczewski mit einer schweren Rechten den Mexikaner und es sah so aus, daß es jetzt nur noch eine Frage von wenigen Sekunden wäre. Aber weit gefehlt. Der Mexikaner, durchtrainiert, kein Gramm Fett zuviel auf dem Körper, war sofort wieder da und attackierte nun Dariusz Michalczewski. Die Runde 4 war ebenfalls, nachdem bei beiden eine

283

blutende Stelle im Bereich des Lides bei Dariusz Michalczewski, im Bereich des Haaransatzes bei dem Mexikaner gestillt wurde, eine ausgeglichene Runde. Aber in Runde 5 übernahm Dariusz Michalczewski eindeutig das Kommando. Mit schweren Rechten erschütterte er den Mexikaner, der nun zu klammern begann. Eine schnelle Rechte und eine Linke kurz darauf und der Mexikaner lag am Boden und wurde ausgezählt. Dieser unbeschreibliche Jubel, der aus 11.000 Kehlen kam, ist nicht vorstellbar und auch meine Frau und ich sprangen von unseren Plätzen auf. Die vor mir sitzende Frau des Managers, meines Freundes Klaus-Peter Kohl, nahm mich in die Arme, gab mir einen Kuß und der Manager Klaus-Peter Kohl rannte in die Ringecke zu dem Trainer Chuck Talhami. Sie lagen sich in den Armen. Dariusz Michalczewski hatte den schwersten Gegner in seiner Laufbahn besiegt, er war alter und neuer Weltmeister.

Versteigerung mit Hindernissen

Jetzt stand nur noch die Versteigerung aus. Erst mußte Dariusz in die Kabine, daran anschließend wollte er noch mit seinen Freunden zusammensitzen, dann folgte die Pressekonferenz - mittlerweile war es 24.00 Uhr geworden. Alle Müdigkeit war aus dem Körper von meiner Frau und mir gewichen. Nun sollte jemand ganz besonderes die Versteigerung dieser beiden Bilder, von denen sich Dariusz Michalczewski und Bruno Bruni sicher nicht gern getrennt haben, durchführen. Ausgewählt für die Versteigerung war ein Boxer, der in Deutschland überall bekannt war, eines der größten Talente, das im deutschen Amateur-Boxsport bis dato jemals im Ring gestanden hat, René Weller. René sagte spontan zu, als ich ihn nachmittags in unserem Hotel auf die Idee der Versteigerung ansprach. Er wollte uns abends seine Hilfe und sein Können zur Verfügung stellen. Inzwischen war es aber 0.30 Uhr geworden. Die Übertragung aus Amerika mit dem Kampf Mike Tyson, nach seiner vierjährigen Zwangspause durch das Gefängnis, wollte niemand versäumen. Also mußte die Versteigerung bald beginnen. Nur war kein Versteigerer da. Es blieb mir also keine andere Wahl, an diesem späten Abend selbst auf die Bühne zu gehen und die Versteigerung durchzuführen. Ich bat Dariusz Michalczewski, der stürmisch gefeiert wurde, als er in die VIP-Lounge kam, mit mir, den beiden Bildern und Bruno Bruni auf die Bühne. Ich eröffnete meinen Vortrag damit, daß die Gäste nun den Weltmeister von einer anderen Seite kennenlernen würden, nämlich als einen Mann, der Engagement hat und sich in Hamburg bereiterklärt hat, für St. Nikolai seine Hilfe anzubieten. Dasselbe gilt auch für seinen Freund Bruno Bruni, denn in Gemeinschaftsarbeit sind diese beiden Boxbilder entstanden, die zwei Kämpfer und Handschuhe zeigen, die nach dem Kampf in der Ringmitte liegen.

Ich begann meine Versteigerung mit 1.000 Mark. Sehr schnell war ich auf 2.000, auf 3.000, auf 4.000, und landete schließlich mit dem ersten Bild für St. Nikolai bei 15.000 Mark. Dann kam das zweite Bild. Daran hing Dariusz ganz besonders, aber auch hier war sein Entschluß unumstößlich. So ging das Gebot auf 2.000, auf 3.000, auf 4.000,- DM. Dann aber erschien plötzlich der Veranstalter und sagte, daß wir die Veranstaltung abbrechen müßten, da jeden Moment die Live-Übertragung live aus den Vereinigten Staaten kommen müsse. So konnte ich nur noch schnell bei DM 7.000,- einen Zuschlag geben und hatte beide Gemälde zur vollsten Zufriedenheit von Dariusz Michalczewski, Bruno Bruni und auch mir versteigert. 22.000 Mark waren in knapp sechs Minuten für St. Nikolai zusammengekommen.

Ich wickelte noch das Geschäftliche ab, doch es schien einen kleinen Flop zu geben. Der junge Mann, der das erste Bild in Höhe von 15.000 Mark ersteigert hatte, sagte mir plötzlich, er müsse nach Hause fahren, um einen Scheck zu holen. Das war natürlich eine Situation, die mich völlig überraschte und ich konnte mir denken, daß das möglicherweise zu Komplikationen führen würde, wenn er nicht wiederkäme. Wie konnten wir das regeln? Dariusz sagte, das kommt überhaupt nicht in Frage und Bruno Bruni lenkte mit dem Vorschlag ein: „Sie müssen uns irgendetwas als Pfand hier lassen". Er übergab mir seinen Personalausweis und sagte: „Ich bin in einer halben Stunde wieder hier."

Aber aus dieser halben Stunde wurde eine Stunde und aus der einen Stunde wurden eineinhalb Stunden. So entschlossen wir uns, das Bild einem zweiten Interessenten, der bei 14.000,- DM ausgestiegen war, zu geben. Einem Druckerei-Inhaber aus der Stadt Göttingen. In Übereinstimmung mit Dariusz und Bruno händigte ich das Bild aus. Dann zog ich mich zurück, da es inzwischen drei Uhr geworden war. Am nächsten Tag wollten meine Frau und ich schließlich in aller Frühe nach Irland fliegen.

Beim Frühstück erfuhr ich von Bruno Bruni, daß der erste Ersteigerer des Bildes kurz vor vier doch noch gemeinsam mit seiner Familie aufgetaucht war, um das Bild einzulösen. Er war natürlich schwer enttäuscht. Doch Bruno Bruni hatte einen Trost für ihn. Sollte es jemals wieder ein von Dariusz Michalczewski und Bruno Bruni Bild geben, so sollte dieser Mann es als erster erfahren und die Chance haben, es zu kaufen.

Noch voll von diesen turbulenten Ereignissen bestiegen Daggi und ich das Flugzeug nach Irland. Wir ließen Deutschland hinter uns, die Weltfriedenswoche war ein Höhepunkt in unserem Leben gewesen. Was würde Irland uns bieten? Den Rückzug ins ruhige Privatleben? Den Aufbruch in eine neue Zukunft? Wir wissen es nicht, wir werden es sehen!

Vorläufiges Ende

Erich Radkes Tod

Also, doch noch kein Ende. Als ob ich es gewußt hätte. Sicherlich wird ein Buch nie fertig, weil einem immer noch unendlich viele tolle Geschichten einfallen. Aber, nach dem neuerlichen, mein Lebenswerk in Frage stellenden Fauxpas der Hamburger Bürgerschaft, muß ich einfach diese Geschichte einfügen, da sie zeigt, wie viele Menschen in dieser tollen Stadt an St. Nikolai hängen und trotzdem immer wieder von Senat und Bürgerschaft im Stich gelassen werden.

Erich Radke lernte ich im Juli 1992 kennen. Er war ein älterer rüstiger Herr, der die 80 Jahre wohl überschritten haben mag und mich um eine Unterredung unter vier Augen bat. Aus diesem einen Gespräch wurden sehr viele. Es zeigte sich, daß Erich Radke seit vielen Jahren die Arbeit des Förderkreises unterstützt und mit Interesse verfolgt. Im Laufe der Zeit sollte sich zeigen, warum er unsere Arbeit so vehement unterstützte.

Er war nie ein Freund der Nazis gewesen und hatte nach seiner Maurerlehre das unendliche Pech, dienstverpflichtet zu werden. Nachdem 1943 Hamburg in Schutt und Asche fiel, wurde er zwangsabkommandiert. Mit jüdischen Häftlingen mußte er Bomben in fast allen Hamburger Stadtteilen räumen.

Er unterstützte die jüdischen Häftlinge wo immer es ging. Er fertigte diverse Aufzeichnungen von diesen Aktionen an. Mit anderen Worten: er war ein Mensch.

Nach 1945 war er bei der Hamburger Polizei beschäftigt.

Als unser Architekt in der Kugel unterhalb des Sonnenrades eine Schatulle fand, wurde diese im Beisein von Dr. Henning Voscherau, Eugen Wagner, Dr. Ahuis, Wolfgang Weißbach und diversen Mitarbeitern der Kulturbehörde, des Denkmalschutzamtes und mir geöffnet. Der Inhalt wurde sichergestellt und neu geordnet. Es war für mich sofort klar, daß, wenn diese Schatulle wieder an ihrem ursprünglichen Platz zurückkehrt, etwas von Erich Radke dabeisein wird.

Nach einem unseren vielen Veranstaltungsabende, zu dem wir Erich Radke häufig abholten, nahm er mich beiseite und eröffnete mir etwas, daß mich sehr erschütterte und auf das ich nicht gefaßt war. Er teilte mir mal wieder mit, für wie wichtig er die Arbeit des Förderkreises und meiner Wenigkeit hält und daß er sich erlaubt, dem Förderkreis sein gesamtes Vermögen zu vermachen. Er gab mir eine Telefonnummer, wo ich nach seinem Tode sein Testament erfahren würde. Ich war sprachlos. Aber seine Aussage, warum er diesen Schritt unternahm, veranlaßte mich dieses Kapitel aufzunehmen.

„Der Senat der Freien und Hansestadt Hamburg hat sehr an der Ruine von St. Nikolai gesündigt. Wir älteren Menschen, und speziell die Hamburger, empfinden dies als eine Art von Stiefmütterlichkeit, die ihresgleichen sucht.

Wie kann man **so mit St. Nikolai umgehen.**

Vor der Eröffnung der Weltfriedenswoche am 06.August '95 verstarb Erich Radke. Wir legten ihm zu Ehren eine Gedenkminute während der Feierlichkeiten ein.

Was er nicht ahnen konnte, vielleicht aber immer vermutet hat, was den Förderkreis, alle Hamburger und mich wie ein Blitz aus heiterem Himmel traf, war die Entscheidung des Hamburger Senats, die Gelder für den Erhalt von St. Nikolai nicht weiter zu bewilligen.

Für uns und ganz besonders für mich ist klar: Jetzt erst recht. Wir werden alle Kräfte in Hamburg, ja, in Deutschland mobilisieren, um die Sanierung zu vollenden.

In Dresden baut man die Frauenkirche wieder auf. Auch Hamburg leistet dazu einen finanziellen Beitrag. Für St. Nikolai hat man in Hamburg scheinbar kein Geld.

Wir wollen, und dafür werden wir kämpfen, daß sich der Hamburger Senat nie wieder aus der Verantwortung von St. Nikolai winden kann.

Alle Leser meines Buches, alle meine Freunde und auch alle meine Feinde, fordere ich auf, mit uns für den Erhalt von St. Nikolai zu kämpfen.

Ein ungewöhnlicher Anhang

Bedingt durch die Vielzahl positiver Reaktionen, auf das Schaffen des Autoren, sah der Verlag sich veranlaßt, einige davon hier zusammenzustellen. Sie geben einen sehr schönen Überblick über die Schaffenskraft dieses außergewöhnlichen Mannes.

Worte prominenter Zeitgenossen

Der Ministerpräsident des Landes Nordrhein-Westfalen

Ivar Buterfas hat den Holocaust wie durch ein Wunder überlebt. Die Sachlichkeit, mit der er seine Erinnerungen aufgeschrieben hat, täuscht nicht darüber hinweg, daß sein Heimatland ihn brutal aus einer normalen Kindheit hinausgestoßen hat. Doch Ivar Buterfas hat über seine bedrückenden Erfahrungen mit der deutschen Geschichte Humor und Lebensfreude nicht verloren. Ich finde das staunenswert. "Ja, dieses Volk hatte mit Massenmorden schwere Schuld auf sich geladen, doch ich dachte auch an jene tapferen Menschen, die unter Lebensgefahr geholfen haben und Juden oder politisch Verfolgte vor den SS- und SA-Knechten versteckt hatten", dieser Satz erweist ihn als großherzigen Menschen.
Ivar Buterfas hat aus dem Blick zurück für sich Konsequenzen gezogen und schaut mit seinem Engagement für den Weltfrieden und den Erhalt von Sankt Nikolai nach vorne. Er mahnt nicht nur, vielmehr engagiert er sich für eine Welt, in der Menschen seine Erfahrungen erspart bleiben.
Wir haben dem "Sunny Goy" zu danken und ich wünsche seinem Buch viele aufgeschlossene Leser.

[Unterschrift]

4[0213] Düsseldorf, Haroldstr. 2   Postanschrift 4000 Düsseldorf   Telefon 0211-8370   Telex 8581894   Telefax 83-7150

DR. HENNING VOSCHERAU
ERSTER BÜRGERMEISTER
DER FREIEN UND HANSESTADT HAMBURG

20005 HAMBURG, RATHAUS 30. 11. 1994
RUF 36 81-1

Lieber Herr Bürgschau,

eben erst haben Sie mir Teile Ihrer Erinnerungen angekündigt, und während ich diese 'freundschafts-lichen'
zu Weihnachten entgegen — bis ich 16⁰⁵ ... in der
Bürgerschaft zu lesen begann. Und will aufhören kann
heute, bis ich um 17 ⁶ dann [...] war. Kein
Lust des Abzusprechen hat mich erreicht; Das alles
ging mir zu Herzen. Diese Erinnerungen müssen vollständig öffentlich werden, und ich möchte Sie ins Bildnung.

Ihr H. Voscherau

290

SENAT DER FREIEN UND HANSESTADT HAMBURG

SENATSKANZLEI

STAATSAMT
ST 33-3/020.44-02

22. April 1993
Tel.: 040/3681-2141

DOK ew161136041

Herrn
Ivar Buterfas
Rolf-Meier-Weg 11

2106 Bendesdorf

EINGEGANGEN
23. April 1993
Erl. ....

Sehr geehrter Herr Buterfas,

die Senatskanzlei darf Ihnen mitteilen, daß der Herr Bundespräsident Ihnen auf Vorschlag des Präsidenten des Senats der Freien und Hansestadt Hamburg das Verdienstkreuz am Bande des Verdienstordens der Bundesrepublik Deutschland verliehen hat.

Die Auszeichnung wird voraussichtlich Herr Bürgermeister Dr. Voscherau überreichen. Den genauen Termin wird Ihnen die Senatskanzlei noch bekanntgeben.

Mit freundlichen Grüßen

Jürgen Schütt

Anschrift: Postfach 10 55 20 · 2000 Hamburg 1 · Rathaus · Fernsprecher: 36 81-0 · Fernschreiber: 02-12 121 (Senat D)
Telefax: 36 81 21 80 (Rathaus), 36 81 24 60 (Alte Post)

Grußwort von

Oberbürgermeister Dr. Herbert Wagner
zum Benefizkonzert "Hamburg hilft Dresden - Dresden hilft Hamburg"
am 14. August 1995 in der Hamburger Neuen Flora

Die sächsische Landeshauptstadt hat am 13. Februar 1995 des 50. Jahrestages ihrer Zerstörung im Zweiten Weltkrieg gedacht. Dresden erinnert sich und mahnt, Dresden blickt aber auch nach vorne und arbeitet am Werk der Versöhnung. Ich grüße unsere Partnerstadt zum Benefizkonzert für die Hamburger Nikolaikirche und die Dresdner Frauenkirche anläßlich der Weltfriedenswoche 1995.

Hamburg und Dresden sind Schwestern - und auch durch eine leidvolle Vergangenheit verbunden, die uns für alle Zukunft verpflichtet. Die Nikolaikirche in Hamburg und die Frauenkirche in Dresden stehen in besonderer Weise für den Friedenswillen unserer Städte.

Dresden freut sich, das große Hamburger Engagement in Sachsens Landeshauptstadt nach der Wende heute einmal erwidern zu können. Die Kunst Ludwig Güttlers mit den "Virtuosi Saxoniae" und Hamburger Solisten möge alle Zuhörer inspirieren, der aktuellen Bedeutung beider Kirchen als Symbol des Gedenkens und der Mahnung, der Zuversicht und der Hoffnung nachzuspüren.

Dr. Herbert Wagner
Oberbürgermeister der Landeshauptstadt Dresden

KONSULARKORPS HAMBURG
Der Doyen

Hamburg, den 23. Juni 1993

An den
1. Vorsitzenden des Förderkreises
"Rettet die Nikolaikirche" e.V.
Herrn Ivar Buterfas
Oberaltenallee 20A

2000 Hamburg 76

Sehr geehrter Herr 1. Vorsitzender,
lieber Herr Buterfas,

es ist mir eine Freude, im Namen des Konsularkorps Hamburg
dem Förderkreis "Rettet die Nikolaikirche" heute die vom
Konsularkorps erworbene Glocke zu übergeben, die für das
Glockenspiel des Mahnmales St. Nikolai bestimmt ist. Die
Glocke trägt die Inschrift "Für Frieden - das Konsularkorps
zu Hamburg". Die Inschrift bringt zum Ausdruck, welchen
Zweck die gesamte Aktion verfolgt, nämlich mit der Erinnerung an den Krieg eine Wiederholung zu verhindern, oder
mit anderen Worten, Frieden und Versöhnung über die Grenzen
hinaus zu sichern.

Der Erwerb der Glocke wurde mit freiwilligen Spenden der
Konsularkorpsmitglieder finanziert. Es handelt sich somit um
eine internationale Manifestation, die die Unterstützung
dieser Aktion durch die teilnehmenden Länder symbolisiert.

Bei dieser Gelegenheit gilt unser Dank Ihnen, lieber Herr
Buterfas, dem unermüdlichen 1. Vorsitzenden des Förderkreises "Rettet die Nikolaikirche". Ohne Ihre Energie wäre
dieses Projekt nicht zu realisieren gewesen.

Ich wünsche dem Projekt Glück und Erfolg und drücke die
Hoffnung aus, dass dieser Einsatz für den Frieden eine
Signalwirkung haben wird in einer Welt, in der die Bedin-
gungen für Friedensbemühungen nicht leicht sind.

Flemming Mørch
Doyen

293

MAX SCHMELING   21279 HOLLENSTEDT   24.Januar 1995
                                      NORDHEIDE

Herrn
Ivar Buterfas
Rolf-Meyer-Weg 11

21227 Bendesdorf

Lieber Herr Buterfas!

Das Manuskript zu Ihrem Buch habe ich mit dem größten
Interesse gelesen und mir gemäß Ihrem Wunsche erlaubt,
hierzu ein kleines Vorwort zu schreiben.

Ich hoffe, daß es in Ihrem Sinne formuliert wurde
und würde mich ganz besonders freuen, wenn Sie mit
diesem Buche -und daran zweifle ich nicht-
den Ihnen gebührenden Erfolg haben werden.

Mit den besten Wünschen, auch an Ihre verehrte, liebe
Gattin bleibe ich

Ihr

Anlage: Vorwort

Rögengrund 28
22587 2000-Hamburg 65   29.1.95

Jürgen Roland

Lieber Herr Pörksen!

Die Texte Ihres „Bienenwagen", die Sie mir als
„Kostprobe" gaben, haben mir sehr neugierig gemacht auf den voll-
endete Werk – denn – es ehen vielen anderen über die Bühne im Güte –

Ihre Fortsätze ist spannend – man wird schwülstig anskehören –
Können mit den Lektüre – also: Warten! Ihr Jürgen Roland

HEIDI KABEL

Langelohstraße 8
22609 Hamburg

10. Februar 1995

An den
Ersten Vorsitzenden des Förderkreises
'Rettet die Nikolaikirche' e.V.
Herrn
Ivar Buterfas
Oberaltenallee 20 A

22081 Hamburg

Sehr geehrter Herr Buterfas,

ich habe mit großem Interesse Auszüge aus Ihrer Autobiographie
gelesen.
Es handelt sich um eine brillant erzähle Geschichte, eine
Autobiographie durchzogen von feinem Humor und manchmal kräftiger
Situationskomik - aber immer lobenswert kompetent. -
Leise und zarte Stimmungen erinnern ein wenig an österreichische
Erzähler (z.B. Peter Rosegger).

Das Buch bietet ein komplettes Bild der schlimmen Zeit, die wir
älteren noch erlebt haben und ein interessantes Bild der danach
folgenden Zeitentwicklung, von positiven wie negativen Erinnerungen
getragen.

Im "jungen" Teil zeigt sich die jugendliche Unbekümmertheit des
Autors, im "mittleren" prägt sich das starke EGO und im "älteren"
Teil aus der bewußten Lebensführung das Verantwortungsbewußtsein
gegenüber Mitbürgern und Umwelt.

Es zeigt auch, daß harte Arbeit, Intelligenz und Hoffnung aus
schlimmen Zeiten herausführen können. Die besseren Lebensumstände
erscheinen als wohlverdient durch vitale Lebensführung und intelli-
gente Nutzung des Möglichen.

Ein durch und durch positives Buch und dazu eine ausgezeichnete
feinsinnige Unterhaltung und ein authentisches Spiegelbild unserer
Zeit. - Der Stil ist "frisch und lebendig", durchweg nicht
"miesepetrig".

Laudatien zum 60. Geburtstag des Autoren

Laudatio von Wolf Biermann

So, lieber Ivar,
Du bist schuld an allem und ich freue mich, daß ich Dir heute ein Lied vorsingen kann. Ich habe lange überlegt, welches ich nehme und hab' mich dann entschieden für das Lied mit dem Titel

„Nur wer sich ändert, bleibt sich treu".

Ich dachte, das müßte Dir eigentlich einleuchten, denn Du bist ja auch einer von der Sorte, die das Kunststück fertig bringen, beides zu schaffen. Immer Du selbst zu bleiben und trotzdem ein anderer zu werden. Das ist ja das Kunststück, das wir alle fertig bringen müssen und das uns so schwer fällt. Du weißt, ich bin der letzte Schmetterling in Deiner Schmetterlingssammlung, Du hast hier ja unheimlich verschiedene Leute versammelt, das man einen Haufen Eingebildeter und wirklich Prominenter zusammenbringt, das findest Du an jeder Straßenecke, aber so verschiedene Leute, die überhapt nicht zusammenpassen, Max Schmeling und Voscherau, Wolf Biermann und das ist, was mein Herz entzückt. Daß Du dieses Kunststück fertigbringst so verschiedene Menschenexemplare zusammenzubringen, das macht Dir so leicht keiner nach. Und das ist aber eine Lebensqualität, die wir alle brauchen. Ohne das kann ich in dieser Stadt auch gar nicht leben, sonst vereinsamt man doch in seiner Klicke, in seiner sozialen oder politischen Klicke, und das ist doch das, woran wir alle kaputtgehen. Das sind doch die Grenzen, die wir alle durchbrechen wollen, damit wir das werden können, was wir schon immer waren: Menschen. Um uns bei allem Streit, politischem oder sozialem, immer auch daran zu erinnern, daß wir nun mal leider zusammengehören auf diesem Planeten und in dieser Stadt. Ich kenn' Dich noch nicht lange. Durchschaut habe ich Dich noch lange nicht. Ich sehe bis jetzt nur die äußeren Dinge. Ich hab nicht den Röntgenblick, auch nicht in Bezug auf Dich. Ich weiß nicht, wie tief und wie flach Du bist, ob Du ein Blender bist, der uns alle zum Guten hin bemogelt durch dessen brachialen Charme, dem keiner gewachsen ist, der einen auch mißtrauisch macht. Aber, wie es heißt, an ihren Früchten sollt ihr sie erkennen. Und die Früchte, die Du lieferst, die können überhaupt nicht schlecht sein. Es kann nicht schlecht sein, was Du hier in Bewegung gebracht hast, also laß ich mich sehr gerne von Dir mißbrauchen. Uns verbindet ein Zufall, für den wir beide nichts können. Dein Vater ist Jude, mein Vater ist Jude, dein Vater Hamburger Jude, mein Vater Hamburger Jude. Wir sind nach den Nazigesetzen dieselbe Kategorie.

Wir wären, wenn das Hitlerreich nicht untergegangen wäre, ungefähr in der gleichen Zeit drangewesen - als Mischlinge ersten Grades.

In dem Lied, das ich gleich singen werde kommt ja die Zeile vor „Ich bleibe was ich immer war, halb Judenbalg und halb ein Goj". Das ist das Wort der Juden für einen, der Nichtjude ist, ein bißchen abwertend. Die jüdische Mutter sagt zu ihrer Tochter: „Warum gehst du denn mit einem Goj? „

Das Lied beginnt mit der Geburt und hört auf mit dem Tod. Es beginnt mit den Worten: „Ich schwamm durch Blut in das große Licht". Die Geburt, ich kann mich genau daran erinnern. Neugierig kam ich aus dem Bauch, ich war ein Tier und ich war ein Mensch, von Anfang an und lernte auch. Bei der Gestapo beim Verhör soff ich am Busen ohne Scheu die Wahrheit mit der Muttermilch. Nur wer sich ändert bleibt sich treu. Und Du weißt, Ivar, das ist keine reine Poesie. Meine Mutter hat mich wirklich zu den Verhören bei der Gestapo hier in Hamburg immer mitgenommen. Ich war gerade 3 Monate alt und sie hat mich an die Brust gelegt, damit sie besser lügen konnte. Sie spekulierte darauf, ihre Verhörer zu rühren und es funktionierte irgendwie nicht. Du weißt, ich war in der großen Bombennacht, als die Stadt brannte, im Zentrum des großen Feuerofens - in Hammerbrook - wie die 3 Männer im Feuer in der Bibel saß ich da und bin rausgekommen. Nicht durch Gottes Hilfe in diesem Fall, sondern durch die Hilfe meiner Mutter. Emma, die ja noch lebt, nahm mich damals im Nagelsweg/Schwabenstraße, kennst die Ecke, auf den Rücken und schwamm mit mir durch einen der vielen Kanäle, die jetzt zugeschüttet sind. Und so kamen wir raus aus dem Feuer. Ein paar Monate vorher war mein Vater durch den Feuerofen in Auschwitz gegangen. Das ist unsere Biographie und ich bin sehr glücklich, daß solche Leute wie Du in dieser Stadt noch leben und nicht weggegangen sind. Natürlich bist Du 1. bis 10. ein Hamburger, 11. ein Deutscher aber 12. doch auch ein Jude und daß Du das alles zusammenkriegst und das Du hier lebendig lebst und nicht nur leidest, daß Du anpackst, sogar die anderen noch - die Gojen - in Schwung bringst, sich um ihre eigenen Angelegenheiten zu kümmern und daß du an die Tradition anknüpfst, die das deutsche Judentum ja immer hatte, sich als *Sitrien* in Deutschland zu bewähren, das freut mein Herz und das hilft mir auch, mich in meiner eigenen Vaterstadt heimisch zu fühlen, durch solche Leute wie Dich. Deswegen kann ich, solange ich hier lebe, genauer gesagt, ich wohne nicht in Hamburg, du weißt, ich wohne in Altona, aber immerhin, deswegen bin ich fähig, hier lebend solch ein Lied zu schreiben - *„Nur wer sich ändert, bleibt sich treu".*

Es folgt das Lied

Laudatio von Prof. Justus Frantz

Lieber Ivar, meine sehr verehrten Damen und Herren,

wie haben soeben eine vorzügliche Rede unseres Bürgermeisters gehört. Mich hat nur eins dabei enttäuscht, ich hätte gedacht, bei dem Streit zwischen Senat und Bürgerschaft wäre Dir, lieber Ivar, folgendes gelungen. Sowohl Senat wie Bürgerschaft hätten beide eine Glocke gestiftet. Das wäre der richtige und Dir angemessene Erfolg gewesen. Ich entnehme Deinen Aktivitäten, daß aus der Aktion „Rettet die Nikolaikirche" Realität geworden ist. Ich möchte diesem Teil Deiner Aktivitäten meinen ersten Programmpunkt widmen, nämlich den Satz eines Werkes von Bach, den ersten Satz eines italienischen Konzerts. Als wir uns vorhin über das Programm unterhalten haben habe ich ihm mit leiser Skepsis gesagt, dieses Programm könne etwa vereinhalb Stunden dauern, darauf er, und das ist das liebenswerte an Ivar, mir vorgeschlagen, daß ich die *Apoinada,* die er sich so sehr gewünscht hat, von 25 auf 3 min kürzen solle. Das wird mir nicht ganz gelingen, aber ich werde versuchen, mich einzuschränken. Genau das ist aber immer wieder das unverkrampfte und zauberhafte das wir alle an Dir so gerne mögen. Daß Du auch auf ganz einfache Lösungsmöglichkeiten kommst, auf die wir anderen nicht gekommen sind, das ist schon sehr oft so gewesen. Wir freuen uns mit Dir auf die Mendelssohn-Gesellschaft, wir freuen uns mit Dir auch darüber, daß hier in Hamburg noch ein großes Werk zur Geltung kommen sollte, die Freundschaftsbrücke, die sich mit der Hilfe für den Osten beschäftigt. Diesem alten, neuen Vorhaben möchte ich aus Beethovens *Apoinada* zwei Sätze widmen. Beethoven hat von den Spielern seiner Musik gefordert, daß sie nicht nur aufrichtig sein sollen, sondern immer spontan. Ihm waren Wiederholungen verhaßt, er war für das Risiko. Das alles verkörperst Du, deswegen ist dieser zweite Punkt besonders für Dich. Ich werde jetzt erst Bach und dann noch kurz Beethoven spielen.

Laudatio von Ralph Giordano, vorgetragen von dessen Bruder Rocco Giordano:

Liebes Geburtstagskind,
meine Damen, meine Herren,

Ivar Buterfas ist 60 geworden. Aber sehen Sie sich ihn an- mit seinen Jahren ist dieser Mann nicht identisch!
Ivar Buterfas hat das Geheimnis dafür in einem Brief an mich mit biographischen Notizen gleich anfangs geklärt: Dagmar Buterfas, seine Frau. Das

Geständnis hat mich bewegt, weil es etwas delegiert hat von Leben und Lebenserfolg des Ivar Buterfas, ihr Fundament bekannt hat, gleich vorn. Wohl dem, der sagen kann: „Nichts ohne meine Frau"- und das nach 40 Jahren Zusammenseins. Natürlich beruht das auf der Wechselseitigkeit der Partner, in die Andreas und Jasmin, beider Kinder ebenso eingeschlossen sind wie die zwei Enkel - der rüstige Jubilar trägt Großvaterwürden.

Bis hierher, zusammengefaßt, das Prädikat: eine gute Ehe - samt ihren Folgen. Wem wird da nicht auch ein bißchen wehmütig zumute angesichts der Verfassung unserer Welt? Immerhin darf aber die Hoffnung glimmen, daß familiäre Gemeinschaften à la Buterfas doch wohl häufiger vorkommen als angenommen. Da sie unspektakulär sind, tönen sie nicht nach außen. Dies ganz im Gegensatz zu den gescheiterten Verhältnissen, die öffentlich viel von sich hermachen, aber deshalb die Proportionen verfälschen können. Nicht Harmonie, Disharmonie ist nachrichtenträchtig. Dennoch sollte man sich von Lautstärke nicht täuschen lassen. Wenn hier nun, was diesem 60jährigen und die Seinen betrifft, das Wort „Glück" in den Mund genommen wird, so nicht im Stile einschlägiger Periodika unserer Zeit, die das verwechseln mit einem Dasein „eingedickt in das Leben zu zweit" . Dem Irrtum solcher Idylle stand die Geschichte unseres Jahrhunderts entgegen, zumal Ivar Buterfas am 16. Januar 1933 geboren wurde, also vierzehn Tage vor dem 30. Januar jenes Jahres. Der Vater - Jude, die Mutter, nach der Rassenarithmetik der Nazis, „arisch", und standhaft dazu, trotz Gestapodruck. Das war übrigens damals die exemplarische Haltung nahezu aller nichtjüdischen Ehepartnerinnen und Ehepartner- bei dieser Gelegenheit einmal zu ihrer Ehre gesagt.

Sehr bald schon muß der Knabe Ivar erkennen: es gab solche Menschen und solche. Er selber, des Vaters wegen, ein Ungleicher. Die Gleichen ihm gegenüber unterschiedlich: die einen menschlich, die anderen nicht. Dazwischen die große Grauzone. Dank der Mutter überlebt die Familie, Eltern und acht Kinder, die zwölf Jahre, an ihrem Ende hochgefährdet im Untergrund, einem ausgebauten Kellerloch in Hamburg-Horn. Noch Jahrzehnte nach der Befreiung am 4. Mai 1945 wird Ivar Buterfas beim Anblick ledermantelbewehrter Männer in Atemnot geraten.

Seiner Energie hat das keinen Abbruch getan - Ivar Buterfas hat reichlich davon. Ein modernes Un-Wort würde ihn als „Aktionisten" bezeichnen. Ich gebrauche es, weil es am kürzesten nennt, worum es geht: noch der 60jährige ist rastlos, und hatte die Nase für den richtigen Beruf: Gebäude zu sanieren. Das nach einer Phase unverantwortlichen Abrisses und einer unübersehbaren Fülle von Schäden an neu errichteten Häusern. Ivar Buterfas behauptet, die seien größer gewesen als die Zerstörungen durch die Luftangriffe auf Deutschland während des zweiten Weltkrieges. Ich habe da so meine statistischen Zweifel. Aber nicht die geringsten daran, daß der Energieklotz Buterfas dann endlich, 1963, sein Wirkungsfeld gefunden hatte. Seither tummelt er sich auf dem Riesenfeld zur Bauwerkserhaltung und Bauwerkerneuerung. Ein armer Mann ist er dabei nicht geworden. Ja, er hätte mit dem Erreichten protzen können. Er hat das aber nicht getan. Es paßte, habe ich den Eindruck, nicht zu ihm.

Es ist da überhaupt etwas in Ivar Buterfas, das hinausreicht über den Familienrahmen und das persönliche Leben, etwas, das sich nicht zufrieden geben will mit der Eigensphäre. Zuviel Überschuß ist da, zuviel agile Energie, die nach produktiver Entfaltung sucht, obschon es in den letzten 10 Jahren durchaus physische Warnschüsse gegeben hat, operative Behandlungen eines Körpers, der wohl anfälliger ist als die unermüdliche Seele dieses Sechzigjährigen. Also Vorsicht, lieber Ivar! Aber gesagt wird dies ohne große Hoffnung darauf, daß meine weisen Ratschläge, derer ich ja selbst nur zu sehr bedürfte, auch tatsächlich befolgt werden. Denn in realistischer Einschätzung dieser Biographie, hat Ivar Buterfas im Übergang vom sechsten zum siebten Lebensjahrzehnt eine Aufgabe gefunden, von der er völlig beherrscht wird. Wovon spreche ich? Natürlich von der Rettung der Nikolaikirche.

Die Voraussetzungen durch den „Förderkreis" sind gegeben: Der Turm von St. Nikolai ist eingerüstet, die Schadensbestandaufnahme durchgeführt und die Erhaltungsarbeiten gehen vor sich, im Schutze einer riesigen Wetterhalle - Ausschreibungen und Sanierung können beginnen. Ohne Ivar Buterfas' Visionen wäre das alles nicht da. Er will dort am Hopfenmarkt eines der ungewöhnlichsten Mahnmale errichten.

Hier etwas eingeschoben, womit ich mich nur scheinbar von dem Anlaß dieser kleinen Laudatio entferne, in Wahrheit jedoch eng verbunden bleibe mit der St. Nikolaikirche, deren Ruine dort am Hopfenmarkt zu einem Mahnmal umgestaltet werden soll.

Nun sind Mahnmale ja gerade in Deutschland nicht unproblematisch. Gibt es doch ihrer allzu viele, die versuchen, dem Krieg eine Sinnstiftung zu geben, die er nicht hat. Da steht dann, tausendfach in Stein gemeißelt oder metallgegossen: „Unseren Helden" oder „Gefallen für uns" oder „Für Volk und Vaterland" oder „Deutschland muß leben, auch wenn wir sterben müssen". Bei vielen Malen 1939 bis 1945, nicht bei allen, ist nachträglich das Hakenkreuz entfernt worden. Als könnte man so auch dessen mörderische Spuren aus der Geschichte löschen...

Ein Mahnmal, das Deutschland, und nachgerade das nationalsozialistische, wiederum als bloßes Opfer symbolisiert, diesmal als das des alliierten Luftkrieges, ein Mahnmal, das deutsche Trägerschaft übergeht und die Toten beweint, ohne die Wirkung mit den Ursachen zu verbinden, ein solches Mahnmal darf Sankt Nikolai nicht werden und wird es nicht werden!

Selbstverständlich ist das keine Mißachtung, keine Geringschätzung, keine Verdrängung der Gedanken an die bei lebendigem Leibe zu Zehntausenden verbrannten Hamburgern des großen Minenhagels und Feuersturms von damals! Wie denn auch könnte das geschehen durch einen, der, mit seiner Familie, alle Höllen des Luftkrieges bis zur Neige erlebt hat? Wie denn könnten Mißachtung oder Gleichgültigkeit im Spiele sein bei einem, der nichts vergessen hat von jenen schaurigen Hamburger Nächten und Tagen, dem ersten Sirenenton am 24. Juli 1943, einem Sonnabend, bis zur eigenen Ausbombung bei dem dritten schweren Angriff der Royal Air Force in der Nacht vom 29. auf den 30. Juli? Nichts ist vergessen, gar nichts - von der Todesangst im primitiv geschützten Keller des Barmbeker Hauses Hufnerstr. 113 während des ersten großen Angriffs, über den Anblick der sich vom Flammensog nach Süden biegenden Linden am Morgen des 28. Juli, als der Südosten Hamburgs im Phosphor glühte, bis zur Erkenntnis zwei Nächte später, daß das eigene Heim bis zur Unkenntlichkeit verschmort war.

Wie könnte ich derer vergessen, die in den entsetzlichsten Stunden meiner geliebten Vaterstadt Hamburg umkamen?

Wie aber könnten die Toten der „Operation Gomorrha" herausgelöst werden aus dem historischen Zusammenhang ihrer Zeit? Wie könnte verschwiegen werden, daß vor der Zerstörung Lübecks, der Innenstadt Kölns durch den 1000-Bomber-Angriff im Frühjahr 1942 und vor dem Untergang Hamburgs 16 Monate später - wie könnte bei solcher Beschwörung verschwiegen werden, daß lange zuvor schon, im April 1937, am spanischen Guernica die Zerstörungskraft der deutschen Luftwaffe erprobt worden war? Das Warschau, gleich nach Ausbruch des zweiten Weltkrieges, noch im September 1939, das Ziel vernichtender deutscher Stukaangriffe wurde? Daß das wehrlose Rotterdam einen grausamen Überfall von deutschen Bombern erleiden mußte? Wie könnte verschwiegen werden, daß London die schwerstzerstörte Stadt ihrer Epoche war, lange bevor dieser furchtbare Rang an Hamburg, an Berlin, an Dresden überging? Und wie verschweigen, daß die Auslöschung einer englischen Stadt gar ein neues Wort für den modernen Luftkrieg gebar - nämlich „coventrysieren"?

Worauf ich hinaus will, ist, die Primärtäter für den Großen Krieg dingfest zu machen, die eigentlichen Urheber seines namenlosen Unglücks, darin eingeschlossen die letzte Juliwoche, die da 1943 über Hamburg hereinbrach - diese Urtäter will ich hier beim Namen nennen: also Adolf Hitler und seine Anhänger!

Ich sehe diese Zusammenhänge durch den „Förderkreis Rettet die Nikolaikirche" gewahrt, und das ist die Voraussetzung meiner Teilnahme und der meines Bruders Rocco an ihm. Wir waren, wie alle anderen, durch den alliierten Luftkrieg bedroht, und dennoch haben wir keine Sekunde vergessen, daß da oben unsere Befreier flogen, als ein Teil der Anti-Hitler-Koalition, die kämpfte, um die Welt vor einer siegreichen Nazipest zu bewahren.

Nein wir waren nicht immer mit der Art der alliierten Luftkriegführung einverstanden, wir hatten erkannt, daß die Verwüstung der Städte in Anbetracht der offenbar unbegrenzten Leidensfähigkeit der damaligen Deutschen eine verfehlte Strategie war. Aber ebenso klar war uns, daß sie die letzten sein konnten die nach einer humaneren Kriegsführung rufen durften.

Die Mahnung, die über St. Nikolai schwebt, und die verkörpert wird durch die Restaurierung und Konservierung der Ruine, diese Mahnung lautet : Nie wieder Naziherrschaft, Nie wieder Diktatur. Nie wieder Krieg! Und weiter : Es lebe die demokratische Republik und ihre kostbaren Freiheiten! Wie kostbar sie sind, sollten wir nicht erst erkennen, wenn wir sie verloren hätten... Ende der Einschiebung. Ich hielt es für unerläßlich, und weiß mich darin in Übereinstimmung mit Ivar Buterfas.

Er soll uns noch lange erhalten bleiben, mit seinen Stärken und Schwächen (von denen kein Mensch ausgenommen ist, gottlob auch Ivar Buterfas nicht). Diese Epistel soll ja schließlich nicht mißverstanden werden als Personenkult. Ich muß allerdings zugeben, daß es sich bei den Schwächen, die mir bekannt sind, eher um verzeihliche handelt, eigentlich um solche, die Dich, lieber Ivar, auch wieder sympathisch machen, z. B. der nur schwer zu stoppende Wasserfall Deiner Worte, dieser alles überrollende Redeschwall, der sich immer wieder über den Köpfen Deiner Zuhörer ergießt. Ich habe oft gedacht :wo nimmt der Mann bloß all die Luft her? Und gleich darauf: wie kann die Suada nur abgekürzt werden? Bis mir die Erkenntnis kam: gar nicht, soll er doch! Ivar Buterfas hat ja was zu berichten. Denn immer ist sein Herz voll, und das könnte er gar nicht verbergen - selbst wenn er wollte (was er natürlich nicht will!). Er ist eitel. Nun, wer von uns hier in der Runde ist, mal Hand ans innere Ohr gelegt, nicht eitel? Also darf es auch Ivar Buterfas sein. Sympathisch sogar, daß er das gar nicht verbergen kann. Aber - sein Verdienst um St. Nikolai geht tiefer und hat, wenn überhaupt, mit der Eitelkeit seines Initiators nach wenig zu tun. Mag sein, daß der Gedanke, sich damit selbst ein Denkmal zu schaffen, mitgewirkt hat, mag sein - auch das wäre nicht verwerflich. Ich glaube jedoch, daß hier etwas anderes viel entscheidender, viel bestimmender ist, nämlich der hartnäckige Wunsch, etwas dauerhaftes zu schaffen, etwas, das den Menschen ein Wohlgefallen sein kann, teurer als alles andere, und gerade deshalb auch nur schwer herzustellen und zu erringen : ein Symbol des Friedens! Es sieht so aus, als könnte es werden, denn Ivar Buterfas ist ein Friedensfähiger. Ein schöneres Zeugnis kann ich mir nicht denken, und ihm nicht ausstellen.

Das Programm für die große Mahnwoche im Juli 1993, 50 Jahre danach, ist so gut wie fertig. Es liest sich vielversprechend, ohne die falschen Töne einer verdrängerischen, einebnenden Gedenkunkultur. Ich bin gespannt auf diese Tage im kommenden Sommer und werde dabei sein. Ich fühle auch Stolz auf meine Vaterstadt, die immer meine Heimat war, soweit und so oft ich von ihr entfernt lebte und lebe. Mit Ivar Buterfas sage ich: aus einem Hamburger kann nie etwas anderes werden als ein Hamburger!

Es ist nicht nur die Sache des Geburtstagskindes, einem Senat und einem Bürgermeister zu danken, die so hohes Verständnis und bleibende praktische Bereitschaft gezeigt haben, die Vision des Ivar Buterfas da am Hopfenmarkt zu verwirklichen. Es ist Sache aller heute hier Anwesenden, den Laudandus eingeschlossen, den Frauen und Männern des Rathauses dafür Reverenz und Achtung zu erweisen. Zum Schluß dem Geburtstagskind dies ins Stammbuch geschrieben: weiterin die Fähigkeit, zu lächeln, zu lachen, sich zu freuen, die zur Ermutigung der Freunde und zum Verdruß unserer gemeinsamen Feinde. Und weiterhin natürlich, möglichst viel Gesundheit. Mit anderen Worten: masel tov, lieber Ivar Buterfas, masel tov - und ein langes, langes Leben noch.

Das wünscht Dir Dein

Ralph Giordano

Lieber Ivar, zum Schluß bleibt mir nur die Annehmlichkeit, mich den Worten meines Bruders uneingeschränkt anzuschließen, und noch nachzuschieben : Es ist wichtig für die Welt und insbesondere für unser Land, daß es Menschen wie Dich gibt, Menschen, die sich mit Ihrem ganzen Herzen der Sache des Friedens verschrieben haben. Da Du ein solcher bist, bin ich stolz mich Dein Freund nennen zu dürfen.

Rocco Giordano

Laudatio von Herrn Irmler, Direktor von Stella Musical Management

Ivar, Du brauchst gar nicht so weit wegzugehen.

Ich hab' Dir gleich etwas zu überreichen und so lang möcht ich auch nicht reden, sondern ich möchte dann lieber mit der zweiten Überraschung, die der ersten folgt - beginnen.
Ich gehöre zu dem Kreis, die der Erste Bürgermeister anküdigte, die Leidgeprüften, die unter dem Energieklotz *Ivar* zu leiden haben. Wir haben in vielen gemeinsamen Sitzungen viele Dinge ausgeheckt, insbesondere glaube ich etwas sehr Schönes, das im Juli dieses Jahres 1993 stattfinden wird, die Schlußveranstaltung der Gomorrhawoche in der Neuen Flora in Hamburg, die von uns gemeinsam gemacht wird. Dazu möchte ich noch nicht sehr viel

verraten, was dort passiert. Ich habe aber, und es war immer dein Wunsch und das bringe ich Dir heute als Geschenk mit, etwas was Du Dir immer gewünscht hast, was Du nie gekriegt hast, *eine Telefonkarte*. Und zwar werden wir aus Anlaß der Gomorrhawoche eine Telefonkarte in limitierter Auflage herausbringen - 5.000 Stück- damit auch der Wert, die Wertsteigerung, gesichert ist, und 5 DM werden, wie bei den alten bekannten Wohlfahrtsmarken für den Wiederaufbau der Nikolaikirche gestiftet werden.

Das Layout kann ich Dir hier bereits präsentieren, am Montag wird es in Auftrag gegeben - und wir brauchen noch einmal Deine Energie zur Unterstützung damit es rechtzeitig fertig wird, denn die Deutsche Telekom hat eine Wartezeit von etwa 7 Monaten zur Fertigstellung von neuen Telefonkarten. Ich denke aber insbesondere an Deinen 33er Club und bitte meinen Vorredner, der sicherlich dort Beziehung spielen lassen kann, daß wir dann auch rechtzeitig zu diesem Ereignis in diesem Jahr die Telefonkarte fertig haben werden.

Hier darf ich Dir das überreichen.

Laudatio des Präsidenten der Oberpostdirektion Hamburg, Alfred Meier

Meine sehr verehrten Damen und Herren,
lieber Ivar,

Dein kulturelles Engagement, Dein gesellschaftliches Engagement wurde bereits aus berufenem Munde gewürdigt und da habe ich auch nichts zuzufügen, aber es ist wenig bekannt, Du hast es schon angedeutet, daß Du auch Mitglied eines ganz exklusiven Clubs bist. Der Club ist so exklusiv,daß unser verehrter Bürgermeister gar nicht Mitglied werden kann, weil er eben kein 33er ist. Es können eben nur Mitglieder werden wer 1933 oder 1833 geboren ist. Es hat sich bisher noch keiner gemeldet, aber wir warten immer noch. Nun meine Damen und Herren, die 33er wie wir uns kurz nennen, wir besetzen z.Zt. die Schlüsselstellungen, daß haben noch nicht alle gemerkt, denn von Post und Telekommunikation will ich ja gar nicht reden, aber auch unser Bürgermeister ist von 33ern wenn ich so sagen darf, eingesäumt. Die Bürgerschaftspräsidentin wurde bereits erwähnt, der Zweite Bürgermeister ist ein 33er, der Präsident der Handelkammer ist ein 33er und die 33er sind natürlich nicht auf Hamburg beschränkt, die gibt es auch in Bayern und ich verrate hier vielleicht ein Geheimnis, wenn Bayern in den nächsten Jahren wieder Monarchie werden sollte, das würde in Hamburg gar keinen wundern, denn den Bayern traut man einiges zu. Also, wenn das so kommen sollte, will ich Ihnen sagen, dann würde ein 33er dort König werden, nämlich unser liebes Mitglied Prinz Franz von Bayern. Also, Sie sehen, meine Damen und Herren, die 33er die sitzen tatsächlich in ganz wichtigen Positionen.

Nun, meine Damen und Herren, 1993 ist für 33er ein ganz wichtiges Jahr, auch 33er werden älter, sie werden 60. Ivar Buterfas ist einer der ersten, die dieses Schicksal ereilt hat und ich darf Dir im Namen der 33er ganz herzlich zu diesem Festtag gratulieren, wir wünschen Dir weiterhin viel Erfolg, das notwendige Engagement und die Power, die Dich ja auszeichnet und ich darf Dir sagen lieber Ivar, wir 33er sind stolz auf Dich.

Ich darf Dir auch ein kleines Andenken an den heutigen Tag überreichen. Es ist ein Teller, wie jedermann sieht, aber es ist auch etwas eingraviert und da heißt es
„Schon wieder ein 33er"
Ivar Biterfas zum 60sten.

Herzlichen Glückwunsch

Laudatio von Prof. Dr. Hermann Raue, Präsident der Hochschule für Musik und Theater in Hamburg

Liebe Dagmar, lieber Ivar, meine sehr verehrten Damen und Herren,

ich will nicht nur reden, der Herr Bürgermeister hat mir schon zugerufen: „Kanon singen". Und ich halte mich an die Anweisungen meines obersten Dienstvorgesetzten, Sie sind die Leidtragenden. Meine Damen und Herren, bevor ich mit Ihnen gemeinsam musiziere, möchte ich doch eine gewisse Distanz herstellen zu dem, was wir eben gehört haben. Die großartige Interpretation von Justus Frantz, italienisches Konzert von Bach, Ausdruck des konzertierten Moments der Spielfreude, die Ivar Buterfas auch verkörpert und Beethovens Apasianada, Ausdruck der Leidenschaft, für die er steht. Herr Bürgermeister, sie haben mir im Grunde die wesentlichsten Dinge meiner Rede vorweg genommen, was die Charakterisierung dieses komunikativen Kraftwerkes Ivar Buterfas angeht, dem Feuerwerk seines Handelns, der friedlichen Gewalt seiner Initiativen. Genau das ist es, womit man ihn beschreiben könnte.

Ich möchte aus meiner Sicht versuchen dies zu beschreiben und hinweisen, daß mich eben an der Interpretation meines Freundes, Kollegen und Schülers Justus Frantz ihn jenes so bewegt hat, daß er es versteht, hinter das Materielle der Musik zu schauen und die Botschaft, die hinter den Tönen, hinter dem Vordergrund der Musik steht, zu transportieren - nämlich die Friedensbotschaft eines Beethoven. Nicht nur das leidenschaftliche, *Apasionata*, was im

Vordergrund ist, sondern die Friedensbotschaft, die dahinter ist, nicht nur in der IX. Sinfonie von Beethoven zum Ausdruck ist, sondern im gesamten Schaffen eines Beethoven jene ethische Komponente und damit kommt wieder ein Charakteristikum von Ivar Buterfas heraus. Er ist begeistert, besessen. Die Bischöfin - Frau Maria Jepsen - hat mir verboten, das Wort „besessen" im theologischen Zusammenhang zu erwähnen, aber trotzdem darf ich es einmal sagen. Er ist wirklich ein Besessener, ein Idealist, ein nicht zu bremsender Motivator, Faszinator, Kommunikator, ein Zauberer, auch das ist ja theologisch schon wieder problematisch, ein Zauberer, der sich in den Dienst genialer Ideen stellt. Und ich halte mich nicht an das Protokoll, ich soll ja heute als Sprecher der Internationalen Felix-Mendelssohn-Bartholdy-Gesellschaft hier etwas sagen, Frau Präsidentin Hannelore Greve und der Vorstand haben mich damit beauftragt. Ich möchte darüber hinaus auch die Grüße des Internationalen Musikzentrums, des Zusammenschlusses aller Musikinstitutionen einschließlich aller Rundfunkanstalten der Welt und des Internationalen Musikrats übermitteln.

Prof. Wilfried Scheib aus Wien hat mir aufgetragt, er ist begeistert von den Initiativen, die Ivar Buterfas hier in Hamburg entfaltet. Nicht nur in der Mendelssohn-Gesellschaft, es ist schon faszinierend, in so kurzer Zeit nicht nur 14 Millionen Mark zusammenzubringen, sondern so viele prominente Persönlichkeiten, die überwiegend hier anwesend sind, zu denen auch ich gehöre, wirklich einzuspannen und zu begeistern.

Nun, ich möchte hinweisen eben auf die wegweisenden Aktivitäten der Mendelsohn Gesellschaft, ich möchte Sie hinweisen auf das Gründungskonzert am 29. Juli im Michel - Hauptpastor Helge Adolphsen ist auch unter uns - unter Leitung von Kurt Masur, einem Friedensbotschafter, lieber Ivar, der ganz auf Deiner Linie liegt, mit dem Gewandhausorchester Leipzig und das Werk ist natürlich von Mendelssohn, ist ja ganz klar, der *Paulus*, ich möchte darüber nichts sagen, spricht für sich die Botschaft, die dahintersteckt, ich möchte hinweisen darauf, daß wir gerade in der letzten Woche bei Helmut und Hannelore Greve in der Residenz, bei unserer letzten Sitzung einen Internationalen-Mendelsohn-Preis für Kammermusik beschlossen haben, hochdotiert mit DM 20.000, der durch eine hochkarätige Jury, in der auch Prof. Justus Frantz, Peter Rudzika, Prof. Krummacher und Prof. Marx und weitere Mendelsohn Experten mitwirken werden. Ich finde das eine großartige Sache, Kammermusik als Symbol des Miteinander. Dann möchte ich hinweisen auf unsere Mendelsohn Matinee an der Milchstraße - Cooperation mit der Musikhochschule MMM - Zusammenarbeit mit der Deutschen Stiftung Musikleben, ich weiß nicht, ob Irene Schulte-Hillen hier unter uns ist, auch Sie steht dahinter, auch Sie haben wir gewinnen können. Dann eine Matinée Cap Santiego, die in neuer Konzeption in Zusammenarbeit mit der Mendelssohn-Gesellschaft stattfinden wird. Wo immer auch Mendelssohn als der große Hamburger präsent sein wird, hoffen wir, daß der Bürgermeister diese große Reihe eröffnen wird. Das Datum steht noch nicht fest, wir richten uns da ganz nach Ihrem Terminkalender, Herr Bürgermeister. Also, einen Termin werden wir abstimmen. Wir wollen eine Sommerakademie in Hamburg gründen, Frau Senatorin Weiß, ich überfalle Sie hier mit dieser Nachricht, aber sie sind ja nicht direkt zuständig, sondern Herr Prof. Dr. Hajen ist ja unser Dienstvorgesetzter. Insofern geht das ja noch. Ich werde Ihn schonend darauf hinweisen. Wir wollen eine Sommer-Universität mit der Mendelssohn-Gesellschaft machen, zum Thema „Musiktherapie, Heilung durch Musik, Musikmedizin", dh. Heilung jener Schäden, die ein ausübender Musiker möglicherweise erleiden kann, weil er als Höchstleistungssportler besonderen Belastungen ausgesetzt ist. Hinzu kommt das Thema Kulturmanagement.

Aber damit zurück zu unserem eigentlichen Thema. Ivar, was bist Du denn. Du bist ein ganz großer Kulturmanager und Musiktheaterregisseur, das sind die Themen und das ist das, was wir Ivar Buterfas zum Geburtstag schenken, daß das was er produziert hat, umgesetzt wird. Ich bewundere, lieber Ivar, wie Du es schaffst, Menschen immer wieder zu begeistern und das Allerschönste ist, und das hast Du ja gerade eben vorgestellt, ist Dein Weltfriedensglockenspiel im Nikolaiturm und ich erlaube mir, in diesem Zusammenhang, Dir einen Kanon, der Bürgermeister hat mich ja provoziert, einen Kanon aufzuführen, der die Inschrift zum Text hat, die auf jener Glocke eingraviert ist, oder sein wird, die meine Frau und ich gestiftet haben. *Solo deo Gloria.* Helge, Du brauchst keine Angst haben, es ist nicht der Michelkanon, sondern es ist eine neue Vertonung, und so hoffe ich, daß sie alle mitmusizieren als Geburtstagsständchen für Ivar Buterfas und als Hochzeitsständchen für Dagmar und Ivar Buterfas, die 40 Jahre zusammen sind. Ich hatte schon gedacht, daß das so ist, daß Herr Bürgermeister und das Ehepaar Buterfas und ich diesen vierstimmigen Kanon hier vorsingen. Um das professionell zu machen, versuchen wir das mal nach dem Konzerto-Grosso-Prinzip, also, ich stelle die Melodie einmal vor, dann können Sie sich entscheiden - Herr Bürgermeister, Sie sind sehr singgewandt, daß weiß ich, das ist nicht das erste Mal, daß Sie unter meiner Leitung singen. Im Michel beim Kinderchorwettbewerb haben sie auch mitgesungen, zusammen mit den Kindern.

Hier setzt jetzt das Einüben des Kanons ein.
Darf ich bitten, alle aufzustehen und ein Ständchen für Dagmar und Ivar Buterfas zu singen.

Der ganze Saal singt vierstimmig : *Gloria Gloria Soli Deo Gloria...*

Einige Zeitungsartikel

SPORT

Tragödie in der 15. Runde der Europameisterschaft: Jörg Eipel erlitt Gehirnblutung

Deutscher Berufsboxer kämpft nach K.-o.-Niederlage mit dem Tod

DW. Paris

In der neurochirurgischen Abteilung des Pariser Hospitals Beaujon kämpft der 20 Jahre alte Berliner Berufsboxer Jörg Eipel um sein Leben. Bei seinem K. o. in der 15. Runde des Weltergewichts-Europameisterschaftskampfes gegen den Franzosen Alain Marion, 23, zog sich Eipel schwere innere Verletzungen zu. Die Ärzte erklärten sich außerstande, eine Diagnose über seinen Zustand abzugeben. Sie vermuten allerdings nach einer ersten Untersuchung eine Hirnquetschung und Gehirnblutungen. Am Sonntagabend, 20 Stunden nach dem Kampf, lag Eipel noch immer im Koma.

Eipel, der den Europameistertitel am 6. August in Berlin durch einen umstrittenen Disqualifikationssieg gegen den Dänen Jörgen Hansen gewonnen hatte, mußte bereits damals zahlreiche schwere Schläge zum Kopf einstecken. Bei der Titelverteidigung vor 4200 Zuschauern im nordfranzösischen Creil konnte sich Eipel in der neunten Runde, stark angeschlagen, nur mit Mühe über die Zeit retten. Er war zu diesem Zeitpunkt im Gesicht schwer gezeichnet. In der 12. Runde begann Eipel aus einem Riß an der linken Augenbraue schwer zu bluten, unter dem rechten Auge wurde eine Schwellung immer dicker, so daß der Titelverteidiger kaum noch etwas sehen konnte.

Das Ende bahnte sich nach eineinhalb Minuten der 15. Runde an. Nach einer schweren rechten Geraden des bisher nicht als K.-o.-Schläger bekannten Franzosen mußte Eipel erstmals zu Boden. Der englische Ringrichter Dakin zählte bis acht und gab dann den Kampf wieder frei. Marion witterte nun seine Chance, drängte den Berliner in die Ringseile und schlug ihn erneut mit einer schweren Rechten nieder. Eipel fiel dabei halb aus dem Ring, versuchte noch einmal, sich zu erheben, blieb dann aber bewußtlos in den Seilen hängen und wurde ausgezählt.

Während die Zuschauer dem neuen Europameister zujubelten, alarmierte Eipels Trainer Werner Papke sofort die Feuerwehr und eine Krankenwagen. Doch noch während der Bewußtlose auf einer Trage aus dem Ring gebracht und ihm eine Sauerstoffmaske aufgesetzt wurde, blieb plötzlich sein Herz stehen. Nur dank der Geistesgegenwart eines Feuerwehrmannes, der sofort eine Herzmassage vornahm, blieb Eipel am Leben. Der inzwischen eingetroffene Notarzt gab ihm zunächst zwei herzstärkende Spritzen. Dann wurde er ins Krankenhaus von Senlis, 70 Kilometer nördlich von Paris, transportiert. Angesichts seines bedenklichen Zustandes ordnete der diensthabende Arzt von Senlis sofort eine Überweisung in das Krankenhaus Beaujon in Paris an. Am Sonntagnachmittag sagte ein Sprecher dieses Krankenhauses: „Eine genaue Diagnose ist noch nicht möglich. Der Boxer wird weiter auf der neurochirurgischen Abteilung behandelt."

Der neue Europameister Alain Marion sagte nach seinem Sieg: „Für Eipel empfinde ich großes Mitleid. Als ich ihn das zweitemal zu Boden gehen sah, hatte ich wirklich Angst um ihn. Aber es ging alles so schnell, daß ich selber nicht begriff, was geschehen war. Als Eipel sich nicht wieder erhob, war mir klar, daß er nicht mehr kämpfen konnte. Vielleicht hätte der englische Ringrichter Dakin in dem Moment den Kampf beenden sollen." Vielleicht hätte Eipels Trainer Papke auch das Handtuch werfen sollen.

Vor neun Jahren war der deutsche Mittelgewichtsmeister Jupp Elze in Köln beim Europameisterschaftskampf gegen den Italiener Carlos Duran in der 15. Runde nach fürchterlichen Hieben zusammengebrochen. Elze starb neun Tage später, am 21. Juni 1968, ohne das Bewußtsein wiedererlangt zu haben. Er war gedopt.

Todeskampf im Boxring: Ein Helfer bemüht sich um den bewußtlosen Berliner Jörg Eipel, der Sekunden vorher schwer k. o. gegangen war.　　FOTO: UPI

Ivar Buterfaś – Ein Kämpfer und die Großen der Welt

Was der Streiter für die Nikolaikirche alles erlebte

Begegnung im Hamburger Rathaus: Ivar Buterfaś (rechts) mit Michail Gorbatschow, Bürgermeister Henning Voscherau und dem Goldenen Buch. Foto FPi

„Männer wie Sie braucht man!" schrieb ihm Bundespräsident Richard von Weizsäcker.

„Aha, Sie sind das," begutachtete ihn Bundeskanzler Helmut Kohl. „Wollen Sie mit mir reden? Oder lieber ein bißchen feiern? Der Fritz Walter begeht neben seinen 70. Geburtstag."

Wer für die älteste Kirche Hamburgs kämpft, wer für den Förderkreis „Rettet die Nikolaikirche" sammelt, lernt die Großen der Welt kennen. Ivar Buterfaś, der unermüdliche Erste Vorsitzende des Förderkreises, hat 3000 Namen in seinem Goldenen Buch, 3000 Namen von Prominenten und Unbekannten, die die mahnende Ruine der Hamburger „Schicksalskirche" retten wollen. „Und die Begegnungen mit ihnen hatten es in sich.

Jüngst brachte Buterfaś er-

Bürgermeister von Jerusalem und Sprecher der Palästinenser im aufständischen Westjordanland zu besuchen. „Teddy" Kollek, der blühende 80jährige, redete seinen fast 30 Jahre jüngeren Besucher Buterfaś – eine Jahrhundertbegegnung glatt an die Wand. „Zuerst eine typisch jüdische Frage: Wieviel Geld hast du für deine Ruine denn schon zusammen? Warum willst du von Jerusalem Geld? Was hast du von Jerusalem schon gesehen?"

Als Experte seine lange Besichtigungs-Wunschliste vortrug, winkte Kollek aber ab: „Mensch, bist du meschugge? Ich habe doch ein Buch über Jerusalem geschrieben! Kauf es, lies es, dann brauchst du nicht überall hinzulatschen!"

Der Besuch bei der Palästinenserin Hanan Ashrawi war ein Stück Politik aus dem Panzerschrank. Buterfaś erlebte eine Stacheldraht-Operation: Die jüdischen Nummernschilder am Auto mußten ausgewechselt werden, und während der Fahrt gab der Fahrer geheime Lichtsignale an die arabischen Intifada-Beobachter. Das anschließende Gespräch roch nach Pulverdampf. Prof. Hanan Ashrawi wollte wissen, wie lange ihre Heimat denn noch sein würde. Ivar Buterfaś fragte: „Warum haben Ihre Landsleute auf den Straßen getanzt und gejubelt, als im Golf-Krieg irakische Raketen in jüdischen Wohnvierteln einschlugen?"

„Gyula Horn, Ungarns unvergeßlicher Außenminister, der im September 1989 als erster den

Eisernen Vorhang durchlöchert und die Wimpel vom Konferenztisch zu unterschreiben, worden ist. Sie können sie ausstellen." Schmidt-Gletscher ließ von Ivar Buterfaś schallschnelle Rhetorik ab. „Mich werden Sie nicht weichkochen – versuchen Sie es doch bei Loki." Ein guter Tip. Loki Schmidt ist engagierte Schirmherrin des Förderkreises „Rettet die Nikolaikirche".

Tief ergriffen denkt Ivar Buterfaś an die Begegnung mit dem Bundesinnenminister Wolfgang Schäuble zurück. „Ein unglaublich tapferer Mann!" Schäuble ließ sich das Projekt, das Mahnmal Nikolaikirche, erläutern und sagte: „Geld bekommen Sie von mir nicht. Da bin ich geizig wie mein Großvater. Ihr Dokumentationszentrum beeindruckt mich aber. Ich gebe Ihnen daher meine Handzeichnungen.

trag, die Federhalter, mit denen er unterschrieben worden ist, und die Wimpel vom Konferenztisch. Sie können sie ausstellen." Auch Altbundeskanzler Helmut Schmidt öffnete vor dem Ivar Buterfaś. „Mich werden Sie nicht...

Den Kürzesten Kommentar fand Hamburgs Mazen Kurt A. Körber. „Tun Sie mir einen Gefallen. Machen Sie so weiter." Ivar Buterfaś bekannte später: „Dieses Wort hat mich richtig stolz gemacht."

Schmidt fordert Courage

Ex-Bundeskanzler erinnert in der Ruine Nikolai-Kirche an Nazi-Zeit und Kriegsende

Ex-Bundeskanzler Helmut Schmidt hat das Ende des Zweiten Weltkrieges im Mai 1945 als Schlußpunkt der schlimmsten Niederlage der Moral seit dem Bestehen der Deutschen Nation bezeichnet. „Die Nazi-Zeit und der Krieg, das muß im Gedächtnis bleiben, weil es unser Deutschland und unser Krieg gewesen ist", sagte Schmidt gestern bei einer Gedenkveranstaltung in der Ruine der St. Nikolai-Kirche.

Aus der Erblast der Vergangenheit folge die Pflicht, die Zukunft nicht erneut irgendwelchen Ideologen zu überlassen, sondern sie mit Umsicht und Zivilcourage selbst in die Hand zunehmen. Es sei allerdings „grober Un-

fug", alle Deutschen als kriegslüstern zu bezeichnen und wegen ihres Gehorsams gegenüber den Nationalsozialisten pauschal und kollektiv als Verbrecher anzusehen, sagte Schmidt. Der Gehorsam der Mehrheit sei einer Mischung aus Furcht vor Bestrafung, aus Angst vor dem Feind und zum größten Teil aus Pflichtgefühl ent-

sprungen. „Übertriebene Ordnungshörigkeit, übertriebene deutsche Obrigkeitshörigkeit haben es dem

Gedenken in der St. Nikolai-Kirche: Wilhelm Wieben, Dagmar Buterfas, Helmut und Loki Schmidt, Ivar Buterfas (von links).

Verführer Hitler erleichtert, uns zu mißbrauchen." In Zukunft müßten die Deutschen jedoch aufpassen, nicht in das gegenteilige Extrem des Mißbrauchs der persönlichen Freiheit zu verfallen, warnte Schmidt. „Es gibt moralisch keine Freiheit, auf Kosten anderer zu leben." Bei der Veranstaltung wurde eine von dem italienischen Maler Bruno Brun gestaltete Postkarte vorgestellt, deren Verkaufserlöse in die Restaurierung der Kirchenruine als Mahnmal fließen sollen.

Fünf Hauptkirchen gemeinsam: Glocken mahnten zum Frieden

Hunderte von Hamburgern trafen sich gestern nachmittag zur Gedenkveranstaltung am Mahnmal von St. Nikolai an der Ost-West-Straße.

Die Glocken der fünf Hamburger Hauptkirchen läuteten gemeinsam und mahnten zum Frieden in der Welt. Hauptredner der Gedenkveranstaltung Alt-Bundeskanzler Helmut Schmidt: „Wir müssen für die Zukunft wissen, Ordnung und Freiheit können sowohl gut als auch böse gebraucht werden – entscheiden muß unser Ge-

wissen." Der Canon Dr. Paul Oestreicher aus Coventry in deutscher Sprache: „Wir sind aus dem 1941 von den Deutschen zerstörten Coventry aus Vergebung und Versöhnung nach Hamburg gekommen."

Schweizer Ritt für guten Zweck

Der Schweizer Generalkonsul Alfons Müggler (Foto) auf Kühen, Anna Maria Kaufmann als Pfauentauben-Prinzessin und Carlo von Tiedemann mit einem Puma im Raubtierkäfig – am kommenden Montag treten sie und andere prominente Gäste im Zirkus „Fliegenpilz", Heiligengeistfeld, ohne Gage zugunsten des Förderkreises „Rettet die Nikolaikirche" auf. Karten für diese einmalige Gala gibt es im Alsterhaus, bei Karstadt Mönckebergstraße und im Zirkus.   Foto: Joost

Roman Herzog lobt Hamburger

Für eine knappe Stunde empfing Bundespräsident **Roman Herzog** in Berlin gestern eine Delegation aus Hamburg: Die Vorstände vom Förderkreis Alt-St.-Nikolai und von St. Nikolai am Klosterstern berichteten dem Bundespräsidenten im Schloß Bellevue über den Erhalt des Mahnmals am Hopfenmarkt. Rund 20 Millionen Mark Spenden sind seit der Gründung des Förderkreises zusammengekommen.

Anschließend trug sich Roman Herzog in das Goldene Buch ein, das Förderkreis-Gründer **Ivar Buterfas** auf Reisen immer bei sich trägt. Buterfas zeigte sich zutiefst erfreut über den Erfolg des Besuchs: „Der Bundespräsident fand es mehr als beachtenswert, was der Förderkreis bisher für den Erhalt der Ruine getan hat", sagte er gegenüber dem Abendblatt.

Triumphaler Empfang der 51 Glocken für künftiges Mahnmal St. Nikolai

Auf dem Transporter segneten zwei Geistliche des Islam und der beiden christlichen Konfessionen die 51 Glocken. Foto: pp

Kinder aus 32 Nationen haben gestern den Glockenkonvoi an der Autobahn-Raststätte Grundbergsee in Empfang genommen und zum Hopfenmarkt in der Hansestadt begleitet. Foto: pp

Brückenschlag zwischen Holland und Deutschland

Von Wilfried Krüger

Hamburg Mit einem Triumphzug hat der Vorsitzende des Förderkreises „Rettet die Nikolaikirche", Ivar Buterfas, die 51 neuen Glocken für das künftige Mahnmal von St. Nikolai am Hopfenmarkt aus der holländischen Stadt Asten nach Hamburg begleitet. Vor dem Transport in die Hansestadt kam es in Asten zu einer bisher einmaligen Aktion. Zum ersten Mal in der Kirchengeschichte haben islamische und christliche Geistliche gemeinsam Glocken gesegnet.

Als wichtigen Brückenschlag zwischen Holland und Deutschland bezeichnete Pastor Wolfgang Weissbach von Neu St. Nikolai die Aktion. Für den Frieden in der Welt beteten die katholischen Pfarrer Helmut Tourneau (aus Finkenwerder) und sein

Ivar Buterfas freut sich über die neuen Glocken aus der holländischen Gießerei Eijsbouts.

holländischer Amtskollege Jan van Ras (Asten) ebenso wie der Imam der islamischen Gemeinde Ramazan Ucar und sein Übersetzer Huseyin Nas.

Im strömenden Regen begrüßte Bürgermeister Hen-

ning Voscherau gestern die neuen Glocken aus der Königlichen Gießerei Eijsbouts nach mehr als achtstündigem Transport am St. Nikolai-Mahnmal. Jetzt beginnt die Installation der 51 Glocken zumGlockenspiel. Als Leiter der Sanierungsmaßnahme hat Architekt Bernhard Brüggemann alles vorbereitet, damit das Glockenspiel mit vier Oktaven rechtzeitig zum Auftakt der Gomorrha-Woche am 24. Juli aus dem Turm des St. Nikolai-Mahnmals erklingen kann.

Rund 18 Tonnen wiegt Europas größtes Glockenspiel. 80 Prozent Kupfer und 20 Prozent Zinn sind in dem 125 Jahre alten Gießbetrieb der Familie Eijsbouts an der Driehoekstraat 3 im holländischen Asten in die Form geflossen, um das Werk zu vollenden. Als Ivar Buterfas und Manuela Rousseau vom Förderkreis in der Gießerei eintreffen, werden die Glocken gerade auf einem Lastwagen verstaut. Beide haben sich an der Finanzierung des Glockenspiels beteiligt. Beim Anblick der Glocken auf dem Transporter am Fuße der Astener St. Marien-Gemeinde bricht die Freude aus Ivar Buterfas heraus. „Ich bin überwältigt, wenn ich mir vorstelle, wie diese Glocken erklingen. Das ist schon ein unbeschreibliches Gefühl." Nicht weniger begeistert ist sein Freund Gerhard Klein-

Die Hamburger Bundestagsabgeordneten aller Parteien haben Geld zusammengelegt und damit die finanzielle Basis zum Erwerb dieser großen Glocke geschaffen. Foto: kr

magd, der Bürgerschaftsabgeordnete und Brezelbacker aus dem Schanzenviertel, der jüngst durch einen spektakulären Austritt aus der CDU Schlagzeilen machte. Sichtlich bewegt betrachtet er „seine" Glocke. Es ist die einzige mit einem Brezel. „Das ist ein Symbol für gefaltete Hände", sagt Kleinmagd. Weil er nach 1943 die Hälfte seiner Familie verloren hatte, entschloß er sich im Andenken an die Verstorbenen eine Glocke für St. Nikolai zu stiften. Dabei ist Kleinmagd in guter Gesell-

schaft. Senat und Bürgerschaft, die Hamburger Bundestagsabgeordneten und das Konsularische Korps der Hansestadt haben auch gespendet.

35 Kinder aus 32 Nationen haben den Glockenkonvoi in einem geschmückten Bus gestern zum Hopfenmarkt begleitet. Im Namen der 84 in der Hansestadt ansässigen Generalkonsulate hat der Doyen des Konsularischen Korps, der dänische Generalkonsul Flemming Morch, die gespendete Glocke feierlich übergeben.

Manuela Rousseau vom Förderkreis „Rettet die Nikolai rche" hat nachgezählt. Alle 51 Glocken sind auf dem Lastwagen. Foto: kr

314

Glocken für alle

Für alle Menschen in diesem Land, sind diese Glocken hier gebrannt", sangen gestern 36 Kinder aus 30 Nationen in Landestrachten der Schule Altonaer Straße vor und auf dem Glockenwagen vor St. Nikolai nach der Ankunft des 51stimmigen Glockenspiels aus Asten in Holland. Zum erstenmal wird es am 24. Juli auf dem Hopfenmarkt erklingen. Hamburger hatten nach einem Abendblatt-Aufruf von Ende September 1992 an in nur sieben Wochen über 500 000 Mark dafür gespendet. **Seite 15** Foto: ZAPF

Kartenvorverkauf hat begonnen

Zwei der 51 Friedensglocken für St. Nikolai wurden von Lesern des Hamburger Abendblattes finanziert. Foto: EGGEBRECHT

Festival des Friedens

Mit der Eröffnung eines Verkaufs- und Informationsstandes am Gerhart-Hauptmann-Platz hat gestern der Kartenvorverkauf für das Friedensfestival am Sonnabend, 24. Juli, auf dem Hopfenmarkt begonnen. Erstmals werden an diesem Tag die 51 Friedensglocken von St. Nikolai zum Gedenken an die Bombenopfer vom 25. Juli 1943 erklingen. Bei der Aktion „Gomorrha" war auch die Kirche durch Luftangriffe der Alliierten zerstört worden. Der 147 Meter hohe Kirchturm hatte den Piloten damals als Orientierungspunkt für die Bombardierung der Stadt gedient.

Viele Hamburger haben mit ihren Spenden die Anschaffung der Glocken im Wert von 330 000 Mark erst möglich gemacht.

Am Friedensfestival wird neben Bürgermeister Henning Voscherau auch Ignatz Bubis, Vorsitzender des Zentralrates der Juden, teilnehmen. Zahlreiche Künstler aus aller Welt haben Ivar Buterfas vom Förderkreis „Rettet die Nikolaikirche" ihren gagenfreien Auftritt zugesagt. Neben Wolf Biermann werden Künstler des Musicals „Phantom der Oper" und das Kammerorchester „Klassika" aus St. Petersburg auftreten. Sitzplatz-Karten für das Festival, das um 11.30 Uhr beginnt, kosten 95 Mark.

Am Montag, 26. Juli, wird um 19 Uhr in der Neuen Flora weltweit erstmals der Dokumentarfilm über die Nikolaikirche „Wer Wind sät, wird Sturm ernten" gezeigt. Außerdem werden Ensemble-Mitglieder von „Cats" und „Phantom der Oper" Musical-Highlights aus „Hair" und „West Side Story" vorführen. Die Karten kosten inklusive Buffet zwischen 55 und 95 Mark.

Karten für das Festival können unter Telefon 220 32 00, für die Filmpremiere unter 270 75 270 angefordert werden. leo

316

Heidi Kabel – Erinnerung an die eigene Kindheit

„Für St. Nikolai immer" – ohne zu zögern sagte die Hamburger Schauspielerin Heidi Kabel zu, als vor ein paar Tagen die Gedenk-Veranstaltung anläßlich der Bombennächte vor 50 Jahren am Montag, 26. Juli, in der Neuen Flora zu platzen drohte. Das ursprünglich geplante Benefiz-Konzert zugunsten des Förderkreises „Rettet die Nikolaikirche" mit dem Schleswig-Holstein Musik Festival-Orchester und Justus Frantz als Moderator mußte ausfallen.

Kurzfristig planten die Veranstalter neu: Nach der Premiere des Films „St. Nikolai – Ein Mahnmal erzählt seine Geschichte" werden die Zuschauer nun statt Orchestermusik Texte und Lieder „gegen den Krieg" hören.

Zugesagt haben neben Heidi Kabel – sie wird aus dem Werk von Wolfgang Borchert lesen – auch Theaterintendant Friedrich Schütter („Claudius", Tucholsky) und die Schauspieler Volker Lechtenbrink sowie Uwe Friedrichsen (Borchert).

Für Heidi Kabel hat die Ruine von Alt-St.-Nikolai eine besondere Bedeutung. Sie ist an den Großen Bleichen aufgewachsen. „Da gehörte die Kirche mit den Marktständen davor wie selbstverständlich zu meinem Leben". Als die große Volksschauspielerin zwischen den Angriffen mit ihrer Familie nach Hamburg kam, war das Kirchenschiff bereits zerstört, der Turm ausgebrannt.

Eine greifbare Erinnerung aus jenen Tagen hat sich erhalten. Aus einer Mappe zieht Heidi Kabel vier Aquarelle hervor. „St. Nikolai im Trümmern. „Die hat Hans-Albert Dithmer, Bühnenbildner des Ohnsorg-Theaters, zwei Tage nach dem Angriff gemalt", erinnert sie sich.

In der vergangenen Woche bekam sie die Bilder von der Witwe des 1992 gestorbenen Künstlers. Heidi Kabel will sie dem Dokumentations-Zentrum St. Nikolai zur Verfügung stellen. eli

Karten für die Veranstaltung in der Neuen Flora gibt es über Telefonkarte, Telefon 270 75 270 (55 bis 95 Mark).

Für St. Nikolai – hier ein Aquarell der Kirche in Trümmern – setzt sich die Hamburger Volksschauspielerin Heidi Kabel ein.

Vergeben, aber nicht vergessen

Hamburg gedachte am Wochenende der Opfer der „Operation Gomorrha"

„Vater, vergib" – ein Dutzendmal wiederholte die tausendköpfige Menschenmenge vor der Ruine der alten Hauptkirche St. Niko⸱ ⸱ diese Bitte des Bischofs von ⸱ ⸱entry. Vergebung war an diesem Wochenende das Thema des Gedenkens an Hamburg vor 50 Jahren. Nirgendwo kam der Ruf nach Vergebung und der Wille zur Versöhnung deutlicher zum Ausdruck als unter dem Turm, der in den letzten Juli-Tagen 1943 den Bomberpiloten als Orientierungspunkt gedient hatte. Und wo an diesem Sonnabendvormittag Bischof Simon Warrington-Ward aus dem Land, „aus dem unsere Royal Airforce Hamburg verwüstete", wo Ignatz Bubies, Vorsitzender des Zentralrats der Juden, für die am stärksten verfolgte, geschundene und ausgerottete Menschengruppe, und wo der Hamburger Bürgermeister Henning Voscherau gemeinsam an Opfer und Täter erinnerten.

Zum erstenmal nach 50 Jahren erklangen an diesem Tag wieder die Glocken von St. Nikolai. Der gewaltige Hall von 51 Glocken übertönte das geschäftige Treiben in der Innenstadt. Rund 800 000 Mark hatten zahlreiche Spender auf Initiative des Fördervereins „Rettet St. Nikolai" zusammengebracht, wie Vorsitzender Ivar Buterfas dankbar feststellte. St. Nikolai, der „Finger Gottes" müsse erhalten bleiben.

Bischöfin Maria Jepsen sagte:

Nach 50 Jahren hängen im Turm von St. Nikolai wieder Glocken

„Dieses Mahnmal ruft uns zum christlichen Zeugnis auf." Der Bischof von Coventry fügte hinzu: „Das Nagelkreuz, das hier angebracht wird, kommt aus den Ruinen unserer Kathedrale." Er betonte: „Alle haben gesündigt, alle brauchen Vergebung und Erneuerung."

Wie kam es zu dem „Grauen, das uns die Sprache verschlägt", in einer „Stadt, die auf Trümmer reduziert wurde", wie Henning Voscherau es beschrieb. „Gomorrha" könne nicht von der Vorgeschichte, vom 30. Januar 1933 und dem deutschen Einmarsch in Polen am 1. September 1939 getrennt werden. „Wer wollte anklagen", fragte er, „wenn die Alliierten nicht bereit gewesen wären, die Nazi-Herrschaft opferreich niederzukämpfen – hätte es dann eine Befreiung gegeben?"

Ignatz Bubies – bei der Nennung der Ehrengäste von allen mit dem stärksten Beifall begrüßt – mahnte, die Vergangenheit nicht zu verdrängen. „Ich habe den Eindruck, daß wir immer nur nach vorn schauen und das, was hinter uns liegt und um uns geschieht, viel zu wenig beachten", sagte der Vorsitzende des Zentralrats der Juden. „Wir haben schon vergessen, daß es 55 Millionen Tote gegeben hat, Tote an den Fronten und durch Bomben, Tote, deren einzige Schuld es war, daß sie Juden oder Roma und Sinti waren."

Dort, wo der Feuersturm vor

50 Jahren am verheerendsten gewütet hatte – in Rothenburgsort, das kurz darauf zum Sperrgebiet erklärt worden war –, erinnerte Bürgermeister Henning Voscherau in der Fritz-Köhne-Schule an das Inferno. Bei einer weiteren Veranstaltung in Hammerbrook legte er einen Kranz vor einer Gedenktafel nieder, die an die Toten erinnern soll.

Im Michel hing gestern wie eine riesige Fahne das Buch der Namen, das inzwischen die Eintragungen von 6780 Opfern der Bombenangriffe aufweist. „Jetzt ist das grauenhafte Geschehen endlich angekommen bei Gott für Zeit und Ewigkeit", sagte Hauptpastor Helge Adolphsen in seiner Predigt. Vor einer vielhundertköpfigen Gemeinde stellte er fest: „Gott trauert über Täter und Opfer." Adolphsen hielt der Bereitschaft vieler Hamburger, nach dem Feuersturm einander zu helfen und zusammenzurücken das „Gesetz der Angst" entgegen, das uns heute beherrsche. Er forderte: „Lernen wir von den Menschen vor 50 Jahren Gottvertrauen und Mut zur Zukunft."

Dieser ermunternde Zuruf kam bei der bunt angemalten Schar von einem Dutzend Punkern nicht mehr an. Sie war bei der Verlesung von der Speisung der Fünftausend schon abgerückt. Von Speisen schien der Trupp sowieso nicht viel zu halten. Höchstens von flüssiger Nahrung. hs

Zeigt den Gästen Bischof Simon Warrington-Ward, Bischöfin Maria Jepsen (links), Ignatz Bubies und Bürgermeister Henning Voscherau (rechts) stolz die neuen Glocken: Ivar Buterfas, Vorsitzender des Fördervereins „Rettet St. Nikolai"   FOTOS: CHRISTA KUJATH

318

Gomorrha-Friedensfest: Auch Zaungäste waren willkommen

Lag's am Wetter? Am Kartenpreis (95 Mark)? Fast mehr Prominente als zahlende Gäste Samstag beim Gomorrha-Friedensfesti-val an der Nikolai-Kirche. Kaum die Hälfte der 1 500 Plätze verkauft. Moderator Carl-heinz Hollmann: „Auch alle Zaungäste sind eingeladen, Platz zu nehmen." Grummeln bei den Zahlenden.

Programm: Trompetenkonzert, Friedenslieder, Ansprachen von Voscherau, Bischöfin Jepsen, Ignatz Bubis, Elisabeth Kiausch. Voscherau: „Das ‚Nie wieder' ist nur dann gesichert, wenn jeder seinen Beitrag leistet. In Wort und Tat."Ignatz Bubis: „Nur eine kleine Gruppe übt Gewalt aus. Aber warum werden 80 Millionen Bürger und ein so starker Staat mit ihnen nicht fertig?"

Auch dabei: Witta Pohl, Sänger von „Cats" und „Phantom", Wolf Biermann, Ralph und Rocco Giordano, Heidi Kabel, Weihbischof Jochen Jaschke, Robert Vogel. Finale: Nach 50 Jahren erklangen die 51 Glocken von St. Nikolai.

◄ Andächtiger Blick zu den 51 neuen Glocken von St. Nikolai (kleines Foto): Ivar Buterfas mit dem Nagelkreuz aus Coventry.
Fotos: Andreas Costanzo

Erklangen nach 50 Jahren: Die 51 Glocken von St. Nikolai.

Für eine Welt ohne Krieg und Gewalt

Hamburg (lno). Die Stadt Hamburg hat am Sonnabend an der zerstörten Nikolai-Kirche der Opfer der Bombenangriffe vor 50 Jahren gedacht. Bei Regenwetter versammelten sich etwa 1000 Bürger vor der Runie, um an die Schrecken der „Operation Gomorrha" zu erinnern und für eine Welt ohne Krieg und Gewalt zu demonstrieren. Die 147 Meter hohe Spitze des Kirchturms war damals Orientierungspunkt der Bomberpiloten gewesen.

Das „Gomorrha Memorial" wurde vom Förderkreis „Rettet die Nikolai-Kirche" veranstaltet. Bürgermeister Henning Voscherau sagte: „Hamburg hat sich um sein eindrucksvolles Mahnmal, die durch Bomben zerstörte Hauptkirche St. Nikolai, versammelt, um der schecklichsten, der leidvollsten Tage in der Geschichte unserer Stadt, der Tage und Nächte voller Not, Leid und Tod zu gedenken; um zu trauern, zu erinnern, zu mahnen."

Voscherau erinnerte an die Ausmaße der Angriffe der alliierten Luftstreitkräfte im Sommer 1943: „Sie entfachten ein unvorstellbares Inferno. Zigtausende von Menschen starben im Bombenhagel und Feuersbrünsten in unvorstellbarem Ausmaß. Sie erstickten in Kellern, verbrannten auf den Straßen, wurden durch Rauch vergiftet und von umherfliegenden Trümmern erschlagen."

Der Bürgermeister forderte gleichzeitig, sich heute ehrlich einer Auseinandersetzung mit dem historischen Kontext der „Operation Go-

Im Rahmen der Feierstunde überreichte am Sonnabend Bischo[f] Simon Warrington-Ward (rechts) das „Nagelkreuz von Coventry" an Bischöfin Maria Jepsen und Ivor Buterfas, Vorsitzender de[s] Förderkreises „Rettet die Nikolai-Kirche". Foto: dp[a]

morrha" zu stellen: „Wer will im Land der Täter Verbrechen gegen Verbrechen aufrechnen." Hätten die Alliierten nicht den Mut und die Entschlossenheit gefunden, den Nationalsozialismus erfolgreich zu bekämpfen, hätte es dann die Befreiung geben können, fragte der Bürgermeister.

Der Vorsitzende des Zentralrats der Juden in Deutschland, Ignaz Bubis, mahnte, die Vergangenheit nicht zu verdrängen. Er habe den Eindruck, daß wir „nur nach vorn schauen". „Wir haben schon vergessen, daß es 55 Millionen Tote gegeben hat, Tote an den Fronten, durch Bomben und Tote, deren einzige Schuld es war, daß sie jüdisch oder Roma und Sinti waren." Die Ge-

walt gegen Ausländer heute sagte Bubis weiter, sei nu[r] möglich, weil der Blick zurück vergessen worden sei.

Bürgerschaftspräsidentin Elisabeth Kiausch erinnert[e] an die Opfer der Bombenangriffe. Diejenigen, die di[e] Schrecken des Krieges erleb[t] hätten, müßten nun den Jüngeren sagen, daß Krieg niemals Probleme löse, daß e[s] Intoleranz und Haß seien, di[e] der Gewalt den Weg ebneten. Alle müßten heute am Frieden arbeiten.

Im Rahmen der Feierstunde wurde das „Nagelkreuz von Coventry" überreicht, das einen Platz in der Turmruine finden wird. Zum Abschluß der Gedenkveranstaltung ertönten erstmals die neuen 51 Friedensglocken von St. Nikolai

Welt-Filmpremiere zu Mahnmal St. Nikolai

Hamburg (lno) Rund 40 000 Hamburger starben, fast die Hälfte aller Wohnungen wurde zerstört, eine Million Menschen flüchtete aus der Stadt: An die Hamburger Bombennächte von 1943 erinnert am 26. Juli (19 Uhr) in der Hansestadt eine Sonderveranstaltung in der Neuen Flora mit einer Weltpremiere des Films „St. Nikolai – Ein Mahnmal erzählt seine Geschichte". Rund 1 200 Zuschauer werden nach Angaben vom Montag zu dem Ereignis erwartet. Prominente Gäste sind die Schauspieler Heidi Kabel, Wolf Biermann, Will Quadflieg und Filmmusik-Komponist Bernd Kaczmarek.

Das ursprünglich geplante Galaprogramm mit Justus Frantz, Semyon Bychkow und dem Schleswig-Holstein-Musikfestival-Orchester wurde aus organisatorischen Gründen kurzfristig geändert. Statt dessen lesen Wolf Biermann, Uwe Friedrichsen, Heidi Kabel, Volker Lechtenbrink, Walter Plathe, Friedrich Schütter Texte gegen den Krieg. Stars aus dem „Phantom der Oper" und „Cats" singen Musical-Highlights aus „Hair", „West Side Story" und „Miss Saigon".

Erschütternder Film: St. Nikolai – Ein Mahnmal erzählt seine Geschichte

Friedrich Schütter berichtet, wie er als beurlaubter Frontsoldat Leichen in Hammerbrook wegschaffte. Justus Frantz spielt Mendelssohn. Heidi Kabel liest über die 800jährige Geschichte

Friedrich Schütter und Heidi Kabel: Zeitzeugen der Bombenangriffe auf Hamburg, Akteure im St.Nikolai-Film. Foto: M. Brinckmann

der Hamburger Bürgerkirche St. Nikolai, deren Kirchen-Schiff bei den Bombenangriffen auf Hamburg vor 50 Jahren vernichtet wurde.

Szenen aus dem Film „St. Nikolai – Ein Mahnmal erzählt seine Geschichte", der gestern in der halbvollen „Neuen Flora" vorgestellt wurde. „Phantom"- und „Cats"-Stars rundeten die Benefiz-Gala ab – der Erlös von rund 50 000 Mark geht an den „Förderkreis St. Nikolai", der die Kirchenruine als „Mahnmal gegen Nationalsozialismus und Verbrechen" (so Schriftsteller Ralph Giordano) erhalten will. Deshalb zeigt der Film Krieg und Opfer. Besonders erschütternd der Bericht von KZ-Häftling Flora Neumann: „In Auschwitz haben wir gebetet, daß die Bomben uns vernichten – damit unsere Qualen ein Ende haben." **ute**

Tränen beim Portugaleser

Als Bürgermeister **Henning Voscherau** einen eigens für **Ivar Buterfas** geprägten Portugaleser überreichte, hatte der Jubilar Tränen in den Augen. Mit 300 Gästen – darunter auch der älteste Bruder **Kurt**, die Schwestern **Felicitas** und **Elke** sowie Bruder **Ronald** – feierte der Vorsitzende des Förderkreises „Rettet die Nikolaikirche" am Sonnabend seinen 60sten Geburtstag im **Bahrenfelder Forsthaus**. Zu Ehren des Hamburger Unternehmers, der um den Erhalt St. Nikolais als „interkonfessionelles

Mahnmal" kämpft, kam **Max Schmeling** als einer der ersten Gratulanten. **Loki Schmidt** überreichte ein selbstgesticktes Bild, **Rocco Giordano** verlas einen Brief seines Bruders **Ralph**, der sich zur Vorbereitung eines neuen Films in Polen aufhält. Dank **Prof. Hermann Rauhe** (Präsident der Musikhochschule), der einen **Steinway**-Flügel zur Verfügung stellte, intonierte **Justus Frantz Bach** und **Beethoven**. Sonst spielt der Meister nämlich nicht: kein Steinway, kein Justus.

Geburtstagskind Ivar Buterfas (r.) mit Frau Dagmar (2.v.l.) und dem Ehepaar Wolf und Pamela Biermann. Foto l.: Tochter Jasmin, Ivar Buterfas, Max Schmeling, Loki Schmidt.

Bischöfin Jepsen, Loki Schmidt, Max Schmeling, Justus Frantz, Wolf Biermann sangen für den Retter von St. Nikolai

Gloria, Gloria!

Von UTE DAUM-STUMMER

Musikhochschul-Professor **Hermann Rauhe** ermunterte **Henning Voscherau**: „Herr Bürgermeister, Sie sind sehr singgewandt! Es ist nicht das erste Mal, daß Sie unter meiner Leitung singen!" Der öffnete brav den Mund – und im „Bahrenfelder Forsthaus" erklang der von Rauhe komponierte Kanon „Solideo Gloria" – aus 240 prominenten Kehlen.

Das „Gloria" galt **Ivar Buterfas** – der unermüdliche Vorsitzende des Förderkreises „Rettet die Nikolaikirche" (sammelte 14 Millionen Mark für das Friedens-Denkmal) feierte seinen 60. Geburtstag, das 30jährige Bestehen seiner Baufirma und 40 Jahre Liebe zu Ehefrau Dagmar. Ihr dankte der strahlende Jubilar mit einem weißen Rosenstrauß und dem Bekenntnis: „Daggi, du bist Spitze!"

Eine einzigartige Gäste-Mischung ließ den Jubilar hochleben: „Sie sind ein kommunikatives Kraftwerk", sagte Bürgermeister Voscherau – schenkte einen Portugaleser mit dem Bild von St. Nikolai. Star-Pianist **Justus Frantz** spielte Beethoven und Bach. **Ralph Giordano** (schrieb „Die Bertinis")

würdigte launig den Freund: „Bemerkenswert der nur schwer zu stoppende Wasserfall seiner Worte. Wo nimmt der Mann wohl die Luft her?!" Sänger **Wolf Biermann** (mit hübscher Frau Pamela im rosa Jeans-Mini) beschrieb die Buterfassche Stimmel-Leidenschaft: „Du hast einen brachialen Charme, dem selber von uns gewachsen ist!"

Für Buterfas sangen: Postpräsident **Alfred Meier**, Kultursenatorin **Christina Weiss, Heidi Kabel, Friedrich Schütter, Max Schmeling, Loki Schmidt**, Weihbischof **Hans-Jochen Jaschke**, Bausenator **Eugen Wagner**, Immobilienunternehmer **Dr. Helmut Greve**, Generalkonsul **Alphons Müggler** (Schweiz), Bischöfin **Maria Jepsen** . . .

Der Bürgermeister schenkte Ivar Buterfas (lks.) eine Medaille, die es nur einmal gibt: einen „St. Nikolai"-Portugaleser.

Sangen für Ivar Buterfas: Senatorin Christina Weiss, Pianist Justus Frantz, Weihbischof Jochen Jaschke (von links).

Eine Sport-Legende begrüßt die erste Bischöfin der Welt: Max Schmeling und Maria Jepsen.
Fotos: Rolf Ambor

Wolf Biermann sang für Buterfas: „Nur wer sich ändert, paßt sich an." Sagte: „Unsere Väter waren Hamburger Juden."

Jubilar Ivar Buterfas – ein „kommunikatives Kraftwerk"

was **Hamburg.** „Jeder der Ivar Buterfas kennt, weiß, warum immer alle kommen, wenn er ruft. Er ist ein kommunikatives Kraftwerk, das alle für sich und seine Ideen eingespannt hat. Ivar Buterfas hat durch das Feuerwerk seines Handelns demonstriert, was alle anderen versäumt haben zu tun. Gäbe es ihn nicht, dann würde das Sandsteinge-

bäude an der Ost-West-Straße langsam zerbröseln", sagte Bürgermeister Henning Voscherau anläßlich der Geburtstagsfeier, zu der der Gründer und Vorsitzende des Förderkreises „Rettet die Nikolaikirche", Ivar Buterfas (60) aus Bendesdorf, eingeladen hatte.

Gleich scharenweise strömten Prominente aus Politik, Wirtschaft und Kultur ins „Bahrenfelder Forsthaus", um Ivar und seiner Frau Dagmar Buterfas zu gratulieren. Außer dem 60. Geburtstag gab es nämlich auch die 40jährige Ehe und das 30jährige Betriebsjubiläum des Bauunternehmers zu feiern. Über eine Stunde war „Händeschütteln" und Small talk mit den Gästen angesagt. Unter ihnen die Schirmherrin des Förderkreises, Loki Schmidt, Max Schmeling, Carlheinz Hollmann, Elisabeth Klausch, Friedrich Schütter, Wolf Biermann, Heidi Kabel und Bischöfin Maria Jepsen.

Wohl zum erstenmal verschlug es selbst dem schallschnellen Rhetoriker Buterfas die Sprache, nachdem ihm die Festredner Voscherau, Justus Frantz, Hermann Rauhe und Rocco Giordano allesamt für sein unermüdliches Engagement, seine Hartnäckigkeit, seine Zielstrebigkeit und für seine liebenswerte Art gedankt hatten. Nach so vielen herzlichen Worten verwies Ivar Buterfas auf seine Frau

und erklärte: „Was wären wir Männer ohne unsere tüchtigen Frauen. Sie ist die gute Seele der Familie und hat mir immer den Rücken freigehalten."

Wie das neue Glockenspiel aussehen wird, das am 23. Juli 1993 zum erstenmal im Turm der zerstörten Nikolai-Kirche erklingen soll, erklärte Buterfas anhand einer Zeichnung, die ihm der Präsident der Königlich Niederländischen Glockengießerei mitgebracht hatte. „Ich bewundere, wie er es immer wieder schafft, Menschen für seine Ideen zu begeistern", sagte Musikhochschul-Professor Hermann Rauhe, der Gründungsmitglied der Felix-Mendelssohn-Bartholdy-Gesellschaft International e.V. ist, die im Juli 1992 von Ivar Buterfas ins Leben gerufen wurde. Sicher sprach Bürgermeister Voscherau allen Gästen aus der Seele, als er zum Schluß seiner Rede sagte: „Die Hoffnung der Stadt ist, daß Ivar Buterfas noch auf vielen Feldern etwas voranbringen und seinen Enthusiasmus behalten wird."

Mit einer Zeichnung erklärte Ivar Buterfas seinen Gästen, wie das neue Glockenspiel der Nicolaikirche aussehen soll. Fotos: was

Liedermacher Wolf Biermann (links) bedachte seinen Freund Ivar Buterfas mit herzlichen Worten – und einem Gesangsbeitrag.

Bendestorfer Freundeskreis

Familie, Freunde und Förderer: Gemeinsam feierten (von links) Tochter Jasmin und Ivar Buterfas, Max Schmeling, Loki Schmidt, Ivars Frau Dagmar und Sohn Andreas Buterfas. Foto: was

was **Bendestorf/Bahrenfeld.** Die Liste der Gratulanten aus Politik, Wirtschaft und Kultur war lang: Ivar Buterfas, einer der bekanntesten Bürger Bendestorfs und Gründer des Hamburger Förderkreises „Rettet die Nikolaikirche", hatte am Wochenende zu einem großen Fest eingeladen. Zu feiern hatte Buterfas seinen 60. Geburtstag, das 30jährige Betriebsjubiläum und die 40jährige Ehe mit seiner Frau Dagmar. Im Namen aller Gäste im Bahrenfelder Forsthaus bedankte sich Hamburgs Bürgermeister Henning Voscherau bei Buterfas für sein unermüdliches Engagement und für die Zielstrebigkeit, mit der er sich zum Wohle aller Bürger für gemeinnützige Ziele einsetze. Seite 7

Der Segen des Papstes

Ivar Buterfas im Vatikan

Von
CONSTANZE REUSCHER

„... und mein besonderer Gruß gilt dem Förderkreis ‚Rettet die Nikolaikirche' aus Hamburg!" 4000 Gäste aus aller Welt in der Aula „Paul VI.", gleich neben dem Petersdom gelegen, applaudierten und jubelten begeistert, als Papst Johannes Paul II. diesen Gruß am Mittwoch bei der wöchentlichen Generalaudienz aussprach. Vier unter ihnen waren besonders bewegt: Ivar und Dagmar Buterfas, Herbert Horne und Hans Eggebrecht. Für die „Pilger" aus Hamburg war die Romreise der krönende Abschluß ihrer langjährigen Odyssee für einen guten Zweck.

In einer alten Ledertasche hatten sie eine 17 Zentimeter hohe und sieben Kilogramm schwere Bronzeglocke mit dem Schriftzug „Glockenspiel Förderkreis Rettet die Nikolaikirche" mit nach Rom gebracht. Es ist eine der 51 in Holland gegossenen und mit Spenden vieler Hamburger bezahlten Glocken, die bald als Glockenspiel im restaurierten Turm von St. Nikolai an der Ost-West-Straße erklingen werden.

Ein Klang, der nun auch päpstlichen Segen hat: Zum Abschluß der Audienz stieg der Papst die zehn Stufen von seinem marmornen Podium herab, reichte Dagmar und Ivar Buterfas die Hand und segnete die Glocke aus Hamburg.

Noch am Mittwoch vormittag hatte es Probleme gegeben. Die Förderkreis-Mitglieder Herbert Horne und Hans Eggebrecht hatten zunächst nicht die versprochenen Plätze in der ersten Reihe. Da wurde selbst Ivar Buterfas nervös.

Der Papst segnet die Glocke von St. Nikolai. Rechts Ivar Buterfas.   Foto: MULITZE

Ungewöhnlich, wo den engagierten Hamburger doch bisher in fünf Jahren Kampf um die Nikolai-Kirche so schnell nichts aus der Fassung brachte. „Wenn ich im Rathaus nicht erreiche, was ich will, bin ich nach fünf Minuten wieder da. Darum kriege ich immer alles, was ich will", erklärt Ivar Buterfas

gerne. In der Tat: Er bewegte sogar Michael Gorbatschow, Willy Brandt, Helmut Schmidt, Justus Frantz, Henning Voscherau und viele andere, seine Idee zu fördern: „Die Nikolaikirche soll ein Friedensdenkmal und ein internationales Kulturzentrum, ein Treffpunkt für Anhänger aller Religionen werden."

Buterfas selbst ist Halbjude, der sich im Krieg verstecken mußte. Zum Projekt entsteht ein 60-Minuten-Film „Sankt Nikolai – eine Kirche erzählt ihre Geschichte", für den Will Quadflieg seine Stimme lieh.

Das Filmteam drehte gestern vormittag im Vatikan die Schlußeinstellung: Papst

Johannes Paul II., der auf Ivar und Dagmar Buterfas zugeht, die Glocke segnet, ihnen die Hand reicht und ihre Arbeit lobt: „Euer Engagement hat zu einer wirklichen Solidarität über die Grenzen eures Landes hinaus geführt, den Frieden und die Freiheit zum obersten Ziel menschlichen Handels zu erheben."

327

Hamburger Ivar Buterfas brachte sie nach Rom

Papst weiht Glocke der Nikolaikirche

Die Nikolaikirche an der Ost-West-Straße. Hier soll die Glocke für den Frieden läuten.

Von UTE DAUM-STUMMER

In der schlichten Audienzhalle des Vatikans in Rom hatten sich gestern 4000 Pilger versam-melt, klatschten rhythmisch, als Papst Johannes Paul II. er-schien.

In der 1. Reihe saß der Ham-burger Ivar Buterfas (60). Die Nummer 1 des Fördervereins „Rettet die Nikolaikirche" hielt eine Louis-Vuitton-Tasche um-klammert. Inhalt: Eine 7 kg schwere Glocke, die im Kriegs-Mahnmal an der Ost-West-Straße für den Frieden läuten soll.

Seit 1990 hatte Buterfas Ham-burgs Weihbischof Joschke um Unterstützung gebeten. Ein Bild „seiner" Kirche an den Va-tikan geschickt. Sonnabend dann Start nach Rom - ver-grippt, von Ehefrau Dagmar mit Aspirin versorgt.

Gestern erst eine Enttäu-schung. Nur drei reservierte Plätze für ihn. Seine Mitstreiter Hans Eggebrecht und Herbert Horne mußten zurückbleiben. Die Hamburger wurden ent-schädigt, als „Seine Heiligkeit" Platz genommen hatte, mit so-norer Stimme des Leidens und des Todes Jesu am Kreuz ge-dachte. **Und plötzlich sprach: „Mein besonderer Gruß gilt dem Vorstand des „Förderkrei-ses Rettet die Nikolaikirche" aus Hamburg.** Euer Engage-ment hat zu einer wirklichen Solidarität über die Grenzen eures Landes hinaus geführt, den Frieden und die Freiheit zum obersten Ziel menschli-chen Handelns zu erheben. Gern segne ich die von euch als Zeichen des Friedens mitge-brachte Glocke."

Dann schritt der alte Herr auf Ivar Buterfas zu, sagte: „Ich weiß, was Sie im Krieg durchge-standen haben." Buterfas ant-wortete: „Ich weiß, daß Sie in Ihrem Heimatland Polen Juden geholfen haben zu überleben." Der Papst schlug das Kreuz über der Hamburger Glocke.

Seine Worte sollen Ende und krönender Abschluß des Films über St. Nikolai sein, der eine einmalige Mischung von Hauptdarstellern hat: Michail Gorbatschow, Helmut Schmidt, Willy Brandt, Lech Walesa, Max Schmeling, Gyula Horn, Ignatz Bubis, Teddy Kolleck, Wolf Bier-mann, Heidi Kabel - sie alle werben für das Friedensdenk-mal St. Nikolai.

Eine ganz besondere Art Hamburg-Werbung.

Ein schöner Augenblick für das Ehepaar Buterfas: Der Papst segnete die sieben Kilogramm schwere Glocke.

328

Papst segnete Nikolai-Glocke – im Juli soll sie mit 50 anderen erklingen

Hamburg (kr). Die 51 Glocken von St. Nikolai sollen während der Gomorrha-Woche vom 23. bis 28. Juli feierlich enthüllt werden. Dann erklingt zum erstenmal nach einem halben Jahrhundert wieder das Glockenspiel auf luftiger Höhe. Eine der Glocken hatte der Vorsitzende des Förderkreises „Rettet die Nikolaikirche", der Bendestorfer Ivar Buterfas, mitgenommen nach Rom zur Generalaudienz bei Papst Johannes Paul II. Im Anschluß an die Audienz segnete der Papst die 17 Zentimeter kleine Glocke, die während der Gomorrha-Woche zusammen mit 50 weiteren Glocken ihren Platz im restaurierten Turm von St. Nikolai an der Ost-West-Straße finden soll.

Gemeinsam richten der Senat, der Kirchenkreis Alt Hamburg, die Kirchengemeinde Neu Nikolai Am Kloster stern und der Förderkreis „Rettet die Nikolaikirche" in Hamburg die Gomorrha-Woche aus. Fast sämtliche Bischöfe aus Europa werden zu diesem Ereignis erwartet.

Bürgermeister Henning Voscherau und Ivar Buterfas werden die Gäste während einer Veranstaltung vor der Turmruine der Nikolaikirche begrüßen. Nach Antikriegsliedern von Solisten aus „Cats" und „Phantom der Oper", einer Ballade von Wolf Biermann und einer Lesung der Giordano-Brüder Ralph und Rocco aus „Die Bertinis" werden Zeitzeugen aus dem Inund Ausland über die verheerenden Kriegsereignisse vor 50 Jahren berichten.

Nach einer konzertanten Einlage eines Petersburger Orchesters wird der britische Bischof Simon Barrington-Ward aus Coventry das Nagelkreuz übergeben. Am 26. Juli ist die Weltpremiere des Film „St. Nikolai – eine Kirche erzählt ihre Geschichte" vorgesehen. Ein weiterer Höhepunkt dieses Tages ist das Konzert des Schleswig-Holstein-Musikfestival-Orchesters mit 125 Mitgliedern aus 30 Nationen unter der Stabführung von Semyor Bychkow.

„Nikolaikirche retten"

„Dann müssen wir den 'ranholen" – jeder, der jemals mit Ivar B u t e r f a s zusammengearbeitet hat, kennt diesen Satz. Er bezieht sich immer auf Menschen, die der Sache dienen können, die der Hamburger gerade verfolgt. Vor zwölf Jahren war es der Wiederaufbau des deutschen Boxsports, für den sich der 57 Jahre alte Bauunternehmer mit Energie einsetzte. Seit 1987 ist es die Rettung der alten Nikolaikirche.

Ein zweites Kennzeichen ist hinzugekommen: Wo immer Buterfas hingeht, hat er sein „Goldenes Buch" in der Aktentasche – mehr als 3000 Unterschriften hat der Gründer des Fördervereins „Rettet die Nikolaikirche" bereits gesammelt. Kaum ein Weg ist ihm zu weit, und selbst zum Papst nach Rom hat er es mitgenommen. „Am liebsten", sagt ein Freund, „ist ihm das Autogramm natürlich verbunden mit einer Spende für die Kirche."

Mit unterstreichenden Gesten und Gedankensprüngen, immer drei Gesprächspartner auf einmal im Blick, verkauft Buterfas seine Anliegen: „er sprudelt nur so von Ideen", sagen diejenigen, die ihn dabei erleben.

Doch der Spezialist für Bautenschutz schont auch sich selbst nicht – noch spät in der Nacht klingt aus seiner Stimme keine Spur von Überraschung oder Ärger, wenn das Telefon wieder einmal läutet. Kein Wunder, er ist im Zeichen des Steinbocks geboren, und diesen Menschen sagt man mehr als allen anderen Zielstrebigkeit und Engagement nach. Beides kommt den Hamburgern zugute.

Buterfas hat den Erhalt der Kirchen-Ruine vor Jahren als Herausforderung empfunden: „Es reizte mich, eine Aufgabe wahrzunehmen, an der sich bisher viele erfolglos versucht haben", sagte er.   eli

„Mein Volk ist jetzt frei geworden!"

Reaktion des sowjetischen Generalkonsuls Kusnezow

Die Freude über das gemeinsame Ziel, das Versöhnung heißt: Generalkonsul Dr. Wladlen Kusnezow (links) und der Vorsitzende des Förderkreises zur Rettung der Nikolai-Kirche, Ivar Buterfas, mit dem „Goldenen Buch". Foto: INGO RÖHRBEIN

„Ich habe eine riesige Erleichterung gespürt." Das war gestern nachmittag die erste Reaktion des sowjetischen Generalkonsuls Dr. Wladlen Kusnezow in Hamburg auf die Nachricht vom Zusammenbruch des Putsches in der Sowjetunion. „Eine Abkehr von Volksrepräsentanten ist zu Gorbatschow unterwegs. Uns steht jetzt ein Übergang zur Marktwirtschaft bevor. Hier wäre die westliche Erfahrung nützlich. Und wir brauchen, wie jeder Staat, Kredite. Natürlich müssen wir vor allem Stabilität im eigenen Land schaffen."

Für ihn gibt es keinen Zweifel an der Wirksamkeit der Reformpolitik des Michail Gorbatschow. Dr. Wladlen Kusnezow freut sich über eine jetzt deutlich gewordene Qualität der Menschen in seinem Land, die ohne Waffen den Widerstand gegen die Panzerverbände leisteten. Er sagt nicht ohne Stolz in der Stimme: „Mein Volk ist frei geworden."

Was können Hamburger jetzt für die Menschen in der Sowjetunion tun, beispiels-

weise für die neuen Freunde in Leningrad? Dr. Wladlen Kusnezow: „Jede humanitäre Hilfe ist willkommen. Ich scheue nichts Abträgliches für meine Landsleute darin, Lebensmittel-Pakete aus Hamburg zu bekommen."

Mehr als 400 000 wurden seit der Abendblatt-Aktion „Ein Paket für Leningrad" von November 1990 bis heute von der Elbe an die Newa geschickt. Der sowjetische Generalkonsul wurde sich freuen, wenn die Hamburger diese Aktion fortsetzen. Der Arbeiter Samariter Bund (ASB) ist weiter bereit, seine Sammelstellen offenzuhalten und für den kostenlosen Weitertransport zu sorgen.

„Das Verhältnis zwischen Deutschen und Russen hat sich spürbar verbessert. Es sind sogar Freundschaften zwischen Leningrader und Hamburger Familien über die Paket-Aktion entstanden", sagt der Generalkonsul. Und er fügt hinzu: „Meine Frau und ich sind mit dem Herzen längst Hamburger geworden."

Am Vormittag hatte der

Vorsitzende des Förderkreises „Rettet die Nikolai-Kirche", Ivar Buterfas, dem sowjetischen Generalkonsul die Ehrenmitgliedschaft im Förderkreis angeboten. Kusnezow nahm sie dankbar an. Dann trug er sich mit folgender Widmung ins „Goldene Buch" des Förderkreises ein, noch ganz unter dem Eindruck des Todes der Moskauer, die von Panzern niedergewalzt worden waren:

„Die Nikolai-Kirche ist für mich zum Symbol der Völkerverständigung und Versöhnung geworden. Das ist ein lebendiges Mahnmal, das zum Frieden und zur Partnerschaft aufruft. Ich bin ganz sicher: Die Nikolai-Kirche wird ein Teil des gemeinsamen europäischen Hauses, von dem Michail Gorbatschow geträumt hat."

Ivar Buterfas: „Mein Traum ist es jetzt, daß sich Gorbatschow und Schewardnadse ins ,Goldene Buch' eintragen, und zwar im Kreml. Ich fahre mit dem Buch, wenn es möglich wird, nach Moskau. Ich möchte gern den Kreml von innen sehen."   gp

331

Der Schrecken des Krieges: Bruno Brunis Bild von St. Nikolai im Bombenhagel.

Gemeinsam „gegen das Vergessen": Bruno Bruni (l.), Ivar Buterfas (M.) und Dariusz Michalczewski. Unten: Die Gedenkmarke zum Kriegsende in Hamburg. Fotos: kn

Mahnmal St. Nikolai – gemeinsam gegen das Vergessen

„Nie wieder Faschismus, nie wieder Gewalt, nie wieder Unrechtsregime, nie wieder Krieg!"

Das Motto der am 3. Mai, dem 50. Jahrestag der Befreiung Hamburgs vom Nazi-Regime, von 15 bis 17 Uhr in der Ruine von St. Nikolai am Hopfenmarkt (Ost-West-Straße) geplanten Gedenkfeier.

Redner: Altkanzler Helmut Schmidt und Hauptpastor Ferdinand Ahuis von der neuen Nikolaikirche. Aber auch andere wirken mit. So wird Boxweltmeister Dariusz Michalczewski eine Autogrammstunde geben. Maler Bruno Bruni hat einen Gedenkmarken-Bogen gestaltet, den die Post an diesem Tag für zehn Mark verkaufen wird. Den Reinerlös spendet sie für den Erhalt der Nikolai-Ruine als Mahnmal. Schon 20 Millionen Mark hat der Förderkreis „Rettet die Nikolaikirche" in acht Jahren dafür gesammelt.

FOTO: CHRISTA KULATH

Auf der Spitze von St. Nikolai – Luftige Erinnerung an Hamburgs schwerste Zeit

„Christine" alias Colby Thomas aus dem „Phantom der Oper" und „Cats"-Darstellerin Cornelia Drese (rechts) warben gestern auf der Kirchturmspitze in luftigen 148 Metern Höhe für die Veranstaltungswoche des Förderkreises „Rettet die Nikolaikirche" (23. bis 30. Juli). Anlaß ist der 50. Jahrestag der verheerenden Bombenangriffe auf Hamburg. Beide Darstellerinnen sind beim großen Live-Programm der Gedenkveranstaltung am 24. Juli auf dem Hopfenmarkt dabei. Erwartet werden rund 20 000 Gäste, darunter Bischöfe aus ganz Europa, ein St. Petersburger Orchester, Liedermacher Wolf Biermann, die Schriftsteller Ralph und Rocco Giordano und Ignatz Bubis, Vorsitzender der Jüdischen Gemeinden in Deutschland. An diesem Tag soll zum erstenmal das von Sponsoren gestiftete neue Glockenspiel von St. Nikolai erklingen. Karten zu den Veranstaltungen sind ab 1. Juli am Info-Stand auf dem Hopfenmarkt erhältlich. tel

333

Präzisionsarbeit in luftiger Höhe: Ein Helikopter übernimmt die Turm-Zier der Nikolai-Kirche
FOTO WALLOCHA

Helikopter-Transport für das Symbol des Friedens

hfk - Präzisionsarbeit am Sonntagmorgen in 148 Metern Höhe über der Ost-West-Straße: Per Hubschrauber wurde die aus Kreuz und Sonnenrad bestehende Turm-Zier der St.-Nikolai-Kirche für ihre bevorstehende Neuvergoldung abtransportiert.

Ein normaler Hubschrauber hatte das Gewicht des 1,5 Tonnen schweren und 5,20 Meter hohen Strahlenkranzes nicht tragen konnen. Deshalb kam Hilfe aus Berlin. Jorg Berger, der Pilot einer Berliner Flugstaffel, war mit einem russischen Transporthelikopter vom Typ M18 aus der Bundeshauptstadt hergeflogen. Der Gigant mit den fünf Rotoren kann Lasten bis zu drei Tonnen bewältigen.

Berger startete von Finkenwerder aus zu seiner schwierigen Mission. Sein Hubschrauber kundigte sich mit lautem Drohnen an und kam um 7.55 Uhr ins Blickfeld. Die Turm-Zier war bereits von fachkundigen Handwerkern unter Auf-sicht des bauleitenden Architekten der Kirche für den Transport mit vier Trageseilen ausgestattet worden.

Mit ruhiger Hand und den Anweisungen seines Bordingenieurs brachte Jorg Berger seinen Helikopter in Position, damit das Transportseil mit den Trageseilen verbunden werden konnte. Erst nachdem die Karabinerhaken eingerastet waren und Zug auf den Seilen war, wurde die Turm-Zier demontiert und zu einem im Kaiserspeicher A wartenden LKW geflogen. Von dort ging es weiter nach Harburg zur vorbehandelnden Sandstrahlung.

Finanziert wird die fast 100 000 Mark teure Vergoldung durch Spenden Ivar Buterfas, Vorsitzender des Forderkreises „Rettet die Nikolaikirche e V", erwartet die in neuem Glanz strahlende Zier am 6. August zurück. Dann beginnt die Weltfriedenswoche, dessen Symbol die Turm-Zier darstellt.

Dank

Hier möchte ich meinen besonderen Dank aussprechen:

Den Vorstandsmitgliedern des Förderkreises „Rettet St. Nikolai"

Manuela Rousseau
Erich Kolbeck
Klaus Krosanke
Herbert Berger
Herbert Horne
Michael Buck

Weiterhin gilt mein Dank:

Pastor Dr. Ferdinand Ahuis
Ivo von Trotha, Landgerichtdirektor
Bernhard Brüggemann, bauleitender Architekt
Christa Jung sowie Christa Hans für ihre Redaktionsmitarbeit
Pastor Wolfgang Weißbach
Den Mitgliedern der Gemeinde St. Nikolai am Klosterstern

Sowie allen Bürgerinnen und Bürgern unserer Stadt,
die St. Nikolai bisher unterstützt haben und es in Zukunft tun werden.